中央编译局文库出版工作领导小组(编委会)

主　　任：贾高建
副 主 任：俞可平　魏海生　陈和平　柴方国　杨金海
委　　员：崔友平　沈红文　杨雪冬　季正聚　陈家刚
　　　　　赖海榕　郗卫东　张文成　刘明清

中央编译局文库出版工作领导小组办公室

主　　任：薛晓源
成　　员：徐向梅　苗永姝

中央编译出版社文库编辑中心编辑小组

刘明清　薛晓源　谭　洁　董　巍　贾宇琰
冯　章　曲建文　苗永姝　邓　彤　盛菊艳
李媛媛　薛迎春　董　妍

马克思主义研究资料

第15卷

主　编　杨金海
副主编　冯　雷（常务）　薛晓源

马克思主义哲学研究 I

本卷主编　冯　章

《马克思主义研究资料》顾问委员会

贾高建　俞可平　宋书声　殷叙彝　詹汝琮　张钟朴

李洙泗　冯文光　赵家祥　严书翰　梁树发　郭建宁

《马克思主义研究资料》编辑委员会

主　编：杨金海

副主编：冯　雷（常务）　薛晓源

编　委（按姓名拼音排序）

陈喜贵　冯　章　黄晓武　江　洋　李百玲　李义天

李媛媛　林进平　刘仁胜　刘　英　刘元琪　吕增奎

马　瑞　苗永姝　彭萍萍　盛菊艳　史清竹　武锡申

姚　颖　苑　洁　郑　锦　郑天喆　周艳辉

参加本卷编辑出版工作的有

曲建文　邓　彤　薛晓源

总　序

呈献给读者的这套《马克思主义研究资料》丛书，旨在服务于我国正在实施的马克思主义理论研究和建设工程，积极吸收和借鉴国外马克思主义研究成果，对改革开放以来中央编译局编译的有关国外学者研究马克思主义的成果，以及少量相关的国内学者的研究成果整理出版，为我国马克思主义研究提供基础性的参考资料。本丛书计划出版37卷，三年内陆续完成编辑和出版工作。

编译国外学者关于马克思主义的研究成果，并对相关问题展开深入探讨，是马克思主义经典著作编译研究的基础性工作。中央编译局作为马克思主义经典著作编译研究的专门机构，历来十分重视这项工作。20世纪50年代以来，特别是改革开放以来，中央编译局的同志们编译了大量国外学者关于马克思主义的研究文献，也发表了不少自己的相关研究成果。这些成果曾经在中央编译局编辑的《马列著作编译资料》、《马列主义研究资料》、《马克思主义与现实》等刊物公开发表，或在内部刊物《马克思恩格斯研究》、《列宁研究》等刊载。这些成果对于推进马克思主义经典著作的编译和研究工作发挥了重要作用，时至今日，一些学者仍然把它们当做研究马克思主义的珍贵资料。

然而，随着近年来中央实施马克思主义理论研究和建设工程的深入推进以及马克思主义学科建设的快速发展，这些研究资料的留存情况已经远远不能适应形势发展的需要了。《马列著作编译资料》和《马列主义研究资料》早已停止出版，很多人难以找到原有资料；《马克思恩格斯研究》等内部刊物刊载的文章没有公开面世，也难以为人们广泛使用；而新编译的文献资料又很零散。因而，希望中央编译局提供马克思主义研究资料的呼声越来越高。

为了继承前辈的事业，适应学界的需要，尽可能全面系统地收集整理中央编译局近几十年来编译的国外学者关于马克思主义的研究成果以及相关的国内学者的研究成果，中央编译局专门成立了《马克思主义研究资料》丛书课题组，并对该项工作提供了基金资助。课题组不仅在局内组织力量进行工作，而且争取到社会力量的支持。经过课题组同仁两年多努力，已经形成一批编辑成果，还将继续补充、完善并陆续推出。这套《马克思主义研究资料》丛书就是这些成果的集中体现。

本丛书力求体现如下四个特点，这也是丛书编辑工作所力求遵循的四条原则：第一，保证文献性。本丛书主要收集改革开放以来中央编译局刊物发表的有关马克思主义理论编译和研究方面的成果，这些刊物包括公开出版的《马列著作编译资料》、《马列主义研究资料》、《马克思主义与现实》、《当代世界与社会主义》、《经济社会体制比较》、《国外理论动态》等，也包括内部刊物《马克思恩格斯研究》、《列宁研究》、《斯大林研究》、《马克思恩格斯列宁斯大林研究》等；少量收集其他杂志发表的中央编译局学者编译或撰写的有关文章；个别收集与中央编译局长期合作的其他学者的相关文章；对所收商榷性文章涉及的其他学者的成果，也作为附文收入，以示对相关学者的尊重，也便于读者在阅读正文时参考。收集整理这些学术成果的目的主要是为学界研究马克思主义提供参考资料，同时帮助人们了解马克思主义研究的历史进程和思想脉络。因此，本丛书所收文献力求保持其历史原貌，包括其中的人名、地名、术语、引文等，都不作改动，以便读者进行文献考证之用，只对个别错漏文字等进行校正，对于文中可能产生歧义的地方，以"本丛书编者注"的方式加以说明。其中读者特别应当留意的是译名、术语的不统一问题，例如关于《马克思恩格斯全集》历史考证版，就有多种表达方式：原文版、国际版和MEGA版，其中，往往又以"老"、"新"、"MEGA^1"、"MEGA^2"、"MEGA1"、"MEGA2"等来区分历史考证版第1版和第2版。第二，突出编译性。本丛书所收文献中，以国外学者的成果为主，包括国外学者关于马克思主义经典作家的著作、思想、生平事业，乃至书信往来、工作生活等方面的研究文献，凡比较有资料价值的，均在收集之列。如上所述，国内学者的相关考证性成果，包括经典著作翻译、版本、传播、重要术语考据等文献，凡具有资料价值的，也一并收入，但这部分内容所占比例较小。第三，力求系统性。上述几十年来形成的这些编译研究资料繁茂芜杂，十分零散，使用起来很不方便，编辑整理就更为困难。为把这些宝贵文献整理面世，使之更好地发挥作用，编辑人员下了很大功夫。在收集整理中，我们力图分门别类，尽可能将同类资料按照一定逻辑顺序编排，使之呈现一定的系统性，以便读者全面掌握有关资料。第四，力争权威性。本丛书力争选编国内外在相关研究领域具有一定权威性的专家学者的具有代表性和影响力的文献。为保证文献的权威性和准确性，我们对文献的引文进行了校订，特别是对有关马克思主义经典著作的引文进行了原版原文核对，并对注释尽可能地作了规范化处理，以便读者更准确地了解引文及其出处。

基于上述考虑，本丛书的编排体系大体分四个部分。第一部分是经典著作研究，包括关于《共产党宣言》、《资本论》等手稿、创作、版本、传播诸方面的研究文献；第二部分是基本理论研究，包括哲学、政治经济学、科学社会主义以及政治学、法学等方面的研究文献；第三部分是版本和传播、编译以及生平事业研究；第四部分是国外马克思主义研究。每一部分包括若干卷。每一卷都有本卷编辑说明，对本卷编辑的思路、内容和有关技术问题作简要交代。各卷内容按照逻辑顺序进行编排，在此基础上再按照时间顺序编排。各卷内容一般要作分类，并加分类标题，以便读者阅读研究。

需要说明的是，由于本丛书是整理编辑已有的文献，而且主要限于整理编辑中央编译局学者编译和研究的部分成果，这就决定了本丛书不可避免地存在一些缺憾。一是这些文献中有的观点不一定正确。选编这些文献并不意味着编者赞同其中的观点，我们的目的仅仅在于为人们研究马克思主义提供参考资料，其中正确的思想成果可以作为我们研究借鉴的思想资源，而错误的观点可以作为我们研究批评的对象。例如，对有关马恩对立论的观点，我们是不赞成的，但为了让研究者了解、研究和批评这种观点，也收入了相关文章。所以，谨请读者在使用这些文献时注意辨别是非。二是这些文献存在质量参差不齐的情况。由于这些文章的作者、译者水平不同，写作时间、背景、针对的问题、产生的影响以及发表的刊物等不同，其质量也就有一定差别。例如，有的概念和译文在今天看来不一定科学、准确，有的文献曾经很有价值而在今天看来最多只有学术史的价值。在选编过程中，我们尽量收入那些分量较重、影响较大的文献，但为了比较全面地反映学术史的原貌并提供尽可能详细的研究参考资料，也收入了一些篇幅较短、影响不大但有一定资料或史料价值的文献。另外，有少量比较重要的文献，由于作者或译者不同意收入，也不得不忍痛割爱。三是这些文献的系统性、规范性不太强。尽管我们努力按照上述编辑原则工作，对这些文献进行了分类整理，力求全面系统地提供给读者相关方面的文献资料，但由于这些资料十分繁杂，彼此之间的关联性不强，有的方面资料较多，有的较少，且发表的刊物、时间等不同，体例也很不统一，整理起来难度极大，加之各位编者的研究角度不同，水平各异，所以，每一卷书的结构、篇章、内容、观点等都不尽相同，其规范程度也不尽一致。对本丛书存在的以上不足或缺憾，谨请读者鉴谅；对其中可能存在的疏漏和错误之处，谨请读者批评指正。

本丛书在编写和出版过程中，得到了各个方面的大力支持。中央编译局对此项工作高度重视，始终给予鼎力支持。国家出版基金将本丛书列入2013年度资助项目。中央编译出版社为本丛书申报国家出版基金项目并最终立项，以及为丛书出版做了大量工作。本丛书所收文献的译者、作者和出版者，凡已联系上的，均给予我们大力支持，同意使用这些文献；对尚未联系上的，我们将尽力联系，也请相关同仁主动联系我们。丛书顾问委员会的专家对丛书的编写工作给予热情指导，编委会成员和课题组同仁为丛书的编写付出了辛勤劳动。在此一并致以衷心的谢意！

《马克思主义研究资料》

编辑委员会

2013年12月10日

编辑说明

本卷为"马克思主义哲学研究"两卷中的第1卷,为总论卷。该卷共收录有关马克思主义哲学总体性问题的研究论文22篇,分为三部分。

第一部分"辩证唯物主义研究",有10篇文章,探讨了辩证唯物主义的物质观、辩证法和认识论的基本观点及其理论背景、历史意义和当代价值。第二部分为"历史唯物主义研究",收入8篇文章。除了一篇是论述马克思的世界史研究论文外,其余7篇全部是关于恩格斯对唯物史观的贡献和发展,尤其是在马克思逝世后恩格斯对唯物史观的继承、捍卫和进一步的阐发。第三部分"马克思主义哲学概论和方法论"收入4篇文章。其中两篇分析了马克思主义哲学总的特质,另外两文阐释了马克思主义哲学的方法论。

为保持文献性,本丛书的注释尽量保持原貌,不作改动;但对原注释有错误或有遗漏的,我们尽可能查阅了有关文献,作了必要的规范和完善;对有些查找不到的,保留原来的内容和格式。

目 录

马克思和恩格斯在1846年以前向唯物主义过渡时对"物质"
这一概念的反思
〔德〕彼得·海勒尔 …………………………………… 1

费尔巴哈的唯物主义的直观性
——马克思的《关于费尔巴哈的提纲》
〔苏〕В.П.卡拉茨基 …………………………………… 19

路德维希·费尔巴哈与马克思和恩格斯的自然科学研究
〔德〕安讷莉泽·格里泽 ……………………………… 40

"有神论"还是"自然神论"
〔俄〕Т.В.奇基列娃 …………………………………… 56

列宁哲学在100年后的意义
〔俄〕维克多·特鲁什科夫 …………………………… 64

马克思恩格斯与自然史和人类史辩证法的关系
〔美〕劳·克拉德 ……………………………………… 71

马克思的辩证历史观
　　〔美〕肯·莫里森 ………………………………………… 81
恩格斯：在斯宾诺莎与黑格尔之间
　　〔意〕维托里奥·莫尔芬诺 …………………………… 97
理论与实践辩证统一的原则
　　〔苏〕Ｎ.Ｈ. 费多谢耶夫 …………………………… 120
"真理的彼岸世界"和"彼岸世界的真理"
　　——论马克思从批判的哲学到对政治的批判的发展
　　〔民主德国〕威·舒芬豪威尔 ………………………… 137

＊　　＊　　＊

1843—1844 年马克思对世界史的研究是唯物史观形成的来源之一
　　〔苏〕В.Г. 莫洛索夫 ………………………………… 148
1839—1842 年期间恩格斯历史观的形成和发展
　　〔德〕伊莱安纳·鲍威尔阿尼塔·利佩尔特 ………… 181
恩格斯和唯物史观
　　〔苏〕Л.Г. 戈尔什科娃 ……………………………… 198
恩格斯晚期著作中的历史唯物主义
　　〔西德〕阿·施米特 ………………………………… 226
恩格斯在十九世纪九十年代捍卫历史唯物主义的斗争
　　〔苏〕Л.Г. 戈尔什科娃 ……………………………… 233
19 世纪 90 年代恩格斯通信中的哲学问题
　　〔苏〕П.С. 塔拉诺夫 ………………………………… 272

恩格斯关于历史唯物主义的通信与当代

〔俄〕И.С.纳尔斯基 ………………………………… 295

恩格斯对《新时代》捍卫历史唯物主义的支持

〔德〕乌尔苏拉·贝克尔 ……………………………… 313

*　　　*　　　*

批判地认识辩证唯物主义的尝试

〔俄〕特·伊·奥伊泽尔曼 …………………………… 324

马克思的哲学和实践

〔日〕平子友长 ………………………………………… 373

历史唯物主义的方法论功能

〔苏〕B.拉津 …………………………………………… 388

马克思主义自我批评的原则基础

〔俄〕泰奥多尔·奥伊泽尔曼 ………………………… 395

马克思和恩格斯在1846年以前向唯物主义过渡时对"物质"这一概念的反思*

〔德〕彼得·海勒尔

这篇论文的主旨是探求"物质"（或"物质的"）概念成为马克思主义哲学一个中心范畴的形成过程。也就是说，这一概念在哲学上的重要意义在于以认识论范畴的形式突出表现它对意识的关系。

通常在习惯的、比喻的或口语的意义上对该词的使用不是本文的研究对象，所以对此只简略地提一下。

本文要探寻的是1846年以前马克思和恩格斯著作中的哲学基本问题的形成过程。

马克思和恩格斯的新物质观的形成贯彻于他们向唯物主义过渡、用辩证唯物主义和历史唯物主义对物质观作出新的表述的过程中。然而这种新的物质观是在这一形成过程终了时完成的。马克思和恩格斯到那时为止所使用的"物质"和"物质的"等术语同这一形成过程本身并没有什么联系。它们直到包括《神圣家族》在内的著作中几乎都还有传统的、比喻的和口语的含义。"物质"表示"材料"、"事物"、"物体"等等。只有在《德意志意识形态》中，结合着"物质的社会关系"这一概念，我们才看到物质概念的新内涵。

有些例子当可证明，直到包括《神圣家族》在内的著作中（以及在形成新概念的同时），"物质"和"物质的"并不具有认识论的重要

---

* 本文选自《马克思恩格斯研究》1992年总第10期。

意义:"难道革命一开始就应当以物质的形式出现吗?难道一开始它就是动手打而不是用口讲吗?政府当局可以使精神的革命物质化;而物质的革命却必须首先使政府当局精神化。"①**"现实的精神"**有着**"实在的或物质的定在"**。②自然界是"人的生命活动的材料、对象和工具"③。"人并没有创造物质本身。甚至人创造物质的这种或那种生产能力,也只是在物质本身预先存在的条件下才能进行。"④

我们因而遇到了两个问题:**首先**,马克思和恩格斯用哪些术语确立了他们的世界观和认识论的转变?**其次**,他们为什么一开始没有像英国和法国的唯物主义先驱那样把物质概念提高到首要位置,反而(在起初)只赋予它以从属的意义?

众所周知,马克思是以《黑格尔法哲学批判》一书向唯物主义迈出决定性的一步的。马克思在批判中运用了费尔巴哈批判黑格尔的方法,让市民社会和家庭成为主语,让国家成为谓语,而这在黑格尔著作中却正好相反。确定国家的本质,不应从国家概念、从观念出发,而应从市民社会的现实的、经验的生活出发。黑格尔的错误正在于,他把观念、把"逻辑本身的事物"置于"事物本身的逻辑"⑤之上。马克思以费尔巴哈的方式把"经验的现实性"与"观念"联系起来。在对国家进行考察时,应该选择这两个极点的哪一个作为出发点呢?马克思选择了前者,因为是市民社会的现实生活产生了国家。⑥为了对神学和思辨

---

① 《马克思恩格斯全集》第1版第1卷第48—49页。
② 《马克思恩格斯全集》第1版第1卷第263页。
③ 《马克思恩格斯全集》第1版第42卷第95页。
④ 《马克思恩格斯全集》第1版第2卷第58页。
⑤ 《马克思恩格斯全集》第1版第2卷第263页。
⑥ 参看《马克思恩格斯全集》第1版第1卷第250—252、275页。

唯心主义作出评断，费尔巴哈也用类似的做法把思维和存在、意识和生活联系起来。实际上，即使不借助"物质"和"意识"范畴，这已经是对哲学基本问题作出的唯物主义的回答了。

把市民社会规定为经验的和现实的，这就意味着对它的要素人也作同样的理解。这时，马克思的"自我意识"范畴已变为具有"实在的或物质的定在的"（物质的＝物体的）"现实的精神"。① 因而思维便成为同时是市民社会经验生活的承担者人的属性。"经验的现实性"和"观念"因而在人身上找到了共同的起点，找到了它们的中介和它们的相互转化。

经验的现实性、社会关系和"环境"在思想中得到了反映，而另一方面，哲学、合乎理性的思想的使命是要得到实现。《〈黑格尔法哲学批判〉导言》里的一句名言也就是这个含义："理论一经掌握群众，也会变成物质力量。"②

但是这一理论应当如何建立，是马克思从撰写自己的博士论文时起就已在思考的一个问题，这个问题在《黑格尔法哲学批判》的高度上被压缩为这样的问题：人是怎样达到理论直观的，运用哪些手段可以使人的意识朝着革命行动的方向转变？1843年9月马克思给阿尔诺德·卢格的一封信表明，提出这一问题对于马克思来说具有重要的意义："然而社会主义的原则，整个说来，仍然只是涉及真正人类实质的**实际存在**的这一方面。我们还应当同样地注意另一方面，即人的理论生活，因而应当把宗教、科学等等当作我们批评的对象。"③

---

① 《马克思恩格斯全集》第1版第1卷第203页。
② 《马克思恩格斯全集》第1版第1卷第460页。
③ 《马克思恩格斯全集》第1版第1卷第416页。

既然理性从来就存在，只不过不是以理性的形式出现，那么，批评家们可以把任何一种形式的理论意识和实践意识作为出发点，并且从它们本身中阐发现实的"最终目的"和"应有"。马克思说："我们从世界本身的原理中为世界阐发新原理。"① 我们向世界指明，它究竟为什么要斗争。"意识的改革只在于使世界认清本身的意识，使它从迷梦中惊醒过来，向它说明它的行动的意义。我们的全部任务只能是赋予宗教问题和政治问题以适合于自觉的人的形态，像费尔巴哈在批判宗教时所做的那样。

因此，我们的口号应当是：意识改革不是靠教条，而是靠分析那神秘的连自己都不清楚的意识，不管这种意识是以宗教的形式或是以政治的形式出现。那时就可以看出，世界早就在幻想一种一旦认识便能真正掌握的东西了。"②

马克思虽然还没有看到促使人思考的观念的具体形成机制，但他毕竟十分清楚，观念只能是其社会生活的映像。因而，马克思自觉地与那些把人的意识只理解为自然的产物、把人和人的行为仅仅理解为物质的一种存在形式（如斯宾诺莎的"实体样态"）的 17 和 18 世纪英国、法国的唯物主义者们的观点持相反的立场。在他们那里，"物质"是对独立的、按照自己固有的规律运动着的自然界的称谓，而自然界又仅仅被看作是物质的、具有纷繁多样的主要物理的特性的自然界。（霍尔巴赫说道："因此，对于我们来说，物质一般地就是以任何一种方式刺激我们感官的东西；我们归之于各种不同物质的那些特性，是以物质在我们内部所造成的不同的印象或变化为基础的。……一切物质的共同特性是

---

① 《马克思恩格斯全集》第 1 版第 1 卷第 418 页。
② 《马克思恩格斯全集》第 1 版第 1 卷第 418 页。

广延、可分性、不可入性、形状、可动性、或为某个物质的运动所引动的性质。"①)

正像前面所说的那样,马克思以这种方式所运用的物质概念(虽然它并不一定拘泥于机械主义属性)由于把人的能动性和社会性排除在外这一片面性而在马克思探讨问题时并不起首要的作用。不仅如此,整个这种片面的旧唯物主义由于上述种种缺陷而早已被德国古典唯心主义(大家知道,马克思就是以它为基础的)批得体无完肤。这里问题不仅在于,旧唯物主义作为(如黑格尔所说的)经验主义的一贯原则,抛弃了培根早已强调指出的无理论之经验产生不出科学认识这一思想。旧唯物主义在世界观上的主要缺陷是,它虽然把人看作是自然的生物,但并不把他看作是在社会中活动的生物。就是说,它没有充分认识到人不仅是受到他一生下来就面临的环境的制约,而且还自己创造自己的环境。但是既然这种"环境"被理解成是政治的、法律的、道德的东西等等,所以社会历史就表现为精神过程,这个过程的理论必然渗透到把现实的人看成是自我运动着的观念的属性的思辨唯心主义中去。因而又产生了一种与唯物主义的片面化完全相反的片面化。

在这种情况下,是费尔巴哈迈出了把唯物主义从它的片面性中解放出来的第一步,他强调指出了唯物主义固有的世界观内容:自然(即原先意义上的"物质")是在人的意志和意识之外存在,是不以人的意志和意识为转移的,但人可以通过自己的感官认识它。虽然在旧唯物主义者看来,物质,即自然界,也是在思维之外存在着的,但唯物主义的这种固有的世界观内核却消失在"物质抽象"②里了。

---

① 霍尔巴赫:《自然的体系》上卷,商务印书馆1964年版,第35—36页。
② 《马克思恩格斯全集》第1版第3卷第101页。

费尔巴哈直截了当地提到了这一问题：在他看来，思维和存在的关系是每一种哲学的"棘手问题"，一切关于现实、存在、有生命的人等等的论述，只有从这个经验的现实出发才能含有真理的成分。但费尔巴哈还没有认识到社会自身的规律性，他试图从人的自然本质出发来解释它。但是，一旦"自然的产物"理性、意志和情感（费尔巴哈认为它们是人的本质特征）被当作社会生活中首要的调节者，就会重新使观念的东西在社会领域中占优先地位。因而，费尔巴哈同样没能既埋葬唯物主义，又不犯把物质绝对化的错误。费尔巴哈想实现唯物主义原则，帮助主体获得它的权利。

然而，在马克思看来，费尔巴哈的主要的东西不是那种不一致性，而是他的针对思辨并克服思辨的唯物主义。马克思写道："在**黑格尔**天才地把17世纪的形而上学同后来的一切形而上学及德国唯心主义结合起来并建立了一个形而上学的包罗万象的王国之后，对**思辨的形而上学**和**一切形而上学**的进攻，就像在18世纪那样，又跟对神学的进攻再次配合起来。这种形而上学将永远屈服于现在为思辨本身的活动所完善化并和人道主义相吻合的唯物主义。"①

在从唯心主义者向唯物主义者转变的过程中，马克思产生了跟费尔巴哈一样的消灭思辨的愿望，并使用了他的方法和术语（这对于我们在这里探讨的问题来说尤其重要），例如上面那段引文中的"和人道主义相吻合的唯物主义"就是如此。《经济学哲学手稿》中也有类似之处："彻底的自然主义或人道主义，既不同于唯心主义，也不同于唯物主义，是"把这二者结合的真理"。② 他还认为，费尔巴哈的功绩在于

---

① 《马克思恩格斯全集》第1版第2卷第159—160页。

② 《马克思恩格斯全集》第1版第42卷第95页。

"创立了真正的唯物主义"①。

费尔巴哈把自己的哲学称为"自然主义",或"人道主义"。"唯物主义"的名称会使人把它同上述片面性联系起来,并受到思辨唯心主义的批判。费尔巴哈赋予他的世界观以新的名称,为的是不让人把它同迄今叫作"唯物主义"的东西混为一谈。他承认唯物主义(本来意义上的唯物主义)适用于自然,但屏弃它对人的机械的理解。费尔巴哈写道:"向后退我是完全赞同唯物主义者的,但向前进就不一样了。"② 思维着的主体本身是现实的人。费尔巴哈只是使人的现实意识和他的社会基础相脱离,他从心理学的角度来理解人的意识,并相信,理性、意志和情感对于一切社会条件最终都享有独立自主权。但是,只要涉及人与自然、思维与存在的关系这一认识论问题,费尔巴哈就是唯物主义者。他写道:"哲学的开端不是上帝……不是作为理念的**宾词的**存在。哲学的开端是有限的东西、确实的东西和**实际的东西**。"③ "具有现实性的现实事物或作为现实的东西的现实事物,乃是作为感性对象的现实事物,乃是感性事物。真理性,现实性,感性的意义是相同的。"④ "人们所了解的存在,就是合乎事实和理性的存在,自为的存在、实在、存在、实

---

① 《马克思恩格斯全集》第1版第42卷第158页。

② 卡尔·格律恩:《路德维希·费尔巴哈的哲学特征的发展。他的通信和遗著(1820—1850)》,1874年莱比锡和海德堡版第305页。

③ 路德维希·费尔巴哈:《关于哲学改造的临时纲要》,生活·读书·新知三联书店1958年版,第7页。

④ 路德维希·费尔巴哈:《未来哲学原理》,生活·读书·新知三联书店1955年版,第56页。

际、客观性。这一切特性或名词，只是从不同的观点上来表达同一的事物。"①

很明显，费尔巴哈对哲学的基本问题作了完全唯物主义的回答（除社会领域外），而没有绝对坚持物质的概念。诚然这一概念他也是完全用来指唯物主义的原则的，不过这一概念过去和现在都是在材料—对象的意义上被使用的。下面便是一些例证："这种在思维以外存在的东西，就是物质，就是实在的基质。"② "物质乃是理性的一个主要对象。如果没有物质，那么理性就不能刺激思维，就不给思维以材料，就没有内容。如果不排除理性，就不能排除物质。"③ "但是物质并不是上帝，物质倒是有限的东西。"④

现已表明，马克思客观上不可能以他的英国和法国的先驱者的术语来确定他在世界观上向唯物主义者的转变，因为这些术语不允许对社会作唯物主义的理解。我们还看到，马克思赞同费尔巴哈用自称的"自然主义"或"人道主义"来描绘以现实的人为出发点的哲学，但同时又把它和摆脱了以前的片面性并同唯心主义的合理因素即主体的能动性联系在一起的唯物主义等同起来。我们终于发现，费尔巴哈能够以他所特有的术语表达唯物主义观点的本质，在这个术语中，越来越狭窄的"物

---

① 路德维希·费尔巴哈：《未来哲学原理》，生活·读书·新知三联书店 1955 年版，第 44—45 页。

② 路德维希·费尔巴哈：《未来哲学原理》，生活·读书·新知三联书店 1955 年版，第 49 页。

③ 路德维希·费尔巴哈：《未来哲学原理》，生活·读书·新知三联书店 1955 年版，第 27 页。

④ 路德维希·费尔巴哈：《未来哲学原理》，生活·读书·新知三联书店 1955 年版，第 23 页。

质"概念并不占首要的地位。下面的一些例子将表明，马克思和恩格斯在同思辨哲学的斗争中和在正面阐述自己的观点时都遵循了费尔巴哈的唯物主义方法，并在涉及阐明基本问题的地方，利用了他的术语如"感性"、"现实性"、"对象性"、"存在"、"客观性"等等，其中有几个术语还含有新的、超过了费尔巴哈的内容。

在本文的开头我们就已着重指出，马克思在《黑格尔法哲学批判》里阐述了"经验现实"与"理念"这两个概念间的关系，以便以费尔巴哈的方式与黑格尔对待国家问题的思辨方式划清界限。但是随着市民社会的经验现实的终结，马克思也达到了现实的人的概念。这种现实的人的思想只是其自身的宾词。但马克思的问题是社会意识，而不是自然赋予的思维能力。费尔巴哈同样遇到了这一问题，他想揭开宗教的本质，并利用了"类心理学"的论据（这一点在此不谈）。对于我们来说重要的只是，费尔巴哈，还有赞同他的马克思，认为一切真正的意识都是从**感性**开始的。感性这个概念不仅包含人的主观感觉，而且还包含外在的感觉对象。认识的客体是感性的、对象性的和现实的，这些术语不只是限于**物质的**外界，就是人在他的生命活动中和在他与他人的关系中，对于他人来说也是感性的、对象性的和现实的。因此，这些术语一般说来标志着客观现实。在《德意志意识形态》中，它们转化为物质的东西这一概念。马克思写道："没有**自然界**，没有**感性的外部世界**，工人就什么也不能创造。"① "人同自身的关系只有通过他同他人的关系，才成为对他说来是**对象性的、现实的关系**。"② "我们看到，**工业的**历史和工业的已经产生的**对象性**的存在，是一本打开了的关于人的本质

---

① 《马克思恩格斯全集》第1版第42卷第92页。
② 《马克思恩格斯全集》第1版第42卷第99页。

力量的书，是感性地摆在我们面前的人的**心理学**……在**通常的、物质的工业中**……**人的对象化的本质力量**以感性的、异己的、有用的**对象**的形式……呈现在我们面前。"①

"**感性**（见费尔巴哈）必须是一切科学的基础。科学只有从**感性**意识和**感性**需要这两种形式的感性出发，因而，只有从自然界出发，才是**现实的科学**。"②

"人是自然科学的直接对象，因为直接的**感性自然界**，对人说来直接地就是人的感性（这是同一个说法）。"③

"现实的人和现实的自然界（在思辨哲学中——作者注）不过成为这个隐秘的、非现实的人和这个非现实的自然界的宾词、象征。"④

然而对马克思说来，和费尔巴哈不同，"感性"不只是一个认识范畴。在马克思看来，"感性"不只是受动地把握现实，而且还同时表达了人对现实的能动行为："**人直接地是自然存在物**。人作为自然存在物，而且作为有生命的自然存在物，一方面具有**自然力、生命力**，是能动的自然存在物；这些力量作为天赋和才能、作为**欲望**存在于人身上；另一方面，人作为自然的、肉体的、感性的、对象性的存在物，和动植物一样，是**受动的**、受制约的和受限制的存在物，也就是说，他的欲望的**对象**是作为不依赖于他的**对象**而存在于他之外的；但这些对象是他的**需要的对象**；是表现和确证他的本质力量所不可缺少的、重要的**对象**。"⑤

---

① 《马克思恩格斯全集》第 1 版第 42 卷第 127 页。
② 《马克思恩格斯全集》第 1 版第 42 卷第 128 页。
③ 《马克思恩格斯全集》第 1 版第 42 卷第 128—129 页。
④ 《马克思恩格斯全集》第 1 版第 42 卷第 176 页。与此有关的地方还可参看《马克思恩格斯全集》第 1 版第 2 卷第 24、52、72、97、154 页。
⑤ 《马克思恩格斯全集》第 1 版第 42 卷第 167—168 页。

在《经济学哲学手稿》里，"感性活动"这个还相当笼统的概念包含着"劳动"（实践）这一比较具体的概念，但它们不是等同的。然而，马克思已经意识到了生产对于社会生活和历史的作用。由此可见，马克思喜欢使用的、来源于费尔巴哈的"感性的"、"对象性的"、"现实的"等术语是适合于表达马克思的新唯物主义愿望观点的概念：首先，它们表明存在是在人的意识和愿望之外，不以人的意识和愿望为转移的。其次，它们也表达了人对世界的能动行为，就是说，它们不仅以"直观"的形式把握客体，而且还在实践上、在主体中把握客体。"可见，思维和存在虽有**区别**，但同时彼此又处于**统一**中。"① 依靠这个概念，马克思得以在当时的认识水平上构想"人的自我生产过程"，即劳动的辩证法、社会和自然的物质交换过程。

对此可以援引一些例证："劳动的产品就是固定在某个对象中、物化为对象的劳动，这就是劳动的**对象化**。劳动的实现就是劳动的对象化。"② "工人在他的产品中的**外化**……意味着他的劳动成为对象，成为**外部**的存在。"③ 工人"**占有**外部世界、感性自然界"④。"通过实践创造**对象世界**……证明了人是有意识的类存在物。"⑤ "正是在改造对象世界中，人才真正地证明自己是**类存在物**。这种生产是人的能动的类生活。通过这种生产，自然界才表现为**他的**作品和他的现实。因此，劳动的对象是**人的类生活**的**对象化**：人不仅像在意识中那样理智地复现自

---

① 《马克思恩格斯全集》第 1 版第 42 卷第 123 页。
② 《马克思恩格斯全集》第 1 版第 42 卷第 91 页。
③ 《马克思恩格斯全集》第 1 版第 42 卷第 91 页。
④ 《马克思恩格斯全集》第 1 版第 42 卷第 92 页。
⑤ 《马克思恩格斯全集》第 1 版第 42 卷第 96 页。

己,而且能动地、现实地复现自己,从而在他所创造的世界中直观自身。"①

由于"感性"、"对象性"和"现实性"这些概念除了有表达客观现实的作用外,还有把握主体因素和能动因素,从而把握主体和客体的辩证法的任务,所以马克思也能借助这些概念来阐明社会意识的真正起源:"这种**物质的**、直接**感性**的私有财产,是**异化了的**、**人的生命的物质的**、**感性的**表现。私有财产的运动——生产和消费——是以往全部生产的运动的**感性**表现……宗教、家庭、国家、法、道德、科学、艺术等等,都不过是生产的一些**特殊的**方式,并且受生产的普遍规律的支配。"②

社会意识来自劳动。在劳动过程中,人把他的本质力量释放出来用以有目的地改变对象,并认识这个对象本身。在此过程中,人就不断获得对自身和对对象的认识。

由此得出的哲学结论是:人的意识不像唯物主义迄今为止所断言的那样,是自然的产物,而主要是劳动的产物。它不是直接来自被理解为材料的物质,而是来自人对待物质这一客体的能动行为。

这再次表明,对马克思来说,旧唯物主义的物质概念只能起从属的作用。

与此相反,通过意识产生于劳动这一观点,对哲学基本问题的唯物主义的回答就得到了加强和深化:感性—对象性的活动、现实的生活过程是意识的基础。因而,社会观念是从现实生活过程中产生的个人利益的反映。

---

① 《马克思恩格斯全集》第1版第42卷第97页。
② 《马克思恩格斯全集》第1版第42卷第121页。

《经济学哲学手稿》和《神圣家族》就是从这个观点出发对思辨唯心主义进行认识论的批判的。尤其是《经济学哲学手稿》制定了这样的思想，即黑格尔把现实过程精神化了，他把现实贬低为本质的精神运动的"外壳"、"假象"。对这一观点的批判和通过把它"颠倒过来"而得出的正确立场，使对哲学基本问题的阐述越来越明确了："但是**非对象性**的存在物，是一种非现实的、非感性的、只是思想上的即只是虚构出来的存在物，是抽象的东西。说一个东西是**感性的**即现实的，这是说，它是感觉的对象，是感性的对象，从而在自己之外有感性的对象，有自己的感性的对象。说一个东西是感性的，就是指它是**受动的**。"①

　　在《神圣家族》中说得更尖锐：人的行为和认识的客体，即现实不仅是在人之外、不依赖于人而**存在**的，而且还产生影响，从而决定人的行为。这一论断并没有重新陷入过时的宿命论，因为如果进行生产的人也生产着自身，如果历史显示出一种符合规律的趋势，那么就不会得出每个人的行为都是预先被决定了的结论——它只是最终要受到现存客观条件的制约而已："问题不在于目前某个无产者或者整个无产阶级把什么看作自己的目的，问题在于究竟什么是无产阶级，无产阶级由于其本身的存在必然在历史上有些什么作为。"②

　　思维与存在的区别和统一已不再是形而上学的事情，而是实践的事情。把理论贯彻于实践导致对思辨哲学声称的思维和存在的同一的否定："他们"（指工人——作者注）"非常痛苦地感觉到**存在**和**思维**、**意识和生活**之间的**差别**。他们知道，财产、资本、金钱、雇佣劳动以及诸如此类的东西远不是想象中的幻影，而是工人自我异化的十分实际、十

---

① 《马克思恩格斯全集》第 1 版第 42 卷第 169 页。
② 《马克思恩格斯全集》第 1 版第 2 卷第 45 页。

分具体的产物，因此也必须用实际的和具体的方式来消灭它们，以便使人不仅能在**思维**中、**意识**中，而且也能在群众的**存在**中、生活中真正成其为人。"①

马克思和恩格斯利用费尔巴哈的"存在"和"意识"这两个术语明确地对哲学基本问题作出了唯物主义的回答，这个回答也是在人类活动过程中理解思维和存在的辩证法的前提："批判的批判家"无论如何也想不到，"竟有**意识**和**存在**互相分别的世界存在；想不到，当我只是扬弃了这个世界的想象存在，即它作为范畴或观点的存在的时候，也就是当我改变了我自己的主观意识而并没有用真正实物的方式改变实物的现实，即并没有改变成自己的实物现实和别人的**实物**现实的时候，这个世界居然还像往昔一样继续存在"。②

由于马克思和恩格斯以根本问题的关系这种方式并联系到社会来揭示出唯物主义的**本质**，所以他们能够把自己的观点看作是对旧唯物主义意图的辩证的扬弃。自称的"自然主义"和"人道主义"这些用语已变成多余的了，因而它们在《德意志意识形态》中便完全消失了。

马克思和恩格斯在《神圣家族》中进行的各种批判都把自己列入唯物主义先人（他们的哲学对头是唯心主义）的行列。在《对法国唯物主义的批判的战斗》这一节里，马克思和恩格斯好像根本没有把唯物主义世界观同"物质"概念联系起来。他们只是把法国唯物主义的自然科学路线同这个概念交织在一起。在这一点上，《德意志意识形态》里的一段评论是很重要的："一些唯物主义者关于物质的哲学词句"并

---

① 《马克思恩格斯全集》第1版第2卷第66页。
② 《马克思恩格斯全集》第1版第2卷第245页。

不构成"他们世界观的真实的核心和内容"。①

马克思和恩格斯对法国唯物主义汇入社会主义和共产主义的社会理论思潮特别感兴趣。因为在它的关于经验世界、"环境"对于人具有决定作用的观念中和在由此派生的"改造环境使之合乎人性"的任务中,马克思和恩格斯再次发现了自己的唯物主义的和革命的基本观点,这一基本观点他们自然已作了重要的质的发展:他们已经知道,奴役人的经验环境是雇佣劳动与资本发生矛盾的结果,他们的"符合人性"的改造是同无产阶级革命联系在一起的。含有这种实践结论的唯物主义可以成为"共产主义的逻辑基础"。作这样理解的唯物主义与欧文的"**现实的人道主义**"②没有什么不同。

对唯物主义原则的本质的自我理解("意识在任何时候都只能是被意识到了的存在,而人们的存在就是他们的实际生活过程。"③)一旦达到,如何考察历史过程的方法也就完全清楚了:这种方法"**没有前提是绝对不行的**",它以生产的经验条件和现实条件为出发点。④但马克思和恩格斯公开阐明的目标不是仅仅叙述历史,而是干预历史,有目的地改变现存事物。他们制定的关于存在和意识的辩证法使之成为可能。因此,包括费尔巴哈在内的旧唯物主义的主要缺陷是,只用直观的形式看待客体,而不是从实践上、从主观上来考察客体。现在,实践这个包含着劳动的主体和客体的辩证关系的范畴代替了源于费尔巴哈的"感性"这个术语。马克思和恩格斯已自称为"实践的唯物主义者"。问题

---

① 《马克思恩格斯全集》第1版第3卷第101页。
② 《马克思恩格斯全集》第1版第2卷第167—168页。
③ 《马克思恩格斯全集》第1版第3卷第29页。
④ 《马克思恩格斯全集》第1版第3卷第261页。

已不再是解释世界，而是改变世界。新唯物主义不应成为教条，而是行动的指南。

如果迄今为止的资本主义生产史造成了一种值得变革的、使一切革命化的状态，但生产始终是社会生活的基础，那么，问题就只能是改变这种生产的条件了：这些条件一方面是物质的—对象性的条件，即生产力，另一方面是个人的"交往形式"，即生产关系（它们的历史作用，马克思和恩格斯在《德意志意识形态》中才第一次弄清楚了）。但这种关系是独立存在于个人的意志之外的，它自身的运动是一个客观式的过程。它和意识不同，是现实的存在，就像自然、**物质**一样，它是没有物质特征的现实的、**物质**的关系。——从这里开始，物质概念已不再仅仅局限于它原来的涵义，而是具有世界观的认识论的涵义的形象了。它与现实的东西和客观的东西是一回事。现在作为客观现实的标志的"感性的东西"、"对象性的东西"的概念就转化为"物质的东西"的概念了。

"这些哲学家没有一个想到要提出关于德国哲学和德国现实之间的联系问题，关于他们所作的批判和他们自身的物质环境之间的联系问题。"[①] "社会结构和国家经常是从一定个人的生活过程中产生的。但这里所说的个人不是他们自己或别人想象中的那个人，而是**现实中**的个人，也就是说，这些个人是从事活动的，进行物质生产的，因而是在一定的物质、不受他们任意支配的界限、前提和条件下能动地表现自己的。"[②] "……一个阶级是社会上占统治地位的**物质**力量，同时也是社会上占统治地位的**精神**力量。"[③] 唯物主义历史观是"从物质实践出发来

---

① 《马克思恩格斯全集》第 1 版第 3 卷第 23 页。
② 《马克思恩格斯全集》第 1 版第 3 卷第 29 页。
③ 《马克思恩格斯全集》第 1 版第 3 卷第 52 页。

解释观念的东西。"① 康德和德国市民都没有觉察到"资产阶级的这些理论思想是以物质利益和由物质生产关系所决定的**意志**为基础的……"是"意志的有物质动机的规定"。②"实际上,不是国家由于统治意志而存在,相反地,是从个人的物质生活方式中产生的国家同时具有统治意志的形式。如果统治意志失去了自己的统治,那么,不仅意志改变了,而且也是物质存在和个人的生活改变了,而且也只因为这一点,个人的意志才发生变化。"③

综上所述,我们看到,第一,对马克思和恩格斯来说,对唯物主义的理解从一开始就是同它对哲学基本问题的回答联系在一起的。从而第二,它又不同它的物质概念联系在一起。第三,相反,马克思和恩格斯向唯物主义的转变起初表现在费尔巴哈的术语中。第四,与生产关系范畴相联系的客观历史过程的发现清楚地表明,除了存在于人之外的自然界,社会现实也是在人的意识和愿望之外独立地存在着并且产生作用的,因此存在着一个"自然历史过程",它同样是感觉和活动的对象,就是说,和自然一样也是"物质的"。(但这当然不排除在《德意志意识形态》中以及别的地方**还在**原来的意义上使用"物质"和"物质的"概念。)

还需要澄清的只有一个问题:为什么在《神圣家族》和《德意志意识形态》之间有一个明显的同费尔巴哈和他的术语的决裂呢?也就是说,为什么在《关于费尔巴哈的提纲》和《德意志意识形态》里,像自然主义和人道主义、感性和对象性这些概念不再出现了,或者只是作

---

① 《马克思恩格斯全集》第 1 版第 3 卷第 43 页。
② 《马克思恩格斯全集》第 1 版第 3 卷第 213 页。
③ 《马克思恩格斯全集》第 1 版第 3 卷第 379 页。

为次要的概念出现呢？这个问题确实很复杂，在这里只能简要地予以回答。

1.《神圣家族》结束了对思辨哲学的认识批判，唯物主义已成为彻底的了，即已包含了社会的物质性。这导致了同"唯心主义残余"的"决裂"，因为唯物主义是"共产主义的基础"。因此，随着具体历史的人的形象的产生，人类学的透视方法便必定会抛弃。（人的本质存在于人之外，生产力和生产关系是哲学家们设想为主体或人的本质的东西。）既然"真正的社会主义者"打着"人"的标牌出现，那么，公开地同这些观点并因此同它们的"祖先"费尔巴哈一刀两断便成为马克思和恩格斯的政治任务。

2. 由于社会被理解为物质的东西，感性概念就不再能充分表达物质关系了。感性虽然能理解现象世界，但不能理解以现象世界为基础的本质联系。

3. 法国唯物主义的社会理论认为，环境创造人，人也创造着自己的环境。《经济学哲学手稿》中早就阐述过的人自己生产自己的观点是对上述思想的唯物主义的继续。马克思和恩格斯对这个"环境"的社会经济学的理解以及通过生产来创造"环境"的证明，解决了旧唯物主义的这一难题。旧唯物主义的界限，还有它关于社会理论的合理的萌芽，在这里已很清楚了。

[原载《马克思恩格斯研究论丛》（柏林）第 16 辑]

（蒋传中 译　吴达琼、李俊聪 校）

费尔巴哈的唯物主义的直观性

——马克思的《关于费尔巴哈的提纲》*

〔苏〕B.П.卡拉茨基

1845年春天,卡尔·马克思在笔记本中草拟了供进一步研究用的札记:《关于费尔巴哈》。1888年,恩格斯把这些札记作为《路德维希·费尔巴哈和德国古典哲学的终结》这一著作的单行本的附录第一次发表出来。恩格斯在这一著作的序言中谈到了"十一条关于费尔巴哈的提纲",根据这篇序言,给这些札记加上了《关于费尔巴哈的提纲》的标题。为了使读者对这些不是为出版而写的札记更容易理解,恩格斯在发表这些札记时作了某些文字上的修改。

马克思的《关于费尔巴哈的提纲》是在马克思主义哲学形成时期写的。按照恩格斯的评价,提纲作为包含着新世界观的天才萌芽的第一个文件,是非常宝贵的。

提纲中包含的原理,在《德意志意识形态》中直接得到了论证、全面阐述和发挥,这部著作马克思和恩格斯在1845年春天就决定共同撰写,而真正从事这项工作是在这年9月。因此,要研究清楚马克思的这些由于极其简练而难懂的提纲,就要阅读马克思和恩格斯在这个时期所写的其他著作,首先是《德意志意识形态》。我们觉得,这种方法论上的要求往往得不到应有的重视。所以我们的一些书籍在解释这些提纲

---

* 本文选自《马列主义研究资料》1983年第5辑。

时，通常是首先强调费尔巴哈唯物主义的直观性的认识论方面，而且对第九条和第十条提纲做出不正确的解释。

＊　　　＊　　　＊

同日益衰亡的封建制度作斗争的革命资产阶级的哲学家坚持唯物主义的观点。马克思以前的这种唯物主义虽然起过积极的作用，但是有局限性：它在解决哲学的基本问题时是形而上学的和不彻底的。

不彻底性是这种唯物主义的主要缺点：只用唯物主义观点解释自然现象，而不用来解释社会现象。这种唯物主义不能克服对社会生活的唯心主义观点。它始终是片面的，因为在新的、马克思主义的唯物主义产生之前，没有唯物主义的社会观。

在《关于费尔巴哈的提纲》中，马克思第一次在哲学史上拟定了对于全面批判旧唯物主义的不彻底性，以及对于论证包含着唯物主义社会观的彻底唯物主义，都是极其重要的原理。

马克思认为，从前的一切唯物主义的主要缺点在于，这种唯物主义是直观的。

这种唯物主义的不彻底性和片面性还在于，它像直观唯物主义那样理解社会生活和认识过程。

直观唯物主义就是不理解社会实践活动的作用的唯物主义。马克思在自己的提纲中断定直观唯物主义是这样的"唯物主义，它把感性[①]不是看作实践的活动"。马克思在提纲的开头说："从前的一切唯物主

---

① 这里指的是社会生活的物质因素。参看《德意志意识形态》中的一句话："……他从来没有把感性世界理解为构成这一世界的个人的共同的、活生生的、感性的**活动**……"（《马克思恩格斯全集》第 1 版第 3 卷第 50 页）

义——包括费尔巴哈的唯物主义——的主要缺点是：对事物、现实、感性，只是从**客体**的或**直观**的形式去理解，而不是把它们当作**人的感性活动**，当作**实践**去理解，不是从主观方面去理解。"

马克思批判旧唯物主义的直观性，同时把以下论点作为他所阐述的唯物主义社会观的一个最重要的原理："社会生活在本质上是**实践的**。凡是把理论导致神秘主义方面去的神秘东西，都能在人的实践中以及对这个实践的理解中得到合理的解决。"

马克思以前的唯物主义的直观性表现在三个主要方面：（1）不懂得人的生产实践活动在社会生活中的作用；（2）不懂得人民群众的革命实践活动在改革社会制度中的作用；（3）不懂得社会实践在人对其周围世界的认识过程中的作用。

一

首先，马克思以前的唯物主义者不懂得人的生产活动在社会生活中的作用。

唯物主义者在同唯心主义哲学和宗教作斗争时，尽力强调他们所论证和捍卫的观点，按照这种观点，人连同人的意识是自然的产物，而不管意识表现为某种超感觉的或超自然的意识。他们坚决驳斥了以下的宗教观念和唯心主义观念：似乎社会生活取决于神的意志、神的预定、宇宙精神，甚至取决于不依赖人体、不依赖外部环境的心灵的自我活动。

此外，他们试图把人连同人的性情和见解看作社会环境的产物。爱尔维修不满足于孟德斯鸠关于气候和土壤条件在社会生活中起决定作用的观点。当时他引证了这样的事实：虽然地理环境不可能有任何明显的改变，人民的风俗、制度、文化却能发生明显的改变。18世纪的法国唯物主义试图把唯物主义原理用于解释社会生活。他们断言，人的感觉是外部世界作用于人的感官的结果。人的观念和观点则是由人的感觉产生的。所以人的观点和风俗是人所居住的环境的产物。环境是什么样，人及其意识就是什么样。

但是，18世纪法国唯物主义者在解释社会环境时，首先指出社会的政治制度、国家、国家的立法。狄德罗说，如果法律好，风俗就好，而如果法律不好，风俗就不好。18世纪的唯物主义者不能唯物主义地解释立法是由什么决定的。因此他们求助于"人的本性"。社会是由人组成的，人出于自身利益而不得不过社会生活。人的利益出自人的本性：努力设法自卫—向往快乐和逃避痛苦。他们认为，"合理的利己主义"，或者对出自"人的本性"的个人利益的正确理解，能导致个人利益和社会利益的和谐。只有无知才是破坏这种和谐的原因。霍尔巴赫认为，人类由于不认识自己的本性而受奴役，并且成为坏政府的牺牲品。"正常的"社会环境适合于"人的本性"，因为在这样的环境中个人利益和社会利益是一致的。达到这样的正常状态要以教育为先决条件，偏离这样的正常状态是由于无知。结果是，见解统治着社会生活领域。18世纪的法国唯物主义者终于滑向了唯心主义的社会观。

随着资本主义制度的确立，经济关系决定着社会的政治制度和法律制度这一事实显露出来了。当阶级关系以阶层的形式出现时，这个事实被社会关系的性质本身掩饰了起来。按照法律，奴隶是无权的，而且必须为奴隶主劳动。按照法律，农奴不享有任何权利，而且必须为封建主承担一定的摇役。这里的强制手段带有超经济的性质。对奴隶制社会关系和封建制社会关系的认识引起了一种错觉，似乎立法、政治决定着人们之间的经济关系。这种观点是奴隶制社会关系和封建制社会关系的本质的**表现**。因此，例如，许多研究奴隶制关系和封建制关系的起源和本质的人，都站在暴力论的立场上。按照这种理论，强者奴役弱者，并且制定了一些法律来决定个人的统治和依附关系。

随着资本主义关系的建立，情况发生了变化。资本主义社会里的阶级基本上是不分等级的。强制手段带有经济的性质。法律在形式上并不规定无产者要把自己的劳动力作为商品出卖给资本家，尤其是出卖给固定的资本家。在这里经济关系、财产关系的范围不直接以等级的政治法律的形式出现。随着资本主义的出现，经济关系的领域开始表现为不同于"政治社会"——政治法律关系的范围——的"市民社会"。马克思强调指出，由于所有制关系的这种"摆脱"，"国家获得了和市民社会并列的并且在市民社会之外的独立存在"。①

随着资本主义制度的确立，从表达、揭示社会生活的决定性因素来说，社会关系已经简化到终于能够解开社会发展之谜了。恩格斯说："初看起来，从前大规模的封建土地占有制的起源，还可以（至少首先是）归于政治原因，归于暴力掠夺，但是这对于资产阶级和无产阶级来说就不行了。在这里，显而易见，这两个大阶级的起源和发展是由于纯粹经济的原因……因此，至少在这里，国家，政治制度是从属的东西，而市民社会，经济关系的领域是决定性的因素。从传统的观点看来（这种观点也是黑格尔所尊崇的），国家是决定性的因素，市民社会是被国家决定的因素。"②

这就是说，正是在社会思想史上首次对资本主义社会进行了研究，才有可能理解作为直接基础——法律的和政治的上层建筑建立在它上面，一定的社会意识形式和它相适应——的生产关系、经济关系的决定性作

---

① 《马克思恩格斯全集》第 1 版第 3 卷第 70 页。
② 《马克思恩格斯全集》第 1 版第 21 卷第 344—345 页。

用。对资本主义社会的理解提供了理解资本主义前社会关系的锁钥。

一些对社会生活的研究者还在马克思之前就在某种程度上摸索到了"市民社会"对政治、法和意识形态起着决定性作用这一事实。在这方面特别应该提到的是波旁王朝复辟时期的法国历史学家(梯叶里、基佐、米涅)和伟大的空想社会主义者(圣西门、欧文)。

梯叶里、基佐和米涅从他们自己所阐明的观点进行历史研究,按照他们的观点,政治机构是由市民的社会生活、由财产关系决定的。基佐说,观念、学说和宪法本身都从属于环境。法国历史学家认为,英国和法国的资产阶级革命是由财产关系引起的第三等级反对贵族的阶级斗争。

在圣西门的观点中表达了关于经济状况是政治机构的基础这一看法的萌芽。他用所有权从贵族向资产阶级的转移,以及两者之间的阶级斗争来解释过去几个世纪法国历史的全部进程。圣西门认为,人们联合成社会的目的是生产,只有关于生产的科学才是"真正的"政治。

然而,法国历史学家和空想社会主义者同18世纪法国唯物主义者一样,没有克服对社会生活的唯心主义观点。18世纪法国唯物主义者不能唯物主义地解释立法是由什么决定的,而比18世纪法国唯物主义者更深入研究社会关系的复辟时期的法国历史学家和空想社会主义者则不能唯物主义地解释财产关系是由什么决定的。

法国历史学家用征服或者仍然用"人的本性"来解释财产关系的起源,在基佐那里除了"人的本性"还可以看到这样的说法:人的"情感、思想、道德上和精神上的倾向"。

圣西门用知识的发展解释生产的发展。人的知识在历史上经过神学阶段、形而上学阶段和实证阶段,它的发展符合于受人的本性制约的个人理智发展的道路。18世纪的法国唯物主义者已经论述了"完善的"、考虑到"人的本性"的立法，而空想社会主义者——他们的理论是在无产阶级尚处于不发达状态，而且不切实际地理解自己的地位时产生的——则把探索"完善的社会制度"提到了首位。这样的探索使他们得出结论说，社会主义社会制度符合于"人的本性"。在欧文看来，建立这样一个"真正的"制度的任务就在于理解"关于人的本性的科学的基本原则"。如果人早一些认识到一般本性的，其中包括人的本性的规律，并且认识到按照这些规律建立社会所带来的好处，那么人早就是聪明的和幸福的存在物了。

由此可见，所有这些思想家都曾试图唯物主义地解释社会生活，然而没有成功。他们不仅没有理解，甚至没有看到社会生活的特点。他们不懂得使人从动物界区分开来并且成为社会过程的基础的那些因素——人们的物质实践活动、他们的生产实践——所以滑向了唯心主义的社会观。

费尔巴哈也和上面所说的一样。战斗的唯物主义者费尔巴哈同宗教唯心主义的社会观点作斗争，用自己的人本主义的唯物主义反对这种观点；人本主义的唯物主义的方法是：通过人把一切似乎超自然的东西转化为自然，而通过自然把一切似乎超人的东西转化为人。

费尔巴哈宣称，神是人们的幻想的产物，是由人们的尘世生活条件引起的。基督教的神和多神教的神一样，都是从人的内部产生出来的。基督教的神之所以不同于多神教的神，是因为基督教徒是和多神教徒不同的人。

费尔巴哈"用实在的世界或自然界，来代替那个抽象的、只是被思想出来的、称之谓神的世界实体，用具有理性的、实在的感性的人，来代替哲学上那个从人抽象出来的、没有感觉的理性实体"①。

---

① 参看《费尔巴哈哲学著作选集》中文版下卷，第515页。

他继续写道，我憎恨唯心主义使人脱离自然界。"假如理性、精神是世界的统治者，那么最多只存在一对人，因为理性能够用一对个体来满足自己的求知欲，或者宁可说……只存在抽象的人，无性别的、理性的人，但是不存在复数的人。"① "……自然界是盲目的和无理性的……它的理性只存在于人的理性中。因为只是人通过自己的安排和措施给自然界盖上了意识和理性的烙印，只是人逐渐地把地球改造成越来越有理性的、适合于人的住处……"②

精神是感性的存在物的属性。脑只有同人的头颅和躯体联系起来才是思维的器官。费尔巴哈说，人的志趣和思想倾向是在自然的和社会的条件、关系、环境的影响下产生的。"皇宫中的人所想的，和茅屋中的人所想的是不同的，茅屋的矮矮的顶棚似乎压在脑上。"③ 关于这种影响，他说："即使最一般的形而上学的概念，存在和本质的概念，不也是随着人的现实的存在和本质的变化而变化吗？"④

人的职业决定着他的论断、思维方式、情绪。人什么样，他的精神就是什么样。各个哲学体系之所以度过自己的时代，其原因同人发生变化以及四季发生变化一样。在野蛮时代被认为是不道德的事，在启蒙时代也被认为是不道德的。法是一种派生的东西。不是国家创造人，而是人创造国家。人什么样，国家就是什么样。

这就是费尔巴哈的唯物主义原理，这些原理既反对宗教的社会观，也反对唯心主义，因为唯心主义把社会生活解释为心灵的、精神的自主

---

① 参看《费尔巴哈哲学著作选集》中文版上卷，第213—214页。
② 参看《费尔巴哈哲学著作选集》中文版下卷，第674页。
③ 参看《费尔巴哈哲学著作选集》中文版上卷，第205页。
④ 参看《费尔巴哈哲学著作选集》中文版上卷，第197页。

活动，而且说心灵和精神不依赖于人的身体，也不依赖于人的生活环境。

但是费尔巴哈把自己在解释社会生活方面的任务仅仅归结为证明：如同自然界里没有任何超自然的东西，社会上也没有任何超人的东西。像马克思以前的其他思想家一样，费尔巴哈没有看到社会生活的特殊性，尽管他宣称凌驾于动物界之上的人的存在物仅仅在于社会性。费尔巴哈说，直接产生于自然界的人仅仅是纯自然的存在物，人是文化的、历史的产物，人和动物的区别不只是思维。

但是费尔巴哈的这些思想只是一些零散的推测，一些能够发育成长的萌芽。在费尔巴哈那里它们始终是不结果的。费尔巴哈解释说：人的本质只存在于人和人的交往、结合中，这种结合建立在"**自我和你之间的差别的现实性**"上，我们不是单独地，而是和某个人一起得到概念，而且得到理性；无论从肉体的还是精神的意义上说，必须有两个人才能生育人。因此，正如恩格斯所说的，费尔巴哈关于人的"社会性"的论述，原则上没有超出论证人们交往的必要性的庸俗事实，"一个不予以承认就决不会产生曾经存在过的第二代人的事实，在性的区别中就已经存在的事实"①。

费尔巴哈感兴趣的只是人们之间的道德关系，但他终于把这种关系归结为自然关系。"道德不是别的，而是人的真实的完全健康的本性……真正有道德的人不是根据义务，根据意志——这也许是从虚无中创造道德——而有道德的，他是根据本性而有道德的。"② 政治制度的最终基础也应当在人的本性中寻找。费尔巴哈说，共和制度合乎本性，

---

① 《马克思恩格斯全集》第 1 版第 42 卷第 361 页。
② 参看《费尔巴哈哲学著作选集》中文版上卷，第 590 页。

而我们的万恶的君主制国家则敌视本性，敌视人类。"……道德和法建立于其上的天然的脚，是对生活的爱，是兴趣、利己主义。"① 宗教的产生归根到底也是这样的："……神不是别的，正是人的在幻想中得到满足的幸福欲。"②

费尔巴哈坚定地断言人是社会的、文明的产物，但是关于社会生活的特殊性，关于使人和动物界区别开来的因素，他说不出任何明确的意见。费尔巴哈对这个特殊性的解释很不明确："人不像动物那样是单个的存在物，而是**普遍的**存在物，这种存在物不是受限制的和不自由的存在物……"③

归根到底，费尔巴哈把一切社会的东西归结为那个"人的本性"。他认为社会生活的动力是人的感情、情绪——对生活的爱、兴趣、利己主义、激情、虚荣心。人的自主活动来源于他的本性，而人的虚荣心构成社会历史的导线。"人类的各个时期仅仅由于宗教的变迁而彼此区别开来。某一历史运动，只有在它深入人心的时候，才是根深蒂固的。"④

费尔巴哈的人本主义的唯物主义导致对社会生活基础的自然主义观点。费尔巴哈说："如果说迄今为止未被认识的宗教，即宗教的蒙昧是政治和道德的最高原则，那么从今以后，或者至少在将来的某个时候，被认识了的、溶解在人之中的宗教，就将决定人的命运。"⑤

费尔巴哈所说的人归根到底是从社会关系中抽象出来的人。费尔巴哈把人们的道德关系归结为仅仅由自然的纽带把许多人联结起来的人类

---

① 参看《费尔巴哈哲学著作选集》中文版下卷，第805页。
② 参看《费尔巴哈哲学著作选集》中文版下卷，第731页。
③ 参看《费尔巴哈哲学著作选集》中文版上卷，第183页。
④ 参看《费尔巴哈哲学著作选集》中文版上卷，第95页。
⑤ 参看《费尔巴哈哲学著作选集》中文版下卷，第524页。

本质。因此，像马克思以前的其他唯物主义者一样，费尔巴哈不能克服对社会的唯心主义观点。此外，就费尔巴哈研究社会生活的出发点来说，他比不上法国历史学家和伟大的空想社会主义者，因为他们在某种程度上看到了"市民社会"中的关系的作用。

直观唯物主义不理解实际生产活动，因而最多只能摸索到"市民社会"的决定作用。所以在这种唯物主义看来，人在社会上始终是孤立的单个人。马克思在第九条提纲中说："**直观的**唯物主义，即不是把感性理解为实践活动的唯物主义，至多也只能做到对'市民社会'的单个人的直观。"

直观唯物主义不可能更深刻地研究社会生活。它不能提出彻底的唯物主义的社会观。彻底的唯物主义应当超过旧唯物主义的出发点，应当更深刻地研究社会生活，以便理解实际生产活动的作用。能做到这一点的是这样的唯物主义：它把社会看作是"过社会生活的人类"，而"社会生活在本质上是**实践的**"。这种新唯物主义的原理，马克思在《关于费尔巴哈的提纲》中已经指出，在这里他以自己所阐明的新唯物主义的出发点，来和没有深入"市民社会"的直观唯物主义的出发点相对照。

旧唯物主义的立脚点是"**市民**"社会；新唯物主义的立脚点则是**人类**社会或社会化了的人类。①

由于在德语中"Bürgerliche Gesellschaft"一词有"市民社会"的意思，也有"资产阶级社会"的意思，而且由于恩格斯用"人类社会或

---

① 马克思的第十条提纲的后半句是："……新唯物主义的立脚点则是**人类**社会或社会的人类。"

社会化了的人类"来表达马克思的用语——"人类社会或社会的人类",所以,对提纲的错误解释在我们的一些著作中得到了公认,按照这种解释,"资产阶级社会"是"资本主义社会"或者是以私有制为基础的一般社会,而"人类社会或社会化了的人类"是共产主义社会。读一读《德意志意识形态》就能够断定,马克思在提纲中所说的"市民社会"不是社会的一定的历史阶段,而是在不同的社会历史阶段上的一定的社会范围。

马克思在提纲中提出的新唯物主义的立脚点,在《德意志意识形态》中得到了论证和发挥:唯物主义的社会观"就在于:从直接生活的物质生产出发来考察现实的生产过程,并把与该生产方式相联系的、它所产生的交往形式,即各个不同阶段上的市民社会,理解为整个历史的基础;然后必须在国家生活的范围内描述市民社会的活动,同时从市民社会出发来阐明各种不同的理论产物和意识形式,如宗教、哲学、道德等等,并在这个基础上追溯它们产生的过程……"①

在这里马克思和恩格斯得出的结论是,直接对政治、法和意识形态起决定作用的"市民社会"本身取决于生产过程。这就是马克思和恩格斯所制定的关于生产关系适应生产力、关于生产关系是社会的上层建筑的直接基础的学说的原理。

马克思和恩格斯的这些原理在《德意志意识形态》中首先是用来反对费尔巴哈的直观唯物主义的。马克思和恩格斯指出,费尔巴哈把人只看作是"感性对象"而不看作是"感性活动",不仅如此,而且他从来没有理解真正存在着的从事活动的人,而是停留在"人"的抽象上,并且局限于承认感觉范围里的"现实的、单个的、肉体的人"。也就是

---

① 《马克思恩格斯全集》第1版第3卷第42—43页。

说，除了爱和友谊，他不知道任何其他"人的关系"、"人同人"的关系，他没有能够把感性世界理解为构成这个感性世界的单个人的共同的、活生生的、感性活动。

恩格斯在《路德维希·费尔巴哈和德国古典哲学的终结》中阐述唯物主义历史观的起源时指出，新的哲学派别在劳动的发展史中找到了理解全部社会历史的锁钥。

马克思主义的唯物主义既克服了旧唯物主义在传播对社会生活作解释的基本唯物主义观点时的不彻底性，也克服了这种唯物主义的空想性。马克思在提纲中写道，费尔巴哈没有看到，他所分析的抽象的个人，实际上是属于一定的社会形式的。马克思和恩格斯所创立的唯物主义的社会观，是辩证唯物主义的社会观。

二

马克思以前的唯物主义者不理解人民群众的实际革命活动在改造社会关系、社会制度、社会现象中的作用。

马克思看到，在空想社会主义者①和费尔巴哈那里，旧唯物主义的这个缺点表现得最为明显。

马克思在提纲中说："有一种唯物主义学说，认为人是环境和教育的产物，因而认为改变了的人是另一种环境和改变了的教育的产物——这种学说忘记了：环境正是由人来改变的，而教育者本人一定是受教育

---

① 在这之前不久，马克思认为法国和英国的社会主义和共产主义在实践方面体现了"和**人道主义**相吻合的**唯物主义**"。(《马克思恩格斯全集》第 1 版第 2 卷第 160 页)

的。因此，这种学说必然会把社会分成两部分，其中一部分高出于社会之上（例如在罗伯特·欧文那里就是如此）。"

按照这种学说，环境决定人。环境是怎样的，人也就是怎样的。要使人变成另外的样子，就需要另外一种环境。但是，用什么办法才能改造环境呢？空想社会主义者否认人民群众的，特别是无产阶级的政治斗争在改造社会、改变社会环境中的作用。他们认为社会发展的唯一积极力量是思想家、立法者、政治家和统治者所从事的活动。因此，空想社会主义者向他们呼吁，要他们相信必须对社会进行社会主义改造时像法国启蒙运动者一样，空想社会主义者想要建立一个"真正的正义"的王国。他们认为，这个王国之所以至今没有建立起来，只是由于人的本性以及和人的本性相符合的正义没有被认识，由于没有出现一个能够认识真理、揭示"人的本性"的天才。欧文说，如果我们的祖先理解了真理，那么过去几个世纪中的一切纷争、战争、残杀、掠夺和不道德行为就可能避免。如果这个天才在五百年前出现，他就能使人类免去五个世纪的错误和苦难，社会就能得到改造，而且建立起一个符合人的本性的制度——社会主义制度。

费尔巴哈的唯物主义的直观性明显地表现在他和宗教的斗争中。

费尔巴哈证明说，宗教束缚人们的自主活动，因为从宗教的观点来看，对现存制度所作的每一个任意的改变，都是亵渎神灵的革命。人类一直是一切仇视人类的势力的猎物和玩物，这些势力自古以来利用宗教的愚昧来压迫人。基督教给政治自由设置了障碍。摈弃想要在天上获得更美好生活的宗教信仰，也就意味着要求在地上获得更美好的生活；摈弃对于神的宗教信仰，就会把美好的未来从空洞的、无作为的信仰的对象，变成任务的对象、人类自主活动的对象。

然而费尔巴哈是从直观的观点进行反对宗教的斗争，这是这一斗争的主要缺点。费尔巴哈的无神论是启蒙运动者的资产阶级无神论。费尔巴哈由于不懂得决定宗教产生和存在的社会原因,所以他不懂得消除宗教,即消除对神的信仰的途径。他认为克服宗教信仰的主要手段是教育。"不要把人变成宗教信徒,而要教育人,要使教育普及到一切阶级和阶层,——这是……时代的使命。"① 往下他解释说,消除宗教和教育之间的令人厌恶的矛盾"是复兴人类的必要条件,可以说,是新人类和新时代的必要条件"②。若不消除这种矛盾,一切政治的和社会的改造都是徒劳的。

正如马克思在提纲中所指出的,费尔巴哈不理解,要消除宗教,必须"在实践中革命地"改造社会关系,必须消除那些产生和支持宗教的存在的社会条件。他不理解,"例如,自从在世俗家庭中发现了神圣家族的秘密之后,世俗家庭本身就应当在理论上受到批判,并在实践中受到革命改造"。

马克思和恩格斯在《德意志意识形态》中写道,唯物主义的历史观"不是从观念出发来解释实践,而是从物质实践出发来解释观念的东西,由此还可以得出下述结论:意识的一切形式和产物不是可以用精神的批判来消灭的……而只有实际地推翻这一切唯心主义谬论所由产生的现实的社会关系,才能把它们消灭;历史的动力以及宗教、哲学和任何其他理论的动力是革命,而不是批判"③。

马克思所批判的旧唯物主义观点把人民群众的活动和社会制度的改变割裂开来。马克思在提纲中论述的有积极作用的观点是:"环境的改

---

① 参看《费尔巴哈哲学著作选集》中文版下卷,第717页。
② 参看《费尔巴哈哲学著作选集》中文版下卷,第719页。
③ 《马克思恩格斯全集》第1版第3卷第43页。

变和人的活动的一致,只能被看作是并合理地理解为**革命的实践**。"

马克思以前的唯物主义在社会斗争中,在用资产阶级方式对社会进行改造中起过积极的作用。它的作用是进步的。但是它由于自己的直观的观点而不能阐明改造社会的途径和方法。

费尔巴哈的哲学没有论证革命的政治,他的理论没有和改造社会的革命实践有机地联系起来。费尔巴哈不理解1848年革命。早在1843年马克思就看出费尔巴哈的格言的缺点,这些格言的作者过于强调自然界,很少强调政治。费尔巴哈在生产关系、社会阶级关系之外观察人类,因而不理解社会关系的本质,不能论述革命的政治。马克思和恩格斯在《德意志意识形态》中指出:"费尔巴哈在关于人与人之间的关系问题上的全部推论无非是要证明:人们是互相需要的,并且**过去一直是**互相**需要**的。他希望加强对这一事实的理解,也就是说,和其他的理论家一样,只是希望达到对**现存**事实的正确理解……"①

马克思针对这种直观唯物主义的观点提出实践的唯物主义的观点:"……对**实践**的唯物主义者,即**共产主义者**来说,全部问题都在于使现存世界革命化,实际地反对和改变事物的现状。"②

新的、马克思主义的唯物主义作为无产阶级的世界观产生出来。它根据共产主义的原理科学地论证了对社会进行革命改造的途径和手段,因而是这一改造的有效的武器。

马克思在最后一条提纲中写道:"哲学家们只是用不同的方式**解释**世界,而问题在于**改变**世界。"

---

① 《马克思恩格斯全集》第1版第3卷第47页。
② 《马克思恩格斯全集》第1版第3卷第48页。

三

最后，马克思以前的唯物主义者不理解社会实践在认识周围世界过程中的作用。这是马克思以前的唯物主义的一切认识论的主要缺点，因为这种唯物主义轻视研究人类的活动对于人类的思维的作用。

马克思以前的感觉论唯物主义者把认识周围世界的过程看作是周围世界在人的意识中的反映的过程，但是他们把认识的过程归结为人对周围世界的直观。他们不理解，认识过程的基础是社会实践，而且实践是我们的知识的真理性的标准。

费尔巴哈在和认识过程的唯心主义的唯理论的观点作斗争时，坚持并论述了唯物主义的感觉论观点。他说："世界只对于开放的头脑才是开放的，而**头脑的门户**只是**感官**。"① "……若没有感觉思维，理性就等于无，因为只有感觉给我真实的、现实的对象和实体。"② 费尔巴哈一贯强调经验在认识过程中的作用，坚持哲学和生活相联系的必要性。费尔巴哈说："真正的思辨，或哲学，不是别的，仅仅是**真实的和普遍的经验**。"③ 他从这个观点出发批判唯心主义的虚假的思辨，唯心主义认为经验主义的观点"只适用于生活，而不适用于思辨"。费尔巴哈坚持这样的看法：思辨若是和生活相矛盾，使脱离开肉体的灵魂的观点充当真理的观点，那就是死板的、虚构的思辨。

费尔巴哈不是根据观念产生于感觉和知觉（当然，这一点他承

---

① 参看《费尔巴哈哲学著作选集》中文版上卷，第182页。
② 参看《费尔巴哈哲学著作选集》中文版上卷，第252页。
③ 参看《费尔巴哈哲学著作选集》中文版上卷，第107页。

认。)来论证世界的客观性,而是根据其他人的可靠性,这种可靠性来自单个的人感受到外部世界时所产生的情感,来自他对这个世界的愿望。费尔巴哈说:"……感觉是禁欲主义哲学的直接对立物:它**忘形于**快乐和痛苦,它爱好交往并喜欢交谈,它贪图生活和享受,也就是贪图客体,因为没有客体就没有享受。"① 从这一点出发,他宣称:"不论是在客观上,还是在主观上,爱是存在的标准——真实性和现实性的标准。"② 费尔巴哈认为,感觉的真实性、可靠性是以其他人的真实性为依据,以爱情的、生活的、实践的真实性为依据。

费尔巴哈反对唯心主义把理性、抽象思维同感觉器官、感觉和知觉割裂开来,他在同唯心主义的斗争中坚持必须考虑生命的、实践的出发点。"……认识的、理论的观点应当用生命的观点补充和修正。"③ "理论所不能解决的**那些**疑难,实践会给你解决。"④

但是费尔巴哈在这里把实践理解为一个人和另一个人的日常关系,在这种关系中主体也可以表现为客体。这说明费尔巴哈还没有把认识过程的基础理解为社会实践——人的活动,而人的活动的结果是改变自然的对象和社会关系。马克思在提纲中写道:"费尔巴哈不满意**抽象的思维**而诉诸**感性的直观**;但是他把感性不是看作**实践的**、人类感性的活动。"

费尔巴哈认为,实践能证明外部世界的客观性,证明我们的感性材料的可靠性,但是实践的要求和需要作为认识的目的,是无助于认识

---

① 参看《费尔巴哈哲学著作选集》中文版上卷,第528页。
② 参看《费尔巴哈哲学著作选集》中文版上卷,第169页。
③ 参看《费尔巴哈哲学著作选集》中文版上卷,第204页。
④ 参看《费尔巴哈哲学著作选集》中文版上卷,第248页。

的。费尔巴哈在《基督教的本质》中写道:"实践的直观是**不洁的**、被利己主义玷污的直观,因为它不允许我无私地对待事物。"① 纯理论的直观则是另一回事。"理论的直观……是**充满喜悦的、自身得到满足的、幸福的**直观,因为对它来说,任何客体都是爱和赞美的客体,客体像金刚石一样闪耀着奇异的光彩,从自由研究的角度来看,它像水晶一样清澈透明。"② 费尔巴哈把"真正的客观实践"——它的源泉是理论——和"主观实践"对立起来:"人只能做他所知道的事情。"③

关于这一点,马克思在提纲中指出,费尔巴哈在《基督教的本质》一书中"仅仅把理论的活动看作是真正人的活动,而对于实践则只是从它的卑污的犹太人活动④的表现形式去理解和确定"。

费尔巴哈对社会现象的观点中的人本主义、自然主义,在解决我们的知识的真理性的标准这个问题时也表现出来。费尔巴哈说:"只有别人和我相一致的东西才是真的,一致是真理的第一个特征,但是这仅仅因为**类是真理的最终尺度**……和类的本质相一致的东西是真的;和它相矛盾的就是假的。对真理来说,其他规律是不存在的。"⑤ 这就是对问题的抽象的直观的解决。

针对这种真理标准的观点,马克思在第二条提纲中表述了一个著名

---

① 参看《费尔巴哈哲学著作选集》中文版下卷,第235页。

② 参看《费尔巴哈哲学著作选集》中文版下卷,第236页。

③ 参看《费尔巴哈哲学著作选集》中文版下卷,第225页。

④ 指极端实利主义的形式:费尔巴哈在《基督教的本质》中把"希腊人"对世界的"观点"和"犹太教的观点"相对照——"希腊人从理论上观察自然",而"对犹太教来说最高原则是实利主义、利益"。(《费尔巴哈哲学著作选集》中文版下卷,第145、146页)

⑤ 参看《费尔巴哈哲学著作选集》中文版下卷,第194页。

的论点:"人的思维是否具有客观的真理性,这并不是一个理论的问题,而是一个**实践的**问题。人应该在实践中证明自己思维的真理性,即自己思维的现实性和力量,亦即自己思维的此岸性。关于离开实践的思维是否具有现实性的争论,是一个纯粹**经院哲学**的问题。"

* * *

唯物主义始终是先进阶级的世界观。社会上各衰亡的阶级站在唯心主义立场上。至于唯物主义的社会观,正如已经说过的,它最初是在对成熟了的资本主义社会进行研究的基础上产生的。费尔巴哈在哲学上表现为唯物主义者,他是德国资产阶级的激进派思想家,是反封建制度的战士。他没有研究资产阶级社会的关系,因此,他的唯物主义由于社会的原因不能不是直观的唯物主义。唯物主义的社会观产生后,资产阶级就开始抛弃哲学唯物主义。资产阶级思想家甚至在自然观上也已经转向唯心主义的立场。这说明,在哲学史上最初只有无产阶级的思想家才能阐明唯物主义的社会观。马克思和恩格斯克服了旧唯物主义的直观性,论证了唯物主义的社会观,创立了历史唯物主义。

资产阶级哲学中的人本主义的现代追随者,抛弃了人本主义中的一切唯物主义内容,并且打着"人道主义哲学"(存在主义被宣布为人道主义)——之所以称为人道主义哲学,好像是因为它看到的是"活着的"人、一般的人,而不是属于一定社会阶级的"抽象的"人——的旗帜利用唯心主义的人类学来同辩证唯物主义和历史唯物主义作斗争。某些特别坚持存在主义观点的修正主义者、右翼社会党人,企图利用青年马克思所使用的费尔巴哈的用语,把马克思变成唯心主义人类学的拥护者。对马克思主义哲学的产生过程的研究,特别是对马克思的《关于费尔巴哈的提纲》的科学分析，证明这样的企图是完全不能实现的。

费尔巴哈的人本主义的唯物主义尽管有严重的缺点，但是在哲学史上起过积极的作用，它是马克思主义哲学产生的思想来源之一。

（原载《莫斯科大学学报·经济学、哲学、法学文集》1959年第4期第137—150页）

（齐淑文 译）

路德维希·费尔巴哈与马克思和恩格斯的自然科学研究[*]

〔德〕安讷莉泽·格里泽

卡尔·马克思和弗里德里希·恩格斯对自然科学的研究受到了德国古典哲学的影响。对于他们创作的个别时期来说这一点已经得到详尽的证明。尤其是,只有与黑格尔的本质论联系起来才能理解恩格斯在1873—1882年间针对《自然辩证法》所写的一些文章。这些文章设想的出发点是黑格尔的自然哲学,恩格斯将它建立在唯物主义基础之上。[①]

人们在评阅哲学史文献时会发现,尽管路德维希·费尔巴哈对马克思和恩格斯哲学发展的意义基本上明确了,但他对他们自然观的影响,

---

[*] 本文选自《马克思恩格斯研究》1994年总第19期。

[①] 参看《马克思恩格斯全集》历史考证版第1部分第26卷第29*—36*页。

首先对他们与自然科学的实际关系的影响几乎没有受到重视。① 克服这个缺点的某些尝试仅停留在起步的阶段，因为这些尝试并没有与对费尔巴哈本人著作的透彻分析联系起来，而且未经任何思考便采用了恩格斯在《路德维希·费尔巴哈和德国古典哲学的终结》这篇文章以及在与此有关的一段文字的草稿中所阐述的一些评价。②

为了出版《马克思恩格斯全集》历史考证版中的马克思和恩格斯在自然科学方面的摘录，迫切需要对马克思和恩格斯的哲学前辈们，尤其是费尔巴哈继续进行研究。我认为，这些研究为更深入地理解马克思和恩格斯自然科学研究的出发点以及与此相关的理论观点，首先是马克思的理论观点提供了可能性。为此需要在注意原始资料的情况下，将费

---

① 参看维尔讷·舒芬豪尔：《路德维希·费尔巴哈在当代的意义》，载《1804—1872年间的路德维希·费尔巴哈》（德意志文化协会中心科学委员会的报告会），1972年柏林版第7—28页；格尔德·伊尔利茨：《路德维希·费尔巴哈的人类学唯物主义是马克思主义的理论源泉》，同上书，第29—53页；路德维希·费尔巴哈：《费尔巴哈全集》第1卷，维尔讷·舒芬豪尔出版，1981年柏林版，《出版者为〈全集〉写的前言》，第25—28页；马丁纳·托姆：《卡尔·马克思博士。一个新的世界观的形成。1835—1843年》，1986年柏林版第225—258页。突出强调这种影响的少数文章有：赫尔曼·莱：《路德维希·费尔巴哈论哲学与自然科学和辩证唯物主义的结合》，载《1804—1872年的路德维希·费尔巴哈》，1972年柏林版第70—78页；汉斯－耶尔格·桑得屈勒：《马克思主义与自然科学》，载《论当今自然科学的彻底变革》，1987年4月25日—26日在乌培河谷召开的科学大会；《马克思恩格斯基金会论文集》第10期，1988年杜塞尔多夫版第8—28页。

② 参看安讷莉泽·格里泽：《卡尔·马克思和弗里德里希·恩格斯关于社会和自然的关系》，载《经济、技术变革和工人运动》，1990年维也纳版第45—55页。又参看吉泽拉·施勒特尔：《路德维希·安得列阿斯·费尔巴哈》，载《哲学百科》，E.朗格和D.亚历山大编，1982年柏林版第257—267页。

尔巴哈对马克思的观点的实际影响同恩格斯晚期的评价加以区分，并且在一定背景之下研究恩格斯晚期评价的有效性。

在前面已经提到的恩格斯1886年所写的文章中承认，费尔巴哈对自己及马克思的发展有很大的影响，他在文章中写道，费尔巴哈直截了当地使唯物主义重新登上王座，这就意味着："自然界是不依赖任何哲学而存在的，它是我们人类即自然界的产物本身赖以生长的基础；在自然界和人以外不存在任何东西……"① 恩格斯要我们注意费尔巴哈的文章《基督教的本质》，在这篇文章里提出了新的观点。马克思和恩格斯像许多其他人一样，对1841年这本书的出版表示热烈欢迎。尽管费尔巴哈与唯心主义已经决裂，但他仍将唯物主义仅仅看作是人类知识大厦的基础，而不是大厦的本身。恩格斯认为这是由于对唯物主义一定的发展形式评价过高以及对自然科学新的发展及其对哲学思考所产生的影响缺乏了解。恩格斯认为，自然科学的三大发现在世界观上的意义是深远的。针对这三大发现他对费尔巴哈作了富于批判性的评价，然而接着他又使这种评价具有相对性。他在草稿中起初这样写道："费尔巴哈忽视了所有自然科学划时代的进步，这些进步丝毫未触及到他。尽管这不是他的过错，而是德国的可怜的状况所致……因此，在作出个别天才的概括时，关于自然他必定使用许多漂亮的空话。"② 经过修改的文稿是这样的："虽然这三个决定性的发现——细胞、能量的转化和以达尔文命名的进化论，费尔巴哈全看到了，但是，这位在乡间过着孤寂生活的哲

---

① 恩格斯：《路德维希·费尔巴哈和德国古典哲学的终结》，载《马克思恩格斯全集》第1版第21卷第313页。

② 恩格斯：《〈费尔巴哈〉中所删去的段落》，载《马克思恩格斯全集》历史考证版第1部分第26卷第287页。

学家怎么能够充分研究科学,给这些发现以足够的评价呢?……这里唯一可以非难的,是德国的可怜的状况……"①

尽管不可能有一个完整的答案,在思考这一段话时仍不禁产生下面应该探讨的两个问题。第一个问题是:费尔巴哈对19世纪的自然科学的研究达到什么程度,他的自然观究竟表明了什么,是否像恩格斯所指出的那样,费尔巴哈事实上根本没有对这些新的发现作出判断?第二个问题是:在马克思和恩格斯的著作中如何表现了费尔巴哈自然观的影响?在这方面涉及了费尔巴哈的哪些著作?在马克思和恩格斯的著作中是否具体涉及了一些表明费尔巴哈在1845—1846年之后这一时期与自然科学的关系的费尔巴哈的出版物?

我们着手研究第一个方面。费尔巴哈的著作(包括书信以及遗留下来的文稿)非常清楚地表明,这位哲学家在他整个创作过程中都在研究自然科学,自然科学的成果吸引着他,在自然科学的影响下他转向了哲学唯物主义。② 在30多年的时间里,费尔巴哈都有相应的表述可以证明这一点。这些表述尤其证明了他对新发现的兴趣,它们为费尔巴哈更具体清楚地表现自己原有的唯物主义自然观奠定了基础。

费尔巴哈在这方面的出发点很可能是18世纪30年代他本人的哲学史著作。按照他的观点,从培根到斯宾诺莎等人的新哲学史首先包括对

---

① 恩格斯:《路德维希·费尔巴哈和德国古典哲学的终结》,《马克思恩格斯全集》第1版第21卷第322页。
② 参看格奥尔格·比得曼:《路德维希·安得列阿斯·费尔巴哈》,1986年莱比锡、耶拿、柏林版第59—65、121—139页。《路德维希·费尔巴哈全集》第1卷,维尔讷·舒芬豪尔出版,1981年柏林版,《出版者为〈全集〉写的前言》,第26—27页。

自然的重新发现，对自然科学和实验的推动。① 1840—1841年间的书信是费尔巴哈研究自然科学的早期证明。从这些书信中我们发现，首先是地质学和地球构造学、矿物学和昆虫学的发现引起了他的注意。他提到了亚历山大·冯·洪堡、若尔日·居维叶和列奥波特·冯·布赫等人。1840年2月和4月他宣布，他有一个写一点"关于自然科学在哲学、伦理学和教育学方面的意义"的东西的计划。② 同年11月他强调指出，他还不知道他是否能在这个冬天写作地质学方面的东西。③ 在这段时间里，费尔巴哈显然认为也有可能"对自然科学进行正式的"研究。④ 他不想"舍弃自然科学和法哲学"⑤。在自然科学中，首先吸引他的是自然科学遵循直观并且满足对经验的需求。在这个意义上，他于1841年2

---

① 参看路德维希·费尔巴哈：《从培根·维鲁拉姆到贝奈狄克特的新哲学史》（《全集》第2卷），1981年柏林第2版；《新哲学史。对莱布尼茨哲学的阐述、发展和批判》（《全集》第3卷），1981年柏林第2版；《比埃尔·培尔。对哲学史和人类所作的贡献》（《全集》第4卷），1967年柏林版。

② 1840年2月14日路德维希·费尔巴哈致阿尔诺德·卢格的信，载《路德维希·费尔巴哈书信集》第2卷（1840—1844）（《全集》第18卷），1988年柏林版第9页；1840年4月7日致克利斯提安·卡普的信，载《路德维希·费尔巴哈书信集》第2卷（1840—1844）（《全集》第18卷），1988年柏林版第14页。

③ 1840年11月6日路德维希·费尔巴哈致克利斯提安·卡普的信，载《路德维希·费尔巴哈书信集》第2卷（1840—1844）（《全集》第18卷），1988年柏林版第32页。

④ 1840年6月22—23日路德维希·费尔巴哈致克利斯提安·卡普的信，载《路德维希·费尔巴哈书信集》第2卷（1840—1844）（《全集》第18卷），1988年柏林版第18页。

⑤ 1840年7月24日路德维希·费尔巴哈致克利斯提安·卡普的信，载《路德维希·费尔巴哈书信集》第2卷（1840—1844）（《全集》第18卷），1988年柏林版第23页。

月在给奥托·维干德的信中写道:"……我对自然科学有不可抑制的偏爱,除去我的抽象活动,我把全部精力都用于自然科学。"① 稍晚些时候又在给克利斯提安·卡普的信中写道:"然而自然科学始终应该是也将会是我的朋友和安慰者。要把思维和直观结合起来才是智慧和生命的完美。"② 我们在1846年费尔巴哈作为他的"全部著作"的第2卷的结尾发表的自传体简介中也能找到类似的思想。③

费尔巴哈对自然科学的深入研究还反映在费尔巴哈在1841—1846年间所写的哲学著作中,这些著作包含了对黑格尔哲学的原则性批判以及他向哲学唯物主义的转变。在这些著作中通过与宗教观念的争论,他的唯物主义自然观得到了更详尽的阐述。④ 从内容看,下面四个观点理应得到我们特别的关注。第一:自然界是本质、事物、对象(这些东西

---

① 1840年7月24日路德维希·费尔巴哈致克利斯提安·卡普的信,载《路德维希·费尔巴哈书信集》第2卷(1840—1844)(《全集》第18卷),1988年柏林版第23页。

② 1841年3月(13日之前)路德维希·费尔巴哈致克利斯提安·卡普的信,载《路德维希·费尔巴哈书信集》第2卷(1840—1844)(《全集》第18卷),1988年柏林版第70页。

③ 参看路德维希·费尔巴哈:《我的哲学经历的特征描述片断》,载路德维希·费尔巴哈:《短论集》第3卷(1846—1850)(《全集》第10卷),1952年柏林第2版第151—180页。

④ 参看路德维希·费尔巴哈:《关于哲学改革的临时纲要》,载路德维希·费尔巴哈:《短论集》第3卷(1846—1550)(《全集》第10卷),1982年柏林第2版第243—263页;《未来哲学原理》,载路德维希·费尔巴哈:《短论集》第3卷(1846—1550)(《全集》第10卷),1982年柏林第2版第264—341页;《宗教的本质》,载路德维希·费尔巴哈:《短论集》第3卷(1846—1850)(《全集》第10卷),1982年柏林第2版第3—79页。

将人本身及其产品区别开来)的总和,它依赖自身而存在,它不是精神实质的反映。自然的一切运动都源于机械的和自然的原因。自然界的各种异常证明,自然界与难以预料的、自然而然地形成的产品有关。第二,就目前的特性来看地球是一个发展过程的结果。"并不是一直就像现在这个样子,它只是经过一系列的发展和变革以后,才达到现在这个状况。地质学已经考查出来,在这些不同的发展阶段里,还曾经存在过许多现在或早已不复存在的动植物。"① 第三,人来自自然界并依赖于自然界。"我们生活在自然界之中,与自然界一块生活,靠自然界生活,难道还不应该出于自然界?这是多么大的矛盾!"② 人类形成的前提是动物的存在。民族的本质以自然的特性和他们所生活的地方的特性为基础。第四,费尔巴哈还把有机生命的出现归结到地球过去的发展中。然而这个过程也不是孤立的行为,而是一个伴随着适于生存的自然条件的形成过程。他还特别要我们注意那些在自然解释生命产生和人类形成时的那些尚不充分的科学推论,由此他得出要继续致力于对自然科学,首先是对自然科学的新趋势的研究。

很少引起重视的两份材料证明了费尔巴哈1848年以后的自然科学研究:一份是1850年费尔巴哈所写的一篇题为《自然科学与变革》的文章,另一份是为他1857年底逝世的朋友和自然科学顾问、普通医生弗里德里希·威廉·海登赖希写的悼词。费尔巴哈接受了詹姆斯·摩莱肖特的建议,写了上面提到的文章,后者1850年以他的文章《食品学。

---

① 路德维希·费尔巴哈:《宗教的本质》,载路德维希·费尔巴哈:《短论集》第3卷(1846—1850)(《全集》第10卷),1982年柏林第2版第19页。

② 路德维希·费尔巴哈:《宗教的本质》,载路德维希·费尔巴哈:《短论集》第3卷(1846—1850)(《全集》第10卷),1982年柏林第2版第19页。

为了人民》而为人所知。费尔巴哈首先从刻画自然科学的思想方法的特征开始,他认为自然科学的思想方法对政治经济学具有重要意义。实现整体的统一,由一个万能的出发点研究所有的事物,表现永恒的进步和将自然界视为所有活着的人的共有财富。"观察大自然会使人超越严密法制的狭隘的界限,会使人变成共产主义的,即具有自由思想和慷慨大度的人。"① 费尔巴哈认为自然科学的革命意义尤其在于它对克服抽象真理和宗教偏见的贡献上,就这方面而言它的原则是直观的事实,它的证据是感性的工具。他对尼古拉·哥白尼作为新时代的第一个革命者作了恰当的描述,就这方面而言,在创立现代天文学时尼古拉·哥白尼克服了"理性的自然的世界和非理性的超自然的世界之间的矛盾"②。现代天文学"尽管把地球抬上了天空,然而却同样也因此亵渎了天空,把天体和地球安上了相同的底座"③。在费尔巴哈看来,正如在提到的摩莱肖特的文章中所表现的那样,现代化学为证明自然科学普通革命意义提供了一个极易接受的更具说服力的论据。从"生命是新陈代谢"这个命题出发,他相当详细地指出,自然界的所有三个领域为人类提供了多少食物,这些食物中包含有哪些化学元素以及人的机体中发生了哪些化学变化。

在致海登赖希的悼词中费尔巴哈强调指出,海登赖希在他的医学和自然科学观点和努力中具有人与自然的统一、自然本身的统一、所有生

---

① 路德维希·费尔巴哈:《自然科学与变革》,载路德维希·费尔巴哈:《短论集》第3卷(1846—1850)(《全集》第10卷),1982年柏林第2版第351页。

② 路德维希·费尔巴哈:《自然科学与变革》,载路德维希·费尔巴哈:《短论集》第3卷(1846—1850)(《全集》第10卷),1982年柏林第2版第354页。

③ 路德维希·费尔巴哈:《自然科学与变革》,载路德维希·费尔巴哈:《短论集》第3卷(1846—1850)(《全集》第10卷),1982年柏林第2版第355页。

命的统一的思想。这表现在他对当时自然科学思想的两条线索的强调中，根据这两条线索，自然力——电、磁、化学亲缘、结晶和重力——的统一可以在光和热中找到，以及有机界和无机界是密不可分的。后一个思想被费尔巴哈评价为现代最突出的成就。费尔巴哈在对海登赖希的观点表示赞同的同时对他有关的论述加以引用指出，时代即将到来，"在这个时代中几乎整个生理学都将在有机一个生命的物理学和化学中产生"①。海登赖希的自然科学活动主要是在其中证明了，"在无机界中的规律在有机界中也同样适用并起作用"②。

如果把费尔巴哈提出的关于自然和自然科学的思想与当时的认识水平相比较，我们就会得出这样的结论，这种思想在很多方面符合当时的认识水平，所以，在当时来说在某些方面是完全先进的。自然力的统一、人的产生、生命的出现、无机界和有机界的相互联系——19世纪人们对所提出的这些问题进行了长时间的讨论，伟大的自然科学家们为解决这些问题作出了努力。令人惊奇的是与黑格尔自然哲学的部分接近，费尔巴哈1846年对地球发展所发表的意见与1842年黑格尔的讲演的片段几乎一字不差，这些片断论述了生理过程，证明黑格尔在他的自然哲学中使这种发展思想占有什么样的地位。③

在有细微差别的对费尔巴哈的评价中应该注意到，这种所谓的古典

---

① 路德维希·费尔巴哈：《短论集》第4卷（1851—1866）（《全集》第11卷），1982年柏林第2版第21页。

② 路德维希·费尔巴哈：《短论集》第4卷（1851—1866）（《全集》第11卷），1982年柏林第2版第21页。

③ 参看乔治·威廉·弗里德里希·黑格尔：《哲学全书概要》1830年第2部分《自然哲学》（有附言）（《黑格尔全集》第9卷），1970年法兰克福版第342—351页。

自然科学在1870年才相对地结束。在这段时间里，像D.门捷列夫和L.迈耶尔论化学元素的周期系统，L.波尔茨曼用统计学阐述热力学以及达尔文论将他的进化论应用于人类等重要著作才刚刚问世。这些著作费尔巴哈大概没有看到，众所周知，他在1872年就已经逝世了。然而在18世纪60年代末之前他注意到了自然科学思想中重要的发展倾向——显然也注意到了达尔文1859年的理论——他在唯物主义自然观的意义上对这些倾向作了十分恰当的解释。这种自然观比人们从对恩格斯著作的简单引用中所能了解到的内容更为丰富，其自然科学的基础更为牢固。

只有在将费尔巴哈的文学遗产——首先包括那些迄今为止尚未公开发表的那一部分——计算在内的前提下才有可能对他的自然科学研究作进一步的说明。我们发现，卡尔·格律恩对这个遗产作了有趣的暗示，有关费尔巴哈在18世纪60年代的情况这样写道："正如他所作的无数的摘录所证实的，当时他读过卡尔·福格特的《生理学通信》和《地质学》，极其认真地研究了洪堡的《宇宙》、查理·赖尔的《人类的年龄》以及达尔文的《物种的起源》。他因此也一同进步，达到最新的自然观。"① 据格律恩讲，在费尔巴哈的自然科学摘录中还有一篇摘自罗伯特·迈尔的著作，这位大哲学家1865年的时候仍对自然科学很感兴趣，让人设法为自己弄到一架显微镜。② 已由格律恩发表的他的遗著中有关道德哲学的段落证明他对达尔文进行过研究，后来，威廉·博林也

---

① 卡尔·格律恩：《路德维希·费尔巴哈的书简、遗稿以及哲学特征的阐述》第2卷，1874年莱比锡和海德堡版第110—111页。

② 参看卡尔·格律恩：《路德维希·费尔巴哈的书简、遗稿以及哲学特征的阐述》第2卷，1874年莱比锡和海德堡版第110—111页。卡尔·格律恩在54页的脚注中写道："在费尔巴哈所作的大量的自然科学的摘录中有些内容也摘自迈耶尔的《关于热能的机械等量的看法》。"

引证了这些段落。①

现在谈第二个问题。费尔巴哈对马克思和恩格斯早期哲学发展的影响在近几年中得到了较广泛的研究和深入的分析。② 因此很清楚,马克思和恩格斯在从1839年或1841年起开始合作以前就注意到了费尔巴哈并且受到他的影响。特别是包括准备工作在内的马克思的博士论文(1839—1841)和他的《1844年经济学哲学手稿》以及恩格斯论谢林的著作(1841/1842)和《政治经济学批判大纲》(1843/1844)都证明了这一点。在马克思的书信中以及主要是在恩格斯的一些较短的论文中也谈到了费尔巴哈。③《神圣家族》(1845)和《德意志意识形态》(1845/1846)是他们研究费尔巴哈的顶峰和相对的终结。《德意志意识形态》

---

① 参看卡尔·格律恩:《路德维希·费尔巴哈的书简、遗稿以及哲学特征的阐述》第2卷,1874年莱比锡和海德堡版第259页注释。又参看威廉·博林:《路德维希·费尔巴哈。他的影响及其同时代人》,1891年斯图加特版第295页。在前面提到的卡尔·格律恩的文章中的地方(第2卷第259页注释),费尔巴哈引用了达尔文的话,他写道:"我们大概要感谢那些使我们认识几乎所有植物的作用的那些人,他们最初生存在一个野蛮的状态下并经常由于极度匮乏,不得不把他们所能啃咬和吞食的所有东西当成食物来品尝。"参看达尔文:《动物和植物的变异》第1卷第384页。

② 参看《马克思恩格斯全集》历史考证版第1部分第1—3卷。

③ 参看1843年9月马克思致卢格的信,载《马克思恩格斯全集》历史考证版第1部分第2卷第488页。燕妮·冯·威斯特华伦1843年3月致马克思的信,载《马克思恩格斯全集》第1版第40卷第904—905页。恩格斯:《亚历山大·荣克·关于德国现代文学讲座》,载《马克思恩格斯全集》历史考证版第1部分第3卷第372、373和374页。恩格斯:《政治经济学批判大纲》,载《马克思恩格斯全集》第1版第1卷第569—625页。恩格斯:《英国状况·评托马斯·卡莱尔的〈过去和现在〉》,1843年伦敦版,载《马克思恩格斯全集》第1版第1卷第647—649页。

以特殊方式反映了他们与这位伟大的哲学先辈争论的范围与激烈程度。①

在几年的时间里马克思和恩格斯就注意到费尔巴哈的哲学史和宗教批判方面的文章,而且是1846年以前的系统的文章。我们撇开马克思的博士论文中有关费尔巴哈的哲学史研究不谈,首先引起他们重视的是表示热烈欢迎的《基督教的本质》中的宗教批判(1841),他们将其理解为是黑格尔所创立的思辨宗教学说的必要补充,是黑格尔哲学内在发展的因素。从1843年起他们开始对费尔巴哈有关的新著作作出反应,认识这位大哲学家的独立意义,将费尔巴哈评价为对黑格尔的思辨和形而上学作原则性批判的人。他的著作是自黑格尔以来独一无二的包含真正理论变革的著作。由于他的影响唯灵论和唯物主义由来已久的对立永远地结束了。到了1845/1846年,这种评价产生了相对性,他们突出强调了费尔巴哈唯物主义的缺陷。他们认为,费尔巴哈对感性世界的理解局限在对这一世界的单纯的直观,他不是把感性世界理解为历史的产物,"正是在共产主义的唯物主义者看到改造工业和社会制度的必要性和条件的地方,他却陷入了唯心主义。当费尔巴哈是一个唯物主义者的时候,历史在他的视野之外,当他去探讨历史的时候,他绝不是一个唯物主义者。"②

费尔巴哈回到哲学唯物主义对马克思和恩格斯来说首先意味着恢复包括人在内的唯物主义自然观。这种自然观事实上对他们在40年代的

---

① 参看英格·陶贝尔特:《〈费尔巴哈〉手稿的发生史及其在〈马克思恩格斯全集〉原文版第1卷第5部分中的编排》,载《马克思恩格斯研究论丛》第26辑,1980年柏林版第101—109页。

② 参看《马克思恩格斯全集》第1版第3卷第50—51页。

发展有多大的影响,在他们的早期著作(包括《德意志意识形态》)中可以看到。值得注意的是,在马克思和恩格斯认识到费尔巴哈和黑格尔之间的根本区别以及费尔巴哈自然观的唯物主义性质之前,这种影响就已经产生了。这一点表现在《谢林和启示》(1842)中。在这篇文章中,恩格斯援引费尔巴哈对谢林的攻击来为黑格尔的自然哲学进行辩护。他认为,与谢林所不同的是,黑格尔将自然界与精神统一起来。他将这一点看作黑格尔进行辩护的重要的内容上的证据。这对恩格斯来说是最新哲学的一个结论,只有费尔巴哈使人们对它有了透彻的认识。他承认,在谢林早期哲学的前提中也已经见到过这种结论,而且在这篇文章的最后一部分他还对人与自然的统一作了极为热烈的表白。关于费尔巴哈的《基督教的批判》,恩格斯在这里明确地认为,它是对由黑格尔创立的思辨宗教学说的必要补充,他写道:"一个新的黎明、一个世界历史的黎明正在出现……一切都改变了。在此以前一直同我们格格不入的世界,像幽灵一样以它隐蔽的力量使我们担惊受怕的自然界——现在同我们是多么亲密,多么接近啊……世界又成为完整的、独立的和自由的了……"①

我们在《1844年经济学哲学手稿》中可以发现,"马克思第一次广泛而直接地对费尔巴哈发表看法"②。其中还包括各种各样涉及《关于哲学改革的临时纲要》(1842)以及《未来哲学原理》(1843)的内容。据此马克思作出了这样的评价,费尔巴哈的文章是自黑格尔的《现象学》和《逻辑学》以来唯一包含真正的理论变革的文章。此外马克思

---

① 恩格斯:《谢林和启示》,《马克思恩格斯全集》第1版第41卷第266—267页。

② 参看《马克思恩格斯全集》历史考证版第1部分第2卷第49*—52*页。

再次以费尔巴哈为依据阐发了关于人与自然界的统一和自然科学对人类历史的意义的新观点。人是积极的自然生物，人的欲望的对象在他之外并且不依赖于他而存在，这是一种发挥人的本质力量的现实的感性的对象。自然的现实的历史关系和关于人的自然科学是工业。自然科学通过工业进入人的生活，改造人的生活并为人的解放作准备。自然科学是人类科学的基础。"**感性**（见费尔巴哈）必须是一切科学的基础。科学只有从**感性**意识和**感性**需要这两种形式的感性出发，因而，只有从自然界出发，才是现实的科学。"①

《德意志意识形态》标志着马克思和恩格斯与费尔巴哈的自然观讨论的高潮和结束。在这部著作里他们明确指出，他们究竟在什么地方看到了这种自然观以及费尔巴哈的唯物主义的界限。费尔巴哈没有看到，他周围的世界并不是开天辟地以来就已存在和不变化的，而是历史的产物，是工业和社会状况的产物。如果这位哲学家把人对自然的影响所产生的一切消极后果都解释为不正常的现象，那么他几乎逃到了外部自然界去了。费尔巴哈不理解感性对象的活动——实践的意义。其中有唯心主义的伟大功绩，唯心主义（尽管是用抽象的形式）使这个活动的方面得到了发展。在撰写《德意志意识形态》时，恩格斯还对费尔巴哈1846年发表的《宗教的本质》进行了研究。他承担了为马克思从这篇文章中作摘录的任务。他在不同信件中告诉马克思，他对费尔巴哈的这部新的著作有哪些看法："这篇东西，除了有几处写得不错外，完全同过去一样。一开头，当他只限于谈论自然宗教的时候，他还不得不较多

---

① 马克思：《1844年经济学哲学手稿》，《马克思恩格斯全集》第1版第42卷第128页。

地守着经验主义的基地,但是接下去便十分混乱了。"① 恩格斯尤其对费尔巴哈将想象的、宗教的自然界的幻影同现实的自然界等同起来进行了批判。恩格斯在读完此书之后,也没有修正对这本书的完全否定的意见。相反,他和马克思由于所持批判态度可能对此并未进行认真讨论。恩格斯认为这篇文章内容的大部分"是对神和基督教的论战,观点同他以往的论战完全一样,只不过现在,当他智穷力竭的时候,尽管一再重复过去的空话,对唯物主义者的依赖性仍然明显得多地暴露了出来"②。这篇论文对了解费尔巴哈的实证哲学观点,没有提供什么新东西。马克思可能也持这种观点。从我们目前的认识水平来看,在《德意志意识形态》中找不到直接涉及《宗教的本质》的证明。

1846年对于马克思和恩格斯来说,与费尔巴哈的辩论基本上结束了。马克思和恩格斯对费尔巴哈思想的深刻批判以及确信唯物史观对这位伟大先驱者的哲学具有根本优势,决定了他们几乎不会对《宗教的本质》中所包含的关于自然界和自然科学的任务的新观念作出评价,并且根本不去了解费尔巴哈后期的著作。因此,他们尤其没有注意到《自然科学与变革》这篇文章以及致海登赖希的悼词。恩格斯在1886年的文章中也没有对此进行分析。

马克思和恩格斯1870年以后才开始对自然科学进行最深入而广泛的研究,因而他们可以以其他自然科学前提为出发点,尽管他们也是从

---

① 1846年8月19日恩格斯致马克思的信,《马克思恩格斯全集》第1版第27卷第37—38页。

② 1846年10月18日恩格斯致马克思的信,《马克思恩格斯全集》第1版第27卷第66页。

各种新的知识中选择某些倾向。① 与马克思和恩格斯不同的是,费尔巴哈既未努力使自然科学纳入现代资产阶级社会的系统分析中,又未像《自然辩证法》中所做的那样试图依据黑格尔的本质论创立并详细阐述唯物和辩证的自然哲学。如果在将马克思和恩格斯对自然科学的研究与费尔巴哈对自然科学的研究相比较时不注意到这一点,那么这种比较就是不符合历史的。然而,在作进一步的研究时仍会发现,他们的自然科学研究具有比从恩格斯的批判性的评价中所能推测到的更多的共同点。这些共同点是:研究自然力的统一(自然力的统一在热力学和能量守恒定律中得到证明),首先是在无机界和有机界的统一方面,开始对地质学后来对化学具有特别浓厚的兴趣,对建立在物理学和化学基础之上的现代生理学的认识,最后可能还有对达尔文的某种认识。

我们感兴趣的费尔巴哈对马克思和恩格斯自然科学研究的意义的问题在概括目前的研究成果时会得到如下答案:费尔巴哈关于自然和自然科学观点的直接影响在他们的一些文章中直到《德意志意识形态》都有据可查。所以,费尔巴哈对马克思早期的自然科学研究也具有深远意义。马克思后来的摘录——像恩格斯对自然科学的研究一样——都没有直接涉及费尔巴哈,然而,只要与1870年以前的自然科学的发展有关,在内容上就具有共同点。

(原载《马克思恩格斯研究论丛》新序列1992年第2期)
(邢艳琦 译 朱霞 校)

---

① 参看安讷莉泽·格里泽、格尔德·帕韦尔齐西:《这决不仅仅是好奇。马克思和恩格斯理论著作中的自然科学摘录》,载《马克思恩格斯年鉴》第12卷,1990年柏林版第12卷。

"有神论"还是"自然神论"*

〔俄〕Т.В.奇基列娃

在编辑出版《马克思恩格斯全集》英文版第27卷（恩格斯从1890年至1895年4月写的著作）时，遇到了以下一个问题。

恩格斯在《〈社会主义从空想到科学的发展〉英文版导言》中，引用了他与马克思合著的《神圣家族，或对批判的批判所做的批判。驳布鲁诺·鲍威尔及其伙伴》[第六章第三节（d）《对法国唯物主义的批判的战斗》①]一书中的一段著名的话："霍布斯打破了培根唯物主义中的**有神论的**（theistic）偏见，柯林斯、多德威尔、考尔德、哈特莱、普利斯特列同样地打破了还包围着洛克的感觉论的最后的神学藩篱。无论如何，对实际的唯物主义者来说，**有神论**（Theism）不过是摆脱宗教的一种简便易行的方法罢了。"②

在作者生前出版的《神圣家族》德文第1版里，以及由作者自己译成德文并发表在1892年《新时代》杂志上的上述导言里，这段引文是这样的："霍布斯消灭了培根唯物主义中的**有神论的**（theistisch）偏

---

* 本文选自《马克思恩格斯研究》1995年总第21期。

① 这是《神圣家族》中由马克思写的一部分。

② 恩格斯：《空想社会主义和科学社会主义》，伦敦1892年版，第XII—XIII页。在这里和下面的引文里，我们把我们感兴趣的术语都变成了黑体。

见,而柯林斯、多德威尔、考尔德、哈特莱、普利斯特列等人则铲除了洛克感觉论的最后的神学藩篱。有神论(Theismus)——至少对唯物主义者来说——不过是摆脱宗教的一种简便易行的方法罢了。"①

在《马克思恩格斯全集》俄文版第 2 卷里,《神圣家族》中的这段话是这样译的:"**霍布斯**消灭了培根唯物主义的**有神论的**偏见,而柯林斯、多德威尔、考尔德、哈特莱、普利斯特列等人则铲除了洛克感觉论的最后的神学藩篱。自然神论(деизм)——至少对唯物主义者来说——不过是摆脱宗教的一种简便易行的方法罢了。"②

我们发现,与原版不同,上述引文最后一句话中的术语"有神论"("Theism"、"Theismus")被译成"自然神论"(деизм)。这里和《马克思恩格斯全集》英文版第 4 卷里都使用了"自然神论"这个术语。在第 4 卷的《神圣家族》英译文中,这段引文除上述术语外的其他文字都是以恩格斯《〈社会主义从空想到科学的发展〉英文版导言》的原文为根据的。③

应该指出,在俄文第 2 版第 22 卷(其中发表了恩格斯的《〈社会主义从空想到科学的发展〉英文版导言》)中,对引自《神圣家族》的上述一段话(包括与整段上下文相呼应的"自然神论"这个术语)作了正确的注释,即:"自然神论是一种宗教哲学学说,认为神是无人格

---

① 马克思、恩格斯:《神圣家族,或对批判的批判所做的批判。驳布鲁诺·鲍威尔及其伙伴》,美因河畔法兰克福 1845 年版,第 204 页;《新时代》杂志 1892—1893 年第 1 期和第 2 期合刊第 16—17 页。在引证时,我们对这两个版本中个别无足轻重的标点符号的差别略去不谈。

② 《马克思恩格斯全集》第 1 版第 2 卷第 165 页。

③ 《马克思恩格斯全集》英文版第 4 卷第 129 页;恩格斯:《空想社会主义和科学社会主义》,伦敦 1892 年版,第 XII—XIII 页。

的、有理性的世界始因，但是神不干预自然现象和社会生活。"①

《哲学百科全书》给"有神论"下的定义是："有神论是一种宗教世界观。其根据是对绝对者的理解：绝对者是先于世界而存在，自由地创造世界并支配世界的无限的人格化的禅。"②

"有神论"与"自然神论"这两个概念在现代释义中的原则性区别，给收有上述恩格斯那篇导言的《马克思恩格斯全集》德文版第22卷（1970年柏林版）的编辑们提供了一个根据，从而作出有利于在上面引文中以"自然神论"代替"有神论"的下述论证。③ 他们在对"自然神论"所作的注释中说，看来，在作者生前出版的《神圣家族》德文第1版（1845年）中出现了一个印刷错误，虽然在马克思复述的引自布·鲍威尔《什么是批判的对象？》语句④中，那里是"有神论"（Theismus）这个述语，但在《文学总汇报》（上述文章刊登于此报）上，这个地方用的是"自然神论"（"Deismus"）这个术语。⑤

然而，关于印刷错误的推测，在我们看来，不是十分可靠的。我们认为，几乎过了半个世纪，相同的错误在恩格斯身上重复两次，这是不

---

① 《马克思恩格斯全集》第1版第22卷第341页和第718页（篇末注1299页）。

② 《哲学百科全书》莫斯科1970年版，第5卷第189页。应该指出，在《马克思恩格斯全集》俄文第2版的名目索引里（莫斯科1978年版）没有"有神论"这个术语。

③ 参看《马克思恩格斯全集》德文版第22卷第294、609页。

④ 《马克思恩格斯全集》第1版第2卷第158页；马克思、恩格斯：《神圣家族》，德文版第195页。

⑤ 布·鲍威尔：《什么是批判的对象？》，载《文学总汇报》1844年7月第8期（第11卷）第25页。

太可能的。一次是在1892年为《社会主义从空想到科学的发展》一书写的英文版导言里，一次是恩格斯翻译并于同年发表在《新时代》杂志上的这篇导言的德译文里。

为什么在前面提到的引自《神圣家族》中的这段话里使用"有神论"（"Theismus"、"Theism"）这一术语，这个问题，也许能在19世纪出版的《百科和详解词典》中找到答案。

首先让我们打开德语百科词典《皮埃尔百科词典》（1863年阿尔腾堡版）。我们在第17卷第469页上看到："有神论见自然神论"。"自然神论"（"Deismus"）词条可在第4卷第804页上找到。词典上的解释是，这个词与"有神论"（"Theismus"）一词的区别，"实际上是'自然神论'来源于拉丁文的 deus，而'有神论'来源于希腊文的 δεσs"。这部词典给予"自然神论"一词以两种涵义：第一个涵义是，它把自然神论界定为"宗教观念，认为神作为至善至美的普遍概念，作为世界的始因而存在"，并指出，有神论"认为神是一种人格，一种概念，它是从人的本性那里借来的，但达到最高的可以想象的至善至美的境界"①，"自然神论"这个概念的第三个涵义，就其"原义"来说，是确信神的存在，确信神管理世界，神是理性的唯一基础。顺便补充一点，人们也把"自然主义者和无神论者"，尤其是柯林斯和廷德尔称为"自然神论者"，而且把前者的著作《论自由思想》称为自然神论者的教义问答，把后者的著作《基督教是古老的创造物》称为自然神论者

---

① 在我们看来，在这一场合，"自然神论"和"有神论"这两个概念的定义，也许可以认为是康德的说法："自然神论者信神，有神论者则信活神。"在1930年柏林出版的德语词典《哲学概念词典》第3卷第231页上"有神论"词条中引用的就是这个说法。

的圣经。①

下面让我们再看看从1888年起在牛津出版的英语详解词典《新英语词典》。在第3卷第152页上的"自然神论"词条中，援引了1887年的资料并指出，此概念"从词源上看应与'有神论'这个概念有相同的涵义"。但是，"自然神论"一词通常被认为，在其自身中存在着对神启宗教的否定，而"有神论"一词"却没有这种涵义"。

接着在下面的"自然神论者"词条中，援引了1878年至1880年的资料并指出，此概念"最初"与"无神论者"这个概念"相对立"，而与"有神论者"这个概念"意义相同"。但是，"与基督教相对立的自然神论"的"否定方面"被逐步承认，这样，随着时间的推移，就与"有神论"概念区别开来。词典断言："'自然神论者'与'有神论者'这两个概念在17世纪末还是同义的。"它们之间的区别"显然形成于18世纪末"。

在第10卷第2册的第267页上，关于"有神论"一词的释义如下："1. 与无神论相反，信奉神或诸神；2. 与多神教或者泛神论相反，信奉一个神，相当于一神教；3. 相信神的存在，同时又否认神的启示，相当于自然神论；4. 特别是，相信只有一个神是这个世界的创造者和最高统治者，不否认神的启示，因而在这个意义上有别于自然神论。"

可见，在19世纪末的英语中，"有神论"一词（在"相信神的存在，同时又否认神的启示"的意义上）是作为"自然神论"的同义词使用的。

还是在这卷中这个词条的下面解释说："凡赞同有神论学说者就是有神论者：在较早使用时相当于自然神论者，特别是，在较晚使用时与

---

① 这个词条的根据是莱希勒的《英国自然神论史》1841年斯图加特版。

自然神论者有了区别：参看**自然神论者**。"

在我们看来，19世纪下半叶的德语和英语词典对"有神论"和"自然神论"这两个词所作的一切解释证明，目前存在的对它们的涵义的区分，仍然是不完善、不彻底和不是无保留的。

这一点也可以从19世纪下半叶的法国资料中得到证实。就拿从1886年起在巴黎出版的《大百科词典》来说，在"有神论"词条（第13卷第1149页）中指出，这是个"没有充分界定的术语，它基本上应归入神学词汇，或者更正确地说，是属于宗教上有争议的词汇，它在哲学语言里完全没有准确的用法"。据这部法语百科词典所说，任意区别"自然神论"与"有神论"这两个词的涵义，是康德所为。但是，没有任何根据说明这两个词不是同义词，尽管其中之一来源于拉丁语，而另一个来源于希腊语。比如说，伏尔泰就没有在这两个词之间作任何区别。有神论和自然神论对他来说是同一的，即：这是一种既没有神启教义又没有宗教仪式的宗教，是一种纯理性的信仰，相信存在着"一种仁慈的、法力无边的和正义的最高存在物"。

然而，在巴黎1960年出版的现代法语百科词典《拉罗斯大百科词典》第3卷（1960年巴黎版）第876页"自然神论"词条里，把伏尔泰评定为18世纪法国自然神论的主要代表人物之一。在这部《大百科词典》第30卷第1177页的"有神论"词条里，对这一概念下的定义是："在哲学上肯定神的存在，认为神是造物主和先知先觉者。"作为相反的概念，那里列举出"无神论、泛神论和自然神论——不承认有任何先见之明的神"。

有意思的是，蒲鲁东于1846年在他的名著《经济矛盾的体系，或贫困的哲学》中，给有神论下了定义："人道主义是一种最完善的有神论。"还是在这部书里，蒲鲁东对"有神论者所假设的神"的先知先觉下了这样的定义:"这是人类的一种最好的禀赋,一种人格化了的属性,据说,由于这一属性,神能窥视未来,赶在事件发生之前,正像人类能按照编年史和历史的情景回顾过去一样。"①

19世纪末出版的布罗克豪斯和叶夫龙的《俄语百科词典》指出,无论是"自然神论"还是"有神论",其涵义都是不明确的。在第19卷(1893年圣彼得堡版)第290—291页上说:"自然神论是个很不明确的术语,通常是与有神论相对立的……自然神论者没有形成一个体系,只不过是由某些具有各不相同信念的思想家参加的一个思想流派而已。"关于"有神论",在第64卷(1901年圣彼得堡版)的第765页上读到:"广义上讲,有神论也是一种与无神论相对立的思想流派……与自然神论的区别在于:承认神的绝对无限性……有神论的思想流派不是完备的,界定它的认识论涵义,是将来的事。"②

最后,我们看一看美国现代的详解词典《芬克与瓦格奈尔斯标准英语新词典》(1953年纽约版),以此来结束我们对资料的有选择的浏览。在该词典第2497页的"有神论"词条中,列举了该词的以下几种涵义:"1. 信神。(1) 相信神有人格和最高权力,神是唯一的、公正的和永恒的,并以一种超自然的方式显现在人的面前:**与自然神论相对立**;(2) 同**一神论**;(3) 同自然神论……"在472页上可以读到"自然神论"的基本涵义:"与无神论和唯物主义相对立,相信神是具有形体的圣灵。"显然,根据该词典,正是在这个意义上,"有

---

① 蒲鲁东:《经济矛盾的体系,或贫困的哲学》第1卷,1923年巴黎版第392页。

② 应该指出,在从1903年起出版的《达利详解词典》第1卷第1054页上有"自然神论"一词,而在第4卷(1909年)第738页上却没有"有神论"一词。

神论"与"自然神论"这两个词甚至在现代（20世纪中叶）的英语里也可算是同义词。

因此，我们认为，无论是在引自1845年的《神圣家族》的那段话里，还是后来在1892年英文版《社会主义从空想到科学的发展》一书导言的英文和德文版里，马克思和恩格斯用的可以说就是"有神论"这个词。按全部情况来判断，这不是印刷错误，因为我们在上面对19世纪下半叶的详解词典和百科词典所作的有选择的浏览，就足以证明："有神论"和"自然神论"这两个词的涵义当时还没有彻底区分。它们可能是同义词。毫无疑问，关于这一点，我们在为现代术语"自然神论"作注时是应当提到的，因为我们在引自《神圣家族》那段话中"自然神论"代替了作者所使用的"有神论"术语。现在根据上下文的意思，原用的术语在这里已不合适了。

（原载原苏共中央马列主义研究院编《关于马克思恩格斯及其著作出版的情况的新资料》1988年版）

（王孝勇 译）

列宁哲学在100年后的意义*

〔俄〕维克多·特鲁什科夫

1909年5月中旬（新历），列宁的《唯物主义和经验批判主义——对一种反动哲学的批判》一书在莫斯科"环节"出版社出版。这是100年前的事情！时间很久远了……久远吗？一点儿都不久远。一般来说，历史中通常有这样一种规则：在新的时期最主要的东西往往又转回到看似被遗忘的年代。唉，今天的俄罗斯在许多方面就在遭受着100年前的种种痛苦。院子里是一片政治和意识形态的泥泞。

唯心主义流行病

反动——这不仅仅是看风使舵者和无原则的两面派的盛宴。反动还摧毁人性，使人卑躬屈膝。那些在革命的高峰时期（或者在社会主义建设取得成绩的时期）仿佛怀着热情站到了普罗米修斯的社会公正的队伍里的人，在历史倒退之后，总是匆匆忙忙地换一身皮。例如，在上世纪初第一次俄国革命失败后，许多合法马克思主义者就落入了立宪民主党的营垒，也就是那个时代俄国资产阶级世界秩序"建设者"先锋队。

---

* 本文选自《国外理论动态》2009年第11期。

难道在今天的"统一俄罗斯"党、"亚博卢"甚至"右翼事业"中起作用的人物中很难找到原苏共的积极分子吗？其实，无论是100年前，还是现在，这些人严格说来不代表任何重要利益，因为在政治方向上做这样那样的陡然转折，转到昨天的阶级敌人的立场上——这不单单是蜕皮，还是换心灵。

无论一个世纪前，还是今天，那些想保持政治面貌、不接受可恶的剥削秩序的人，是值得重视的。但反动派竭力不饶过他们。反动派投入巨大力量来颠覆他们的世界观。

甚至一些沙皇专制制度（如同今天的资本主义复辟）的反对派在反动派进攻时期都开始认识到，已经出现的政治倒退意味着不久前引领他们为争取公正和社会平等的崇高理想而斗争的那种世界观、那些基本价值观的失败，精神上的泥泞正转变为意识形态妥协的致命弱点。唯心主义流行病开始蔓延，或者到宗教中寻找避难所，造神说、寻神说都出现了，甚至唯心主义成了时髦。

当然，哲学立场脆弱的人们（众所周知，哲学是世界观的核心）为自己滑向唯心主义辩解的理由，通常要么是科学上出现了新的形势（而这在20世纪初就是新的甚至是危机的形势），要么是为了进行创造性的探索……列宁在分析落入唯心主义的社会民主党人的观点时，对这些狡辩予以嘲笑："卢那察尔斯基代表《论丛》的作者们写道：'也许我们错了，但我们是在探索。'其实，不是你们在探索，而是别人在探索你们，不幸的地方就在这里！不是你们根据你们的即马克思主义的观点（因为你们想当马克思主义者）去探讨资产阶级时髦哲学的每一转变，而是这种时髦哲学在探寻你们，把它的那些适合唯心主义胃口的新花样塞给你们。"①

列宁认为这个唯心主义世界观的流行病对争取社会主义的斗争而言，其危险性不小于孟什维克的妥协主义、召回主义和取消主义，也不小于托洛茨基的奇谈怪论和其他政治机会主义论调的危险性。他之所以看到这一点，是因为他是一个伟大的政治家，一生为革命忘我地服务。辩证唯物主义——这不是往社会主义—共产主义理论上添加的哲学砝码，而是这一理论的核心。如果革命和社会主义建设的信奉者没有了这一核心，那么指靠他们就是冒风险的。列宁出于对未来社会主义革命的命运的担忧、对党的思想团结的担忧、对党员意识形态可靠性的担忧，才写就了自己最大的一部哲学著作——《唯物主义和经验批判主义》。这本书有十分明确的赠与者——这就是党，社会民主主义（共产主义）运动。

列宁的这部哲学著作的问世使经验批判主义（当时最流行的唯心主义潮流）很快被排挤到哲学领域的边缘。这一反动观念不再对社会政治生活产生丝毫的重大影响。这一结果成为可能，应归功于思想家列宁的哲学创新。

伟大思想家的创新

列宁在解决党务和政治问题时，"抽空"找到了解决世界观问题的天才方法，而世界观的问题，无论对哲学还是对科学而言，都开辟了新的前景。他首先反思了两个基本的哲学概念中的一个——"物质"范畴。他拒绝把对物质特征的描述与任何物理学的固有属性搅在

---

① 《列宁选集》第3版第2卷第235页。

一起。哲学范畴通过哲学特征来定义才有效。既然哲学中有两个极为广泛的概念——物质和意识，那么，物质范畴就只能通过它的对立面来定义。

列宁借用先前的唯物主义者的观点指出，"物质"范畴标志的不是单单的实在，而是客观的、不是谁造出来的、永久的和无限的实在。唯心主义者同样承认物质，但他们否认这一范畴标志客观实在，相反，他们强调实在的派生性即次要性特点。列宁在定义中指出了客观实在的两个哲学特征：再次强调实在就与意识的关系而言是第一位的，并指出了意识有能力认识客观实在。于是，"物质是标志客观实在的哲学范畴，这种客观实在是人通过感觉感知的，它不依赖于我们的感觉而存在，为我们的感觉所复写、摄影、反映"①。这一定义，使自然科学家们回到了他们所习惯的并为他们唯一可接受的唯物主义怀抱中来——哪怕不是辩证的唯物主义，而是自然科学的唯物主义。没有唯物主义作为基础，科学创造的任何意义都会消失。

陷入唯心主义的人就其自身来说是首尾一贯的。他们在认识论上也散布唯心主义的刻板公式，推动得出世界不可知的结论。对社会主义的拥护者来说，接受这种立场无异于不仅放弃马克思主义，而且完全解除思想武装：如果世界是不可知的，那就不可能存在任何从资本主义向社会主义运动的社会规律性了。

列宁对认识论上的唯心主义的反驳具有奠基性的哲学性质，它把牢固的根基既还给科学，也还给阶级斗争。意识——是对现实反映的最高形式。认识——是对真理的探寻，即探寻那些其内涵与被研究的进程的内涵相吻合的知识。真理就其本质而言是客观的。其中既有相对真

---

① 《列宁选集》第 3 版第 2 卷第 89 页。

理——在变化着的实践的作用下而发生改变的东西,也有绝对真理。我们对世界认识得越全面,在我们得到的知识中的绝对真理就越多。认识的源泉、目的和知识的真理性标准一样,都是实践。

列宁强调:"在经验批判主义认识论的烦琐语句后面,不能不看到哲学上的党派斗争,这种斗争归根到底表现着现代社会中敌对阶级的倾向和思想体系。最新的哲学像在2000年前一样,也是有党性的。唯物主义和唯心主义按实质来说,是两个斗争着的党派……唯心主义不过是信仰主义的一种精巧圆滑的形态……经验批判主义的客观的、阶级的作用完全是在于替信仰主义者效劳,帮助他们反对一般唯物主义,特别是反对历史唯物主义。"[①]

不仅害怕马克思和列宁,而且害怕黑格尔

21世纪初,哲学党派与阶级斗争的联系表现得甚至比100年前还鲜明和突出。在当代俄罗斯,与唯物主义——首先是与马克思恩格斯列宁的辩证唯物主义和历史唯物主义——的战争采取了卑鄙的形式。许多昨天的所谓马克思主义者不仅竭力躲避自己不久前的信仰,而且还用尽心机地比着干,看谁更无情地和更丧尽天良地诅咒从前公开顶礼膜拜的一切。

现今的反马克思主义者从散发着霉味的储藏室里租用论据,有时还将其私有化。《真理报》已经介绍了俄罗斯科学院俄国史研究所现任副所长 B. M. 拉夫罗夫是怎样反驳列宁的物质定义的。他无论如何不会明白什么是"客观实在"。这个占据着学术地位和职称的人不去好好读读

---

① 《列宁选集》第3版第2卷第240页。

相关的著作（如果他读了，就会知道在列宁之前很久哲学界的人就都掌握了这一概念），却摆出一副博学的样子。

其实，这个"学术邻居"的直白甚至值得褒奖。他尤其不加掩饰地认为，辩证唯物主义和历史唯物主义就观念的阶级性来说不合他的意，因为这妨碍他为现在的俄罗斯社会政治制度辩护。辩证唯物主义和历史唯物主义与那些让拉夫罗夫感到舒服的社会的理念是不合拍的。因此，一提到列宁的名字，他的头痛就开始发作。他写道："列宁不能理解一个起码的常识，因为社会机体类似于人的机体。既包括手、脚（假定说是工人）、大脑（政治家、知识分子、学者等），也包括心脏（神职人员、作家、诗人等）。"角色分配得多么清楚啊！地地道道的阶级分析方法！至于这种思想是从经验批判主义老师……那里租赁来的（的确，在学术上这被称为剽窃），倒不重要。顺便说说，列宁在自己的著作中直截了当地指出了赫·斯宾塞（他的这个社会学观点已被拉夫罗夫私有化了）和俄国的马赫主义者的同源关系。可是拉夫罗夫还这么愿意被看作为资本和资本的政权效劳的大脑，他还真是不明白把自己置于一个多么愚蠢的境地。

拉夫罗夫类型的"官方哲学家"不仅公开地躲避唯物主义和辩证法，而且试图使强制剥夺未来的学者学习唯物主义和辩证法的做法合法化，使其丧失甚至起码的关于辩证唯物主义认识论的概念。为达此目的，副博士学位的基础知识考试中删掉了哲学。未来的学者现在不用通过哲学考试，而只要通过"历史与科学哲学"考试就行了。而根据现有"国家标准"，说新的对象像哲学，无异于说经验批判主义像唯物主义。了解一下根据俄罗斯联邦教育部2004年2月17日指示批准的副博士考试纲要，就不难得出此种判断。

只要了解一下教育部关于《当代科学哲学的对象和基本理念》的

第一个题目的说明，就会确信这一点。在由"官方哲学家"制定和通过的这份纲要中，在所有科学分析方法中只推荐一种方法："科学哲学的实证主义传统。在后实证主义科学哲学中扩大哲学研究领域。K. 波普尔、И. 拉卡托斯、T. 库恩、П. 费耶阿本德、M. 波兰尼的观点。"需要指出，这些观点的作者坚决主张把实践从认识过程中排除并否认真理作为科学探索的意义。

也许那些起草和初审这些纲要的人的严谨治学态度使然，在推荐书目中称列宁的伟大著作《唯物主义和经验批判主义》是专为辩证唯物主义认识论而著，除此之外，别想从"官方哲学家"那里得到任何东西！甚至没有一份纲要（这些纲要按照12个学科方向具体化）中提到辩证唯物主义和历史唯物主义。教育部从培养数学、自然科学和技术等领域的未来学者的历史和科学哲学的纲要中竟然删除了辩证法大家黑格尔。他只是在"社会人文科学的哲学问题"纲要（未来的哲学家要按照这个纲要考试）中被提及，且与其他学者并列。但是，黑格尔的著作在这里未被列入推荐书目，甚至未被列入补充书目。

在"官方哲学家"将要讲授"官方哲学"的地方，现今的马克思主义责难者与明天的历史学家相比，甚至还能表现得更博学一些，因为他们毕竟还知道有列宁的"物质"范畴的定义存在。

在十月革命前，在党的小组里工人们就学习（确实是学习）《资本论》和其他经典作家的著作。也不必以今天有更重要的问题为借口。在阶级斗争中，没有任何事情比争取头脑和心灵的斗争更迫切：思想一旦掌握群众，就会变成物质力量。

（原载俄罗斯《真理报》2009年5月15日）

（刘淑春 译）

马克思恩格斯与自然史和人类史辩证法的关系*

〔美〕劳·克拉德

科尔施、卢卡奇和许多追随他们的人认为,马克思同恩格斯的自然辩证法学说无关。从著作的行文和一般涵义来看的确如此,因为马克思著作的绝大部分论述社会中的经济关系以及人的社会的、经济的、政治的生产和关系的辩证法。只有恩格斯一人阐述了自然辩证法的哲学立场,他的解释者们也是这样理解他的,作为例外的只有普列汉诺夫和列宁,他们认为马克思也持有同样的立场。然而,马克思虽然极少谈到自然辩证法,也没有制定出一个明确的体系,但并不是与这种哲学立场绝对分割开来、毫无关系。在《1844年经济学哲学手稿》中,马克思谈到人和自然的潜在的统一:"历史本身是**自然史**的即自然界成为人这一过程的一个**现实**部分。自然科学往后将包括关于人的科学,正象关于人的科学包括自然科学一样:这将是**一门科学**。"①

人与自然界的分离在文明条件下越来越深刻。关于这一点,马克思写道:"在土地所有制处于支配地位的一切社会形式中,自然联系还占

---

* 本文选自《马列主义研究资料》1987年第3辑。作者是美国著名人类学家,本文是他的著作《马克思和恩格斯的民族学著作比较研究》的第二章。

① 《马克思恩格斯全集》第1版第42卷第128页。

优势。在资本处于支配地位的社会形式中，社会、历史所创造的因素占优势。"① 这一提法把资本主义时期放在一边，把古代东方社会、古典古代和中世纪封建社会等放在另一边。人类的原始公社时期更应该与东方的、古典古代的等生产方式放在一类，因为它与它们一样，社会中的生产是非工业的或工业以前的，资本结构的数量微乎其微。另一方面，原始社会的土地所有制问题与东方社会、古典封建社会或资本主义社会的不同，正像社会阶级的关系（或没有这种关系）与这些社会不同一样。古代或传统东方的农民公社的性质，也与原始公社的性质不同。马克思的这句话表明，这里有许多问题尚待解决。

在谈到原始的家庭和氏族中的分工时，马克思提出了包括原始民族在内的人和自然的关系。**自然，天然**，只是原始民族生活的一个方面。马克思写道："另一方面，我在前面已经谈到，产品交换是在不同的家庭、氏族、公社互相接触的地方产生的，因为在文化的初期，以独立资格互相接触的不是个人，而是家庭、氏族等等。"这样，马克思使自然和文化甚至在原始人的生活中就对立起来。他接着写道："不同的公社在各自的自然环境中，找到不同的生产资料和不同的生活资料。因此，它们的生产方式、生活方式和产品，也就各不相同。"② 这为反驳任何关于马克思把原始人和文明人绝对分割开来的概念提供了充分的根据。所有的人都与文化有关系，这就暗示在原始公社中存在着文化的开端。原始人的生活就是这样的：自然环境把它的统治强加在文化的开端上，由此产生出生产方式和生活方式的差别。原始人没有以文明人那种程度和方式支配和改变自然环境。

---

① 《马克思恩格斯全集》第1版第46卷上册第45页。
② 《马克思恩格斯全集》第1版第23卷第390页。

《共产党宣言》开头的一句话根据阶级斗争把人类的历史和史前划分开来。① 这个原则包含在从《政治经济学批判大纲》的导言中援引的那段话中，但是两者之间的关系仍然成问题，有待弄清。恩格斯在《共产党宣言》1888年版作为对开头一句话的脚注所加的修正，仍然没有提到自然的人和文化历史的人之间区分的实质；恩格斯厂在这里写道："这是指有**文字**记载的历史。"他然后提到俄国农民的土地公有制、条顿族农业的过去历史中的同样做法以及摩尔根发现氏族所揭示出的原始共产主义。恩格斯在注中写道："随着原始公社的解体，社会开始分裂为各个独特的、终于彼此对立的阶级。"② 对此可以提出的反对意见是，俄国的农民在恩格斯的脚注之前的几个世纪当中，已经形成为阶级，并且以许多次的起义表达了对地主的对抗；恩格斯并没有把这些民族及其行动和制度与古代的条顿人和原始氏族组织清楚地区分开来。

　　除了内容以外，还有风格问题。《共产党宣言》开头那句话要人们注意阶级斗争，注意这种现象的历史重要性。恩格斯的脚注使人忽视开头那句话的宣言性质，忽视整部《共产党宣言》是一个宣言、一个阶级斗争的宣言。恩格斯把这句话的内容和形式变成为关于历史编纂学的性质和形式的讨论。因此，这个脚注把政治行动变成了学术争论；他用不足以完成其任务的武器来捍卫这一争论的一方。最后，在文明人和原始人对自然的关系的问题上，恩格斯退到了早先就持有的不是从人的统一性而是从二元性来看待人的立场上，一种反辩证法的立场上。

　　马克思从他在上世纪50年代的著作中仍然持有的这种二元性过渡

---

　　① 《马克思恩格斯选集》第1版第1卷第250页："到目前为止的一切社会的历史都是阶级斗争的历史。"

　　② 《马克思恩格斯选集》第1版第1卷第251页。

到一种人类实际统一的立场，根据这种立场，原始人和文明人在他们对自然和自身的关系中，只是被他们的社会关系和生产关系、具体的社会和社会情势所分隔开来。早在《资本论》的某些段落中，特别是在关于摩尔根和梅恩著作的摘要笔记中，马克思确认了人类文化及其内部的历史过程的统一性。

上面提到的马克思在《资本论》第1卷中的那个提法，表面上看起来是把人和自然的辩证法区分开来，但不完全是这样："那种排除历史过程的、抽象的自然科学的唯物主义的缺点，每当它的代表越出自己的专业范围时，就在他们的抽象的和唯心主义的观念中立刻显露出来。"① 自然科学的唯物主义由于它的抽象而与人类历史的唯物主义区分开来，但是历史过程的唯物主义也是如此：按照马克思的看法，在对人类历史的研究中，唯物主义的因而也是科学的方法在抽象应用时就不成其为这种方法，自然科学所代表的科学唯物主义的缺点就表现在它们的抽象的和意识形态的观念中。这段话丝毫也没有否认人的科学和自然的科学的潜在统一性，只是说要使自然科学的抽象变具体，使它所代表的抽象的和意识形态的观念受到批判。所以，《资本论》中的这个著名提法应该按照《经济学哲学手稿》中的那段话来考虑，后者也应该按照前者来考虑。然而这两段话之间的差别是相当大的：在1844年的提法中，自然界的潜力在于它的人化。马克思指的是工业，即在人类的领域内部（尽管以异化的形式）形成的那部分自然界。② 在《资本论》中以及在该书完成前后的通信中，马克思指出他头脑中的自然科学比包括在人类历史中的自然界工业部分的科学更为广泛。他写道，按照黑格尔

---

① 《马克思恩格斯全集》第1版第23卷第410页。
② 《马克思恩格斯全集》第1版第42卷第128页。

的规律，单纯的量的变化到一定点时就转化为质的区别。① 这既指遭到行会制度力图用强制办法防止的中世纪的手工业师傅变为资本家，同时也指现代化学中应用的分子说。马克思这个提法的脚注，恩格斯在《资本论》第3版中作了修正，然而我们看到，包括脚注在内的整个这段话阐述了那个既支配着化学中的又支配着欧洲中世纪和现代历史中的量变质变关系的规律。"应用"这个词不是指应用化学（或工业等的化学），而是指一切化学，纯粹的、应用的等都包括在内。马克思在1867年6月22日致恩格斯的信也说到了这些。② 恩格斯的手迹不仅在《资本论》第3版的那个脚注的内容中，而且在那封信中也能看到。恩格斯还给《资本论》第3版另外加了一个注，这个注原来是马克思在他自用的那本书的页边上作的，谈到经济学中的数量质量关系。③ 可见，马克思的辩证法和唯物主义概念的这一方面被他既应用于人，也应用于自然界，自然界既被看作与人分隔开的，又被看作包含人的工艺的工业部分。这个问题最初是与人类史和自然史的统一分开的，但最终与它是一个问题。

马克思在《资本论》中论述资本主义积累的历史趋势的那一章中写道："但资本主义生产由于自然过程的必然性，造成了对自身的否定。这是否定的否定。"④ 马克思在1877年11月写给《祖国纪事》编辑部的信中又回到这一思想上来。⑤ 这个过程不是一种比较或类比，就是说，不是一种文学上的借喻。自然过程和经济过程在这一点上是同一回

---

① 《马克思恩格斯全集》第1版第23卷第342—343页。
② 《马克思恩格斯全集》第1版第31卷第312页。
③ 《马克思恩格斯全集》第1版第23卷第690页。
④ 《马克思恩格斯全集》第1版第23卷第832页。
⑤ 《马克思恩格斯全集》第1版第19卷第130页。

事：是否定的否定。这个提法在黑格尔那里和恩格斯那里都可以找到。因此，把马克思放在一边，把恩格斯作为黑格尔的应用者放在另一边，是不确切的。同时，马克思关于他与黑格尔、与辩证法和与物质世界的关系，在1873年1月24日写的《资本论》第2版跋的末尾有一段很清楚的说明。在这里，辩证法只是从它的历史的、人类的、社会的方面去理解。而且，马克思把自然工艺史即在动植物的生活中作为生产工具的动植物器官的形成史，与社会人的生产器官的形成史区分开来。他和维科一样，认为自然史同人类史的区别在于，人类史是我们自己创造的，而自然史不是我们自己创造的。与自然辩证法对立的人对自然的辩证法，马克思在《剩余价值理论》中作了阐述，这部著作在内容和形式上都与他先前的《经济学哲学手稿》、《关于费尔巴哈的提纲》和《德意志意识形态》密切相符。根据《剩余价值理论》中的提法，人是自然过程的结果，但是一旦人已经存在，他就作为前提进入关系，而人只有作为自己本身的产物和结果才成为前提。① 这是马克思关于人是自我生产者的理论的首要意义。

马克思避开像"历史唯物主义"或"唯物主义历史观"这样的名称；他最接近于这种简略说法的提法是"唯物主义的、从而是科学的方法"。这种方法指与科学的抽象化对立的科学的具体化，指宗教的具体的非神秘化，因为宗教是一种抽象化。宗教的唯物主义基础是与它的神秘化或天国形式，从而与它的抽象化对立的。但是这只是科学方法的一部分，正像自然史只是自然科学的一部分一样。在人类史内部有数学，按照维科的观点，数学是人创造的，所以应该属于人类史。数学有它的历史，但是它在某种程度上在历史编年史内部，在某种程度上又在任何

---

① 《马克思恩格斯全集》第1版第26卷第Ⅲ册第545页。

历史编年史之外。数学与时间发展的不同关系之间的关系尚有待探索。

数学当然不是与历史或时间性有复杂关系的科学的唯一方面。历史与时间性（即对事件在时间上的研究）不是一致的。正像马克思在《政治经济学批判大纲》导言中指出的，科学的非数学方面是历史的，也是非历史的。在这篇导言论政治经济学方法的第三节中，马克思说，现象在历史上出现的先后次序和它们在科学分析中出现的先后次序不是一样的，因此科学的顺序和历史的顺序应该加以区分。

在科学的即唯物主义的方法的发展中，《德意志意识形态》占有特殊的地位。马克思和恩格斯认为这部著作极为重要，曾极力设法使之出版，最后同意在1847年的《威斯特伐里亚汽船》杂志上发表了一部分（对卡尔·格律恩的批判）。马克思在1859年的《政治经济学批判》序言中对这部著作作了确切的和赞许的评价。既然不能出版，马克思达到和恩格斯一起弄清问题这个主要目的就作罢了。但是恩格斯不满足于此，在1883年马克思逝世后，他还同爱德华·伯恩施坦讨论，争取使这部著作出版，但是没有成功。这部著作论费尔巴哈的第一章是由梁赞诺夫发表的。在编者说明中，梁赞诺夫把"唯物主义历史观"和关于"经济因素在历史中占优势"的理论加以区分。这是很重要的一点，但是已和它的作者一起被人遗忘了。

《德意志意识形态》无论在编排形式上还是在实质上，都有许多不清楚的地方。实质上，这些不清楚的地方在某种程度上是由目前这种对手稿的编辑加工方式造成的。虽然这部著作是准备发表的，但是它目前的形式并未确切反映马克思和恩格斯原来写成的样子，特别是论费尔巴哈的第一章。《神圣家族》的个别章节标明是由马克思或恩格斯写的，而《德意志意识形态》则被说成整部著作是由两人合写的。《德意志意识形态》的作者问题很重要，因为它的某些提法涉及马克思对自然辩证法信奉的程度，特别是论述费尔巴哈的第一章。梁赞诺夫在编者说明中说标题为《一般意识形态，德意志意识形态》的第一节是马克思写的。但是马克思特有的文风在这一章的以后各节中也很明显。所以，我们认为整个第一章基本上出自马克思之手。

这一章中有两个问题与唯物主义观点的讨论有关。第一个是在这一章的副标题《唯物主义观点和唯心主义观点的对立》中提出的。按照梁赞诺夫的说法，这个副标题是恩格斯用铅笔加在这一章末尾的，加的日期没有注明。这可能是恩格斯在1888年重新翻阅这部著作时加上的，从恩格斯论述费尔巴哈的著作中可以为这一结论找到证据，但是不能肯定是如此。这既不是马克思的观点也不是他的词句，也许他并没有看到过。《德意志意识形态》第1卷只有论费尔巴哈的这一章有副标题（第2卷各章都有），这个形式方面的问题也有助于说明不是马克思把唯物主义观点和唯心主义观点对立的概念带进论费尔巴哈这一章的。

第二个问题涉及在论费尔巴哈的这一章中多处出现的"自然"、"自发"这些词。《德意志意识形态》的英文版编者说马克思对这些词的用法是不一贯的，但是"不一贯"也许并不确切。马克思扩大了这些词的含义，把先进文明之外的人类史、与现代资本主义时代的人相对立的自然状态的人、资本主义以前的文明等包括进来。此外，这个词似乎还用来表示不是按有意识的安排产生出来的东西。例如，在论费尔巴哈的这一章的专门论述共产主义的第三节中，"自发"这个词后面有一个解释："就是说它不服从自由联合起来的个人的共同计划。"这排除了与霍布斯或卢梭有关的那种社会关系概念。马克思在《德意志意识形态》的不同地方使用"自然"、"自发"、"自发性"这些词，反映了黑格尔对完整的人和分裂的人的区分以及费尔巴哈对异化的人和真正的人或异化劳动和真正劳动的区分。前一种区分马克思在《资本论》中仍继续使用,后一种区分在马克思的《经济学哲学手稿》中非常明显。这个问题不属本文的范围,需要专门研究。在《德意志意识形态》中,马克思避开了自然哲学的体系,问题不是不一贯,而是没有得到充分的阐述。在《资本论》和《剩余价值理论》中关于自然的论述也是这样。

马克思是不让人拖着往他并没有为自己确定的方向走的。另一方面,马克思所不愿弄成一个完整体系的论述,被恩格斯在自己的著作中拼凑到了一起。这些论述凑在一起,获得了马克思本人不曾赋予它们的重要意义。主观判断不能排除,但是恩格斯加到他编辑的那一版《资本论》中去的东西,除了对化学史的一处修正这一无关大局的问题以外,没有什么不是已经用马克思自己的话和思想表达过了的。马克思并没把自然科学排除在辩证法之外,因此在这个问题的形式方面与恩格斯并没有什么不同。至于实质方面,恩格斯著作中的自然辩证法必须就其本身来判断,不能看成是马克思或马克思主义的产物。人类史的辩证法同样是他们两人以不同的方式发展的。正像胡克说的那样,这不仅仅是着重点的问题,虽然有一部分的确是这种问题。他没有提到的部分指恩格斯及其他人对马克思著作的使用,在这种使用中马克思的这些著作变成了不同正统的经典。世界观和哲学之间似乎没有什么差别。恩格斯著作的经典不是像李希特海姆说的那样是在马克思逝世后第一次问世的,恩格斯在这方面的独立创造远远早于马克思的逝世。恩格斯思想中的经典的东西存在于它的内容之外,它同时既是恩格斯在马克思逝世前后对马克思的关系,又是我们对那种关系的关系。

恩格斯的谦逊产生了一个副作用,就是在关于马克思和恩格斯的讨论中出现了某种势利眼的作风:除了在他的忠实信徒、传记作者以及其他像哈尔丹那样介绍过他的著作的人们眼中之外,恩格斯的威望受到了贬损。对恩格斯的误解近年来有所发展，其中有些人对马克思和恩格斯的思想都了解得很肤浅。

（原载阿姆斯特丹《国际社会史评论》1975年第15卷）

（莫立知 译）

马克思的辩证历史观[*]

〔美〕肯·莫里森

马克思没有明确阐述过他研究历史和社会的方法论或他的辩证变化和发展的理论。然而,恩格斯却撰写过一部有关辩证法的著作《反杜林论》。马克思对辩证法的论述散见于《资本论》(1867—1894年)和1847年出版的《哲学的贫困》等著作中。在后一部著作中,马克思谈到了工人的"解放",他在同一节中重申了这样一个观点:虽然人类本质上是自由的,但他们处处都受经济条件的限制,在这种经济条件下,一个社会阶级受另一个阶级支配。马克思著作的一个根本出发点就是要表明社会阶级是社会历史关系的产物。这一观点的重要之处在于,马克思第一次指出社会关系并不是一成不变的,实际上是可以改变的。马克思这一思想的关键之处在于,他探讨了个人逐渐从那种使之成为经济主体的条件下解放出来的过程。这里的独特之处在于,他的思想具有解放性,并且他相信,社会解放标志着从阶级的历史向人的历史的过渡。因此,研究马克思有关这一问题的思想相当重要。我们从《哲学的贫困》中的那段著名的话开始:

经济条件首先把大批的居民变成劳动者。资本的统治为这批人创造了同等的地位和共同的利害关系。所以,这批人对资本说来已经形成一个阶级,

---

[*] 本文选自《马克思恩格斯列宁斯大林研究》2001年第1辑。

但还不是自为的阶级。在斗争（我们仅仅谈到它的某些阶段）中，这批人联合起来，形成一个自为的阶级。他们所维护的利益变成阶级的利益。……

但是，当问题涉及对罢工、同盟以及无产者在我们眼前实现他们组成为阶级所采用的其他形式以明确认识的时候，一些人就陷入真正的惶恐，另一些人就显出先验的**蔑视**。

被压迫的阶级的存在就是每一个以阶级对抗为基础的社会的必要条件。因此，被压迫阶级的解放必然意味着新社会的建立。要使被压迫阶级能够解放自己，就必须使既得的生产力和现存的社会关系不再能够继续并存。……

这是不是说，旧社会崩溃以后就会出现一个表现为新政权的新的阶级统治呢？不是。

劳动阶级解放的条件就是要消灭一切阶级；正如第三等级即市民等级解放的条件就是消灭一切等级一样。

劳动阶级在发展进程中将创造一个消除阶级和阶级对立的联合体来代替旧的市民社会；从此再不会有原来意义的政权了。因为政权正是市民社会内部阶级对立的正式表现。……

可见，建筑在阶级**对立**上面的社会最终将导致剧烈的**矛盾**、人们的肉搏，这用得着奇怪吗？①

马克思在这段话中所使用的语言——"自在的阶级"、"自为的阶级"、"对立"、"对抗"、"矛盾"等——显而易见都是黑格尔的语言。为了说明马克思在阐述发展理论时是如何借用黑格尔的语言的，简单地考察一下辩证法的历史，尤其是黑格尔的辩证法思想将大有益处。

---

① 《马克思恩格斯选集》第 2 版第 1 卷第 193—195 页。

"辩证法"一词溯源

"辩证法"一词可以追溯到以苏格拉底和亚里士多德的著作为开端的古希腊哲学,他们主要用这个词来指一种获得内在真理的方法,这种真理不可能运用观察和感性知觉的方法获得。后来,辩证法在18和19世纪黑格尔的著作中发展到顶峰,黑格尔运用这种方法来揭示历史、精神和意识等存在范畴之间的相互关系。再后来,到了20世纪,英国哲学家宣称辩证法出于具有思辨性因而是一种不可靠的方法,之后,它便被弃而不用。

虽然马克思从来没有完整地论述过他的方法论,也没有明确地阐述过辩证理论观,但恩格斯却在1878年出版的《反杜林论》中详细论述了辩证法的原理。在恩格斯看来,辩证思想的基本原理就体现在"联系"或"相互作用"的概念中。根据这些概念,自然界和人类世界都表现为一张巨大的相互联系之网,其中一切都以过去、现在和将来的形式相联系。恩格斯认为,在这种情况下,当我们用人类、历史、世界、经验、存在等关系概念来描绘我们自己、世界及其他事物时,就能够直观地想象这些相互作用:

当我们深思熟虑地考察自然界或人类历史或我们自己的精神活动的时候,首先呈现在我们眼前的,是一幅由种种联系和相互作用无穷无尽地交织起来的画面,其中没有任何东西是不动的和不变的,而是一切都在运动、变化、生成和消逝。这种原始的、素朴的、但实质上正确的世界观是古希腊哲学的世界观,而且是赫拉克利特最先明白地表述出来的:一切都存在而又不存在,因为一切都在流动,都在不断地变化,不断地生成和消逝。①

在这个大的轮廓下,可以看出辩证法所具有的、使之成为一种独特的方法论工具的三个相互联系着的特点。第一,它认为所有人都通过一系列相互作用的社会和历史关系而与世界和其他人相联系,这些社会和历史关系使他们既有同一性又有差别性。例如,我们都是个人,但我们也是使我们具有统一的政治目标的国家的成员。这些所有人都具有的共性可以通过一些有时被称为总体的集合概念来理解。这些概念包括人类、历史、现实、存在等等。因此,相互作用指的是,虽然我们是不同的个体,但我们同时也与这些更大的总体有着根本的联系。第二,它认为总体以及我们与总体的联系形成了一个相互作用的关系网,它从根本上决定着我们的存在及人性。第三,它认为一切历史和物质都处于不断变化、运动和转变中,事物不断地生成、存在和消逝。在这种情况下,任何单独的事物、任何部分或任何环节都不能完全与其他的事物分开,它们都是一个与其有本质联系的更大的整体或统一体的一部分。

黑格尔的辩证法

1812年,黑格尔在《逻辑学》中阐述了辩证法理论。其中提出了历史发展、自我解放和变化的理论。黑格尔的理论一开始就宣称万物都处于不断的运动和变化之中,运动的一般规律是个体、历史与思想的发展所固有的。这样,黑格尔就把世界、实存和存在视为过程,其中一切都不是独立的存在,而是相互作用和彼此相关的。从这一角度

---

① 《马克思恩格斯选集》第2版第3卷第359页。

来看，一切都在变化与发展，因为没有什么东西是一成不变的。黑格尔认为，任何一个事物的存在都只能在与他物的"关系"中去理解，这种联系的观点使我们把独立的事物融入更大的存在总体中去理解，而黑格尔是通过历史、精神、意识和理性等范畴来表述这些总体的本质的。

万物都与一个更大的整体相联系的学说后来成为辩证的现实和历史观的理论基础。这种观点认为，没有一个个体能够独立于其他个体而存在或与其他个体分开，因为每一个个体都与更大的历史整体如历史与人类相联系，这些整体规定着个体与社会的关系。黑格尔的"在关系中存在"的概念不仅在似乎没有联系的东西之间建立了联系，而且还向宣称一切事物就其本身来说都是独立的这样一种世界观提出了挑战。自在之物的概念以及不同的存在阶段，如存在与非存在、自由与奴隶、自我实现与异化之间界限分明的观点，黑格尔都从辩证法的角度重新进行了思考。

黑格尔继续论证说，发展的一个最重要的特征就是他称之为"矛盾"的过程。简单地说，矛盾原理指的是现实中存在着对立面或冲突因素。黑格尔认为没有矛盾就没有发展，事实上，矛盾就植根在现实和历史中。因此，矛盾指的就是肯定与否定的因素同时共存。黑格尔认为矛盾在世界、现实与思想中都存在，反映在引起变化和发展过程的对立因素的存在中。例如，在宗教中，矛盾就存在于人类经验诸如善与恶这两种对立倾向的斗争中。在神学理论中，善与恶都不可能彼此独立存在，而只能同另一个导致善恶产生的因素联系起来才能存在。黑格尔的矛盾理论只不过是认为，实存、存在和思想是对会导致发展和变化的张力原则的反映。在日常生活中，对立因素本质上的矛盾性表现在更为广泛的生存斗争中。

黑格尔在其他一些更为宏大的哲学著作中把矛盾原理发展为一个成熟的发展理论。他认为这一过程包括三个主要发展阶段：第一是他所谓的"肯定"阶段，有时也称为正题。黑格尔用肯定这个词来指存在或实存的东西。这种意义上的肯定就是一个现存的事物主动地而不是被动地肯定自身和在世界中存在的能力。这意味着它在存在中"肯定"自身，这种肯定是它自身存在或实存的基本原则。并且，随着它对自身的肯定，其发展与繁衍的内在"潜力"也表现出来。

　　辩证法的第二个阶段指的是"否定"，有时也称反题。在黑格尔看来，这指的是世上起限制或抗拒发展作用的因素。否定是辩证过程的关键，因为它指的是阻碍或限制一个现存事物发展自身能力的限制作用的因素。从这个意义上说，否定因素不仅仅是肯定的对立面，除包含限制或界限之外，它还包含着妨碍生存这一更为强烈的涵义。黑格尔主要用这个词来解释一个事物或个体是如何面对通过设定界限来"否定"发展的那些起限制作用的因素的。虽然黑格尔认为一切事物都有它被否定的独特方式，但他还是认为否定本身导致了进一步的发展，因此是发展进程中的一个环节。在恩格斯看来，"否定不是简单地说不，或宣布某一事物不存在，或用任何一种方法把它消灭"[①]。相反，否定可以被视为发展的动因，因为它引起了抵抗的倾向，这种抵抗是肯定的一种方式。

　　辩证法的第三个原则是"否定之否定"的概念或合题。黑格尔用这个词来表达一个发展圆圈的完成，其主旨是指否定具有能够被重构或其本质能够被根本改变的本性。因为否定自身代表着限制或界限，所以"否定之否定"只不过是通过结束或超越界限或限制而重新设立限制的发展规律。黑格尔进一步论证说，界线和限制这两个词都表达了发展的

---

① 《马克思恩格斯选集》第2版第3卷第484页。

原理，因为否定之否定改变了个体受限制的状况，从这种意义来说否定之否定原理是变革性的。这一点可以在黑格尔最喜欢举的奴隶与主人的例子中看出来。黑格尔认为，只有当奴隶在黑格尔所说的"建设性的行动"中通过有意识的"否定之否定"而重新掌握他们的自发行动时，他们才转变为自为的存在。他认为在这种建设性的行动中，奴隶摧毁了阻碍他成为一个个体的否定因素并因此而成为靠自己而生存的人。这里重要的是，黑格尔的"自由"范畴和"解放"范畴都包含在发展之中。

这一肯定、否定和否定之否定（正题、反题和合题）的圆圈是辩证的运动和变化的表现。虽然这些概念自黑格尔最初提出以来一直受到质疑，但是直观地看，它们还是揭示了一种有关存在、发展和变化的理论。

马克思的辩证法

马克思朝一个完全不同的方向发展了辩证法，为了说明他的贡献，再一次考察一下他对唯物主义和唯心主义所作的区分十分重要。唯心主义认为思想在历史发展中对物质来说是占首位的。黑格尔认为"概念"先于现实而产生，因此是哲学的根本问题。相反，马克思则认为物质世界先于观念世界而存在，这就为以人类经济需要为基础的历史发展理论奠定了基础。因此，唯物主义学说认为，既然物质世界是第一性的，那么精神的发展就必然来源于物质存在。[①] 黑格尔认为观念是最终的现

[①] 马克思明确表述过这一思想，他在《〈政治经济学批判〉序言》中指出："不是人们的意识决定人们的存在，相反，是人们的社会存在决定人们的意识。"（《马克思恩格斯选集》第 2 版第 2 卷第 32 页）

实，因此人与人之间的关系就被视为观念之间的关系的结果，他的这一思想在马克思看来是有问题的。黑格尔把观念视为支配历史的力量，以致他认为历史发展的最终动力不是人，而是观念。这就是说，黑格尔认为，观念总是历史发展和变化的焦点。

马克思屏弃了这种观点，并进一步用不同的方式对此进行了批判。首先，他认为黑格尔的辩证法是神秘的，因为它过分地强调观念而忽视历史发展过程。第二，马克思认为黑格尔的发展理论中对运动本原的理解并不能解释复杂的历史机制。第三，他指出，黑格尔的体系并没有为如何建立历史现实发展的经验基础提供线索。

唯物主义的一个非常重要的观点是它认为运动和变化是发展的主要动因。马克思和恩格斯都认为运动是物质存在的基本方式。但是，为了把他们的观点与黑格尔的观点区分开来，他们必须更为明确地阐述运动原理，就是说，必须对此加以解释和分类。为了做到这一点，他们至少必须部分地承认黑格尔所提出的发展规律。恩格斯认为运动是历史变化的主要动因，并认为它能够解释社会、经验和物质不断变化的本质，这些观点主要是从黑格尔的《逻辑学》中借用来的。从这一立场出发，恩格斯认为运动是变化的基本决定因素，他认为变化理论能解释物质与更大的整体相联系以及从一种状态向另一种状态转化的条件。这一后来被称为辩证法的第一规律的学说也被称作飞跃的学说。它认为，当物质从一种形式变成另一种形式以及从一种实体变成另一种实体，如水变成冰、液体变为气体等时，物质就发生了质变。

马克思和恩格斯认为辩证法学说是一种基本的解释性的原理，因此把它视为一种发展的形式理论。这样看来，辩证法说明了有关社会历史变化的两个基本规律：首先，它认为，变化是一切物质所固有的；第二，它指出，在变化发展过程中，历史、政治和社会领域是相互联系的。马克思和恩格斯根据这两个设想提出了一种变化理论,这种变化理论解释了从一种存在状态向另一种存在状态转化的过程,同时描述了变化本身的决定性环节。

恩格斯从19世纪的科学发现,尤其是从达尔文的进化论中找到了他的观点的依据。进化论思想认为,发展的各个阶段实际上是同复合体通过增加越来越多的要素或属性而向更为精巧的结构运动的连续过程联系在一起的。从达尔文的思想中产生了这样的看法:事物表面的多样性实际上都有某一内在的根源,它的发展及其最终的决定因素导致越来越具多样性的复杂存在物的产生。达尔文的著作对恩格斯产生了举足轻重的影响,因为恩格斯认为达尔文的著作为辩证的发展理论提供了科学基础。达尔文指出,物种之间的相互联系使人们发现了造成结构性飞跃(不同的物种)的发展的内在根源,而这种飞跃与物种在同环境发生关系的过程中出现的变异的积累和继承有关。

进化论的主要观点如下:(1)物质实际上由不同的层次和不同的结构所组成,它们的相互联系可以归结为基本规律;(2)现存的发展阶段是从前一个阶段中产生的;(3)发展阶段或层次的结构与前一阶段或层次相联系,并且可以从它与相关层次的相互作用中加以识别。总之,这些层次都是与前一个层次或阶段的发展相联系的。实际上,每一个层次既在经验世界里存在,也在自然界存在。达尔文指出,万物都是相互联系的,物种的发展过程与一系列事件有关,这些事件间的相互联系在事件发展过程中具有规律性,从它们自身中产生了新结构,为飞跃提供了证据,而物理学和生物学的其他发现则表明,事物表面上的差异实际上是同现实的某个内在层次有联系的。

马克思和黑格尔的辩证观的不同

在介绍了马克思和黑格尔的辩证观之后，就有可能分辨出他们之间至少存在四个重要的不同之处。第一，他们的发展学说不同；第二，矛盾原理不同；第三，发展阶段以及这些阶段在历史上的表现不同；第四，他们在使用"关系学说"方面存在着不同。

首先，让我们看一看发展学说。

黑格尔认为发展产生于观念的变化中。马克思则认为变化产生于物质条件和具体历史过程之中。与黑格尔的辩证法不同，马克思的发展学说称为唯物辩证法，以此表明不是观念占支配地位，而是物质条件占支配地位。黑格尔认为发展的动因（矛盾、肯定、否定、否定之否定）表现在历史中起作用的观念中，马克思则持相反的观点，认为变化的动因实际上体现在社会经济生产的具体历史发展过程中。这样，马克思就从唯物主义的角度着重强调了被黑格尔视为观念的那些东西。

第二，关于矛盾的问题，黑格尔的学说认为任何现存事物都会遇到对立面，没有它，就不可能有历史发展。相反，马克思认为黑格尔的矛盾概念过于抽象，因为它只是用神秘的词汇来论及过程和发展。与此完全不同的是，马克思认为矛盾规律在历史上以强制性的社会阶级结构的形式体现出来，因为它是在经济关系这一层次上的矛盾规律（对立和否定）的一种物质表现。

第三是发展阶段问题。虽然黑格尔认为发展阶段是从不明确的、没有区别的阶段向更为明确的有区别的阶段过渡，但他所构想的发展从来也不曾超出思辨的范围。相反，马克思看到了社会的不同发展阶段，并认为它们的历史更替与经济生产和社会阶级结构息息相关。从这个意义上说，马克思设想的社会和阶级结构更替的历史图景使得辩证法成为历史中实在的东西。

第四是关系学说。这个概念在黑格尔与马克思的思想中都极其重要，更不用说马克思在《资本论》和其他著作中是如何系统地把这个概念当作一种主要的分析问题的工具了。虽然关系概念包含着复杂的哲学内容，但它的基本原理还是很简单的，涉及辩证思维的核心。简单地说，辩证法学说的一个重要论点就是事物之间存在着相互联系之网。这样，关系这个词就成为一个哲学概念，用来描述完全不同而又相互作用的两个整体或两种实在之间的联系。从这一点来看，马克思和恩格斯从黑格尔那里所学到的就是，每一种关系都可以从两个不同的角度来观察：（1）从与其自身的关系中来观察；（2）从与他物及与世界的关系中来观察。黑格尔和马克思都从主体—客体关系的角度来谈论这些关系。黑格尔相信对立面（主体—客体、一般—特殊、同一——差别）的现实性，并认为这些对立面惟有放在一起才能够被理解。因此，黑格尔用关系概念来说明，人们在理解对立面——如主人和奴隶，主体和客体——时，必须把关系的两个方面都包括进来，因为不包括两个方面就没有同一。因为现实的本质就具有两个方面——主体和客体，部分和整体，所以一切分析都必须抓住关系的每一个方面的经验和现实，以全面地把握整体。以发展原理为例，黑格尔认为，不能完全从过程本身来理解过程，因为任何发展都必然在从一个阶段向另一个阶段运动的过程中形成某些关系。因此，关系一词是把握隐含在不同阶段的运动中的间接因果联系的一种方式。

关系这个概念一旦被马克思所采用，就成为一种不同寻常的分析问题的工具。在马克思看来，每一种关系都具有本质上相互联系着的两个方面，唯有这些关系的总体才构成现实。像黑格尔一样，马克思也考察了关系的两个方面之间的联系，因为他认为每一个方面都代表着经验和现实的一个层面，当我们只考察一个方面时，另一个方面就必然会被排除在外。这一点在马克思对斯密和李嘉图的批判中表现得最为明显。他认为，他们没有看到诸如资本、劳动、生产和消费这些经济范畴之间的根本联系。他认为这些重要概念实际上都不能被用来界定独立的经济事件——如资本和劳动，生产和消费，而是在任何情况下都要考虑到根本的相互联系和人类的社会关系。他对那些没有看到这种相互联系的理论的批判是他的理论体系中的重要一环。

恩格斯和辩证法

恩格斯在写作《反杜林论》时，已经通晓黑格尔辩证法的三个规律。这三个规律是：（1）从量变到质变的规律；（2）对立面相互渗透的规律；（3）否定之否定规律。虽然恩格斯认为辩证法规律有科学根据，但他还是与黑格尔不同，因为他不是把辩证法运用于观念的领域，而是运用于社会和历史。恩格斯认为，因为辩证法学说适用于自然界和社会，所以它也普遍地适用于历史，这就使得发展的规律具有经验根据。

辩证法的第一个规律表明，通过变化累积，一种结构能够转化为另一种结构，最终导致质的发展。在自然界，物质的这种转化表现在物体这一层面上，如，水转化为固体或液体转化为气体。在自然界，当质变发生时，一种实体就转化为另一种实体，但是，只有当新的属性积累到一定的程度以致产生"飞跃"出现结构性变化时，才会发生这种情况。辩证法的第二个规律宣称，存在的本质充满矛盾。恩格斯认为这些矛盾主要是在物质世界起作用并以阶级矛盾的形式存在。最后，辩证法的第三个规律，否定之否定规律，以与统治阶级的经济和政治统治相对立的形式表现在物质世界之中。否定产生于它自己的内在存在，"从它自身之中产生出结束其存在并把它转化为其自身的对立面的因素"。

辩证法在历史中的运用

到此为止，有两个观点是唯物辩证法所特有的：第一，一种社会形态由于它内在的经济矛盾势必会向另一种社会形态过渡。第二，一种特定的社会形态会被一种新的社会形态所取代，先前的社会关系成为新社会的一部分，这个取代过程引起阶级斗争，新的社会形态就是从阶级斗争中产生出来的。马克思和恩格斯都认为黑格尔所提出的发展原理以历史发展的形式直接地表现出来。黑格尔认为历史表现为生成、消逝等等过程，而马克思和恩格斯的出发点则是要说明这一发展模式是如何在历史上起作用的。

在马克思看来，历史事件证实了这样一种发展模式的存在。1789年和1848年的事件——两者都是变化和发展的革命表现——就证实了已经存在的社会秩序会由一种社会形态转化为另一种社会形态，并证实，随着旧秩序让位于新秩序，旧的生产力也逐渐被新的生产力所取代。在同一个历史现实层面上所发生的其他事件，如1831年的工人起义和1842年宪章运动期间工厂工人的骚动，都确切地说明了社会两大阵营之间的阶级斗争的一贯性。这两大阵营分别为：雇佣劳动的买方与卖方，无产阶级和资产阶级，有产阶级和劳工阶级。马克思认为，这种发展模式使人们有可能以崭新的方式从经济角度对历史进行解释。这一点恩格斯说得很清楚："新的事实迫使人们对以往的**全部**历史作一番新的研究，结果发现：以往的全部历史，都是阶级斗争的历史；这些相互斗争的社会阶级在任何时候都是生产关系和交换关系的产物，一句话，都是自己时代的**经济**关系的产物。"① 如恩格斯所说，已经找到了一条对历史进行唯物主义研究的道路，可以用经济存在来解释人类意识。这种辩证史观在恩格斯论马克思的方法时说得很明确：

> 正是马克思最先发现了重大的历史运动规律。根据这个规律，一切历史上的斗争，无论是在政治、宗教、哲学的领域中进行的，还是在其他意识形态领域中进行的，实际上只是或多或少明显地表现了各社会阶级的斗争，而这些阶级的存在以及它们之间的冲突，又为它们的经济状况的发展程度、它们的生产的性质和方式以及由生产所决定的交换的性质和方式所制约。这个规律对于历史，同能量转化定律对于自然科学具有同样的意义，这个规律在这里也是马克思用以理解法兰西第二共和国历史的钥匙。②

马克思认为，可以把社会和历史看成是反映一种独特发展模式的经济规律依次发生作用。这种发展模式有如下历史形式：原始共产主义、奴隶制、封建主义、资本主义、社会主义。实际上，这种发展表明，各社会的更替与它们的社会关系体系是相互联系的，它证实了唯物辩证法所描述的内在发展过程，而且可以在经济存在的层面上找到其物质表现。

---

① 《马克思恩格斯选集》第 2 版第 3 卷第 365 页。
② 《马克思恩格斯选集》第 2 版第 1 卷第 583 页。

马克思和恩格斯认为，实际上，社会阶级的存在是唯物主义的发展理论在社会历史层面上的表现。与其他历史动因相比，社会阶级更加从理论上肯定了唯物辩证法。这就是说，马克思和恩格斯在为历史发展本身提供经验基础时所揭示的正是黑格尔理论所缺乏的东西。

但是，一个社会阶级会以何种方式进行历史变革？马克思认为，当阶级矛盾进一步激化，处于从属地位的阶级开始意识到他们同处于贫穷和受剥削的状态时，一个社会阶级便能够超越自身的局限。这使他们更强烈地意识到自己所处的外部条件是相同的，这样，他们就从一个"自在的阶级"转变为一个"自为的阶级"。在马克思看来，这意味着社会阶级是变革因素的载体，这就构成了社会历史变革的经验基础。如果这一点是正确的，那么，促使阶级行动起来的原因是什么？

我们知道社会矛盾从社会中产生，矛盾是对变革和发展起中介作用的阶段，并且马克思考察了造成这种状态的社会机制。因此，矛盾是社会变革的根源。从这个意义上说，当一个社会阶级成为一个自为的阶级，当它的社会凝聚力由于那些造成共同经验条件的矛盾而形成时，它就成为历史变革的根源。马克思认为社会阶级就是这些共同条件的反映，这些条件是团结和阶级凝聚力的基础。马克思认为每一历史阶段都开始于一种生产方式，其经济组织造成了一些特殊条件，从中产生了一个在社会上占统治地位的、支配另一个阶级的阶级。在这种社会阶级结构中，一个阶级否定另一个阶级，另一个阶级的存在只是为维持比自己更具优势的阶级的经济利益，这与辩证发展规律是一致的。马克思认为，在这一发展、矛盾和对立的过程中，否定提高了处于从属地位的阶级的凝聚力。他们形成一个阶级，这个阶级的贫穷和受剥削的共同条件构成了变化发展——否定之否定——的根源。马克思为说明唯物辩证法而举的例子都是一些历史事例。第一个例子是1789年的法国大革命，这是一个阶级反对另一个阶级的统治。第二个例子是发生在1848年的路易·波拿巴革命。马克思在这两个例子中清楚地描绘出这样的历史模式，它们的形成证明了辩证的变化原理。

(原载《马克思、杜克海姆和韦伯》伦敦1998年版)

(李朝晖 译)

恩格斯：在斯宾诺莎与黑格尔之间[*]

〔意〕维托里奥·莫尔芬诺

一

雅克·莫诺（Jacques Monod）在《偶然性与必然性》的第二章中在对生命主义哲学和泛灵论进行分析的时候，还探讨了恩格斯的辩证唯物主义思想。莫诺明确指出，能被现代科学接纳的唯一一个关于不变性与目的性之间关系的假设就是"不变性必然优于目的性"。在莫诺看来，所有其他的概念都预先假定了与上述假设相反的假设：

> 这就是，不变性这个概念以在所有的现象（生命体）都是其表现形式的目的论原则为指导的个体发生学以及进化论的保护和引导。[①]

这种颠倒隐含着对客观性原则的否定。莫诺将那些使不变性与目的性颠倒过来的概念划分成两大类：第一类是生命哲学，这种哲学将目的论原则引入了生物界；第二类是泛灵论，这种哲学"呼吁一种普遍的目

---

[*] 本文选自《马克思主义与现实》2010年第6期。本文作者Vittorio Morfino系意大利从事阿尔都塞晚期著作意文版翻译工作的著名学者。

[①] 〔法〕雅克·莫诺：《偶然性与必然性》，1997英文版第26页。

的论原则,是引发宇宙进化论以及生物进化论的原因,宇宙进化论以及生物进化论在这种哲学中表现得最为精确和强烈"①。

这些泛灵论的概念使得人与自然之间的联盟变得更为稳固:这些概念延伸到了动物、植物、矿物质、气象学现象以及天体之中,"人类意识到了他们自己的中央神经系统也有着强烈的目的学功能","这种延伸寄予了(以上那些东西)存在的理由,而它们的存在只在这种延伸中才是有意义的"。

莫诺提醒我们,这些概念并不仅是一个已经被取代的时代的遥远记忆,而是在现代人的思想中扎下了深厚的根基。17世纪以来试图重建(人与自然之间的)这一古老联盟的现代文化就是证明:"只要我们想想莱布尼茨所做出的伟大努力,或者是黑格尔所竖起的那些巨大而有力的纪念碑就足够了。"

莫诺通过对一些19世纪的思想进行分析而进入了问题的核心,他指出,在德哈·戴夏汀(Teilhard de Chardin)的思想,斯宾塞(Spencer)的进化论甚至是马克思和恩格斯的思想中都存在(人与自然之间的古老联盟)这一概念。这个概念是"19世纪科学发展进程中的核心理念"。很显然,莫诺所探讨的辩证唯物主义主要局限于恩格斯探讨自然哲学的两部经典著作,即《反杜林论》以及在恩格斯去世后以《自然辩证法》为题所发表的一些文字片段。在对辩证唯物主义进行了概要式的论述之后,莫诺强调:"将辩证矛盾作为每一个瞬间、每一次进化的基本律,就使得一个对于自然的主观性解释被系统化了,而在这种对于自然的主观性解释之中,一个优势的、建设性的、创新的延伸就被发掘出来。"由此就导致了对于客观性原则的削弱。在此,人类中心主义

---

① 〔法〕雅克·莫诺:《偶然性与必然性》,1997英文版第27—28页。

的幻想以一种新的面貌出现了：进化论使得人类不再是宇宙的固定的中心，而是"整个宇宙期待已久的、天然的继承人"。莫诺列举了《自然辩证法》中的一段来证明他提出的"即使不是人类这个物种，至少也是思维着的精神重新获得了永恒性"这个观点。

  但是，不论这个循环在时间和空间中如何经常地和如何无情地完成着，不论有多少亿个太阳和地球产生和灭亡，不论要经历多长时间才能在一个太阳系内而且只在一个行星上形成有机生命的条件，不论有多么多的数也数不尽的有机物必定先产生和灭亡，然后具有能思维的脑子的动物才从它们中间发展出来，并在一个很短的时间内找到适于生存的条件，然后又被残酷地消灭，——尽管如此，我们还是确信：物质在其一切变化中永远是物质，它的任何一个属性任何时候都不会丧失，因此，物质虽然必将以铁的必然性在地球再次毁灭物质的最高的精华——思维着的精神，但在另外的地方和另一个时候又一定会以同样的铁的必然性把它重新产生出来。①

  莫诺正是用这段话来证明恩格斯的泛灵论思想，这就将我们引入了我们当下进行的讨论的核心：一个在其形式的无限变化中保持其自身属性不变的物质的概念将我们引入了斯宾诺莎的理论视野。
  对于斯宾诺莎思想的引用实际上是不足为奇的，因为恩格斯在回答关于斯宾诺莎的自然概念的问题时，指出普列汉诺夫也曾经证实"斯宾诺莎是正确的"。这种（对斯宾诺莎思想的）引用在19世纪后半期的德国唯物主义哲学传统中也有所体现。海克尔和狄慈根就是例子。真正

---

① 《马克思恩格斯选集》第2版第4卷第279页。

令人感到惊奇的是,这种引用使恩格斯受到人类中心主义因此也是泛灵论的指控。因为斯宾诺莎建构的哲学是禁止任何形式的人类中心主义以及泛灵论思想的。

为了说明恩格斯虽然引用了斯宾诺莎的哲学,却被指控为泛灵论的理论原因,我们必须要探讨恩格斯的作品、斯宾诺莎的作品乃至黑格尔的作品。

二

首先,我们要看一看恩格斯对于斯宾诺莎思想的引用。在《自然辩证法》的导言中,恩格斯简略地提到了他对于斯宾诺莎思想的引用。在阐述了现代科学仍然沉浸于目的论之后,恩格斯写道:

> 当时的哲学博得的最高荣誉就是:它没有被同时代的自然知识的狭隘状况引入迷途,它——从斯宾诺莎一直到伟大的法国唯物主义者——坚持从世界本身来说明世界,并把细节的证明留给未来的自然科学。①

由此可以看出,在恩格斯看来,斯宾诺莎的优点在于他是从世界本身来说明世界,而不是像笛卡尔和牛顿那样追溯到一个至高无上的存在、一个外在于物质的第一推动力。与黑格尔的看法一样,斯宾诺莎也认为运动构成了物质的存在形式。因此,物质没有运动是不可想象的。恩格斯写道:

---

① 《马克思恩格斯选集》第 2 版第 4 卷第 265—266 页。

我们所接触到的整个自然界构成一个体系，即各种物体相联系的总体，而我们在这里所理解的物体，是指所有物质的存在，从星球到原子，甚至直到以太粒子，如果我们承认以太粒子存在的话。这些物体处于某种联系之中，这就包含了这样的意思：它们是相互作用着的，而这种相互作用就是运动。由此可见，没有运动，物质是不可想象的。其次，既然我们面前的物质是某种既有的东西，是某种既不能创造也不能消灭东西，那么由此得出的结论就是：运动也是既不能创造也不能消灭的。只要认识到宇宙是一个体系，是各种物体相联系的总体，就不能不得出这个结论。①

由此可见，恩格斯与斯宾诺莎一样，都认为自然是一个普遍联系的整体，而这个整体中的部分不能从整体中分离出来，除非是用抽象的方法：在自然中没有任何事是单独发生的。所有的事物都是相互影响的，主要是因为各种各样的运动以及相互作用被忘记了，因此我们的自然科学家们才没能对最简单的事物有一种清晰的认识。

如果将同一种实体看成是事件的无限相互作用，那么对于实体的认识就是可能的。我们只有通过每个个体与整体之间建立起来的联系，才能解释它们的个体性，因为这种联系构成了其个体性的本质。因此，在自然中没有孤立的事件，除非是在自然科学家和社会科学家们想象中的实验室里。正是出于这个原因，恩格斯才认为科学需要被剥去其神秘主义外衣的辩证法以防止科学研究得上硬化症。

根据和后果、原因和结果，同一和差异、映像和本质这些固定的对立是站不住脚的。②

---

① 《马克思恩格斯选集》第 2 版第 4 卷第 347 页。
② 《马克思恩格斯选集》第 2 版第 4 卷第 302 页。

化学——原子论。物理学的抽象的可分性——恶无限性。生理学——细胞（由分化而发生的个体和种的有机发展过程，是合理的辩证法的最令人信服的验证）。最后，各种自然力的同一性及其相互转化，这种转化使范畴的一切固定性都终结了。尽管如此，大批自然研究家仍然束缚在旧的形而上学的范畴之内，而且当他们必须合理地解释这些新近的事实，即这些可以说在自然界中证实了辩证法的事实并把它们彼此联系起来的时候，便束手无策。这里应当**想到**：原子和分子等等是不能用显微镜来观察的，而只能用思维来把握。试把化学家们（肖莱马例外，他懂得黑格尔）和微耳和的《细胞病理学》比较一下吧，在那里最终不得不用笼统的空话来掩盖这种束手无策。脱掉神秘主义外衣的辩证法成为自然科学绝对必需的东西，因为自然科学已经离开那个有了固定不变的范畴，可以说有了逻辑的初等数学，有了逻辑的日常工具就足以解决问题的领域。①

因此，与形而上学相比，黑格尔所构建的辩证法将会发展成一门关于相互作用的科学。这就解释了在西方思想史中第一次或许也是最纯粹的引用斯宾诺莎思想来将相互之间的关系看成是比个体性更为重要的东西的尝试，与之相反，传统的形而上学是以主谓的形式来思考关系问题的。因此，在辩证法看来，实体不是事物的集合，而是过程的集合。这也是科学知识的发展，尤其是达尔文的进化论所提出的要求。尽管形而上学是通过种属和类的概念来构建出一个有秩序的、由单独的实体所组成的等级，辩证法构建出来的是一个相互作用的过程的集合，在这个集合中的个体由它们无限的变化组成。

---

① 《马克思恩格斯选集》第 2 版第 4 卷第 303 页。

一切差异都在中间阶段融合,一切对立都经过中间环节而互相转移,对自然观的这样的发展阶段来说,旧的形而上学的思维方法不再够用了。辩证的思维方法同样不知道什么严格的界限,不知道什么普遍绝对有效的"非此即彼",它使固定的形而上学的差异互相转移,除了"非此即彼!",又在恰当的地方承认"亦此亦彼!",并使对立通过中介相联系;这样的辩证思维方法是唯一在最高程度上适合于自然观的这一发展阶段的思维方法。自然,对于日常应用,对于科学上的细小研究,形而上学的范畴仍然是有效的。①

在同一段中,恩格斯在思考现代科学所造成的结果时,还在黑格尔逻辑学以及斯宾诺莎的论辩的基础上表明旧的形而上学范畴是如何被废弃的。例如,在动物世界中,个体的概念不能严格地确立:

不仅就这一动物是个体还是群体这一问题来说是如此,而且就发展过程中何时一个个体终止而另一个个体("裸母虫体")开始这一问题来说也是如此。②

因此,在有机的世界里,范畴之间的严格对立,例如整体与部分之间的对立就不再够用了。同样地,在有机的自然中,像单一的和复合的这样的范畴之间的对立也已经变得不再够用了。此外,同一以及差异的严格对立对于有机世界的知识来说,就像其对于无机世界的知识一样变得毫无用处:

旧的、抽象的、形式上的同一性观点,即把有机物看作只和自身简单地

---

① 《马克思恩格斯选集》第2版第4卷第318—319页。
② 《马克思恩格斯选集》第2版第4卷第318页。

同一的东西、看作固定不变的东西的观点，便过时了。尽管如此，以这种统一性观点为基础的思维方式及其范畴仍然继续存在。但是，就是在无机的自然界中，同一性本身实际上也是不存在的。每一个物体都不断地受到力学的、物理的、化学的作用，这些作用不断使它发生变化，使它的同一性变形。只是在数学中，即在一种研究思想事物（不管它们是不是现实的摹本）的抽象的科学中，才有抽象的同一性及其与差异的对立，而且甚至在这里也不断地被扬弃。①

此外，偶然性与必然性之间严格的形而上学对立对于关于自然进程的知识来说，也已经变得无用。实际上，以上所指的主要有两种观点，第一种观点认为自然中既有偶然的进程，也有必然的进程，而只有关于必然的进程的知识才是科学研究的对象；第二种观点指的是一种决定论，这种决定论从法国唯物主义中移入自然科学，它只是简单地否认偶然性的存在。以上两种观点都被拘禁于自然的神学概念之中。

同这两种观点相对立，黑格尔提出了前所未闻的命题：偶然的东西正因为是偶然的，所以有某种根据，而且正因为是偶然的，所以也就没有根据；偶然的东西是必然的；必然性自我规定为偶然性，而另一方面，这种偶然性又宁可说是绝对的必然性（《逻辑学》第2册第3篇第2章：《现实》）。自然科学把这些命题当作悖理的文字游戏、当作自相矛盾的胡说干脆抛在一旁，并且在理论上一方面坚持沃尔弗式的形而上学的空虚思想，认为一个事物**不是偶然的，就是必然的**，但是不能同时既是偶然的，又是必然的，另一方面，又坚持同样思想空虚的机械的决定论，在一般意义上在口头上否认偶然性，

---

① 《马克思恩格斯选集》第2版第4卷第322—323页。

而在每一特定场合实际上又承认这种偶然性。①

最后，恩格斯强调原因和结果之间严格的形而上学对立需要被相互作用的范畴所取代：

> **相互作用**是我们从现今自然科学的观点出发来在整体上考察运动着的物质时首先遇到的东西。我们看到一系列的运动形式，机械运动、热、光、电、磁、化学的化合和分解、聚集状态的转化、有机的生命，这一切，如果我们**现在还**把有机的生命排除在外，都是互相转化、互相制约的，在这里是原因，在那里就是结果，运动尽管有种种不断变换的形式，但是运动的总和始终不变。机械运动转化为热、电、磁、光等等，反之亦然。因此，自然科学证实了黑格尔曾经说过的话（在什么地方？）：相互作用是事物的真正的终极原因。我们不能比对这种相互作用的认识追溯得更远了，因为在这之后没有什么要认识的东西了。我们认识了物质的运动形式（由于自然科学存在的时间并不长，我们在这方面的认识的确还有很多缺陷），也就认识了物质本身，因而我们的认识就完备了……只有从这种普遍的相互作用出发，我们才能达到现实的因果关系。为了了解单个的现象，我们必须把它们从普遍的联系中抽出来，孤立地考察它们，而**在这里**出现的就是不断变换的运动，一个表现为原因，另一个表现为结果。②

因此，就像相互作用的概念证明了原因与结果之间严格的形而上学对立是无用的那样，相互作用的概念还同时证明了原因和终极原因之间的对立也是无用的。由此，恩格斯证明了科学知识的发展需要新的哲学

---

① 《马克思恩格斯选集》第 2 版第 4 卷第 326 页。
② 《马克思恩格斯选集》第 2 版第 4 卷第 327—328 页。

范畴:这一哲学论辩中的新秩序似乎要听从相互作用的范畴的命令,被看成是整体对于部分的效能以及这些部分之间的相互作用,而不是两个实体之间的相互作用。

三

恩格斯认为,第一位以史无前例的大无畏精神、用那些反形而上学的理论来思考(相互作用)这一范畴的思想家是斯宾诺莎。斯宾诺莎认为,实体就是相互作用。

这一循环终结了。在黑格尔看来,斯宾诺莎是现代首位用自然本身来思考自然的思想家。尽管斯宾诺莎没有机会了解的自然科学很有限,但他是第一位构建出能够与自然科学所发现的结果相一致的哲学范畴,即相互作用这一范畴的思想家。

我们现在要简短地考察一下斯宾诺莎在《伦理学》中提出的相互作用这一概念。我们只有了解斯宾诺莎提出了实体就是相互作用,以及无限的实体的自我产物就是模式的总体的产物,才能理解他在第一部分"论神"中提出的命题十八,即"神是万物的内因,而不是万物的外因"这个关于内因的命题,以及他的命题二十八,即"每个个体事物或者有限的且有一定的存在的事物,非经另一个有限的、且有一定的存在的原因决定它存在和动作,便不能存在,也不能有所动作,而且这一个原因也非经另一个有限的,且有一定的存在的原因决定它存在和动作,便不能存在,也不能有所动作;如此类推,以至无穷"这个关于有限的原因不是一个单一的、同时的过程,而是两个单独的活动这一命题。通过这种方式,内因这个概念在否定了这个存在的世界中任何关于感觉和行为的原初性假设之后,重新吸收了想象中的存在的双重层面中的表面的绝对性。

对于第一原因的否定被理解为暂时的因果关系，这就促使我们必须要重新思考暂时的、有限的因果性模式，因为那个被斯宾诺莎称之为自因的东西也同样是自身结果。由此可见，每一种存在都不是一个既定原因所造成的结果，而是这种存在与其他存在之间的无限的、必然的关系。因此，原因和结果这两个概念就失去了依法归罪这种关系所具有的神人同性的单一性，而变成了一种结构的、过程的多样性：每一个实体和每一种力量的存在都既是有限的又是无限的，并且被构成其存在的多样的关系所贯穿。

这样一种因果性的理念带来的是对于个体性这一概念的重新定义。每一个个体实际上都既是整体又是部分，既是单一的又是复合的，因为不能将个体理解为总是与自身相同一的主体，而要理解为部分之间的持续不断的关系，而且只要这些部分进行运动和静止的比例关系不变，这些部分的变化就不会改变主体的形式。

最后，自因这个概念促使斯宾诺莎重新思考偶然性与必然性之间的传统对立。作为自身结果的实体是有原因的，因此这一实体的存在依赖于其他实体的存在，也就是说，这一实体的存在是偶然的。然而，作为自因的实体是没有原因的，因此这个实体的存在是必然的。换句话说，一种模式如果与总体相分离，就是偶然的，如果不与另一个模式即一个绝对必然的模式即实体相关联就无法存在。然而，这同一种实体只有作为偶然性模式的必然性，或者是偶然的存在之间所保持的必然关系的无限性才能存在。斯宾诺莎认为种属和类这样的概念是无用的理由现在已经很明确了：这样的概念只在像亚里士多德提出的分等级的形而上学中才是有用的，在亚里士多德的形而上学学说中，每一个有形的个体都在种属和类之间的相互合作的基础上，按照普遍的顺序占据一个有限的空间，但是种属和类这样的概念在斯宾诺莎的理论视域中变得毫无用处，因为斯宾诺莎的理论消解了存在的基本过程中所有的固定性和等级。在《斯宾诺莎致高贵而博学的亨利·奥尔登堡阁下》的第32封信中，斯宾诺莎写道：

> 自然中的所有的物体都被其他的物体所围绕，它们相互间被规定以一种确定的方式存在和动作，而在它们的全部总和中，也就是在整个宇宙中，却保持同一种运动和静止的比例。因此我们可以推知，每一个物体，就它们以某种限定的方式存在而言，必定被认为是整个宇宙的一部分，与宇宙的整体相一致，并且与其他的部分相联系。因为宇宙的本性并不像血液的本性那样受限制的，而是绝对无限的，所以宇宙的各个部分被这种无限力量的本性以无限多的方式所控制，而不得不发生无限多的变化。①

四

现在让我们回到恩格斯的思路，他认为自因这个概念有效地表达了相互作用这个概念的意思，但反之却不行（即恩格斯认为自因与相互作用这两个概念之间的互译是不可能的）。实际上，相互作用这个术语所对应的德国思想史与斯宾诺莎的哲学以及解释斯宾诺莎的哲学完全无关。是康德使得相互作用这个术语对于我们的学习的目的来说获得了重要的意义。他将从选言判断中推断出来的相互作用归结为关系的第三个范畴。康德认为，通过先验模式将相互作用这个范畴应用于现象是有可能的，时间的先验限定调和了在这一范畴中的现象这一小前提。根据一

---

① 洪汉鼎编：《斯宾诺莎书信集》，商务印书馆1994年版，第101页。

种普遍规律，相互作用的模式或者说就其偶然性而言的实体的相互因果性模式因而是一个实体与其他实体的相互存在。康德在这一模式的基础上进行了关于经验的第三个类推（所有的暂时性关系的规则都处在经验之先，并且使得首次的经验变得可能）：所有的实体，只要它们能够感知到在空间中相互存在，就全部处在相互作用之中。

康德主义批判用观念论来重建概念模型是一场大地震，而震中正是对于先验的系统性组合的重新定义，或者说是对于想象的重新定义，震中的位置就在于现象和范畴相遇的地点。除了康德以外，德国观念论者将想象看成是具有生产效能的、是实体的最初构成的人还有谢林，他在《先验唯心论体系》中说：

> 作为其余一切范畴的基础的根本范畴，即在创造中就已决定对象的唯一范畴，正如我们所知的那样，是关系范畴，这种范畴是直观的唯一范畴，因而是唯独可以把外在智能和内在智能和外在智能表现为结合在一起的范畴。①

谢林将相互作用这个范畴（即上述提到的关系的第三个范畴）说成是实体和原因的范畴的综合，而从这个综合中他推演出了以下内容：

> 但时间规定正是通过第二个范畴才附加上的，因为通过第二个范畴（按照我们的推演是第一个范畴的直观）第一个范畴里是内在智能的东西方才对于自我成为时间。因此，就像当时业已证明了的，第一个范畴一般只有通过第二个范畴才是可以直观的；在这里指出的这种情形的根据，在于通过第二个范畴先验的范式才附加给时间。

---

① 〔德〕谢林：《先验唯心论体系》，商务印书馆1983年版，第176页。

实体之所以能直观为实体，只是因为它被直观成时间中常住的东西，但假使一直标志着绝对界限的时间不流动（向一个维延伸），它也不能被直观成常住的，这也正是仅仅通过因果联系的连续序列才发生的情形。另一方面也一样，即任一连续序列在时间中的产生，只有在同时间内的某种东西对立起来时才能加以直观，或者说，同空间上常住的东西对立起来才能加以直观，因为在流动中停顿的时间是和空间等同的，这种空间上常住的东西正是实体。因此这两种范畴总是互相贯通的，就是说，它们只有在第三个范畴里才是可能的，这就是交互作用。①

无论如何，我们并非想要刻意贬低康德和谢林思想的重要性，只是从恩格斯提出的"自因＝相互作用"这个等式中不难看出，他直接受到了黑格尔在（《逻辑学》中的）本质论结尾处的内容的影响（恩格斯自己也在很多场合中暗示过这一点）。就像我们之前看到的那样，恩格斯在与传统形而上学提出的成对的范畴进行论战的时候，反复地使用黑格尔在本质论的结尾处提出的思想。相互作用这个概念在黑格尔的哲学体系中占据着最重要的战略位置。相互作用构成了客观逻辑以及实体的终极发展；与此同时，相互作用还是实体或客观逻辑抛出的通向主观逻辑的桥梁，即概念。换句话说，是已经向自身变得透明可见的客体性使得（理念的）主体性散发出的纯粹的光芒在自身中闪耀。

黑格尔在《逻辑学》第三部分论述本质论的第三章中阐述了相互作用的思想。这第三部分以"现实"为标题，而黑格尔在这一部分中所论述的是存在与本质的统一。虽然如此，但现实的统一不能是存在的直接统一，而必须是一个牢记使之感到痛苦的二重性的统一，是间接的

---

① 〔德〕谢林：《先验唯心论体系》，商务印书馆1983年版，第176—177页。

统一。就像朗格尼斯（Beatrice Longuenesse）所说的那样，没有一个可以用来反对思维的世界，反对在思维中转换的世界的隐藏的世界。在第三部分本质论中的第一章，黑格尔对斯宾诺莎提出的绝对物、绝对属性和绝对物的样式这三个范畴进行了思辨的解释；在第二章中，他对于康德提出的形式的范畴进行了思辨的解释；在第三章中，他对于康德提出的关系的范畴的辩证法进行了思辨的解释。在以《绝对的对比》为标题的第三章的开头，就可以看出黑格尔用来进行这种思辨解释的辩证思路：

> 这个对比在其直接的概念中，是实体与偶发 Akzidenz 的对比，是绝对映像在自身的直接消失和变。当实体规定自身为自为之有与一个他物对立，或绝对的对比作为实在的对比时，就是因果对比。最后，当因果对比作为自身相关的东西而过渡为相互作用时，那么，绝对对比也就按照它所包含的规定而建立起来；它的规定作为整体本身也同样是作为规定而建立起来的，于是绝对对比在其规定中这样建立起来的统一就是概念。①

因此，黑格尔将相互作用设定为实体性和因果性的合题。在相互作用中，二重性虽然已经从原因与结果的关系中消失，但仍然存在于实体性与偶然性之间的关系之中；作为无限的实体的反思将所有的直接性吸收进来，以至于在相互作用中的预先规定的事实所具有的变化与多样性都被吸收进了一个反思的统一体（规定的反思）的内在性之中。

经过了形式因果性，被规定的因果对比以及作用与反作用这几个阶段之后，一个人才能最终走到相互作用这个阶段，去思考关于原因这个

---

① 〔德〕黑格尔：《逻辑学》下卷，商务印书馆1982年版，第210—211页。

概念以及被理解成一个无限的总体的实体的真相：

> 所以相互作用只是因果性本身；原因不只具有一个结果，而是在结果中，它作为原因而与自身相关。
> 于是必然和因果性就在这种消融中消失了；它们作为关联和关系那样的直接同一与相区别的东西的绝对实体性两者，从而包含相区别的东西的绝对偶然，——即实体的差异的原始的统一，于是也包含绝对矛盾。必然性是有，因为有这个有，——即有与自身的统一，这个有以自身为根据；但反过来说，因为它又一个根据，它便不是有，全然只是映像、关系或中介。因果性是原始的有、即原因被建立起来，过渡为映像或仅仅是建立起来只有，反过来，建立起来只有也过渡为原始性；但有与映像的统一本身，还是内在的必然。这种内在性或这个自在之有，扬弃了因果性的运动；因此，出于对比中的各个方面的实体性便失去了自身，必然性也揭露了自身。必然之便为自由，并非由于必然消失了，而只是由于它的还是内在的同一将会表现出来，——这个表现是有区别者在自身中的同一的运动，是作为映像那样的映像的自身反思。——反过来，偶然同时之所以变为自由，是由于必然的各方面具有自为地自由的、并不彼此映现的现实形态，现在却被建立为同一；这样，那些自身反思的总体在它们的区别中，现在也映现为同一的总体，或被建立为只是一个并且是同一个反思。①

在《哲学全书》中，这种晦涩的说法变得稍微明白易懂一些了：

> 在相互作用里，被坚持为有区别的因果范畴，自在地都是同样的；其一方面是原因，是原始的、主动地、被动的等等，其另一方面也同样如此。同

---

① 〔德〕黑格尔：《逻辑学》下卷，商务印书馆1982年版，第231—232页。

样,以对方为前提与以对方为所起作用的后果,直接的原始性与由相互作用而设定的依赖性,也是一样的东西。那以为是最初的第一的原因,由于它的直接性的缘故,也是一被动的,设定的存在,也是一效果。因此,所谓两个原因的区别乃是空虚的。而且原因自在地只有一个,这一个原因既在它的效果里扬弃自己的实体性,同样又在这效果里,它才使自己成为独立的原因。①

紧接着,黑格尔又写道:

但上述这种因果统一性,也是独立自为的。因为这整个相互作用就是原因自己本身的设定,而且只有原因的这种设定,才是原因的存在。区别的虚无性并不只是潜在的或者只是我们的反思。而且相互关系本身就在于:将每一被设定起来的规定又再加以扬弃,使之转化为相反的规定,因而把诸环节的潜在的空虚性都设定起来了。在原始性里被设定有效果,这就是说,原始性被扬弃了;原因的作用变成反作用了。②

通过相互作用这个范畴,黑格尔认为思维的统一性既是思考又是被思考的东西,既是形式又是本质,既是可感的范畴又是可知的范畴。沿着《精神现象学》中的思路,我们现在已经准备好思考既是实体、又是主体的真理了:

因此,在概念中,自由王国打开了。概念是自由的,因为自在自为之有的同一构成实体的必然,同时又作为被扬弃了的或作为建立起来之有,而这个建立起来之有,作为自己与自己相关,就正是那个同一。相互处于因果对

---

① 〔德〕黑格尔:《小逻辑》,商务印书馆1996年版,第320页。
② 〔德〕黑格尔:《小逻辑》,商务印书馆1996年版,第320页。

比中的实体的黝黯消失了,因为它们的自身长在的原始性过渡为建立起来只有了,从而变成自身透明的光明;当原始的事情仅仅是它本身的原因时,它就是这样的东西,而这样的东西就是成了概念的、有了自由的实体。①

当概念成长为本身自由那样的一个存在时,它便不外是自我或纯粹的自我意识。②

由此可见,自因与相互作用不是同一个概念。相互作用这个概念是康德主义哲学留下的不可消除的遗产,这个概念指向的是内化的原则——尽管这种内化在黑格尔那里"已经使得自身成为了一个世界"——以及一种在实体正在变成主体(或者是实体正在变成它已经是的东西)的过程中隐含的目的论。实际上,相互作用这个概念隐含着作为关于自身的总体的同时性所具有的暂时性;这种暂时性是总体性自身的历时性发展(否定之否定)的共时性基础(对立物的互相贯通,即是矛盾)。因此,对这些被抑制的矛盾的保存是历时性发展的最高阶段。因此,在总体的历史中的每个阶段的同时性中,每个之前的阶段都作为扬弃被保存下来,直到达到自我意识即总体关于自身的透明性为止。然而,这种意识是在同时性的概念中本源就存在的,因为同时性只是对于关于意识的经验而言的,而这种经验从本质上能够意识到自身的暂时性,并且能够在此基础上考察外在世界中的现象。因此,对于自因与相互作用之间的差别产生的错误认识必然要带来相应的后果。现在让我们试着找出这个后果对于恩格斯而言有着什么样的意义。

---

① 〔德〕黑格尔:《小逻辑》,商务印书馆1996年版,第320页。
② 〔德〕黑格尔:《逻辑学》下卷,商务印书馆1982年版,第245—246页。

五

关于黑格尔思想中的理性辩证法与神秘主义辩证法之间的关系问题现在已经是广为人知,但这个问题最早是马克思在《资本论》第二版跋中正式提出来的:

> 我的辩证方法,从根本上来说,不仅和黑格尔的辩证方法不同,而且和它截然相反。在黑格尔看来,思维过程,即他称为观念而甚至把它转化为独立主体的思维过程,是现实事物的创造主,而现实事物只是思维过程的外部表现。我的看法则相反,观念的东西不外是移入人的头脑并在人的头脑中改造过的物质的东西而已。
>
> 辩证法在黑格尔手中神秘化了,但这绝没有妨碍他第一个全面地有意识地叙述了辩证法的一般运动形式。在他那里,辩证法是倒立着的。为了发现神秘外壳中的合理内核,必须把它倒过来。

在解释这同一个问题的时候,恩格斯似乎接受了马克思的论断:

> 首先要明确的是,这里的问题决不是要捍卫黑格尔的立脚点:精神、思维、观念是本质的东西,而现实世界只是观念的摹写。这种立脚点已经被费尔巴哈屏弃了。在下述这一点上我们大家都是一致的:在自然界和历史的每一科学领域中,都必须从既有的**事实**出发,因而在自然科学中要从物质的各种实实在在的形式和运动形式出发;因此,在理论自然科学中也不是设计种种联系塞到事实中去,而是从事实中发现这些联系,而且一经发现,就要尽

可能从经验上加以证明。①

因此，唯物辩证法和唯心辩证法之间的关系是两极对立的关系：唯物辩证法将物质看成是原因，而思维是结果；唯心辩证法则将思维看成是原因，而物质是结果。尽管如此，被黑格尔正确地叙述出来的辩证运动的基本结构对于唯物辩证法和唯心辩证法来说都是一样的。费希特在《论学者的使命》和《全部知识学基础》中明白地指出，在这个有问题的（辩证法）框架之中，（从唯物主义到唯心主义的）这种转变是有可能的：这种转变就是，从将自我看成是非我的产物这一没有任何合理性的先验唯物主义命题到将非我看成是自我的产物这一唯心主义的命题的转变。现在，当我们在这一问题框架内思考黑格尔的哲学体系时，就发现他的哲学体系需要重新建立立脚点，就像费尔巴哈所建议的那样，将适用于思辨哲学的主谓模式转变过来。

但是，真的有可能将黑格尔颠倒过来，或者借用黑格尔曾经谈论斯宾诺莎的话来说就是在一片既没有高度也没有深度的自由天空下将其思想体系颠倒过来吗？一个像相互作用这样的范畴，能够仅仅通过使之成为物质的活动样式就获得一个理性的核心，并因而从其神秘主义的外壳中得以解放出来吗？

相互作用的范畴使得黑格尔能够完成从客观逻辑到主观逻辑、从实体到主体（也就是从实体到我）以及从盲目的必然性到自由王国的转变。黑格尔将这个范畴颠倒过来，或者说将其变成了一种思维中"对于自然世界以及历史的活动形式"的反思。他达到了同样的结果，因为物

---

① 《马克思恩格斯选集》第 2 版第 4 卷第 288 页。

质的普遍的相互作用经过一些中间过渡阶段以后达到了制高点——在共产主义社会中对于自然的总体和社会的总体的自我透明性必然会发生的意识（这就是自然的物质和社会的物质都根据其本性被组织起来），因此开启了通往自由王国的大门：

> 人在一定意义上才最终地脱离了动物界，从动物的生存条件进入真正人的生存条件。人们周围的、至今统治着人们的生活条件，现在受人们的支配和控制，人们第一次成为自然界的自觉的和真正的主人，因为他们已经成为自身的社会结合的主人了。人们自己的社会行动的规律，这些一直作为异己的、支配着人们的自然规律而同人们相对立的规律，那时就将被人们熟练地运用，因而将听从人们的支配。人们自身的社会结合一直是作为自然界和历史强加于他们的东西而同他们相对立的，现在则变成他们自己的自由行动了。至今一直统治着历史的客观的异己的力量，现在处于人们自己的控制之下了。只是从这时起，人们才完全自觉地自己创造自己的历史；只是从这时起，由人们使之起作用的社会原因才大部分并且越来越多地达到他们所预期的结果。这是人类从必然王国进入自由王国的飞跃。①

恩格斯就像这样，通过对于相互作用这个概念的哲学记忆，以及与相互作用这个概念必然相关的作为反思（从自在到自为的进展）的意识这个概念，描述了从必然向自由、从实体到主体的飞跃。

但是，就像我们之前看到的那样，为什么在莫诺引用的那一段中，（恩格斯）引用了斯宾诺莎的理论呢？让我们再温习一下这段引文的最后部分吧：

---

① 《马克思恩格斯选集》第 2 版第 3 卷第 633—634 页。

我们还是确信：物质在其一切变化中仍永远是物质，它的任何一个属性任何时候都不会丧失，因此，物质虽然必将以铁的必然性在地球再次毁灭物质的最高的精华——思维着的精神，但在另外的地方和另一个时候又一定会以同样的铁的必然性把它重新产生出来。①

在恩格斯看来，思维是物质的最高的精华，是运动的最复杂的形式，而且物质的永恒循环必将把思维重新产生出来。另一方面，斯宾诺莎在《伦理学》第一部分的第六个定义中写道：

神（Deus），我理解为绝对无限的存在，亦即具有无限"多"属性的实体，其中每一属性各表示永恒无限的本质。②

在斯宾诺莎看来，每一个属性的本质都是永恒的、无限的。这就意味着思维不能被理解为存在的最高形式，就像反过来说，存在也不能（像新柏拉图主义学说那样）被认为是思维的最低形式。属性之间没有等级之分：任何一种属性都是永恒的、无限的，因此都不能附属于另外一种属性或任何形式的暂时性。恩格斯思想的不对称性与斯宾诺莎思想的对称性使得他们二人的思想体系产生了重大的差别：一边是恩格斯的辩证唯物主义思想体系，（这种思想体系）就像黑格尔的唯心主义一样，将实体走向主体的过程理解为必然走向自由的过程；而另一边是斯宾诺莎的思想体系，他将实体看成是自因，将本源定义为实体以及本质与存在、力量与行动、自由原因和必然原因、存在与认识这些概念的绝

---

① 《马克思恩格斯选集》第 2 版第 4 卷第 279 页。
② 〔荷〕斯宾诺莎：《伦理学》，商务印书馆 1983 年版，第 3 页。

对性，并且将所有关于自然和历史的概念（如黑格尔的理念概念和恩格斯的人性概念）看成是主体的启蒙小说。与此相对，在每一个单一的（物质与理念的）存在之中，他将持续时间所具有的必然的偶然性说成是本源；而持续的时间是开放的，并且是一系列对抗以及力量（也就是其他的持续时间的力量）之间的冲突所造成的偶然结果，因此永远不会是预先注定的。

因此，如果说相互作用这个概念蕴涵着总体向自身表现为同时性的话，这种同时性构成了允许直线的、同质的、空的时间存在的轨迹，而这种时间可以被年代学意义上的发展阶段所填满，那么自因这个概念就蕴涵着没有闭合的总体，这种总体的永恒性就表现为形式上的持续时间所具有的必然性与无限性。这就意味着，自由不能像恩格斯所说的那样被理解为一种对于必然性的有意识的反思，一种最终达到的关于自然和历史的思维透明性，而应该被理解为在一个偶然的空间的场合中所蕴涵的必然性的力量。

（孟丹 译）

理论与实践辩证统一的原则*

〔苏〕N.H. 费多谢耶夫

理论与实践统一和相互作用的原则,是唯物辩证法的根本原则,它在认识过程中具有重大的意义。

人们的实践,人们的物质活动,从认识论来说,不是与理论活动完全对立的,而是认识与改造现实过程总链条上的**基本环节**。不应把人们活动的实践领域和理论领域的对立绝对化,因为在实在的现实中,它们是辩证统一的,这种统一显然并不排除它们的差别和某种对立。离开这种统一,就没有真正的人类活动。

任何人类活动,对现存的自然现实、社会现实和精神现实的任何改造,都以意识的作用为前提,首先要有某些观念性的计划、方针、目的、动机等等。自然,这也与物质改造活动有关,即与本来意义上的实践有关。可以说,实践从来都以意识、观念的东西为中介,并同它们处在有机的统一之中。然而,这种统一的主导环节,是对现实的切实的物质改造。在进行这种改造和克服改造中而难的过程里,观念性的活动计划也不断地变化、完善和发展。

---

* 本文选自《马列主义研究资料》1984年第2辑。作者是苏联科学院院士。

从辩证唯物主义的观点来看，人的思维、心理、个人意识和社会意识，只能被科学地理解为这种计划的制订者。观念性计划的实现，正是思维和存在、意识和外部世界、观念的东西和实在的东西之间的桥梁。对于各种不同的唯心主义派别来说，"架设这座桥梁"从来都是无法克服的困难。把思维理解为实践活动的观念性计划，是理论与实践统一的马克思主义原则的基础。

意识的映像，人的表象、概念等等，其作用在于保证从现实到我们关于现实的表象有逆向联系的可能。这些表象在实现上述联系的过程中不断受到检验，越来越确切，并且逐渐完善起来。

辩证唯物主义强调指出，人不是消极地直观现实，而是在能动地改造现实的过程中反映现实。"人们决不是首先'处在这种对**外界物**的理论关系中'。正如任何动物一样,'他们首先是要吃、喝等等，也就是说，并不'处在'某一种关系中，而是**积极地活动**，通过活动来取得一定的外界物，从而满足自己的需要。"①

列宁也屡次强调指出，马克思主义以实践作为自己的认识论的基础。"必须把人的全部实践—作为真理的标准，也作为事物同人所需要它的那一点的联系的实际确定者——包括到事物的完满的'定义'中去。"②

人的思维、人的意识也随着实践的发展，随着实践的复杂化和内部分化而不断发展。思维、映像、概念、观念的形成，一开始就编织在以人们的实践改造活动为基础的实在的人类生活之网内，它在一定的社会发展阶段上独立出来，成为专门的精神生产。科学理论活动，绘制与日常意识中的世界图景不同的、特殊的、科学的世界图景，是精神生产的

---

① 《马克思恩格斯全集》第 1 版第 19 卷第 405 页。
② 《列宁全集》第 1 版第 32 卷第 84 页。

特殊形式（除了艺术等形式之外）。理论在其本来意义上，是整理科学知识的特定形式，是对现实的科学认识深化和发展的结果。理论与实践的联系，越来越以采用科学的世界图景为中介、这种采用本身在科学发展的不同阶段上具有不同的性质，并以不同的形式出现。

一、辩证法理论中的实践概念

将实践理解为**主体与客体的物质的相互作用**的表现，在马克思主义的辩证法体系中占有特别重要的地位。这一概念最近被哲学上的修正主义起劲地加以歪曲，并不是偶然的。比如，旨在以某种形式的资产阶级世界观来偷换辩证唯物主义的哲学修正主义者的说教，通常都从主观主义地解释实践开始。在他们的观念中，实践仿佛是与社会现实的规律无关的、作为"类"存在物的人的活动的包罗万象的形式。与这一观点相反，辩证唯物主义则将实践理解为旨在改造自然界和社会实在的、人的感性对象性活动。

以上两种对实践的解释，都产生了重大的哲学后果。马克思规定的实践观，使人能够从实践中看到以下过程，在这一过程的进展中，人在改造现实的同时，也改变自己本身。人在实践活动中，依据客观世界的规律而使自己的意图、计划客体化并得以实现。这种观点使人能够揭示出人的生命活动与按本性说是受制约的种种过程的质的差别，并在此基础上按根本不同的方式来理解包括认识论问题在内的一系列传统的哲学问题。对实践的社会性的理解，使站在马克思主义立场上的研究者们不仅能强调指出认识包括在生命活动的总过程中及认识依赖于感性对象性活动，而且能揭示出认识的社会中介性，揭示出语言以及那些同先辈们当作对象而固定下来的物打交道的方式在认识中的作用。

马克思主义的实践观，使人能够按照新的方式为研究者指明方向，以解决整整一系列曾经使唯心主义及形而上学唯物主义都感到棘手的传统哲学问题。例如，观念东西的本性问题就是这样的问题。在解决这一问题时，马克思主义采取的方法不是把物质的东西与观念的东西、物质实践活动与理论活动形而上学地对立起来，而是揭示它们之间在起源上的种种联系。马克思主义哲学的根本特点就在于，它揭示了观念的东西，即无论就其来源或是就其作用来说都依赖于改造实在客体的实践这种特殊的活动形式的本性。

然而，鉴于哲学修正主义者对实践所作的种种解释，强调指出马克思主义解决观念的东西与实践的关系问题的另一方面就很重要了。这个方面正是，把观念的东西理解为从实践派生出来的活动形式，并不意味着观念的东西与对象性实践活动、理论与实践的等同。因此，哲学修正主义者的以下论断是没有根据的，这便是：既然实践似乎就是人的一般生命活动（即他们所说的，人的包罗万象的、自由的、创造性的、自动的存在）的同义词，那么，区分理论和实践，研讨它们的相互关系问题，就没有什么意义了。然而，马克思在揭示理论和实践、观念活动和实在活动的内在统一性时，经常指出它们的差别，强调在它们的相互关系中**实践起主要作用**。

人是积极活动的存在物，而且人在其一切表现中，从物质生产领域到艺术科学领域，都是这样，这是无可争辩的。人的活动的任何形式，都与主体对客体的实践关系紧密联系，这一点也是无可争辩的。然而，马克思主义哲学规定的实践概念要求把它同理论概念明确区别开来。问题在于，观念的东西当它能以某种形式（往往是以充分被中介出来的形式）被应用于实践活动时，才作为必要成分而纳入人类生活。实践之所以是真理性的真正标准，正因为观念的东西只有通过实践，才能接触被反映的对象。如果说观念活动旨在直接生产一种"对象",这种对象之所以具有价值并不在于它本身,而仅仅在于它是另一个实在对象的反映,那么,实践活动的直接目的便是改造实在。这一差别是很明显的,而且是科学的哲学所不能忽略的。观念的东西在实践活动的构成中的地位问题,认识与实践、理论与感性活动的相互关系问题,一向是而且现在仍然是基本的哲学问题之一,这并不是偶然的。

理解主观辩证法的一系列原则问题的许多重大成果,都是由马克思主义关于主体及其实践的社会制约性的命题产生的。在阶级对抗社会中进行活动的是各个不同的、而且互相对立的社会集团和阶级。这一状况对进行不同类型的社会活动、表明不同阶级的实践的那些人们的认识的性质,有重大的影响。

不同类型和不同层次的实践的存在,会导致一种结果,即在一定限度内可以产生某些理论结构已被"实践证实"的假象,其实这些理论结构再现的不是真正的现实,而只是现实的被改变了的外部形式。例如,正像马克思所指出的,庸俗政治经济学并不能揭示资本主义生产关系的实质,但与资产阶级社会的拜物教实践却非常合拍。资本主义生产方式的代理人的虚假表象,被他们在资产阶级社会关系体系内的狭隘的、有限的实践所"证实",与此相类似,以理论概念记录资产阶级庸人的同一些外部联系的庸俗政治经济学的结构也在被"证实"。

当然,关于社会现实的虚假的、歪曲的表象已被"实践证实"这种假象,仅仅在有限的范围内才能存在。正像马克思所指出的,资本主义关系体系本身发挥职能的结果,产生出自己灭亡的前提。资本主义不断加强社会的两极分化,它必然导致无产阶级与资产阶级的阶级斗争,这一斗争在一定阶段上便成为消灭资本主义关系体系的社会主义革命。因此,那些被卷入资本主义体系的人们的实践,一旦获得革命性质，便开始反驳他们以往的种种错觉，这样的时刻必将到来。然而不能不承认，在论及社会理论的真理性的标准的场合下，满足于仅仅指出某种理论与现有社会实践的特定形式相符合，那是不够的。还应当提出另外一个问题：这种实践能够在多大程度上表明社会前进发展的真正趋势呢？

实践具有社会阶级性的观点，把认识纳入社会活动的观点，同对社会理论的**党性原则**的马克思主义解释是直接相联系的。从工人阶级的利益出发，从工人阶级的革命斗争和对社会进行共产主义改造的任务出发，辩证唯物主义就有可能为实践指明方向，这种实践以自觉利用社会发展规律为依据，从而为真正科学地、客观地观察现实提供可能性。

就实践的各个方面来探讨实践问题，必然要把辩证法作为关于人的科学的方法论基础加以研究。

辩证唯物主义正是现实的、革命的、社会主义人道主义的世界观基础。在马克思列宁主义哲学的范围内，没有必要创立"纯"哲学的人类学，就像没有必要创立"纯粹的"本体论和认识论一样。问题在于，马克思列宁主义哲学的全部课题都这样那样地同主体、同人和人的活动相联系，对这些课题的深入分析，也是马克思列宁主义关于人及其理想的观点，其中包括人道主义观点的哲学前提。

二、实践是理论认识的基础、目的和手段

科学认识是人与现实、人与其周围自然界的关系的一种重要形式，是把握现实的一种方式，是人所特有的活动的一个方面。列宁经常注意这一事实，他在《黑格尔〈逻辑学〉一书摘要》中写道："**哲学全书**第

225节非常好,在那里'认识'('理论的')和'意志','实践活动'被描述为既消灭主观性的'片面性',又消灭客观性的'片面性'的两个方面、两个方法、两个手段。"①

费尔巴哈认为"对现实的实用态度"的方法对理论极其有害,他为此而遭到的尖锐批评大家是知道的,这就是:"费尔巴哈想要研究跟思想客体确实不同的感性客体,但是他没有把人的活动本身理解为**客观的**〔gegenstädliche〕活动。所以,他在《基督教的本质》中仅仅把理论的活动看作是真正人的活动,而对于实践则只是从它的卑污的犹太人活动的表现形式去理解和确定。"②

可见,把实践(物质、感性)活动与理论活动割裂开来和对立起来,就是使实践贫乏化,同时又使科学认识失去它固有的对象性、能动性与合目的性。要知道,正是实际的生产需要产生了科学,正是这些需要决定着科学研究的目的和基本方向,不论它是怎样以中介的方式在这些研究的进程中表现出来。在理论上实现实践目的的总的水平,归根到底也以这一目的(表现为社会必要的需要)的深度和复杂性为转移。马克思写道:"科学只有从**感性**意识和**感性**需要这两种形式的感性出发,因而,只有从自然界出发,才是**现实的**科学。"因为,"说生活有它的**一种基础,科学**有它的另一种基础——这根本就是谎言"③。

改造自然界的实践活动,是科学认识的源泉和目的,也是科学认识的基础,因为理论思维渗入研究客体的本质的深度,取决于实践发展的程度。人们的实践,人们的生产活动,向科学提供研究的物质技术手

---

① 《列宁全集》第1版第38卷第224页。
② 《马克思恩格斯全集》第1版第3卷第3页。
③ 《马克思恩格斯全集》第1版第42卷第128页。

段，这些手段经常使科学向有利于革命的道路前进。这种情况在当前时期，即在科学越来越变为社会的直接生产力，结构射影函数在科学中得到越来越大的发展的时期，逐渐明显起来。

现代科学发挥职能时，要以"理论上合理化的"生产为前提。现代科学与生产有机地结合成统一的社会管理综合体。生产是经过科学规划的生产，而科学则是与生产直接联系在一起的人类活动领域。因此，对象性活动本身在"精神化"，而理论则在"对象化"。问题不是简单地把科学成就运用于生产。这在以前就已经做到了。问题是在相应的科学发明的基础上，有可能出现种种完整的生产周期甚至工业部门。

只要回想一下种种完整的现代生产部门（如原子工业、电子学等）确实是在科学试验室内产生的就够了。同时，现代科学的许多方面之得以出现，又归功于生产。这一点特别是从控制论（其所以获得成就，在很大程度上是由于电子工业领域在不断前进）、分子生物学及遗传学等领域的研究实例中可以看得很明显。科学与生产、实践活动与理论活动的这种相互作用、相互交错，有着不断加强的趋势。

然而，这并不意味着理论活动与物质的实践活动之间的任何差别都在消失，物质的实践活动要完全吞并理论活动。科学首先仍然是这样一种活动，它提供关于现实的日益深刻而全面的、以科学的世界图景呈现出来的知识，提供系统化的、有根据的、经常发展的知识。科学只有在能够提供关于现实的客观真理性知识，能够"更深刻、更全面、更正确地"（列宁语）认识自然界的限度和范围内，才能为物质生产开辟新的前景。

现代的"大科学"拥有复杂的技术（实验室的，计算的，等等），这并未消除以下根本状况，即这种技术是解决科学本身的任务而不是解决直接的物质生产任务的手段。例如，现代物理实验要以应用电子计算机,使用复杂的加速器等等为前提。现在的物理实验室,比如高能物理学领域中的物理实验室,与其说像19世纪以及20世纪头10年所特有的那种典型的实验室,不如说像大工厂的车间。然而,这种技术活动毕竟不是直接为物质生产服务,而是为科学、为发展关于世界的科学概念并使之更加确切服务的。只有在科学与生产紧密结合的条件下,才能克服对待理论的狭隘实践态度和功利主义态度,才能消除使理论服从于特别实用的任务的状况。科学不仅有可能与生产实践密切结合,而且有可能远远超出它的界限,展望它的发展远景,做到在理论上的"超额生产",这保证生产的进步,并开辟崭新的生产途径。

理论与实践统一的辩证观点还注意到,实际需要只有当它同时也是由该历史时期的科学研究进程本身提上议事日程的理论任务时,才能成为科学发展的动因。换句话说,科学应当准备去实现这样那样的实践目的,认清这就是科学本身的研究目的。对此还可以补充一点:即使是正在出现的实际需要,通常也会受到科学对自己的影响,受到科学在某个发展阶段的现实可能性的相当大的限制。

恩格斯的下述思想从来也没有像现在这样得到证实,这一思想便是:实践和生产的迫切需要远比十数个抽象表达理论问题的大学更快地推动科学认识前进。然而,这一论点绝不贬低理论研究的作用,它所强调的只是,社会在其某一发展阶段上的实际需要,对科学认识来说,是极其强大的促进因素。当认识的目的不仅从发展理论本身的任务来看已经表达出来,而且还确实为实践生产所左右的时候,认识的过程便无比地加速。

与此同时,被辩证地加以理解的理论与实践统一的原则要求科学与生产的联系在许多情况下可以不具有直接性。科学还具有其自身的、内部固有的发展规律性及相对独立性。科学经常要解决一些对当前的实践可以不具有直接意义，然而却蕴藏着能在未来取得实际效益的巨大潜力的问题。

理论与实践的有机联系，无论对自然科学还是对社会科学，都具有重大意义。在立足于人民群众的自觉活动而创建社会主义和共产主义社会的时代里，先进科学理论的作用越来越大。正像列宁着重指出的："没有革命的理论，就不会有革命的运动。"① 而 **"只有以先进理论为指南的党，才能实现先进战士的作用"**②。

三、证明问题。实践是真理的标准

理论与实践统一的原则，对解决如何证明科学知识的真理性这个问题，起着巨大的作用。现代科学的发展，指出了实践是**真理的标准**问题上的一些新的方面。理论自然科学的新资料越来越有说服力地证明，以实践证实理论，本身就带有辩证性。比如说，一些比较有科学根据的假说可以与实践的同一层次相符合。在这些假说之间进行选择，其前提是不仅要考虑现有实践的可能性，而且要考虑认识史进程中所积累的全部经验。

具体说来，从方法论上来分析各种不同的理论和假说作出解释和预言的可能程度，分析这些理论和假说在历史发展过程中被揭示出来的比较复杂或比较简单的性质，具有重大的意义。实践并不等于感性材料的总和，着重指出这一点是很重要的。感性材料的总和不能成为与其有关的理论知识的真理性的可靠保证，新实证论的证实原则的破

---

① 《列宁选集》第 2 版第 1 卷第 241 页。
② 《列宁选集》第 2 版第 1 卷第 242 页。

产，清楚地证明了这一点。这一原则妄想体现现代自然科学精神，而实际上却处在与科学的尖锐矛盾之中。与新实证论的证实主义一样，由于理论和假说不符合个别经验材料而抛弃理论和假说的伪造主义，也是站不住脚的。其实，假说或理论被个别经验事实证实也罢，它们与个别经验事实不相符合也罢，这都不能作为对假说或理论进行无条件的、最后评价的依据。这里包括发现理论或假说不符合某些经验材料，不应当导致，比方说，抛弃这些理论或假说的结果，而是要求仔细研究方法论方面的已有情况（科学史上的经验也令人信服地证明了这一点）。已被揭露出来的理论或假说与经验材料的矛盾，可以通过确切说明理论或假说的内容、揭示运用理论或假说的某些限制条件和不明显的前提，通过指出某些补充性的、解释性的因素等来加以克服。关于这一点，我们在前面已经联系分析理论和作为认识发展动力的经验的矛盾作了说明。

辩证唯物主义强调指出，知识的真理性标准，不单是感性经验，而恰恰是实践，同时又不单是现存的实践，而是被视为**全世界历史过程**的实践，即无限宽广的实践。这一论点的依据，具体说来就是社会人的感性经验本身受社会历史制约这种见解。

大家都知道，**经验证明**是有的，在经验证明的过程中，人们直接同简单的或复杂的观察材料打交道，直接将已有的知识与这些材料相对照。除了这种证明，**逻辑证明**，或所谓的数学**证明**，在科学中也具有重大的意义。逻辑证明与经验证明的差别在于，前一种证明的结构本身缺少直接同观察的事实打交道这样的环节。

恩格斯写道："单凭观察所得的经验，是决不能充分证明必然性的。Post hoc〔在这以后〕，但不是 propter hoc〔由于这〕……这是如此正确，以致不能从太阳总是在早晨升起来推断它明天会再升起，而且事实上我们今天已经知道，总会有太阳在早晨**不升起**的一天。但是必然性的证明是在人类活动中，在实验中，在劳动中：如果我能够**造成** post hoc，那末它便和 *propter hoc* 等同了。"①

结果，"我们不仅发现某一个运动后面跟随着另一个运动，而且我们也发现：只要我们造成某个运动在自然界中发生的条件，我们就能引起这个运动，甚至我们还能引起自然界中根本不发生的运动（工业），至少不是以这种方式发生的运动；我们能给这些运动以预先规定的方向和规模。**因此**，由于**人的活动**，就建立了**因果**观念的基础，这个概念是：一个运动是另一个运动的**原因**。的确，单是某些自然现象的有规则的依次更替，就能产生因果观念：随太阳而来的热和光；但是在这里并没有任何证明……但是人类的活动对因果性**作出验证**"②。

可见，实践不仅是科学认识的基础、目的和手段，而且是科学认识的真理性的普遍的，归根到底是决定性的标准。理论思维以科学抽象概念的体系的形式来再现和反映被认识的客体，然而，理论思维本身还不是已获得的知识符合于客体的充分证明。问题在于，理论思维失去了感性的可靠性，与被反映的客体没有直接联系。相反，与被反映的客体的直接联系却是实践所固有的，正因为如此，实践才是真理的标准。列宁指出："**实践高于（理论的）认识**，因为它不但有普遍性的优点，而且还有直接现实性的优点。"③ 正是对实在的实际改造，正是对理论认识所制定的某种普遍公式的应用，在具体情况下使人能够把理论的普遍性的优点同在直接现实性中显露出来的东西结合起来。科学与生活的现实

---

① 《马克思恩格斯全集》第 1 版第 20 卷第 572 页。
② 《马克思恩格斯全集》第 1 版第 20 卷第 573 页。
③ 《列宁全集》第 1 版第 38 卷第 230 页。

联系有赖于实践并通过实践而成为可能。列宁写道："生活、实践的观点应当是认识论的首要的基本的观点。"①

在强调指出实践归根到底是科学知识的真理性的绝对标准的同时，不应忘记这一标准只是在把科学知识运用于社会活动的历史过程中才能发生作用。

用列宁的话来说，"不要忘记：实践标准实质上决不能完全地证实或驳倒人类的任何表象。这个标准也是这样的'不确定'，以便不至于使人的知识变成'绝对'，同时它又是这样的确定，以便同唯心主义和不可知论的一切变种进行无情的斗争"②。因此，在知识的形成和发展这个相对独立的过程中论证知识的**科学内部的标准**，包括逻辑证明形式，也在起作用。不但如此，这种证明形式（由于在现代科学中显示出演绎法——科学知识的数学化、公理化的作用在不断加强）的意义将越来越大。而且，实践标准本身借助于应用实践标准而得出的概念、判断、推理（其中思维程序的逻辑正确性是结论的真理性的必要条件之一），也包括在认识之中了。

初看起来，逻辑证明似乎是同实践、实验打交道的经验证明的某种对立面。然而这种对立面是虚假的。事实上，这里只有与实践的联系形式上的差别。

在逻辑证明的情况下，这种联系具有中介的性质。换句话说，实践、实验虽然没有直接参与逻辑证明的过程，但是，它们在这里是作为这种证明的最后基础而出现的。在这里，实践、实验以"扬弃的形式"被纳入作为证明过程的前提和证据的概念和判断的内容之中。这不仅与

---

① 《列宁全集》第 1 版第 14 卷第 142 页。
② 《列宁全集》第 1 版第 14 卷第 142—143 页。

那些应当在经验中判明其真理性的前提有关，而且与公理有关，与逻辑思维的规律本身有关。列宁写道："人的实践活动必须亿万次地使人的意识去重复各种不同的逻辑的格，**以便**这些**格能够**获得**公理**的意义。"①

可见，逻辑证明，真理性的逻辑标准，只是在实践、实验是它们的最后基础的范围内，才能发挥自己的作用。因而，逻辑证明绝不会与经验的实验相对立，前者是与后者相联系的，虽然这种联系方式是中介的而不是直接的。这就是说，人们的实践，人们的物质活动，在这种情况下仍然作为科学知识的真理性标准而保留自己的力量。这一标准的普遍性，是掌握自然界、社会和思维的秘密的可靠支柱。

由于控制论和计算技术的发展，甚至在被认为是抽象逻辑认识的典型的数学这门科学中，也在运用那些要求同实在的、完全具体的客体打交道的方法和程序。因而，数学已经不能算作只有演绎的研究方法的领域，在数学中也必然包含归纳思维的因素。

唯物辩证法虽然强调指出实践标准在认识中的决定作用，但与实用主义哲学却没有丝毫共同之处，尽管资产阶级思想家企图作出相反的断言。问题在于，实用主义是主观主义地理解实践本身的。列宁在《唯物主义和经验批判主义》中特别注意这一事实，就像注意唯物主义与实用主义的对立一样。② 对于实用主义来说，实践的标准仅仅是某个人在其主观经验中取得的成就的同义词。应当指出，虽然实用主义作为哲学理论本身已经威信扫地了，但是它在资产阶级社会思想生活中的影响至今还是相当大的。实用主义并不向人们提出根本性的远景目标，而是劝告他们遵从眼前的个人利益的动机，这一点也是很清楚的。

---

① 《列宁全集》第 1 版第 38 卷第 203 页。
② 参看《列宁全集》第 1 版第 14 卷第 361 页。

理论与实践统一的原则作为唯物辩证法的一个最基本的原则，在研究社会现象的过程中特别有力地显示出自己的效力。苏共第二十五次代表大会对科学，包括对社会学提出的主要要求，就是加强它与生活、与实践的联系。只有在这条道路上，科学才能提高自己的理论探讨和理论介绍的成效和质量，克服经院主义的抽象议论。苏共中央向党的第二十五次代表大会作的总结报告指出："显然，我国的社会科学只有在同生活保持最密切联系的情况下，它所面临的任务才能得到解决。经院主义的抽象议论，只能阻碍我们前进。只有联系实际，才能提高科学的成效，而这在今天是中心问题之一。"[①]

在科技革命的条件下，当科学成为社会主义社会沿着通往共产主义的道路有计划地发展的基础时，马克思列宁主义理论的这一根本命题便具有决定的意义。在对现实的哲学认识中，这一命题也在越来越大的范围内显示出自己的效力。哲学认识只有当它不是沿着经院主义的抽象议论的道路前进，而是在分析和总结具体事实、现实过程的基础上发展的时候，只有当它与实践和我们党的政策、与科技进步和世界上进行的思想斗争保持千丝万缕的联系的时候，才具有意义。

遗憾的是，对科学问题的实践意义标准和理论意义标准的相互关系，还存在着不正确的看法，按照这种看法，科学问题的实践意义被归结为所谓直接应用的作用。有时还不得不遇到的两个极端就是由此而来的。有些人认为，只应当发展应用研究，因为，据说只有这种研究才是实际有益的。另一些人也仅仅由于应用研究而承认实践意义，同时他们又把基础研究与应用研究对立起来，认为只有科学意义才是

[①] 参看《苏联共产党第二十五次代表大会主要文件汇编》，生活·读书·新知三联书店1977年版，第99—100页。

基础研究的标准。

实际上，这些标准的相互关系是无比复杂和极其辩证的。苏共第二十五次代表大会对此也很注意，它强调指出：一方面，如今实际应用新的科学思想的任务，其重要性并不亚于对新的科学思想的探讨；另一方面，也不能认为探讨新的科学思想就是减少了对基础科学的兴趣。如果不是经常把基础研究注入科技进步的洪流，这股洪流就会枯竭。基础研究与解决实际任务不但不对立，反而能促进实际任务的解决。

应当把基础研究理解为探讨与认识自然界和社会的发展规律性有联系的重大科学问题。这些研究的成果有助于解决建立共产主义的物质技术基础的迫切问题，有助于加速科技进步和提高生产效率，有助于提高人民的福利和文化，有助于形成劳动人民的共产主义世界观。

应当特别着重指出下述思想，即在科学问题的实践意义标准和理论意义标准之间，并不存在那么严重的分歧和矛盾。在理论上重要的东西，归根到底在实践中也总是重要的。要知道，没有任何东西会比卓越的理论更实际，人们这样说并不是平白无故的。然而，怎样使理论成为真正"卓越的"理论呢？通过什么途径才能使对问题的理论认识获得实践意义呢？对于社会理论来说，富有成效地前进的必要条件是认清这一理论所解决的那些问题的迫切重要性，认识到已有成果应当成为人们现实（物质和精神）活动的理论基础和方法论基础，成为人们作出某些决定的基础，成为制约重要行为的某种选择的基础，等等。可以说，在我们没有看到我们的理论论断的这种非常重要的实践意义之前，我们不能肯定理论领域本身的前进道路，我们可能转而进行无谓的空谈。

列宁喜欢重复歌德的话："我的朋友，理论是黯淡的，而生活之树是常青的。"① 任何人都不否认肯定实在的最一般方面的抽象的表达方式和结论在科学中的重要性。然而必须懂得，这些公式只有当它们生长在常青的生活之树上的时候，才具有理论意义。

在今天，这是社会和党对科学和理论研究的迫切要求之一，这也是唯物辩证法的最基本的原则之一。理论和实践的辩证统一，是在人和社会沿着进步道路前进的过程中服务于人和社会的真正科学的基础。

（原载《唯物辩证法》1980年莫斯科版第七章）

（李冬生 译　徐小英 校）

---

① 《列宁全集》第 1 版第 24 卷第 25 页。

"真理的彼岸世界"和"彼岸世界的真理"

——论马克思从批判的哲学到对政治的批判的发展*

〔民主德国〕威·舒芬豪威尔

路·费尔巴哈在1828年11月22日给黑格尔的信中谈到他的老师首先在《世界历史哲学讲演录》中阐述的关于观念,作为自由意识的自由观念的实现或世界化的重大问题。当黑格尔只是对未来的社会发展提出了一个用密码书写的预言,并且一心寄希望于一个能进行改革的信奉新教的国家和法律制度时,费尔巴哈却反映了德国状况的深刻矛盾性以及一切具有宗教色彩的国家和法律原理的软弱无力。他奋起反对老师,断言世界历史的新时期已经到来,因此必须冲破学派的界限,批判地消除占统治地位的、维护现存状况的观点。"现在需要有事物的新基础,新的历史……在这里……理性将成为观察事物的普遍方式。"①

在这封黑格尔大概未作答复的信中,费尔巴哈预见到了1830年法国七月革命以后,从黑格尔哲学出发并对正在兴起因而遭到更加残酷迫害的反对德意志联邦各邦封建官僚权力结构的反对派运动深表同情的知

---

* 本文选自《马列主义研究资料》1988年第2辑。威·舒芬豪威尔教授、博士,是民主德国科学院哲学研究所研究人员。著有《费尔巴哈和青年马克思》,并编辑出版《路·费尔巴哈全集》。

① 《路·费尔巴哈通信集》1963年莱比锡版第55—57页;参看黑格尔:《哲学史讲演录》1970年柏林版第2卷第932页及以下各页。

识分子将要面临的哲学问题。业已开始并由于关税同盟的建立而得到极大促进的工业革命以及农业资本主义关系的逐步确立所引起的社会的和政治的过程，对于黑格尔学派——特别是在黑格尔逝世后它没有一个有凝聚力的、资历相当的首领——绝不是毫无影响的。大·弗·施特劳斯、路·费尔巴哈、阿·卢格、布·鲍威尔组成了黑格尔左派。尽管当时对结论的评价和程度有种种差别，这个派别在不到10年的时间里，在政论方面却取得了令人惊讶的广泛影响，他们认为自己有义务恪守实现理性观念的原则，试图使黑格尔哲学转变为对宗教的批判，对浪漫主义保守派的哲学命题和文学运动的批判，很快也转变为对政治理论和政治状况的批判，并且同样自觉地通过创办自己的报刊（在这里，由阿·卢格主编的《哈雷年鉴》居于领导地位）反对柏林的《科学评论年鉴》所领导的中心和黑格尔的正统思想。大·弗·施特劳斯的《耶稣传》（1835年），费尔巴哈对弗·尤·施塔尔的以谢林学说为根据的、保守的"基督教的"法律学说和国家学说的批判（1838年）以及对谢林的"实证"哲学本身的批判（1838年），布·鲍威尔的《启示史批判》（1838年），阿·卢格（与泰·艾希特迈耶尔合著）的《基督教和浪漫主义宣言。对我们时代及其矛盾的理解》（1839年），费尔巴哈针对亨·利奥的《黑格尔门徒》（1838年）而写的论战著作《论哲学和基督教》（1839年），都在很短的时间里先后出版，为激进化的哲学批判奠定了基石。费尔巴哈的《黑格尔哲学批判》（1839年）在重新接受唯物主义原理的条件下放弃了黑格尔哲学思想，由此开始围绕黑格尔哲学而进行的争论便被提高到新的基础上。实现哲学的问题变成了消灭哲学（应理解为以唯心主义为基础的哲学）的问题。

一、40年代初，属于以布·鲍威尔为核心的柏林青年黑格尔派小组的马克思在撰写学位论文《德谟克利特的自然哲学和伊壁鸠鲁的自然哲学的差别》时，碰到了这场争论中的哲学的实现和黑格尔哲学的意义的问题。黑格尔《差别》①一文的模式，布·鲍威尔强调批判的自我意识（作为想使黑格尔辩证法最初首先在批判神学方面变得更有成效的尝试的表现），肯定启发了马克思选择这个题目，因为伊壁鸠鲁主义、斯多葛主义、怀疑主义被黑格尔理解为自我意识的哲学。②

正如黑格尔在分析康德以后的哲学（费希特、谢林）的过程中力求对哲学思维进一步发展的道路必须有自己的清楚认识，马克思出于同样的动机也把对亚里士多德以后的哲学的分析同对黑格尔以后的哲学的分析联系起来。③ 相应地，在黑格尔以后的哲学中，除了那些单纯的模仿者外，马克思区别了两个根本对立的流派：代表"哲学的转向自身"即顺从的保守的结局的以谢林为核心的"实证哲学"和自由派即代表"向外转向"能带来"真实的进步"的哲学的批判的青年黑格尔主义。不过，马克思没有把自己和后面这个流派等同起来。这种"批判"对它自己的前提采取非批判态度，它只是从道德上批判黑格尔已经意识到的缺点，例如在对国家和宗教的态度方面的缺点，却不向一向他的原则可能发生的不充分或对他的原则的不充分的理解，当

---

① 见黑格尔：《论费希特哲学体系和谢林哲学体系的差别》1981年莱比锡版。
② 见黑格尔：《哲学史讲演录》1971年莱比锡版第2卷第281页。
③ 见E.施密特对在《马克思恩格斯全集》原文版（MEGA）1976年柏林版第4部分第1卷中发表的马克思在1839—1842年的读书笔记和片断的研究文章，载于《克丽欧》1980年第2期第247—248页；以及也是他的《马克思的博士论文的草稿。对《马克思恩格斯全集》原文版第4部分第1卷的几点意见》，载于《马克思恩格斯研究论丛》1980年柏林版第6辑第75—82页。认为在耶拿的博士论文之前有过关于伊壁鸠鲁哲学的柏林学位论文（用拉丁文写的）的草稿的看法是有道理的。

它指出世界缺乏理性而陷入一种起着只评判事物而不改变事物的作用的危险时,它对世界采取教条主义的态度。这样一来,在这里马克思就首次结合哲学批判的阵地和工具的问题以纲领的形式提出了哲学和现实的关系问题。①

马克思是在德国自由主义的和民主主义的反对派运动显著地高涨起来时提出这些问题的,而反对派运动走向高涨的原因是经济上强大起来的资产阶级和封建贵族之间的阶级矛盾的尖锐化。"直到1840年,资产阶级几乎看不出有什么发展,当新国王在1840年登基时,他们便认为这是一个表明1815年以来普鲁士已经发生了一些变化的最好时机。"② 普鲁士资产阶级领导了德国的自由主义反对派运动。随着德国资产阶级的发展和壮大,在各工业发展中心(作为正在兴起的工人运动的中心的莱茵普鲁士、柏林、萨克森和西里西亚)城市小资产阶级广泛经历着无产阶级化过程的同时,工业无产阶级也发展起来了。在反封建的反对派运动内部发生比较强烈的分化的情况下,在文学和政论领域也取得了进步(除了充分利用各邦新闻立法和书报检查立法中有利于文学和政治的杂志和报纸的可能性以外,"不受书报检查的"出版物,即篇幅在20印张以上的著作在书店的销售额也明显上升)。在哲学领域中,大·弗·施特劳斯的《基督教信仰理论》(1840—1841年)、布·鲍威尔的《约翰福音故事批判》(1840年)和《复类福音作者和约翰的福音故事批判》(1841年)、路·费尔巴哈的《基督教的本质》(1841年)以及此后不久布·鲍威尔的《对黑格尔、无神论者和反基督徒者的末日的宣告。最后通牒》(1841年)等著作相继出版,这些著作紧接着又引出了

---

① 《马克思恩格斯全集》第40卷第257—260页。
② 《马克思恩格斯全集》第4卷第35页。

一系列的论战著作。政府采取的对策是对"危害宗教的"和"煽动性的"印刷品在书报检查方面进行刁难和阻挠，加以迫害，禁止在大学执教（例如1841年10月根据普鲁士国王的要求波恩大学非公聘教师布·鲍威尔被解除教职）①。最后，作为对黑格尔的所有信徒的挑衅行动，弗·威廉四世任命巴伐利亚的弗·威·约·谢林担任黑格尔逝世后空缺的柏林大学教授职务；这是期望他能结束青年黑格尔主义的纷争。在1841年11月15日他到柏林担任教职后的第一次讲演的听众中，有作为一年制志愿兵的青年黑格尔分子和革命民主主义者恩格斯。

这时，马克思已开始在青年黑格尔派运动中崭露头角。早在柏林的青年黑格尔派博士俱乐部中（他的柏林朋友弗·科本称他为"一座思想的仓库、思想的感化所，或者用柏林话来说，装满思想的牛头般的大脑袋"）。② 在从事社会活动以前，马克思就已经享有一个引人注目的名声："马克思虽然是无所畏惧的革命者，但却是我所认识的头脑最敏锐的人之一"（格·荣克），"布·鲍威尔与一个名叫马克思的人一起工作，他认为此人具有无比的才能和学识……""马克思看来是个重要的人物"（阿·卢格），而莫·赫斯（在给倍·奥艾尔巴赫的信中）说："请准备认识这位伟人，也许是当今活着的唯一的、真正的哲学家。他无论按其发展趋势还是按其哲学的精神素养来说，都不仅超过施特劳斯，而且超过费尔巴哈，而他的这种哲学的精神素养具有很大的意义……他既有最深刻的哲学的严肃性，又有最机敏的智慧；请你设想一下，如果把卢梭、伏尔泰、霍尔巴赫、莱辛、海涅和黑格尔结合成一个

---

① 布·鲍威尔被解职的事发生在1842年3月底，它引起了一场新的愤怒风暴。

② 《马克思恩格斯全集》原文版第3部分第1卷第360页。

人，我说的是结合，不是凑合，那么结果就是马克思博士。"① 不久就表明，这些评价对马克思不仅完全当之无愧，而且由于他使以前的社会思想革命化了而在很短的历史时期内就赢得了世界历史性的意义。"他通过大量的工作掌握了以往科学和文化的优秀成果，创造性地回答了被历史提上日程的问题。"②。

二、1842年初，马克思坚决地转而研究当时的政治和社会问题。他的原定为阿·卢格的《德国年鉴》撰写的第一篇政论性的政治文章《评普鲁士最近的书报检查令》（这篇文章因为不能送经检查机关批准发表，直到1843年2月才在瑞士刊登在卢格编辑的谴责德国书报检查制度的文集《德国现代哲学和政论界轶文集》上）批判了1841年12月24日普鲁士国王颁布的书报检查令。文章表明了马克思向革命民主主义立场转变以及他对黑格尔和具有鲍威尔色彩的青年黑格尔主义的批判性的态度。在以《基督教的本质》作为开端的费尔巴哈向哲学唯物主义的反思辨转变的直接影响下，正如在他批判普鲁士书报检查令时谈到对宗教进行哲学批判的问题的几段话中所说的，他取得了一个新的"观点"。③

在他从1842年4月起先是作为《莱茵报》的撰稿人而后担任该报主编的活动中，脱离青年黑格尔派哲学的倾向加强了，他的革命民主主义和他接近唯物主义哲学立场的过程进一步明显地表现出来。比如他在这里批判了以前的哲学特别是德国哲学"喜欢幽静孤寂、闭关自守并醉

---

① 《马克思恩格斯全集》原文版1929年莱因河畔法兰克福和柏林版第1部分第1卷下册第262页"费尔巴哈通信集"，1963年莱比锡版第155页，《马克思恩格斯全集》原文版第1部分第1卷下册第260页及以下各页。

② 《德国统一社会党关于1983年马克思年的提纲》1982年柏林版第9页。

③ 《马克思恩格斯全集》第27卷第424页。

心于淡漠的自我直观"。人们不能就此止步不前,虽然哲学"在用双脚站立在地上以前是用头脑站立在世界上的,但这时人类的其他许多活动领域早已双脚立地,并用双手攀摘大地的果实";但是真正的哲学是"自己时代精神的精华",它代表着"自己的时代、自己的人民的产物"。作为"世界的智慧"的哲学比作为超验世界的智慧的一切宗教更有权利和义务"关心这个世界的王国—国家"。① 因此,马克思要求的不是"不着边际的空论"、"唱些高调"和"自我欣赏",不是从自我意识立场出发的批判,他要求的是"多注意一些具体的现实"。

马克思对这些要求作了具体的说明,特别是因为他必须越来越多地考虑"物质利益"(在林木盗窃、地产析分、摩塞尔农民状况、关于自由贸易和保护关税的问题上),并且因此也必须研究政治经济学的问题和理论。作为责任编辑,马克思善于把作为莱茵资产阶级的关于政治和经济的进步报纸的《莱茵报》发展成为在三月革命前的德国起领导作用的革命民主派的机关报。对马克思来说,这也意味着要十分干练地对新的社会理论即社会主义和共产主义性质的社会理论作出反应,并且不要把从法国传入的学说(马克思提到了勒鲁、孔西得朗、蒲鲁东)像"时髦货"那样在"偶然写写的剧评"中加以偷运,而是要对它们进行"彻底批判"。但是他反驳这些思想的敌人说,这些学说还不具有"理论上的现实性";对反动派来说真正的危险倒是"共产主义思想的理论论证"。因为"掌握着我们的意识、支配着我们的信仰的那种思想(理性把我们的良心牢附在它的身上),则是一种不撕裂自己的心就不能从其中挣脱出来的枷锁,同时也是一种魔鬼,人们只有先服从它才能战胜

---

① 参看《马克思恩格斯全集》第 1 卷第 120、121、124 页。

它"①。

马克思在《莱茵报》的活动和他对实际政治斗争的积极参加使他的理论和哲学发展获得了决定性的动力。马克思在退出编辑部（编辑部未能阻止即将发生的对报纸的查封，查封发生在马克思退出两周以后即1843年3月31日）以后，除了与阿·卢格（他出版的《德国年鉴》于1843年1月3日被查封）共同准备出版《德法年鉴》外，便致力于从理论上研究以后使他感到苦恼的问题。他"从社会舞台退回书房"②。

三、除了紧接着对英国、法国、德国的历史，对卢梭、孟德斯鸠、马基雅维利，对卡贝、德萨米、魏特林、傅立叶和蒲鲁东的社会理论学说进行了广泛的研究以外③，马克思关心的首先是"对黑格尔法哲学的批判性的分析"④。马克思的研究得出这样的认识："法的关系正像国家的形式一样，既不能从它本身来解释和理解，也不能从人类精神的一般发展来解释和理解，相反，它们根源于物质的生活关系之中，而对这种生活关系的解剖应该到政治经济学中去寻求。马克思在这里所实现的向唯物主义的转变消除了以改变现实为目的的革命民主主义哲学同它的唯心主义前提之间经常发生的冲突。"⑤ 马克思把批判的矛头指向黑格尔法哲学的核心⑥即"内部国家法"理论。在这里国家观念表现为社会发

---

① 《马克思恩格斯全集》第27卷第436页；第1卷第133—134页。

② 《马克思恩格斯全集》第13卷第8页。

③ 《马克思恩格斯全集》第1卷第134页；第40卷第347—348页，原文版第3部分第1卷第436页。

④ 见《马克思恩格斯全集》第13卷第8页。

⑤ 《德国马克思列宁主义哲学史》1969年柏林版第1卷上册第140页及以下各页。

⑥ 见黑格尔：《法哲学原理或自然法和国家学纲要》，1981年柏林版。

展的主体,而马克思得出一种认识,市民社会即物质的生活关系是历史的动因、推动因素。

在费尔巴哈批判黑格尔哲学的客观唯心主义特征即唯心地颠倒主词和谓词、存在和思维、自然和理性、现实和逻辑范畴的反映、神和人的关系的影响下①,马克思也获得了评价国家和法的领域的原则上是唯物主义的基础。他在把唯物主义原则推广到社会联系中去时得出一种认识,是财产领域决定市民社会和国家、资产阶级和公民之间的矛盾,造成有产和无产之间的差别的,不是国家的形式(宪法),而是财产关系。马克思把民主原则在国家和社会中的彻底实现(马克思在这里尚未得出消灭私有制的结论)理解为不仅是政治问题,而且也是社会问题。② 除了必须批判错误的、唯心主义的基本观点以外,马克思认为,黑格尔法哲学的伟大之处就在于,黑格尔以抽象的形式理解了国家和社会之间、市民社会中普遍利益和特殊利益之间的矛盾。黑格尔想调和这种矛盾的企图(在他的关于等级会议的学说中)暴露了资产阶级认为可以用调和体系来消除现实的利益冲突和社会矛盾的物质世界幻觉论。在为《德法年鉴》所写的文章中,马克思具体阐述了财产和国家的关系以及解决社会矛盾的问题,从而他就摆脱了资产阶级民主主义并转向共产主义观点。

四、马克思在《德法年鉴》上发表的文章不仅是对他后来的理论研究的加工整理。其实,在巴黎他同时与工人运动取得了紧密的联系。在《年鉴》中,马克思运用他自写博士论文以来首次获得的全部理论经验和实际政治经验,从而能够对哲学的功能下一个崭新的定义。"对

---

① 见威·舒芬豪威尔:《费尔巴哈和青年马克思》1972年柏林第2版。
② 见《马克思恩格斯全集》第1卷第389页及以下各页。

当代的斗争和愿望作出当代的自我阐明（批判的哲学），是《年鉴》开头的书信所提出的第一个要求，"所以，什么也阻碍不了我们把我们的批判和政治的批判结合起来，和这些人的明确的政治立场结合起来，因而也就是把我们的批判和**实际**斗争结合起来，并把批判和实际斗争看作同一件事情。"①《批判。导言》是从作为"一切批判的前提"的对宗教的批判出发的。由于进步的资产阶级哲学首先是费尔巴哈的哲学所取得的成就，对宗教的批判被认为已经结束。马克思仍然肯定了费尔巴哈的一般说来涉及人的对宗教的批判："反宗教的批判的根据就是：人创造了宗教，而不是宗教创造了人。"但是，他已经提醒人们注意，人不是抽象的普遍物，而是"人的世界，就是国家，社会"。他也同样指出了对宗教的批判的间接政治性质，并提出要求，在"真理的彼岸世界"消逝以后，就要确立"此岸世界的真理"。"为历史服务"的哲学要进行对尘世的批判、对法的批判、对政治的批判。

马克思同样坚决地与青年黑格尔派划清了界限，他清楚地证明，现存的德国哲学只是对德国现实的"观念的补充"，只有"否定现存的哲学"，消灭作为现存意义上的哲学的哲学，对变革社会的哲学的要求才可能实现。青年黑格尔派的批判"**认为，不消灭哲学本身，就可以使哲学变为现实**"②。而马克思却提醒人们注意重要的唯物主义的出发点："光是思想竭力体现为现实是不够的，现实本身应当力求趋向思想。"消灭现存的哲学就是要面向作为哲学的承担者的社会的革命力量。哲学的消灭和实现是以对社会中彻底革命的阶级的认识为基础的，这个阶级"若不从其他一切社会领域中解放出来并同时解放其他一切社会领域，

---

① 《马克思恩格斯全集》第 1 卷第 417、418 页。
② 《马克思恩格斯全集》第 1 卷第 452、459 页。

就不能解放自己。"马克思认为，无产阶级就是这样的阶级。"哲学把无产阶级当作自己的**物质**武器，同样地，无产阶级也把哲学当作自己的**精神**武器。"①

马克思用——从费尔巴哈那里借来的——精神原则和感性物质原则的观念说明了哲学的崭新的功能和使工人阶级了解以它的革命解放为目标的哲学的必要性。"这个解放的**头脑**是**哲学**，它的**心脏**是**无产阶级**。"② 晒在《德法年鉴》中马克思最终从革命民主主义转到了共产主义，从同黑格尔主义和资产阶级传统紧密相连的哲学转到了唯物主义的革命的哲学。

随着发现无产阶级的历史使命和彻底转向革命的唯物主义，通向消灭现存的哲学以及制定工人阶级世界观和斗争的哲学理论基础、经济学基础、政治基础——这是马克思和恩格斯一道在直到1848年革命前夜为止的以后几年中共同完成的任务——的道路就通行无阻了。这个过程包括对青年黑格尔派的"批判的自我意识"的意识形态的批判、对费尔巴哈的直观的人本主义唯物主义的批判、对"真正的"社会主义和蒲鲁东主义的批判，也包括为了把进步的社会主义运动和工人运动联合起来而进行的积极活动（布鲁塞尔共产主义通讯委员会、共产主义者同盟）。

（原载《辩证法。哲学和科学论丛》第6辑《卡尔·马克思——哲学、科学、政治》1983年科伦版）

（鲁路 译　刘晔星 校）

---

① 《马克思恩格斯全集》第1卷第465页及以下各页。
② 《马克思恩格斯全集》第1卷第467页。

1843—1844 年马克思对世界史的研究是唯物史观形成的来源之一*

〔苏〕B. Г. 莫洛索夫

在有关早年马克思的大量马克思主义和非马克思主义著述中，唯物史观即恩格斯在马克思墓前演说①中所说的科学共产主义创始人的两个伟大发现之一的形成问题占据着中心地位之一。唯物史观在马克思主义产生过程中起着巨大的作用：一方面，唯物史观的创立发生在马克思主义的经济学理论彻底制定以前，而且在很大程度上制约着后者。另一方面，唯物辩证法的创立和制定同唯物史观的形成过程有密切的联系，两者互相作用。当然，经济学理论和唯物辩证法的发展也对唯物史观的形成和发展产生了最重大的影响。

在马克思整个世界观的形成过程中，特别是在制定唯物史观和科学共产主义方面，1843 年至 1844 年，说得再短一点，就是从《莱茵报》被普鲁士政府查封到《德法年鉴》出版这个时期，占有十分重要的地位，这个时期标志着马克思从唯心主义和革命民主主义最终转向唯物主义和共产主义。这是青年马克思进行紧张的理论探索、从事多方面的科学研究的时期。用他自己的话来说，这时他"从社会舞台退回书房"②，

---

* 本文选自《马列著作编译资料》1981 年第 15 辑。
① 《马克思恩格斯全集》第 1 版第 19 卷第 374—376 页。
② 《马克思恩格斯全集》第 1 版第 13 卷第 8 页。

到了莱茵地区的小城市克罗茨纳赫。

在《莱茵报》工作时期,马克思总的说来还站在唯心主义的立场上,尽管他已逐渐开始接近于认识到,作为属于各个不同社会阶层的人们行为的基础的是某种客观因素,就是说,他开始摸索社会问题和政治问题的联系。马克思在实践中相信,国家不是某种凌驾于私人的、等级的利益之上的一般的东西。他看到,普鲁士国家降低到按私有制的性质来行动的水平。① 但是,马克思那时还认为,国家这样行动,是没有按自己本身的性质行动。② 马克思已经指出在莱茵省议会上的阶级利益的斗争,但是还没有认识到这种斗争是社会发展的必然形式。马克思知道,"存在着这样**一些关系**,这些关系决定私人和个别政权代表者的行动,而且就像呼吸一样不以他们为转移"③,但是暂时没有十分明确地说明这些关系的性质。

但是,过了一年,在巴黎,马克思就表现为一个坚定的、彻底的唯物主义者和共产主义者了,他在《德法年鉴》上发表的文章和《1844年经济学哲学手稿》中正在为革命无产阶级的新的科学的世界观奠定基础。如果考虑到马克思写成《论犹太人问题》和《黑格尔法哲学批判·导言》这两篇文章的时间不会晚于1844年1月,而这些文章中已经描绘出了关于社会主义革命、关于无产阶级的全世界历史性的作用的学说的轮廓,那么,实现这种飞跃的年代的上下界限还要缩小。在这方面,必须注意到,马克思向唯物主义和共产主义立场的根本的最终的转变是发生在他开始认真研究政治经济学以前。

---

① 参看《马克思恩格斯全集》第1版第1卷第155页。
② 参看《马克思恩格斯全集》第1版第1卷第155页。
③ 《马克思恩格斯全集》第1版第1卷第216页。

于是就产生一个问题，这个飞跃究竟是怎样发生的?①

简单地用马克思在巴黎直接接触了工人运动来解释这个问题，这远没有说完全；且不说目前还没有什么重要的资料，来说明马克思在留居巴黎的头几个月同工人组织的联系。单纯接触工人运动是不够的，还必须从工人运动的最初形式中看到它的未来，懂得无产阶级作为一个负有把人类从资本主义压迫和其他一切压迫下解放出来的使命的阶级的全世界历史性的作用。毫无疑问，马克思到达巴黎的时候，他自身已经为作出这个发现做好了准备。但是，问题在于设法具体地弄清楚，马克思是通过什么样的途径去制定唯物主义观点和共产主义观点的，是什么样的理论研究促使他做到这一点的。

不言而喻，马克思作为一家大的日报的主编的实际政治活动对他的思想演变的过程产生了巨大的影响，那时他必须经常接触当代最迫切的社会政治问题，其中包括工人运动。也不能把巴黎这个社会主义思想的中心的政治思想环境置于不顾，正是在这个环境中发生了非常迅速地在马克思思维活动中逐渐成熟的那些结论的结晶化过程。但是，考察这些

---

① 不仅马克思主义的研究工作者，而且许多资产阶级学者也不怀疑，这时发生了一个飞跃。例如，法国著名的"马克思学家"M.吕贝尔在谈到研究马克思主义的专家们对马克思在1843年夏天和秋天所进行的理论研究重视不够时指出："在这种条件下，如果不考虑他在《莱茵报》上发表的关于共产主义的内容十分充实的言论，同他从离开克罗茨纳赫以后总共过了几个月在《德法年鉴》上发表的文章中维护无产阶级事业的热情形成鲜明对照的言论，1843年底马克思的社会主义的转变就仍然是绝对不可理解的。"（见 M.吕贝尔：《卡尔·马克思的读书笔记》，载于《国际社会历史评论》1957年第3部分第397页）虽然吕贝尔本人在这种场合对马克思在《莱茵报》工作时期对空想共产主义的态度作了不正确的评价，但是，这个问题确实存在。

因素已经超出了这篇文章题目的范围。

资产阶级的学者们不懂得马克思观点形成过程的全部复杂性——唯物史观和科学共产主义理论的创立是辩证地相互作用的，而其基本原理在马克思完成制定其经济理论的工作以前就已经表述出来了。他们还常常拿这种复杂性去进行投机，共同用意识形态的动机，最经常的是用伦理学的动机去说明马克思从革命民主主义向科学共产主义的转变。

对于关于无产阶级的全世界历史性作用的学说形成的问题，尤其是如此，而这个学说不仅在马克思主义理论中占有极其重要的地位，而且表述得比马克思主义的其他基本思想都早。例如，澳大利亚的哲学家Ю. 卡缅卡断言，马克思认为无产阶级"不是某种经验地存在着的东西，而是一种逻辑范畴。无产阶级在辩证法模式中占有必要的地位"①。马克思主义的基督教批判者之一 A. 里希认为："在马克思主义关于无产阶级的学说中出现的是占据了作为造物主的上帝的位置的绝对的人，而不是作为救世主的上帝。"② 而在他的同事 T. 施泰因比尤歇尔看来，"世俗化的犹太人"马克思"把旧约的预言性的世界末日说变成了对未来的社会主义自由王国的期待"③。

M. 吕贝尔最明确地表述了在资产阶级和改良主义的马克思学家中广泛流传的认为科学共产主义似乎并不是建立在科学的基础上的论点。他在1966年4月在美国举行的题为"马克思和西方世界"的国际学术讨论会上发言时宣称："马克思在着手对以人剥削人为基础的经济进行

---

① E. 卡缅卡：《马克思主义的伦理学基础》1962年伦敦版第68页。
② A. 里希：《青年马克思的人的形象和基督教信仰》1962年苏黎世版第25页。
③ 转引自 H. 勒尔：《卡尔·马克思早期著作中的假宗教主题》1962年杜宾根版第50页。

科学分析以前，就参加了工人的事业。作为参加这一行动的基础的，是对异化了的社会制度的人道主义的抗议，而不是'价值规律'。马克思发现历史唯物主义和剩余价值理论的时候，一方面他已经表述了对国家和货币的根本性的批判，另一方面也表述了无产阶级的解放使命，并且在声明（《论犹太人问题》、《黑格尔法哲学批判》）中做到了这一点，这两篇声明的伦理学倾向是很明显的。"① 同这些臆造相反，马克思主义的研究工作者始终力图揭示上述飞跃的科学基础，把这一飞跃同马克思在前一个时期的理论活动和实践活动的整个总体联系起来。

因此，马克思1843年夏天和秋天在克罗茨纳赫逗留期间和在巴黎生活的头几个月对世界史、首先是法国大革命史（他把法国大革命的经验纳入历史过程的总范围内）的研究，以及这种研究对马克思世界观的形成所产生的影响，早就引起了他们的注意。

苏联的和国外的马克思主义历史学家发表了一系列有关"马克思和法国大革命"这个题目的重要研究著作。早在30年代在我国就发表了А.沃登②和А.乌达尔错夫③的第一批专门著作，而在法国则发表了Ж.布吕阿（用的是笔名Ж.蒙特罗）的一篇文章④。在战后发表的著作中

---

① 引自《马克思学研究》1966年巴黎版第10期第4页。也可参看他的文章《马克思的民主观念》（载于《社会契约》杂志1962年第4期）和《科学、伦理学和意识形态》（载于《社会学国际札记》杂志1967年1—6月号）。

② А.沃登：《马克思和恩格斯论法国大革命》，载于《在战斗岗位上》杂志1930年莫斯科版。

③ А.乌达尔错夫：《马克思和勒·勒瓦瑟尔回忆录》，载于《在战斗岗位上》杂志1930年莫斯科版。

④ J.蒙特罗：《法国革命和马克思的思想》，载于《思想》杂志1939年第3期。

应该指出奥·科尔纽①和 B. 马尔科夫②的内容充实的研究著作。著名的法国马克思主义历史学家 Ж. 布吕阿的重要著作《法国革命和马克思观点的形成》③具有特别的意义，在这部著作中，作者令人信服地、具体地说明了掌握法国大革命的历史经验给马克思带来了哪些进步。不能不同意这篇文章的基本结论："马克思能够研究的 1789 年革命的历史经验——近代最伟大的历史经验，是马克思主义的来源之一。"④遗憾的是，不久前出版的 В. Г. 列武年柯夫的著作⑤把关于对法国大革命史的研究在马克思和恩格斯的思想发展中所起的作用的问题完全回避了。

在资产阶级的书刊中，关于法国大革命的历史经验对马克思观点的形成的影响的问题也有所反映。资产阶级的研究人员基本上承认这种影响的存在。⑥但是他们承认这种影响，多半只是为了强调指出马克思主义关于革命的学说不具有独创性。例如，法国资产阶级的"马克思学家" K. 阿克塞洛斯在他的文章《关于法国革命的十三条提纲》中断

---

① 奥·科尔纽：《卡尔·马克思对法国革命和罗伯斯庇尔的态度（1843—1845年）》，载《马克西米利安·罗伯斯庇尔。1758—1794 年》1961 年柏林版。

② W. 马尔科夫：《雅克·卢和卡尔·马克思。论把疯人派写入〈神圣家族〉》1965 年柏林版。

③ J. 布吕阿：《法国革命和马克思观点的形成》，载于《法国革命史年鉴》1966 年第 184 期。

④ J. 布吕阿：《法国革命和马克思观点的形成》，载于《法国革命史年鉴》1966 年第 184 期第 169 页。

⑤ В. Г. 列武年柯夫：《马克思主义和雅各宾专政问题》1966 年列宁格勒版。

⑥ 例如，可参看 M. 弗里德里希：《青年马克思的哲学和经济学》1960 年柏林版；H. 波佩茨：《异化的人。青年马克思对当代的批判和历史哲学》1953 年巴塞尔版；R. 纽恩贝尔格：《马克思主义的革命自我认识中的法国革命》，载于《马克思主义研究》1957 年杜宾根版第 2 辑。

言，似乎马克思"继承了雅各宾主义，没有创立正面的国家理论，要求进行无产阶级的和社会主义的世界革命。而且这个要求从来没有在自己的基础上得到阐明。谈的仍然是进一步实现法国革命的'目的'的问题：自由、理性的王国，使一切人感到满足，承认一切人本身，解放劳动者和公民"①。

一所美国大学的研究生 O. 贝尔兰德在一家美国杂志上开始的关于无产阶级的全世界历史性的作用这一概念的讨论中大体上也发表了同样的看法。② 贝尔兰德认为，关于一个阶级的特殊革命作用的思想是马克思从英国和法国资产阶级革命的经验中引申出来的，因此，总的说来，是一种过时的思想。讨论的参加者之一、该杂志编委会成员 P. 阿隆森反对贝尔兰德的意见，他公正地声称，不能承认马克思主义而又把关于无产阶级的全世界历史性的作用的学说扔掉，而贝尔兰德正是从这种观点出发的。

在资产阶级的著述中，除了伪造的倾向以外，也有人企图或多或少认真地分析一下同唯物史观的形成相联系的复杂问题。在这方面值得提出的是瑞士研究人员 Л. 凯吉的著作《历史唯物主义的产生》，其中有整整一章论述马克思对法国革命的态度并分析了马克思在 1843 年研究过的一些著作（这一点很有意思）。③ 发表在美国一家进步杂志上的 Б.

---

① K. 阿克塞洛斯：《关于法国革命的三十条提纲》，载于《实践》杂志萨格勒布版 1967 年第 1 期第 82 页。

② O. 贝尔兰德：《评莱迪科尔·查因斯的〈马克思关于无产阶级使命的观念〉》，载于《左翼研究》杂志 1966 年第 5 期；R. 阿隆森：《回答》，载于同一杂志；M. 尼古劳：《马克思论无产阶级和中等阶级》，载于同一杂志 1967 年第 1 期。

③ P. 凯吉：《历史唯物主义的产生》1965 年维也纳版（《马克思如何看待法国革命？》那一章）。

布劳恩的文章也很有趣，在这篇文章中作者强调指出，马克思力图克服黑格尔主义的意愿以及"他的紧张的政治活动，看来不可避免地使他要去一方面研究历史，另一方面又研究经济学"①。

因此，基本问题在于要具体地弄清楚，马克思从法国大革命的历史经验中吸收了什么东西，对这种经验以及世界史其他问题的研究在唯物史观形成的过程中占据什么样的地位。

应该指出，马克思很早在还是波恩大学学生的时候，就开始研究历史了。马克思的父亲在给他的一封信中委婉地指责他花很多钱买书，"特别是大部头的历史著作"②。在柏林，看来马克思也在继续研究历史。在这方面，苏联研究工作者 Д. 赞德贝尔格和 К. 施维茨对青年黑格尔分子、马克思的亲密朋友 Ф. 科本的一篇文章所作的分析具很有意义。这篇题为《柏林的历史学家们》的文章尖锐地批判了像弗·冯·劳麦和列·兰克这样的自由资产阶级的历史学家的观点。赞德贝尔格和施维茨相当令人信服地证明了这篇文章"在相当大的程度上反映了青年马克思对他那个时代的历史编纂学的观点"③。

为了弄清楚马克思怎样在 1843 年认识到必须扎实地研究历史，应该回忆一下，正是在这个时候，他依靠在《莱茵报》工作时期所积累的理论经验和政治经验，给自己提出了批判审查黑格尔关于国家和法的学说，即实质上是批判审查黑格尔的全部唯心主义的社会观并创立自己的关于历史过程的动力的理论的任务，其最终目的是确定改变现存制度

---

① В. 布劳恩：《法国革命和社会理论的产生》，载于《科学和社会》杂志 1966 年第 4 期第 420 页。

② 《马克思恩格斯全集》（国际版旧版）第 1 部分第 1 卷下册第 188—189 页。

③ Д. 赞德贝尔格和 К. 施维茨：《论科本的文章〈柏林的历史学家们〉》，载于《马克思主义历史学家》杂志 1940 年第 8 期第 68 页。

的途径和形式。批判黑格尔观点的基本问题之一是从根本上审查黑格尔关于市民社会和国家的相互关系的观点。这一点也在马克思1843年春天和夏天在克罗茨纳赫逗留期间所写的手稿《黑格尔法哲学批判》中占据了中心地位之一。

对黑格尔来说，国家实质上决定着市民社会，而马克思提出了相反的论点——市民社会是国家的前提之一。"家庭和市民社会**本身**把自己变成国家。它们才是原动力。"① 马克思并不满足于这种对问题的一般提法，他企图查明，在人类历史的各个不同阶段——在古代，在封建制度下，在马克思那个时代——国家和市民社会彼此有什么样的相互关系。马克思提出这样一个论点，认为政治制度只是国家的形式，于是，"在北美，财产等等，即法和国家的全部内容，同普鲁士的完全一样，只不过略有改变而已。所以，那里的**共和制**同这里的君主制一样，都只是一种国家**形式**。国家的内容都处在国家制度的这些形式的界限以外"②。

但是，在1843年手稿中马克思并没有对市民社会和国家的相互关系问题作详细的分析，虽然他指出有过这样做的打算。③ 这大概不是偶然的，因为马克思看来已经认识到，只有在最认真地研究社会发展的历史的基础上，才有可能解决市民社会和国家的相互关系的问题。而且马克思批判黑格尔法哲学的全部工作都使他感到，必须占有大量实际的历史材料，才能驳倒黑格尔的结构。当黑格尔举出具体的、经验的现象，然后硬给它加上一种神秘的意义，使它变成绝对精神发展的必要阶段的

---

① 《马克思恩格斯全集》第1版第1卷第251页。
② 《马克思恩格斯全集》第1版第1卷第283页。
③ 参看《马克思恩格斯全集》第1版第1卷第344、346页。

时候，马克思必须同他称之为黑格尔的"非批判的实证主义"的东西作斗争。马克思写道："黑格尔应该受到责难的地方，并不在于他如实地描写了现代国家的本质，而在于他用现存的东西来冒充**国家的本质**。"① 这样提出问题不可避免地使马克思要去研究现代国家起源的历史，使他要去从国家在不同时代和不同国家的具体存在形式的纷繁多样的更替中揭露它的本质。

前面所说的一切使我们能够理解，为什么马克思在撰写手稿《黑格尔法哲学批判》的同时，在1843年夏天（主要是在7—8月）又认真从事历史研究。这一研究工作的成果就是所谓的《克罗茨纳赫笔记》：共五本笔记本，每本页码都单独编号，这些笔记本包含着对有关国家的理论和历史的著作，对有关英国、法国、德国、美利坚合众国、意大利、瑞典、波兰的历史的著作，对有关法国大革命史的专门著作的摘录。第一本和第三本笔记本马克思注明写于1843年7月，第二本和第四本笔记本注明写于7—8月。第五本笔记本没有注明日期，但是，因为这本笔记本的封面损坏了，所以不能很有把握地断言，在丢失了的那部分封面上没有注明日期。在第一本和第三本笔记本的封面上注明《政治历史笔记》，第二本笔记本的封面上注明《法国史笔记》。② 对《克罗茨纳赫笔记》的详细介绍发表在《马克思恩格斯全集》国际版旧版上③，而且对马克思摘录的地方都尽可能准确地加以说明（指出所引原书的页码和行数）。已辨明的马克思自己的批注全都逐字逐句地援引了。因此，后面引用这些批注都是根据这个版本。但是，那里所发表的介绍

---

① 《马克思恩格斯全集》第1版第1卷第324页。
② 《马克思恩格斯全集》（国际版旧版）第1部分第1卷下册第105—106页。
③ 《马克思恩格斯全集》（国际版旧版）第1部分第1卷下册第118—136页。

并不能使人对摘录和马克思对材料的整理的性质有一个准确的概念。另外，利用这篇介绍还有一个困难，就是马克思使用的著作的版本大多数是珍本。

为了弄清楚原书作者的观点，摘录照例不是纯粹只作简略的叙述。相反，作这些摘录多半是从一定的角度，按照事先拟定的问题进行的。摘录远不都是按照原书页码顺序进行的。可以看出后来对材料进行过整理的痕迹，这时对书中使马克思感兴趣的那些论点或者他自己的结论作了概括，并把它们写到已经记得密密麻麻的笔记本中该书书名旁边的空白上。这些简要的札记成了马克思所编的很有意思的第二本和第四本笔记本主题索引的基础。这些索引的内容揭示了当时使马克思感兴趣的问题的范围，而且在某种程度上也揭示了他对这些问题的理解。

达·波·梁赞诺夫在《马克思恩格斯全集》国际版旧版第一卷下册的序言中第一次对这些摘录作了认真的分析。梁赞诺夫援引了马克思在《政治经济学批判》序言中那段著名的话，马克思谈到，他的研究使他得出"这样一个结果：法的关系正象国家的形式一样，既不能从它们本身来理解，也不能从所谓人类精神的一般发展来理解，相反，它们根据于物质的生活关系……而对市民社会的解剖应该到政治经济学中去寻求"（《马克思恩格斯全集》第1版第13卷第8页），接着梁赞诺夫指出，这一结果不仅是"对黑格尔的法哲学进行批判性审查"的结果，而且是马克思在批判黑格尔的大致同一个时候进行的广泛的历史政治研究的结果，《克罗茨纳赫笔记》的意义就在于它使人们能看清通向对唯物史观作出论证的道路中的一段路程。①

---

① 《马克思恩格斯全集》（国际版旧版）第1部分第1卷下册，第XXIV—XXV页。

在尼·伊·拉宾的一篇文章中，特别是在他那部关于青年马克思的基本著作中①，包含有对于历史研究在马克思对黑格尔关于社会的学说的批判中所具有的意义的问题的有意思的提法。Е. Л. 康捷尔②和 З. М. 奥鲁德热夫③也论述过关于《克罗茨纳赫笔记》在马克思观点发展中的地位的问题。但是，这些笔记本的内容没有全文发表，这对于研究这些材料是一个重大的障碍，而这些材料对于研究马克思世界观形成的问题具有十分重要的意义。④

在分析《克罗茨纳赫笔记》时，应该考虑到，马克思在研究世界史的时候，特别注意象财产关系和政治设施的性质的联系这样一个历史过程的重要方面，在这里他利用了各个不同国家的材料（由此就产生了他对英国、瑞典、意大利、波兰和其他国家的历史的兴趣）。除此以外，

---

① 尼·伊·拉宾:《马克思对黑格尔哲学的第一次全面的批判》，载《哲学问题》杂志1959年第1期；他的《青年马克思》1968年莫斯科版。特别值得注意的是作者关于马克思对手稿《黑格尔法哲学批判》所作的修改以及与此有关的马克思对世界史研究的态度的相当有说服力的见解。

② Е. П. 康捷尔:《现代资产阶级和改良主义书刊对科学共产主义形成史的若干问题的阐述》，载于《社会主义学说史论丛》1962年莫斯科版；他的《一些最新研究著作对马克思主义哲学形成史若干问题的论述》，载于《马克思主义和国际共产主义运动史论丛》1963年莫斯科版。

③ З. М. 奥鲁德热夫:《1843年马克思的克罗茨纳赫手稿》，载《阿塞尔拜疆社会主义联邦共和国科学院报告集》1958年第11期。

④ 不能不同意 Ж. 布吕阿对《克罗茨纳赫笔记》的看法，他写道:"我认为必须仔细地研究这些笔记，设法着手对马克思的思想进行批判性研究，或者更确切地说，提出关于他如何进行工作的问题，并对马克思思想的来源和他的著作进行认真的比较分析的时机已经到来。"（J. 布吕阿:《法国革命和马克思观点的形成》第137页）

马克思好像是为了补充对这些过程的研究,阅读了各种哲学和社会学著作(卢梭、孟德斯鸠、马基雅维利),这些著作从理论的角度探讨了国家的起源和发展的问题。

对封建社会历史的分析在《克罗茨纳赫笔记》中占有相当大的地位。马克思摘录了德国历史学家 Э. 施米特①、К. 海因利希②、约·普菲斯特尔③和 И. 拉平贝尔格④的著作,瑞典最著名的浪漫主义学派历史学家 Э. 盖尔⑤、英国历史学家 J. 林加尔特⑥的专题著作,以及出自法国大国务活动家 П. 达律的手笔的七卷本的威尼斯共和国史⑦和吉伦特党人 ж. 巴约尔为反对德·斯塔尔夫人的书而写的论战著作。⑧

在分析马克思有关封建制度史的摘录时,首先引人注目的是,政治史本身——国王的更迭、战争等等——很少使马克思感兴趣。他把主要注意力放在分析社会经济过程和社会政治过程上面。例如,在施米特的《法国史》一书摘要中,马克思十分注意并摘录了谈到关于公社财产变为私有财产,关于封建领地的形式、王室权力的结构及其收入来源的那些段落。接着,马克思省略了涉及法律的很长一节,并且摘录了谈到封建制度下农业的性质、农业同手工业的联系以及关于农奴制妨碍农业和

---

① E. A. 施米特:《法国史》1835 年汉堡版第 1 卷。
② C. G. 海因利希:《法国史》1802—1803 年莱比锡版第 1—2 卷。
③ J. C. 普菲斯特尔:《德意志人的历史》1829—1835 年汉堡版第 1—5 卷。
④ J. M. 拉平贝尔格:《英国史》1836 年汉堡版第 1 卷。
⑤ F. G. 盖尔:《瑞典史》1832、1836 年汉堡版第 1、3 卷。
⑥ J. 林加尔特:《英国史》1827—1828 年美因河畔法兰克福版第 1—6 卷。
⑦ P. 达律:《威尼斯共和国史》1828 年斯图加特版第 4 卷。
⑧ J. Ch. 巴约尔:《斯塔尔夫人遗著的批判研究》1818 年巴黎版第 1 卷。

商业的发展的那一段文字。①

应该指出,马克思从施米特的书中摘录的关于卡罗林帝国瓦解的原因的那几段话,是施米特从基佐的著作(《法国文明史》)和梯叶里的著作(《关于法国史的书信》)中抄来的。马克思放在对施米特的书的摘录的每一节开头的,从脚注中挑选出来的资料和历史书籍目录中,除了基佐和梯叶里的上述著作以外,还列有他们的下述书籍:基佐的《法国史文集》、梯叶里的《英国侵略史》。② 这证明马克思对法国这些最大的历史学家的著作怀有兴趣,在某种程度上也证明马克思在1843年就已经熟悉他们的观点(在《德意志意识形态》以前的马克思著作中,看来还没有见到直接引证复辟时期的法国历史学家的著作的情况)。

马克思在了解各个不同国家——法国、英国和瑞典——的历史的时候,研究了封建制度的发展。使他感兴趣的包括人民变成了农奴、人民会议衰落的原因以及政权转入有产者首先是贵族和国王手中等问题。在这方面,他对盖尔的《瑞典史》第一卷的摘录值得注意。例如,马克思摘录了谈到国王马格努斯·拉杜洛斯夺走了人民的立法权力的那段话。③ 在施米特的书中,他注意这样一个地方,在这里作者在评论法国北部封建制度的发展时说,普通法失去了自己的意义。④ 如果考虑到马克思早在《莱茵报》上的那些文章中发表的把普通法看作是人民的法、穷人的法的观点,马克思注意自由居民变成农奴的问题就十分明显了。马克思也根据德国历史学家普菲斯特尔的著作,用德国的材料探讨了同

---

① 见苏共中央马列研究院中央党务档案馆档案。
② 见苏共中央马列研究院中央党务档案馆档案。
③ 见苏共中央马列研究院中央党务档案馆档案。
④ 见苏共中央马列研究院中央党务档案馆档案。

样的过程：他注意到在查理大帝统治时期自由民的人数逐渐减少，并强调指出，作者谈到人民会议变成空洞的形式时说，人民的同意多半成了空话。①

马克思仔细研究了封建所有制的结构，但是使他感兴趣的不是这种结构本身，而是它对社会的社会结构和政治设施的影响。他注意到了施米特关于封地制度在封建制度下成了政治生活的形式的思想。② 在对巴约尔的书的摘录中，马克思援引了把封建制度看作是建立在地产基础上的等级制、建立在对大多数人的奴役基础上的千头暴政的一般评述。最后这句话特别引起马克思的注意，以致他在总结对巴约尔的书的摘录时专门注明——《tausendkopfiger Despotismus》〔千头暴政〕③。

有一系列摘录是论述关于贵族形成的问题的，但是在这里马克思把很大的注意力放在王权的形成、王权同贵族和城市的相互关系上面。使马克思感兴趣的是国王权力结构的细节、国王的收入。马克思在对巴约尔著作的摘录中指出，国王在同领主们的冲突中使用的手段之一是扩大王室的司法权。

马克思对林加尔特的英国史著作的摘录包含有关于王权的确立和加强的问题的丰富材料。马克思以尖锐的批判态度总结了亨利二世时期的英国司法状况。"全部司法都是国王投机活动的对象。"④

马克思以英国议会产生和发展的历史为例，力图弄清楚代议制度的产生。他详细分析了自由大宪章，然后指出了它所经历的一切变化。马

---

① 见苏共中央马列研究院中央党务档案馆档案。
② 见苏共中央马列研究院中央党务档案馆档案。
③ 见苏共中央马列研究院中央党务档案馆档案。
④ 见苏共中央马列研究院中央党务档案馆档案。

克思摘录了谈到从 1265 年起召集各郡代表出席议会，而这是议会代表的萌芽的那段话，并在旁边作了记号。①

后面对林加尔特的书所作的有关英国议会史的摘录，几乎全都是关于城市的兴起和资产阶级的发展的问题的，这一事实是有意思的。马克思摘录了谈到城市及其经济力量的增长，谈到城市的支持对王室有利害关系的那段话，接着在旁边作了记号。这里还指出开始定期召集各城市代表开会。在该书作者谈到在英国商人和骑士之间没有不可逾越的社会壁障，谈到他们的融合过程的那段话旁边，马克思也作了记号。②

马克思在摘录拉平贝尔格关于英国史的书时，把注意力放在个人的社会地位同他的财产多少的联系上面。他摘录了谈到在盎格鲁撒克逊时代一个富有的商人（马克思把商人一词加了着重号）的资金如果使他能够三次前往海外，他就有可能成为贵族的那段话。③

马克思也根据法国史研究了城市的兴起、资产阶级的产生以及它反对封建主的斗争。马克思用下述的话总结了中世纪城市发展初期的状况："城市和乡村同样受到奴役。"④ 马克思也注意城市的运动，他从海因利希的著作《法国史》中摘录了关于巴黎 1358 年起义的那段话，并且把商界首脑 Э. 马尔塞尔说两个被杀者是想消灭人民的贵族的话加了着重号。⑤ 同时，马克思也注意到了正在产生的资产阶级争取自己权利的斗争的不彻底性。例如，在同一本书的摘要中，在评述 1484 年第三等级在图尔代表会议上提出的要求时，马克思使用了一个有代表性的术

---

① 见苏共中央马列研究院中央党务档案馆档案。
② 见苏共中央马列研究院中央党务档案馆档案。
③ 见苏共中央马列研究院中央党务档案馆档案。
④ 见苏共中央马列研究院中央党务档案馆档案。
⑤ 见苏共中央马列研究院中央党务档案馆档案。

语："自由主义的空谈。"①

马克思注意到，城市公社的形成，特别是在法国，是资产阶级产生和地位提高的结果。他从施米特的书中摘录了谈到市民利益的共同性和维护这些利益的必要性导致在公社中管理艺术的产生（着重号是马克思加的）的那段话，从而就把代议制的萌芽同资产阶级的发展联系起来了。② 同时，马克思了解在这些公社中的代表制原则的全部局限性。他从达律的《威尼斯共和国史》中摘录了谈到在城市公社中财富成了参加管理的资格证书的那段话。③

把马克思有关代议制的全部摘录加以分析，可以看得很清楚，马克思实质上是从这样一种论点出发的，即这种政体是在王权同封建主进行斗争，城市和城市资产阶级正在兴起，资产阶级和王权结成联盟反对封建主的条件下产生和成长起来的。因此，马克思是从对于像议会这样的政治设施的深刻的历史观点出发的。那种把代议制看作是体现了某种人民主权、三权分立的一般原则的结果的抽象唯心主义观点，对他说来是格格不入的。

马克思在注明1843年9月写于克罗茨纳赫的给阿·卢格的信中，已经明确地表述了关于代议制是私有财产统治的政治表现的思想。④ 非常明显，在这里同等级制度相对立的代议制度是资本主义制度的同义词。在这一封信中，马克思提出了把"代议制从政治形式提高为普遍的形式"并揭示出以这种制度为基础的真正意义的任务。⑤

---

① 《马克思恩格斯全集》（国际版旧版）第1部分第1卷下册第119页。
② 苏共中央马列主义研究院中央党务档案馆档案。
③ 苏共中央马列主义研究院中央党务档案馆档案。
④ 参看《马克思恩格斯全集》第1版第1卷第417页。
⑤ 参看《马克思恩格斯全集》第1版第1卷第417页。

在对问题的提法本身方面,以及在后来对问题的解决即弄清楚经济制度和政治设施之间的实际的相互关系方面,马克思都从分析法国大革命的经验中学到了许多东西。马克思对研究这次革命怀有兴趣是完全可以理解的。因为这次革命以它自己的结果——它取得了什么成果,还有什么东西它没有实现——在很大程度上决定了青年马克思的世界观形成的那个时代的社会背景和意识形态背景。不能不同意一个现代资产阶级"马克思学家"的意见,他认为,对于上个世纪的人说来,现代是从法国革命开始的,这大体上正像我们的时代是以俄国的布尔什维克革命开始一样。①

在《克罗茨纳赫笔记》中,对法国大革命的分析包含在马克思对德国著名历史学家威·瓦克斯穆特②以及 K. 路德维希③的著作的摘录中。在对德国反动政论家卡·兰齐措勒④、弗·沙多勃利昂⑤的小册子和德国历史学家列·冯·兰克出版的一家杂志(其中刊登了出版者本人的文章,也刊登了其他作者的著作)⑥ 的摘要中,则对执政内阁、拿破仑帝国和复辟时期的统治,以及七月革命作了分析。

马克思广泛利用了瓦克斯穆特的书,首先是为了研究其中引用的革命时期的各种文献:政治活动家们的演讲、制宪议会的各项决议、1791年宪法等。

---

① R. 纽恩贝尔格:《马克思主义的革命自我认识中的法国革命》,载《马克思主义研究》第 2 辑第 62 页。

② 威·瓦克斯穆特:《革命时代的法国史》1840 年汉堡版第 1—2 卷。

③ C. 路德维希:《最近五十年史》1833 年阿尔托纳版第 2 卷。

④ 卡·兰齐措勒:《论七月事件的原因性质及其后果》1831 年柏林版。

⑤ F. 沙多勃利昂:《从 1830 年 7 月看法国》1831 年莱比锡版。

⑥ 列·兰克出版的《历史政治杂志》1832 年汉堡版第 1 卷。

马克思在研究革命前的法国形势时，特别注意各种封建义务同日益增加的国家赋税的结合。他对经济因素在革命前那个时期的社会冲突中所起的作用感到兴趣。例如，马克思详细地援引了波尔多议会对国王占有加龙河和多尔多涅河河口的冲积土地的决议的抗议书，强调指出了下列论据：国王的特许状"违反各项神圣的财产法律"，是侵犯社会自由和财产的行为，是破坏"财产"的企图。抗议书警告国王说——马克思摘录了这一警告——如果这种破坏财产的第一个企图得逞的话，就将没有任何办法能够阻止这种企图的发展，任何东西都不会有安全。①

在对有关法国革命史的著作的摘要中，可以明显地感觉到马克思极力要弄清楚资产阶级的阶级利益同财产问题的联系。马克思注意到，资产阶级在宣布资产阶级私有财产神圣不可侵犯的时候，并不认为封建财产是同样不可侵犯的。

有关1789年8月3日夜间由制宪议会通过的一系列废除封建义务的法律以及同一年没收教会财产的摘录，都是论述这个问题的。大家知道，资产阶级历史编纂学对这个"历史性的夜晚"是多么欣喜欲狂。使马克思感兴趣的是问题的实质。马克思在从路德维希的书中摘录有关这些措施的叙述时（而在这里路德维希引用的是跟基佐和梯叶里属于同一个学派的弗·米涅的《法国革命史》），删去了米涅的欣喜言辞，只是指出了具体措施。② 他在"私有财产的巴托罗缪之夜"这一说法下面打了着重号，并把这一说法列入第二个笔记本的索引。③ 在对瓦克斯穆

---

① 苏共中央马列主义研究院中央党务档案馆档案。
② 苏共中央马列主义研究院中央党务档案馆档案。
③ 《马克思恩格斯全集》（国际版旧版）第1部分第1卷下册第123页。

特的著作的摘录中，马克思强调指出，人身自由和占有自由保留下来了。①

联系到关于制宪议会发行用被没收的教会财产作保证的阿西涅纸币的问题，马克思评论说："这里有很大的矛盾，因为为了一方的被认为不可侵犯的财产，要拿另一方的财产来作为牺牲。"②

由于财产问题，马克思也对法国革命时期的平等问题感到兴趣。对瓦克斯穆特的书的摘录有很大一部分是论述这个问题的，而且其主要部分是从附录和脚注即文献资料中摘录的。

法国革命宣布了在法律面前人人平等，但是群众要求另一种平等，以分配财产作保证的实际的平等。马克思把谈到1793年9月4日发生反对财富贵族——这个词他打了着重号——的人民骚乱以及同一年疯人派提出确立唯一的真正的平等——财产平等的要求的地方摘录了下来。马克思对大资产阶级的代表们的演讲作了一系列的摘录，这些代表们知道，要求现实的平等对于大资产阶级说来是什么样的危险，因此他们企图用纯粹法学的观点来限制平等的含义。例如，马克思在援引吉伦特党人 п. 维尼奥在1792年3月13日的讲话时，强调指出，自由对于社会的人来说，是权利的自由，而不是财产的自由。在摘录温和的保皇党人杜波尔在1791年5月17日的讲话时，马克思注意到杜波尔的思想：大多数人所理解的自由是人身权利的表现。③

马克思也注意到了雅各宾派首先是罗伯斯庇尔反对大资产阶级自私自利，不愿考虑广大群众利益的一系列言论。马克思摘录了罗伯斯庇尔

---

① 苏共中央马列主义研究院中央党务档案馆档案。
② 《马克思恩格斯全集》（国际版旧版）第1部分第1卷下册第119页。
③ 苏共中央马列主义研究院中央党务档案馆档案。

认为全部内部的危险都来自资产者，而为了战胜资产者，必须团结人民的思想。马克思摘录了罗伯斯庇尔1789年10月在人民议会上的讲话中的一段话，其中说，每一个公民都应该参加管理作为他自己事务的公共事务。否则，关于任何人都是公民（着重号是马克思加的）的论点就是虚伪的。①

可见，在这些摘录中反映出来的马克思的思路是这样的：资产阶级革命的局限性，这种革命无法保证实行真正的普遍的平等，现实的平等问题同财产形式的联系，被提到了首位。而通过弄清楚像人民主权和代议制这样的资产阶级法的根本概念具有的形式性质，马克思也就理解了资产阶级革命的这种局限性。

摘录的逻辑本身很有意思。马克思在摘录路德维希的著作时注意到了谈到"贵族和私人所有者"②企图援引人民的主权（马克思把这几个字加上了着重号）来影响立法议会代表的选举的那段话。接着跳过了该著作的大约二百页文字，下面的摘录谈的是，在国民公会对国王路易十六作出了死刑判决以后，雅各宾派坚定反对"诉诸人民"（马克思把这几个字加了着重号），其不可告人的目的是要挽救国王。接着，马克思再跳过该书的五十页文字以后记下来的那段话讲到，公安委员会和社会保安委员会凌驾于国民公会之上，它们上面再没有任何裁判官和任何最高权力机关了，它们遵循的只是公共福利（着重号是马克思加的）的原则。在对《历史政治杂志》的摘录中，马克思注意的是阿·梯也尔在他的著作《1830年的君主国》中的思想。梯也尔认为，有这样的时

---

① 苏共中央马列主义研究院中央党务档案馆档案。
② 苏共中央马列主义研究院中央党务档案馆档案。应该指出，这是马克思的话，而原著中谈的是贵族和僧侣。

刻,那时国民只有一种思想,那时巴黎不征求法国的意见,而法国也不要求这样做。①

在这里,用下述方法可以把马克思的思路弄清楚。人民主权这个概念只是一种形式,在历史上可以把各种不同的内容塞进这种形式中去。在革命的危急时期,革命政权应该采取最坚决的行动,不使自己受任何传统形式的束缚,而只根据革命发展的利益行事。这里就产生一个合乎规律的问题:究竟谁的利益符合革命的利益?马克思也关心这个问题,在这方面,他对涉及"共同意志"和"一切人的意志"的相互关系问题的卢梭的《社会契约论》的摘录引人注意。② 问题的实质在于,甚至在民主社会中,"一切人的意志"是否总是符合"共同意志",即当时社会的客观上必要的需要。马克思——这也是很值得注意的——丝毫没有把形式上民主的制度偶像化。有一系列摘录强调指出,"一切人的意志"和"共同意志"可能不相符合。马克思注意到了卢梭关于人民总是希望得到福利,但并不总是都能看到福利的思想。马克思在总结卢梭针对民主的批评意见时写道,在卢梭看来,实现民主的主要障碍在于,如果人民作为立法者为私人利益所左右,人民就腐化了(korrumpiert)。③ 但是,马克思通过诉诸历史经验已经懂得,每一个等级、每一个阶级都从他们私人利益的观点来对待公共事务,于是在马克思面前就提出一个问题——找到一个"私人利益"能符合"共同意志"的阶级。我们知道,他在巴黎写成的文章《黑格尔法哲学批判·导言》中已经发现了这样的阶级——无产阶级。克罗茨纳赫的摘录把进行这种探索的

---

① 苏共中央马列主义研究院中央党务档案馆档案。
② 雅·让·卢梭:《社会契约论》1782年伦敦版。
③ 苏共中央马列主义研究院中央党务档案馆档案。

创作活动的帷幕微微揭开了一点。

马克思对于像代议制这样的资产阶级民主的根本原则的态度也是同样清楚的。马克思对卡尔·兰齐措勒关于法国七月革命的小册子的附录作了大量的摘录，其中包含有对代议制原则的批判。① 马克思特别重视这样一段话，其中谈到代议制度建立在两种主要的虚构（马克思把这几个字加上了着重号）上：第一、全体人民构成一个由同类成员组成的统一的社团。第二、这个称为人民的法人应该通过代表会议来行动，但是这些代表不受选民的指示的约束。②

接着是对1831年2月15日在王朝正统派报纸《法兰西报》上发表的一篇题为《人民的主权》的文章的摘录。文章的作者写道，在法国形式上有3200万握有主权者，而实际上是8万（根据新法律是20万）选民五年一次选举430名代表。马克思专门把下面一句话加上了着重号："这种所谓的人民主权，无非是君主国的有产阶级为了夺取君主的权利而让各非有产阶级相信的骗局。"③然后马克思利用了同一家报纸在1831年5月1日发表的另一篇文章。他强调指出作者的如下一些话：法国目前的议院来源于垄断制，而不是来源于人民。既然不允许人民集会

---

① 马克思在《德意志意识形态》中利用了这些摘录（见《马克思恩格斯全集》第1版第3卷第400—401页）。对兰齐措勒的小册子的摘录手稿有后来加工的痕迹——铅笔划的线条，而且马克思在《德意志意识形态》的这个地方利用过的引文也作了记号。马克思在《1844年经济学哲学手稿》中谈到资本和地产之间的争论，指出在这里"双方相互揭了真相"（《马克思恩格斯全集》第1版第42卷第108页）时，大概马克思指的就是兰齐措勒的这部著作。

② 苏共中央马列主义研究院中央党务档案馆档案。

③ 苏共中央马列主义研究院中央党务档案馆档案；也可参看《马克思恩格斯全集》第1版第3卷第401页。

发表意见并选举自己的机关，那么可以随便向人民说什么。①

马克思利用英国大国务活动家约·罗素勋爵关于英国宪法史的书②研究了欧洲最古老的议会民主——英国议会民主的活动机制。他摘录了谈到"衰败城镇"制度的地方，在18世纪末由于实行这种制度，这些城镇的84名占有者向议会输送了157名议员。马克思注意到了罗素谈到在议会选举中领地在一定程度上是候选人资格的保证的话。罗素问道："下院代表人民吗？"他回答道："是的，当人民同政府意见一致时，下院代表人民，但是当人民同政府发生意见分歧时，下院就站在政府一边。"马克思在罗素的答案旁边的空白处划了明显的杠杠。③

马克思在研究关于资产阶级民主的局限性的问题时，利用了有关美国史的材料。他摘录了英国军官和作家T.哈密尔顿的《美利坚合众国的人情和风俗》④中的几段话，其中谈到，只是从没有在法律上享有特权的等级这个意义上说，可以认为美国是一个平等的国家，而从更高的意义上说，在纽约平等并不比在利物浦更多些。纽约的显赫的交易所大亨们也就是利物浦的勋爵。⑤ 哈密尔顿写道，在纽约，社会分成两部分：劳动的人和不劳动但生活得很好的人。马克思在这段话旁边也作了记号。马克思详细摘录了工人们，包括哈密尔顿所说的"比较极端的"工人们的要求，这些人要求平等地分配财产。有意思的是，只要哈密尔

---

① 苏共中央马列主义研究院中央党务档案馆档案。
② 约·罗素：《英国政府和宪法史》1825年莱比锡版。
③ 苏共中央马列主义研究院中央党务档案馆档案。
④ Th.哈密尔顿：《美利坚合众国的人情和风俗》1834年曼海姆版第1—2卷。
⑤ 苏共中央马列主义研究院中央党务档案馆档案。

顿一用通常资产阶级的谰言来攻击工人,马克思就不再摘录引文了。①

在《克罗茨纳赫笔记》中我们碰到一种十分有趣的现象。在弄清资产阶级民主的局限性的过程中,马克思利用了来自右边的,来自君主主义者的对资产阶级民主自由的批评,由于它依据的是这一制度实际存在的弊端,这种批判尤其尖锐。但是,正如1844年发表的马克思的最初一些著作所表明的,马克思在这样做的时候避免了对资产阶级民主自由估计不足、对争取资产阶级民主自由的斗争采取虚无主义态度的危险。在这方面,他对沙多勃科昂关于法国1830年七月革命的小册子②作了摘录。马克思注意到了沙多勃利昂反对现存制度维护者的理由的论据。沙多勃利昂指出:"有人指责我破坏社会安定,但是这是你们希望安定。有人指责我是坏公民,但是一切政党都利用这个论据;对于那些吃得饱饱的、快乐无忧的人来说,饿肚子的、叫苦的人就是坏公民。"③后来,马克思在写《共产党宣言》第三章关于《封建的社会主义》那一节时完全有可能是利用了这一类摘录。

在有关复辟时期的材料中,特别有意思的是对兰克的《历史政治杂志》的摘录。在这里摘录的总的思想脉络是这样的:在1789—1793年革命时期,特别是在所有制形式方面发生的变化非常深刻,以致使波旁王朝无法完全恢复旧制度。马克思研究了财产关系方面的变化对政治设

---

① 苏共中央马列主义研究院中央党务档案馆档案。美国资产阶级社会学家L.福耶尔在《马克思社会主义的北美起源》一文(载《西方政治季刊》1963年第1期)中注意到马克思对美国工人运动和社会主义运动的兴趣,特别是由于马克思研究了哈密尔顿的书。M.吕贝尔在《社会契约》杂志1962年第4期发表的前面提到的那篇文章中也谈到马克思对哈密尔顿一书的摘录。

② F.沙多勃利昂:《有关流放卡尔十世的新建议》1831年莱比锡版。

③ 苏共中央马列主义研究院中央党务档案馆档案。

施的影响。例如，他从兰克的文章《论法国的复辟》中摘录了这样一个思想，即以前拿破仑认为，他应该用财产来战胜革命（马克思把这两个词加上了着重号），现在（指"百日"时期）他决定取消选举资格限制，这是违反一切所有者的利益的。① 在这里思想的脉络是清楚的——拿破仑的成功是建立在所有者担心失去自己财产的恐惧上面的，但是所有者对可能废除财产资格限制的同样的恐惧把这些所有者推入了君主主义者的怀抱。

一般说来，财产关系在社会生活中的作用在这个时期使马克思非常感兴趣。这在第二本和第四本笔记本的主题索引中得到了明显的反应。这两个索引对于了解马克思在这个时期所进行的探索的方向具有巨大的意义。它们表现了马克思正在日益接近于创立唯物史观。

"财产及其后果"这一要点在第二个笔记本的索引中占着中心地位。而且在这一栏中马克思把对与1789年没收教会财产有关的事件的分析以及对最高限额的规定和恐怖制度的分析联系起来。马克思对关于财产关系和政治关系的联系的论点作了这样的表述："财产同统治和被统治的联系"和"财产作为选举权的条件"。②

马克思已经接触到了真正平等的问题同这种或那种所有制形式的联系，他表述了如下两点："所有者对社会的态度"和"财产和平等"。也从政治的角度——"平等和共和国"——以及个人和普遍意志对平等的关系的角度提出了平等的问题。③

这样就决定了探索的一个方面——所有制形式、它们的意义、它们

---

① 苏共中央马列主义研究院中央党务档案馆档案。
② 《马克思恩格斯全集》（国际版旧版）第1部分第1卷下册第123页。
③ 《马克思恩格斯全集》（国际版旧版）第1部分第1卷下册第123页。

在历史上的发展以及它们同法国资产阶级革命没有解决的真正平等的问题的联系。

使马克思激动的第二个大问题是阶级和阶级特权起源的问题。第四本笔记本的索引第一条就是这样表述的:"等级差别。"① 在有关贵族和资产阶级的各点上,马克思首先注意的是关于阶级特权的产生、来源及其与社会的社会结构的联系。②

最后,在索引中记录下来的第三类问题是关于国家和法的问题。这是有关立法权和行政权、代议制度、人民主权的问题。有若干要点涉及官僚、官僚的产生同专制制度发展的联系、官吏和王权的相互关系。③

从自己以前的理论经验和政治经验的立场出发,从越出了革命民主主义范围的立场出发来领会历史材料,不可避免地使得马克思要按新的方式来考虑和解决社会生活的许多问题,而这一点不可能不在马克思在离开克罗茨纳赫以后在巴黎发表的那些著作中得到反映。因此,不管《克罗茨纳赫笔记》的主题索引本身是多么有趣,这些索引不可能把马克思在研究大量历史材料的基础上得出的结论全部列举出来。如果我们读一下马克思1843年秋天在克罗茨纳赫写的文章《论犹太人问题》,我们就会看到,马克思在这个小城市逗留的几个月中进行的确实是大量的思想工作是怎样折射出来的。要知道,这篇文章的基本问题——关于政治解放和全人类解放的相互关系的问题——的提法及其解决,在很大程度上是以对法国革命的事件的分析、以马克思在《克罗茨纳赫笔记》中所进行的分析为基础的。问题不仅在于《克罗茨纳赫笔记》的几段

---

① 《马克思恩格斯全集》(国际版旧版)第 1 部分第 1 卷下册第 129 页。
② 《马克思恩格斯全集》(国际版旧版)第 1 部分第 1 卷下册第 123、129 页。
③ 《马克思恩格斯全集》(国际版旧版)第 1 部分第 1 卷下册第 123、129 页。

话完全收入了《论犹太人问题》一文（对卢梭的著作、《权利宣言》和哈密尔顿的著作的摘录）①。主要的是，这篇文章的基本问题大体上在《克罗茨纳赫笔记》中已经初具轮廓——这就是关于资产阶级革命的局限性，关于资产阶级革命无法建立一个无愧于人的社会的思想。分析所谓的人权并且证明这些权利的资产阶级局限性及其所具有的形式的性质，大体上在《克罗茨纳赫笔记》中也已经作了。有充分的根据可以认为，《论犹太人问题》这篇文章本身就是对以草稿形式记录在《克罗茨纳赫笔记》中的全部工作的总结。②

马克思关于"人类解放"所得出的结论是："只有当人认识到自己的'原有力量'并把这种力量组织成为**社会**力量因而不再把社会力量当作**政治**力量跟自己分开的时候，只有到了那个时候，人类解放才能完成。"③ 这个结论由于其历史的具体性跟手稿《黑格尔法哲学批判》的结论有很大的不同。在这里不仅初步提出了历史改造的任务，而且在某种程度上也初步提出了历史改造的途径。剩下的是向前再迈出一步——找出完成这种改造的历史力量。马克思在巴黎写的《黑格尔法哲学批判·导言》中就迈出了这一步。而在这种场合，对马克思来说研究法国大革命的经验是重大的帮助。

问题不仅在于对法国革命的经验、它的伟大和局限性、在革命进程

---

① 参看《马克思恩格斯全集》第1版第1卷第427、436—437、443、447页。有意思的是，文章中所用的哈密尔顿和卢梭的引文，同《克罗茨纳赫笔记》中所作的摘录（以及马克思加的着重号等）完全一样。

② 本文的题目不允许我们论述马克思的理论研究（首先是哲学研究）和实际政治经验，它们也是马克思在《论犹太人问题》一文中所做的结论的基础。当然，这决不意味着对这些方面的轻视。

③《马克思恩格斯全集》第1版第1卷第443页。

中各个阶级的斗争的研究为马克思作了思想准备,使他能够把在巴黎同工人运动的接触转变成为发现无产阶级的全世界历史性的作用。这一天才思想的第一次表述是在《黑格尔法哲学批判·导言》中作出的。但是,这只是第一次表述,是需要全面加以论证和广泛进行检验的天才假设。在马克思和恩格斯的第一部共同著作——《神圣家族》一书中,这个思想得到了从历史和社会学角度的认真论证。除了马克思在这时已经有了相当大进展的政治经济学研究以外,他对历史的研究在这一论证中也起了重大的作用。

1844年冬天和春天,马克思在巴黎继续研究法国革命的历史。他还有过写作国民公会史的计划。看来,马克思的工作已经有了很大进展,以致在民主流亡界中都知道这件事。卢格在1844年5月给费尔巴哈的信中谈到,马克思积累了大量材料并得出了"很有成果的观念"①。而1845年冬天,反政府的《特利尔日报》在对马克思被驱逐出巴黎一事作出反应时写道,他到国外去是"为了在那里完成他的国民公会史"②。

马克思熟悉罗伯斯庇尔和圣茹斯特的言论(大概首先是从菲·毕舍和比·卢的多卷本著作③中看到的),他研究了法国革命时期的期刊——卡·德穆兰编辑出版的周刊《法国革命和布拉班特革命》(*Révolutions de France et de Brabant*)和埃·路斯达洛编辑出版的《巴黎的革命》(*Révolution de Paris*)。他所作的对国民公会议员、雅各宾党人勒·勒瓦瑟尔的回忆录的摘录(马克思加的标题是《雅各宾派同吉伦

---

① 《阿尔诺德·卢格通信集》1886年柏林版第1卷第343页。
② 1845年2月6日《特利尔日报》。
③ 菲·毕舍、比·卢:《法国革命议会史》1834—1836年巴黎版第1—40卷。

特派的斗争》）还传到了我们手里。在这个摘要中，马克思仔细地研究了这一斗争的经过，他强调指出："山岳党同有青筋暴露的手、毅力和忠诚的人民群众的政党一起前进。"① 正如布吕阿所公正地指出的②，勒瓦瑟尔的回忆录摘要也反映了马克思对革命时期的政权问题感兴趣。在这方面，马克思高度评价了国民公会的活动，认为国民公会"是政治动力、政治势力和政治理智的顶点"③。

但是，不管这个摘要如何有趣，它当然不可能包括马克思当时研究的法国革命史的全部问题以及他作出的全部结论。马克思在写作这一时期的一系列著作时广泛利用了这些结论，例如在《前进报》发表的文章《评"普鲁士人"的〈普鲁士国王和社会改革〉一文》中和首先是在《神圣家族》中。可能《神圣家族》包含有打算用于《国民公会史》的某些材料。恩格斯在1845年1月20日给马克思的信中部分地证实了这一点，在那封信中恩格斯写道：书中"这么多的东西现在都要问世了，否则，谁知道它还会在你的写字台里搁多久呢"④。这本书写得很快——三个月写了20印张——也可以作为间接的证据。但是，最主要的东西是《神圣家族》中马克思的思想逻辑。

根据法国革命的材料，马克思揭示了一个重要的历史规律性：在每一次革命中都有一个阶级表现为领导者，这个阶级为自己特殊的阶级利益所推动，这种利益在当时至少在表面上表现为全人类的利益。例如，在资产阶级革命进程中进行的摧毁封建制度的经济关系和政治关系的行

---

① 《马克思恩格斯全集》俄文第1版第3卷第610页。
② J. 布吕阿：《法国革命和马克思观点的形成》第140页。
③ 《马克思恩格斯全集》俄文第1版第3卷第478页。
④ 《马克思恩格斯全集》俄文第1版第27卷第19页。

动，首先是符合资产阶级利益的，虽然它对社会的其他所有阶层也具有进步意义。但是资产阶级和广大人民群众这种利益的一致是暂时的和非常有限的。资产阶级革命证明，群众真正解放的条件同资产阶级解放的条件是不一致的。

与此相反，无产阶级的阶级利益同群众的利益是完全一致的，而群众"获得解放的现实条件和资产阶级借以解放自身和社会的那些条件是根本不同的"①。无产阶级在把自己从剥削制度下面解放出来的同时，也就把整个社会从剥削制度下面解放出来。在历史上第一次一个先进阶级的阶级利益同全人类的利益，同广大劳动群众的利益真正融合在一起。

在马克思的这些论断中形成了他在将来阐发的关于无产阶级是领导阶级，它要在被压迫人民群众的革命中实现领导作用的原理的最初成分。

可见，1843—1844年对世界史首先是法国革命史的研究，在唯物史观的形成过程中起了重要的作用。这一研究（同马克思在这时开始的经济学研究一起）标志着马克思在弄清历史动力的客观性质方面，在认识所有制形式在历史上的作用的问题、所有制形式对政治设施的发展以及各个阶级和社会集团的政策的影响方面，在理解各个阶级的历史发展和历史作用方面迈出了重要的一步。如果说，唯物史观在《资本论》以前，按照列宁的说法，是一个假设，但是是一个"第一次使人们有可能极科学地对待历史问题和社会问题的假设"②，那么，1843年奠定了基础的马克思从理论上对世界历史进程的掌握，在很大程度上决定了这

---

① 《马克思恩格斯全集》俄文第1版第2卷第103页。
② 《列宁选集》第1卷第7页。

种可能性。

对世界历史的分析在马克思共产主义观点的形成方面也起了重要的作用。由于研究最近几个世纪人类社会的发展，由于特别注意资产阶级和贵族的阶级斗争，由于证明了资产阶级没有能力解决在革命进程中提出的真正平等的问题，由于揭露了资产阶级国家的阶级性质和资产阶级自由的局限性，马克思就得出了关于必须为建立新的社会制度而斗争的结论，这种新的社会制度将会解决旧社会的矛盾，把人从一切压迫下面解放出来。

在马克思1844—1845年的一个笔记本中有一个以《关于现代国家的著作的计划草稿》为题发表的草稿，这完全不是偶然的。这个草稿全文如下：

"（1）**现代国家起源的历史**或者**法国革命**。

政治制度的自我颂扬——同古代国家混为一谈。革命派对市民社会的态度。一切因素都具有双重形式，有市民的因素，也有国家的因素。

（2）**人权**的宣布和**国家的宪法**。个人自由和公共权力。

自由、**平等**和**统一**。人民主权。

（3）**国家和市民社会**。

（4）**代议制国家**和**宪章**。

立宪的代议制国家和民主的代议制国家。

（5）**权力的分开**。立法权力和执行权力。

（6）**立法权力**和立法机构。政治俱乐部。

（7）**执行权力**。集权制和等级制。集权制和政治文明。联邦制和工业化主义。**国家管理**和**公共管理**。

（8）**司法权力**和**法**。

（9）**民族**和**人民**。

(10) 政党。

(11) **选举权**，**为消灭**〔Aufhebung〕**国家和市民社会而斗争。**"①

这个草稿的基本要点同《克罗茨纳赫笔记》的那些主题索引的基本要点和1843年马克思的历史研究的基本问题是一致的。但是在这个草稿中有一个在索引中还没有的要点，但是马克思的整个研究进程，他的全部理论经验和政治经验不可避免地要引申出这个要点："为消灭国家和市民社会而斗争"，即为消灭剥削的反人民的国家以及这种国家所完成的整个社会经济关系体系而斗争。换句话说，这里指的是社会主义革命。

在这个笔记本的稍后一点，在《关于费尔巴哈的提纲》前面，马克思写道："革命——现代国家起源的历史。"② 这个公式好像总结了在1843—1844年之交马克思在克罗茨纳赫和巴黎从事的历史研究的全部进程和全部意义。

(原载《马克思——历史学家》1968年莫斯科版)

(刘晖星 译)

---

① 《马克思恩格斯全集》第1版第42卷第238页。
② 《马克思恩格斯全集》第1版第42卷第273页。

1839—1842年期间恩格斯历史观的形成和发展*

〔德〕伊莱安纳·鲍威尔阿尼塔·利佩尔特

长期以来,马克思主义的著作主要都是从同马克思合作的角度来探讨恩格斯的发展过程。如近几年证实的那样,这是在某种程度上低估了恩格斯在革命世界观的形成和发展中所起的作用的原因。关于马克思和恩格斯从1844年8月起密切的思想合作的意识,自觉或不自觉地使人们对恩格斯特有的发展及其独立成就注意不够,或者只是表示一下,可以从恩格斯同青年黑格尔主义的初次接触来进行分析。

近10年来,德国和苏联的研究者发现和出版了恩格斯1840—1841年的许多重要著作和为《北极星报》写的通讯,并加了注解,这也有助于改变人们的看法,从而引起讨论,而且在《马克思恩格斯全集》历史考证版第1部分第2卷的《前言》里已经这样写道:"到1844年8月恩格斯的世界观和政治发展……是一个具有独立成果的独立过程",但这是"同样在客观上成熟了的历史形势的表现","同马克思的发展一样",符合"相同的客观需要"。①

---

* 本文选自《马克思恩格斯研究》1993年总第14期。
① 《马克思恩格斯全集》历史考证版第1部分第2卷第56页。

如果涉及恩格斯世界观问题的特征，那么在马克思主义历史的典范著作中有空白。恩格斯历史哲学观点的形成和发展无疑也是没有单独探讨过的问题。

这个问题系列有许多内在联系：

1. 恩格斯信奉"青年德意志"，这对他理解历史来说产生了什么结果？

2. 早在不来梅逗留时期，恩格斯的历史观在黑格尔和青年黑格尔派的历史哲学思想的影响下是如何变化的？

3. 1842年开始的同谢林启示哲学的争论引起恩格斯历史观的哪些变化？以布鲁诺·鲍威尔和路德维希·费尔巴哈为指导的无神论对恩格斯的历史观来说产生了哪些结果？《马克思恩格斯全集》历史考证版第1部分第3卷里有阐明这些问题的经过深思熟虑的设想和丰富的资料，我们在进一步阐述上述问题时就以此为据。

* * *

1. 恩格斯在不来梅时期明确表明信奉作为政治文学运动的"青年德意志"。他在许多方面同他们的文学观念一致，而且首先作为这场热情宣布的"文学革命"中的积极战友对这一观念十分了解。当然，他在"青年德意志"的这个发展阶段很快就表现出同"青年德意志"的一些行为方式有很大距离，但他的历史观在这个阶段已经萌芽。他同弗里德里希·格雷培和威廉·格雷培兄弟的通信以及为《德意志电讯》写的文章证明，他吸取了"青年德意志"的历史考察法的主要观点。[①]

[①] 参看威·迪茨：《青年德意志和德国古典文学时期》1957年柏林版第129—241页。

这里不仅涉及抽象理论的思想，而且也涉及对历史的态度，即以新的历史，特别是1789年后的历史为导向，并把历史编纂学理解为日常政治问题的讨论。

一方面，恩格斯着手研究自启蒙运动以来得到发展的进步思想，而"青年德意志"的代表们则试图用圣西门主义来理解这一思想。他抱着与卡尔·谷兹科夫相同的目的着手研究这种进步思想。谷兹科夫也认为1830年7月革命的成果是：

"年轻人"正在从纯理论的考虑"转向日常直接发生骚动的活跃领域"，他们扩大了1830年前德国青年教育的思想范围，"并且敢于在这个范围内大量增添新的概念以及从法国和英国的国家生活中吸取的观念"。① 在恩格斯给弗里德里希·格雷培的信中可以看到这一点，他在信中信奉作为时代观念的"青年德意志"的政治观点："这些……观念（奎纳和蒙特就是这样说的）……建筑在每个人的天然权利之上，并且涉及现代关系中同这种权利相矛盾的一切事物。这些观念包括：首先是人民参加国家管理，也就是实行立宪制度；其次是犹太人的解放，取消一切宗教强制，取消一切门阀贵族，等等。对于这些，谁能反对呢？"② 他本人为这些合乎时代进步的观念辩护。他在《为德国〈贵族报〉作的追思弥撒》（1840年3月）一文里完全按照《德意志电讯》所代表的路线同为"地主—农民联盟"歌功颂德、力求贵族联合的阴谋论战。③ 恩格斯第一次公开在《德国民间故事书》，然后在诗篇《夜行》

---

① 卡·谷兹科夫：《过去和现在。1830—1838年》，载于《文学年鉴》1839年汉堡版第1年卷第10页及下1页。

② 《马克思恩格斯全集》第1版第41卷第457页。

③ 参看《马克思恩格斯全集》历史考证版第1部分第3卷第98—102页和820页及下1页。

（1840年6月中旬—7月2日之间）——他为在纲领上遵循法国立宪主义的《德意志信使》写的唯一一篇作品——里拥护立宪主义。在这里，也像在《风景》（1840年6月18日—7月2日之间）一文里一样，表明了他对汉诺威宪法冲突的态度，并明确地同资产阶级反对派保持一致。他首先把"时代精神"视为推动自由进步的力量——这原则上同"青年德意志"的观念一致。"世界历史——我们不再怀疑——就在于公众舆论（就是说，在这里就在于文学界的舆论）。"① 当然，他从一开始就强调行动，即抗争。②

另一方面，恩格斯也像"青年德意志"一样同"历史学派"论战，该学派也是一个或多或少与他们有关的团体。它的日益明显的特征是原则上取消法国资产阶级革命（1789，1830年）的决定性成果，维护等级结构并强调历史的有机的、自然的过程。恩格斯从政治派别的意义上来理解这个把一切反抗时代精神、反对自由进步的势力勾结在一起的学派。他在通信和为《德意志电讯》写的文章里仅仅**从政治上评价这个学派的**。他首先把虔诚主义复辟派和教会正统派、把哈雷的历史学教授亨利希·莱奥对青年黑格尔派和所有启蒙运动的朋友的攻击，把保守的机关报如《福音派教会报》和《柏林政治周刊》的立场同人们对历史进步的态度作了比较："……同时断言，虔诚主义不会使世界返回到中世纪！"③ "Apropos，莱奥是竭力维护门阀贵族的唯一的德国大学教师！"④ 他的《时代的倒退征兆》（1839年12月底——最迟1840年1月

---

① 《马克思恩格斯全集》第1版第41卷第515页。

② 参看恩格斯1839年7月30日给威·格雷培的信。同上，第514页："这些侏儒——奴性、贵族的统治、书报检查制度等等，必然用剑来铲除。"

③ 《马克思恩格斯全集》第1版第41卷第492页。

④ 《马克思恩格斯全集》第1版第41卷第499页。

底)一文的标题是纲领性的,他在其中揭露了各种陈旧思想:封建主义、专制制度、罗马的教阶制度和19世纪的虔诚主义。它们"都企图把自己的消亡了的权利再次强加于现代"①。

2. 恩格斯抱着这个以"青年德意志"为依据的对历史的态度,从1839年秋起接近青年黑格尔主义。他认为,这两个运动之间没有一成不变的界限,他还是把这两个运动看作政治上相互交错的现象,并于1840年4—5月在《现代的论战》中直接要求推动文学上的青年德意志派,即"主要是所谓的青年一代"和黑格尔学派之间的联合。现在恩格斯越来越多地把黑格尔学派理解为青年黑格尔派的激进的黑格尔解说。② 这里只是稍微提一下,出于这种考虑,他从1839年11月起开始研读黑格尔的历史哲学。关于恩格斯的著作中不断引用的书信论据表明,他认为黑格尔的"历史哲学本来就写出了我的心里话"③,它的"宏伟思想完全"把他"吸引住了"。④ 但是,只有这段时期的文章才使人得知,在他面前出现了哪些新的哲学问题,即发展思想及主体和客观的问题。

恩格斯在《时代的倒退征兆》一文里把黑格尔的观点同谷兹科夫的观点作了比较。他援引了谷兹科夫1836年的《论历史哲学》一书,作者在书中明目张胆地攻击黑格尔的"历史构思",试图表明自己的历史观在一定意义上是理论的、哲学的,这样,他就陷入同他在其他方面所实际代表的进步思想的矛盾之中。谷兹科夫的观念以"史诗式的平行

---

① 《马克思恩格斯全集》第1版第41卷第32页。
② 《马克思恩格斯全集》第1版第41卷第89页。
③ 《马克思恩格斯全集》第1版第41卷第540页。
④ 《马克思恩格斯全集》第1版第41卷第546页。

论","不流再生"的思想为根据。他的出发点是,历史规律是在人类行为中通过各种主观因素的相互作用而形成的,他强调"人本学的"考察方法。据他说,历史哲学的任务是——这是从史诗式的平行论中得出的结论——研究"各种事件的比较解剖学",并揭示了"在历史事实中产生的内在的类比"。① 因此,谷兹科夫从理论上把行为类比——在历史状况再生的意义上——置于显著地位。他认为,一切革命的一切事件都是相同的,这是一个"几乎被唯物主义证明了的规律"。② 恩格斯把历史描述为最高发展的过程,历史在逆行的地方"仿佛转回到它的旧路程"③,这是他第一次用黑格尔的观点来反对谷兹科夫的观点。

他并不是摒弃谷兹科夫的所有设想。他完全考虑到类比,例如,启蒙时代和自己时代的类比,这二者都达到文学和哲学的共生。而谷兹科夫关于历史的非现实的可能性以及历史的偶然事件的思想,使他坚信历史的进程不是直线的。这像一条"信手画成的螺线",一条"弯曲绝不是很精确的"螺线。历史走自己的路程,"不时擦过它的旧路程,又不时穿过旧路程"。④ 但是,如果用上升到原则的"平行论"就不可能弄清楚,为什么反动势力必将"被向前推进的时代的金刚石般的步伐踏得粉碎",为什么历史达到这样一个阶段:"历史只是沿着最短的路程奔向新的灿烂的思想星座。"⑤

恩格斯对主体和客体问题的看法也与"青年德意志"的代表迥然不同。谷兹科夫在他的书中有理由指责那种把历史事实贬低为逻辑证明

---

① 参看卡·谷兹科夫:《论历史哲学》1836年汉堡版第15—19页和59页。
② 参看卡·谷兹科夫:《论历史哲学》1836年汉堡版第268页。
③ 《马克思恩格斯全集》第1版第41卷第32页。
④ 《马克思恩格斯全集》第1版第41卷第32页。
⑤ 《马克思恩格斯全集》第1版第41卷第32页。

的历史构思。但是,他为了说明整个运动的性质而竭力维护人的自由生活防止共同的东西的干扰,从而陷入另一个极端。他想把历史个体化。相反,恩格斯则关心主体和客体之间的中介。

他以黑格尔为依据,在《现代文学生活。I. 剧作家卡尔·谷兹科夫》(最早1840年1月—最迟1840年3月中旬)这篇于1960年才发现的文章里探讨了宇宙精神的方法和工具问题。他通过谷兹科夫的《扫罗》一剧仔细研究"对历史传说的独特理解"。他以研究黑格尔问题的精神如此解释这种理解:行动着的人对历史的关系是谷兹科夫关切的焦点。恩格斯把历史理解为客观的东西,这种客观的东西划分为各个前后相继的"时代":"扫罗结束了希伯来人的历史时期……他认为这个新的时代及其种种表现是祭司的产物。其实,祭司们……不过是历史手中的工具而已;从历史播种的教阶制中,从未见过的幼苗生长出来了。扫罗反对新时代,而新时代却越过了他……"恩格斯认为这三个主要角色是"时代的代表"。① 他不同意黑格尔的意见:世界历史的存在"是为了实现自由的概念"②。

恩格斯像"青年德意志"的代表那样不接受黑格尔的体系和从黑格尔体系中得出的历史构思,不管怎样,他还是从这个体系中吸取了使他深为感动的宏伟思想。但是,历史的个体化对他来说还是格格不入的。更确切地说,他试图理解历史的共相,这个共相对他来说首先只有借助于泛神论的黑格尔解说才有可能获得。黑格尔的"神的观念"是"19世纪最宏伟的思想"③。《马克思恩格斯全集》历史考证版第1部分

---

① 《马克思恩格斯全集》第1版第41卷第66—68页。
② 《马克思恩格斯全集》第1版第41卷第58页。
③ 《马克思恩格斯全集》第1版第41卷第96页。

第 3 卷的《前言》里说，恩格斯对黑格尔研究的基本线索是："他力图把同行动着的个人联系着的历史进程理解为一个可以归结为客观理性的过程。这种研究方法也使他能把进步的政治思想日益理解为时代的客观要求。"①

这种情况在《恩格斯·莫里茨·阿伦特》（1840 年 12 月初—12 月 15 日）一文里表现得很明显。恩格斯否定历史观中的公式主义，但同样也否定像条顿狂者的实用主义的观念一样"在哲学上站不住脚的"②任何世界观。他试图从最近 40 年的一些政治思想运动中揭示这个必然的东西。他认为，条顿狂和南德意志的自由主义是"我们民族精神发展的一个必要阶段"③，即现代世界观的最初阶段。但是，他认为，这不是抽象的理论，而是思想同行动的结合，他再次把这种结合表述为黑格尔同白尔尼的结合。青年黑格尔派主义证明："这种哲学竟敢从理论的风平浪静的港湾驶向事件的波涛汹涌的海洋，他们又怎么能够知道，这种哲学正是为了抨击现存事物的实际状况而已经剑拔弩张？"④特别值得一提的是：阿尔诺德·卢格的功绩在于"使黑格尔体系的政治方面同时代精神一致起来"⑤。

3. 恩格斯在柏林探讨谢林哲学的时期即重新着手研究思想和实践相结合的问题。这次探讨始于谢林 1841—1842 年冬季学期在柏林大学

---

① 《马克思恩格斯全集》历史考证版第 1 部分第 3 卷第 21 页。参看《马克思恩格斯全集》第 1 版第 41 卷第 514—516 页。

② 《马克思恩格斯全集》第 1 版第 41 卷第 148 页。

③ 《马克思恩格斯全集》第 1 版第 41 卷第 149 页。

④ 《马克思恩格斯全集》第 1 版第 41 卷第 151 页。

⑤ 《马克思恩格斯全集》第 1 版第 41 卷第 152 页。参看 I. 佩派尔勒：《青年黑格尔派的历史哲学和艺术理论》1978 年柏林版第 38—67 页。

讲授启示哲学之时。聘任谢林是根据弗里德里希·威廉四世的明确愿望,他希望谢林从思想上确认自己的浪漫主义的复辟的政治,确认作为基督教君主制国家的普鲁士,并反对"黑格尔泛神论这个引起争论的根源"——无神论和青年黑格尔派不仅是反封建的而且是革命民主主义的纲领。① 恩格斯突出了这个政治背景:"这就不由使人想到"谢林"是为普鲁士国王的需要而维护自己的体系"。② 此后,马克思也强调说:"因此,对谢林的批判就是间接地对我们全部政治的批判,特别是对普鲁士政治的批判。谢林的哲学——这就是在哲学幌子下的普鲁士政治。"③ 然而,所谓的实证哲学的代表却赞许对谢林的聘任。像费尔巴哈那样的黑格尔派之所以从1838年起批判这种变异很多的倾向,是因为这种倾向退到作为"实证知识"的基督教教义里去了。甚至当费尔巴哈开始批判思辨唯心主义时还提到黑格尔,说他是"把哲学从其陷入的幻想中重新建立起来的人"④。因此,从聘任谢林开始就把理性问题从而把理性统治自然和社会的问题提出讨论。于是,其他一些思想进步的黑格尔派,同马克思和恩格斯一样,等待着向黑格尔的伟大的历史理性原则发起进攻。

如果有人问——这里只是围绕着这一问题而言——批判谢林对恩格斯的历史观产生了什么结果,那么首先必然举出他赞成理性,赞成合乎

---

① 参看阿·李佩尔特:《"国家对教会的态度"——青年恩格斯思考的一个中心问题》,载于《德国哲学杂志》1985年第11期第1010页及以下几页。

② 《马克思恩格斯全集》第1版第41卷第216页。

③ 《马克思恩格斯全集》第1版第27卷第445页。

④ 参看路·费尔巴哈:《〈实证哲学〉批判》,载《德国科学和艺术哈雷年鉴》莱比锡版第289—293号(1838年12月3—7日);《论黑格尔哲学批判》,载同上第215号(1839年9月7日)第1715栏。

理性的即以必然进步为准则的历史观。他在同谢林的悲观主义的而且还完全是非理性主义的观点论战时，证明自己是一个自觉的，而且如政论界对他的文章作出的反应所证明的那样，是起了积极作用的理性捍卫者。

谢林在其讲座的开头部分就表现出他对历史感到茫然的情绪："……**历史**这个世界布置了一个前景如此暗淡的场面，使我对世界的目的从而对世界的真正基础完全丧失了信心。"接着又强调："这就是说，人和人的活动根本不能理解世界，人本身就是最不可理解的东西，人迫使我不可避免地发表关于一切存在都是不幸的意见，即新旧时代许许多多痛苦的声音诉说的意见。正是他——人——迫使我提出下面一些绝望的问题：究竟为什么有某物？为什么不是无？"[①] 在此表明的这个立场对反封建的反对派来说毫无用处，正如恩格斯说的那样，尤其是对年轻人没有提供什么，其他的讲座都是以这个立场为根据的。恩格斯认为，这种立场的表现方法首先就是，谢林想制定一种实证哲学与"纯理性科学"，与被称作否定哲学的同一哲学并列在一起。恩格斯明确指出这个在历史哲学上影响很大的问题的核心：谢林重新表达了他自己的早期的同一哲学，并断言，同一哲学作为纯理性科学只能在逻辑世界运动，因此，只能做到理解可能性，而不是现实性。他要求现实的理性产生"非现实的、仅仅是逻辑的结果"。谢林的否定哲学的确仍然是精神哲学但不包括精神哲学的皇冠——世界史哲学，因为谢林认为，否定哲学是纯

---

① 弗·威·谢林：《启示哲学》，载《谢林全集》1858年斯图加特和奥格斯堡版第2部分第3卷第6页及下一页。参看W.福斯特：《论谢林的晚期哲学》，载《自然、艺术、传说。弗·威·谢林哲学论丛》1978年柏林版第173页。

理性科学，同历史现实性毫无关系①，否定哲学"没有考虑到世界，而且，即使世界和否定哲学的构思一致，那也似乎是一种偶然性。然而，在这种情况下，否定哲学完全是一种空洞无物的哲学，它以极其随意的可能性为支柱并且向幻想敞开大门"②。似乎只有实证哲学（恩格斯到1842年4月认出实证哲学不过是启示哲学）获知事物的实际存在，但它是作为神话哲学和启示哲学获知的，在这种哲学中，历史，还有历史知识，都以信仰为转移。

谢林的实证哲学恰恰是"在真实性正受到怀疑、论点遭到批驳的启示中寻求支持"③。恩格斯把黑格尔的理性哲学同这个基本概念作了比较。因此，他认为，谢林只是从右面来的批评家。他忽视了谢林的批判在许多方面是合乎实际的。谢林指责黑格尔低估了实存，恩格斯在这个指责中只看到谢林为超现实世界的实存辩解。他以自己的方式来阅读黑格尔的著作并且坚信，"无论是黑格尔或者别的什么人，都没有想过要证实某种事物的实存而不用经验的前提"④。

恩格斯在《谢林论黑格尔》（1841年12月初）一文里就已强调指出，黑格尔对哲学理性的信念和黑格尔"相信哲学成果的实存，相信理性有权过问实存，有权统治存在"，这是伟大的功绩。⑤

因此，恩格斯倾向于同市民一起产生的哲学思维方式，这种思维方式对世界的理解和它自身的关系是以理性为基础的。他关心世界和人的命运。他首先强调的是，合乎理性的东西成为现实。他同亨利希·海涅

---

① 《马克思恩格斯全集》第1版第41卷第230页。
② 《马克思恩格斯全集》第1版第41卷第264页。
③ 《马克思恩格斯全集》第1版第41卷第242页。
④ 《马克思恩格斯全集》第1版第41卷第229页。
⑤ 《马克思恩格斯全集》第1版第41卷第203页。

一样，揭示了法哲学前言中被黑格尔大部分掩盖起来的下述著名原理的意义："一切合乎理性的，当然也是必然的；一切必然的，应当是或者至少应当成为现实的。这是通向现代哲学的伟大实践结果的桥梁。"①这样，恩格斯就把黑格尔理性思维中存在的特征视为直观的东西而予以摒弃。无论是青年黑格尔派还是恩格斯，都认为，人有能力理解自己的历史，有能力实际地贯彻那被认识到是合乎理性的东西，这是毋庸置疑的。

恩格斯把现实的理性哲学理解为合理的历史研究的基础，而客观现实的背离和思辨的启示观同合理的历史研究是格格不入的。他认为黑格尔的哲学是两者的统一。他强调了黑格尔把世界历史理解为辩证过程的能力。辩证法——如《精神现象学》中阐明的那样——使黑格尔大大超出了谢林。②但是，"黑格尔的辩证法……不外是人类在纯思维中的意识，是普遍的东西的意识，黑格尔的神化了的意识。在一切自行发生的地方，如在黑格尔那里，神化的个体是多余的"③。

恩格斯对谢林的批判所获得的第一个伟大成果是维护了理性。然而，这还没有把他引向唯物主义。他既没有克服同一哲学的唯心主义，也没克服黑格尔历史哲学的唯心主义。

第二个成果是恩格斯转向无神论立场。与1839—1840年不同，黑格尔关于人是历史支配的工具的观点现在不再能吸引他了。更确切地

---

① 《马克思恩格斯全集》第1版第41卷第217页。参看乔·威·弗·黑格尔：《法哲学原理》。由H.克莱涅出版，1981年柏林版第25页。关于黑格尔的这个原理的原文，参看同上第399—404页。关于理性问题，参看M.布尔：《理性史。论德国古典哲学史的思考》1986年柏林版第65—98页和111页及以下几页。

② 《马克思恩格斯全集》第1版第41卷第215页。

③ 《马克思恩格斯全集》第1版第41卷第264页。

说，他正在寻找主体和客体的辩证中介，通过这种中介，现实世界的客观性就可以像人有自己创造自己历史的能力一样得到承认。

*　　*　　*

恩格斯把鲍威尔和费尔巴哈的观点理解为黑格尔哲学的内在发展的产物，在他们的影响下，他成了无神论者。他知道费尔巴哈对黑格尔的原则性批判，因为他写道："黑格尔是一个为我们开辟了意识的新纪元的人，因为他结束了旧纪元。值得注意的是，正是现在他受到两方面的攻击：一方面来自他的先驱谢林，另一方面来自他的最年轻的继承人费尔巴哈。"①

但是，到1842年底恩格斯还没有领悟费尔巴哈的世界观。他懂得在批判谢林方面同费尔巴哈保持一致，然而，他忽视了费尔巴哈关于思维的起源、思维和存在的关系这些重要的哲学问题。引起他注意的主要是对宗教异化的批判，因此，他没有重视费尔巴哈已非常尖锐地表明了他的无神论同鲍威尔的无神论之间的世界观方面的区别。② 他认为费尔巴哈同鲍威尔一样，是下述思维方式的完成者，它把教条融化在哲学思想中，"把宗教上的定义归结为**主观的**人的关系"，并指出"神学的秘密是人本学"。③ 他认为，费尔巴哈是位思想家，他使我们认识到现代哲学的结论："理性只有作为精神才能存在，精神则只能在自然界内部并且和自然界一起存在。"④ 但是，恩格斯还没有提出精神或自然界哪

---

① 《马克思恩格斯全集》第1版第41卷第266页。

② 参看路·费尔巴哈：《关于对〈基督教的本质〉一书的评论》，载《德国科学和艺术年鉴》莱比锡版第39号（1842年2月16日）第153页。

③ 《马克思恩格斯全集》第1版第41卷第266页。

④ 《马克思恩格斯全集》第1版第41卷第229页。

个是第一位的问题。他在结束《谢林和启示》一文时用热情奔放的画面概括了自己对新世界的看法:"在此以前一直同我们格格不入的世界,像幽灵一样以它隐蔽的力量使我们担惊受怕的自然界,——现在同我们是多么亲密,多么接近啊!"① 这种世界观中又产生了历史观的一些新重点,而这种历史观,虽然主要仍以黑格尔为导向,但通过它对客观东西的中介作用赋予自我意识即主观因素以较高的地位。

在对谢林的批判中就可看出这些重点。谢林在他的讲座的开头部分已说出人的自我意识的软弱无能:"因为我们的自我意识绝对不是那些经历了一切的自然界的意识,它只是**我们的**意识,而且绝对不包含一切生成的科学;这个普遍的生成仍然同我们如此格格不入,如此捉摸不透,好像它与我们毫无关系。"② 恩格斯觉得有必要挑起澄清他的观点(他由于自己的观点而同青年黑格尔派首先是布鲁诺·鲍威尔的观点连在一起)的争论和更详细地探讨全部问题。

恩格斯在《谢林和启示》以及在1842年6—7月同埃德加尔·鲍威尔合写的论战文章《横遭灾祸但又奇迹般地得救的圣经》里,赞美自我意识是被人捧上宝座的权威,是新的圣杯。恩格斯想成为新圣杯的圣殿骑士。他用来强调自我意识摆脱宗教的这些鼓舞人心的话,并不意味着他接受了布鲁诺·鲍威尔的主观主义观点,即自我意识是世界的唯一权威。恩格斯关心的是这个观点的合理内核——人自己创造自己的历史。他在《谢林和启示》里谈到绝对观念,继鲍威尔之后他明确地把绝对观念理解为"人类的自我意识";"观念的力量就是这样:凡是认

---

① 《马克思恩格斯全集》第1版第41卷第266页。
② 弗·威·谢林:《启示哲学》,载《谢林全集》1858年斯图加特和奥格斯堡版第2部分第3卷第6页。

识这种力量的人都情不自禁地谈到它的庄严并且宣布观念的万能……这样对观念……的信念……就是真正的实证哲学即世界史哲学的基础"。①但是这样一来，恩格斯就转向客观性一边了。他发表了关于自然界的意见，并且以自我意识在"世界历史的必然性"内发展为前提。

著名的《评亚历山大·荣克的〈德国现代文学讲义〉》一文（1842年6月上半月）也清楚地表明恩格斯坚持黑格尔的**客观**唯心主义。"恩格斯的这篇文章不仅表明他从1840年以来就显露出来的同青年德意志的意见有分歧，而且也说明这个运动全部是过时的过渡阶段。"他认为，脱离客观性的"自由主体的论断"也是过时的。他把黑格尔的哲学同这种片面性——它意味着回到费希特的主观唯心主义——作了比较：黑格尔要高超得多，他主张主体和客观力量相**调**和。恩格斯强调说，黑格尔"非常重视客观性并认为现实即存在比个人的主观理性要高得多"②，同时拒绝了**各种**主观唯心主义。恩格斯第一次在同马克思合著的《神圣家族》一书里批判了鲍威尔的宗教观和历史观的哲学原理。到这时，不仅马克思和恩格斯的哲学进一步提出了另一些观点，而且鲍威尔在1842年夏天后也进一步提出了自己的观点并在主观唯心主义的意义上说明了这些观点。

恩格斯所理解的自我意识，不是抽象的范畴，而实际上是具有历史形成作用的主观因素。但是，从中可以得出这样的结论：理论对实践具有特殊意义。他在某种程度上把这些问题，如进步的政治思潮——青年德意志和南德意志自由主义能在多大程度上成为科学的自我意识，成为与时代的实际目的相协调的理论，视为它们的现实性和有效性的标准。

---

① 《马克思恩格斯全集》第1版第41卷第268页。
② 《马克思恩格斯全集》第1版第41卷第523页。

如他为《莱茵报》写的文章所证明的那样,他并没有忽视亟待解决的日常问题;他一再维护普鲁士的自由,反对普鲁士书报检查法。但是,他同样也研究南德意志自由主义,试图使它参加当时的斗争,理解斗争的历史意义、界限和斗争的社会基础。这——还有科尼斯堡的自由主义——是他的主要问题之一。阐明理论在为社会进步的斗争中起何种作用的问题,像一条红线贯穿恩格斯的一些文章中。他认为"明如白昼的事实是,**普鲁士的财富仅仅在于理论、科学、精神的发展**"①。对理论的态度在青年黑格尔派那里之所以有如此重大的意义,是因为他们认为,从启蒙的意义上来说,理论不是一个理想的构思,而是一种发展理论,这种发展理论在激进的黑格尔解说中找到了它至今为止最令人信服的表达。

恩格斯的无神论不仅摒弃了本体论意义上的任何有个性的神,而且在自我意识的原则上以他对黑格尔关于神的概念的激进解说形成了唯物主义历史观的重要前提。当然,在激励他转向唯物主义方面起决定性作用的地方首先是英国,他在那里一方面直接了解资本主义国家的政治、社会和经济问题,另一方面也研究消化那些新的理论的原始资料,例如,其中有英国的无神论和费尔巴哈的新著,不过首先是研究消化资产阶级的政治经济学,法国和英国的空想社会主义和共产主义。

这里概略叙述了恩格斯的理论发展道路,说明了他在理解历史方面的特点。同唯物主义历史观相比,这个发展道路是一个过渡阶段,从世界观的角度来看,泛神论——同一哲学的观点在这一阶段还占统治地位。恩格斯在这个基础上已具有为唯物主义作准备的观点:他把世界历史理解为辩证的过程,而这个过程的前提是,人在历史的必然性内创造

---

① 《马克思恩格斯全集》第1版第41卷第303页。

自己的历史。然而,我们还想表明,这条发展道路还应在另一方面受到重视。对历史的理解也始终表明对当代的态度。恩格斯用自己的政论文章参加当时的政治思想斗争,他不打算借助历史理论纯粹从概念上来理解世界,而是想弄清那些涉及社会进步过程从而在这个革命前的时代具有政治迫切性的问题。他对历史理性和理性哲学的维护就是对此的一个证明。

(原载《德国哲学杂志》1987年第11期)

(胡慧琴 译 单志澄 校)

恩格斯和唯物史观*

〔苏〕Л. Г. 戈尔什科娃

恩格斯的伟大功绩在于,他早在青年时期就已经"完全独立地走到了历史唯物主义的跟前"①。早在对马克思观点的发展产生过不小影响的《政治经济学批判大纲》(1844年)② 中,恩格斯就不仅力图克服资产阶级政治经济学的矛盾,而且提出了辩证唯物主义世界观的一些重要问题。他最先从正在形成的科学社会主义的观点出发,考察了资产阶级政治经济学的许多问题。

例如,恩格斯在私有制的矛盾中看到了资产阶级经济制度的矛盾性,而且认为社会发展和阶级斗争的主要意义就是克服这些矛盾,从而他就非常接近于得出把历史发展的辩证法理解为对立面的斗争的观点。在关于英国状况的那一组文章中,恩格斯在反驳企图在私有制基础上调和私人利益和公共利益的边沁的观点时写道:"这里边沁在经验中犯了

---

* 本文选自《马列著作编译资料》1981年第16辑。

① 见 M. B. 谢列勃里亚科夫:《恩格斯的青年时代》,1958年列宁格勒版第294页;也可参看奥·科尔纽:《马克思恩格斯传》第1—3卷,1959—1968年莫斯科版;H. 乌尔利希:《青年恩格斯》第1册,1961年柏林版;第2册,1966年柏林版等。

② 在这个时期,据弗·梅林证实,在经济学领域,恩格斯"是给予者,马克思是承受者"(见弗·梅林:《马克思传》,人民出版社1965年版,第124页)。

黑格尔在理论上所犯过的同样错误；他在克服二者的对立时是不够认真的，他使主体从属于谓语，使整体从属于部分，因此把一切都弄颠倒了。"① 同时，在这篇著作中，恩格斯和费尔巴哈一样，还认为人是社会的尺度。"人只需要了解自己本身，使自己成为衡量一切生活关系的尺度，按照自己的本质去估价这些关系，真正依照人的方式，根据自己本性的需要，来安排世界，这样的话，他就会猜中现代的谜了。"②

虽然恩格斯的术语以及关于英国的那些文章中的一些论点，证明了费尔巴哈唯物主义哲学的人本主义当时对他的影响，但是那时他已经沿着克服这种局限性的道路前进了。

恩格斯把人类的解放首先理解为消灭使资产阶级社会分裂的社会经济矛盾，他又把人类的解放首先同被置于非人的生存条件之下的那个阶级的解放联系起来。恩格斯在1844年写道，英国的状况，主要是工人阶级的状况。③

在后面几篇关于英国状况的文章中，恩格斯在考察关于人类解放、关于"人反对人类"的斗争的问题时，指出了政治民主制不足以解决这个任务（"民主制的平等是空中楼阁"，"单纯的民主制并不能治愈社会的病疾"）④，并且证明了社会主义的不可避免性。

这些重要论点暂时只具有局部的性质；恩格斯所说的一切都只涉及英国。但是，逐渐地，从他的著作《英国工人阶级状况》开始，恩格斯就从自己的考察中作出了一般的方法论的结论。列宁指出，不是别

---

① 《马克思恩格斯全集》第1版第1卷第675页。
② 《马克思恩格斯全集》第1版第1卷第651页。
③ 《马克思恩格斯全集》第1版第1卷第655页。
④ 《马克思恩格斯全集》第1版第1卷第705页。

人,正是"恩格斯**第一个**说明了无产阶级**不只**是一个受苦的阶级;说明了正是它所处的那种低贱的经济地位,无可遏止地推动它前进,使它去争取本身的最终解放。而战斗中的无产阶级是能够**自己帮助自己**的。工人阶级的政治运动必然会使工人认识到,他们除了社会主义以外,再没有别的出路。另一方面,社会主义只有成为工人**阶级**的**政治**斗争的目标时,才会成为一种力量"①。

但是,恩格斯在1844年夏天同马克思进行了政治会见以后就已经作出了这种彻底革命的结论,而马克思那时不仅得出了和恩格斯同样的观点,而且"大致完成了发挥他的唯物主义历史理论的工作"②。从这时起就开始了他们共同详细地阐发新观点的工作,在这个工作中,马克思和恩格斯在发展工人阶级的理论思想和自我意识方面发挥了按其研究方向来说是各不相同的,但是同样重要的作用。

根据马克思主义创始人之间确定的分工,恩格斯常常肩负着特别重要的任务——在报刊上发表他们共同的观点,捍卫科学共产主义理论,驳斥敌人的攻击。在这方面,恩格斯自然绝不是局限于重复马克思的思想,而是创造性地阐发马克思主义理论的极其重要的论点,对范围广阔的社会经济生活、政治生活和精神生活的现象作出科学的说明。

一、历史唯物主义的创立及其在方法论上的作用

大家知道,马克思并没有给他的关于人类社会历史的学说起一个专门的名称。后来,恩格斯做了这件事,他在同杜林论战的过程中把这个

---

① 《列宁选集》第2版第1卷第89页。
② 《马克思恩格斯全集》第1版第21卷第247页。

学说称为"唯物主义历史观"①,在《社会主义从空想到科学的发展》一书的英文版导言中称之为"历史唯物主义"②。恩格斯使用"历史唯物主义"这个术语,是为了"表达一种关于历史过程的观点,……这种观点认为一切重要历史事件的终极原因和伟大动力是社会的经济发展、生产方式和交换方式的改变、由此产生的社会之划分为不同的阶级,以及这些阶级彼此之间的斗争"③。

恩格斯不仅给马克思关于社会的学说起了名称,而且还最先对作为哲学社会学的一门科学的历史唯物主义作了系统的阐述。恩格斯为德国和国际社会民主党的领袖们的理论修养差而担心,他预见到其中有些人会转到修正主义的立场上去。恩格斯明确地说明了历史唯物主义的对象,揭示了它的哲学特点就在于同辩证唯物主义的不可分割的内在的统一性。

马克思和恩格斯的研究工作的中心任务,就是创立作为最彻底、全面和深刻的反映学说的辩证唯物主义的认识论。不了解存在和思维的真正的辩证法,就不可能科学地解决哲学的基本问题,也不可能揭示自然界、社会和思维的最一般规律。

马克思主义最先论证了在分析思维、意识这个哲学的传统对象时应采取的唯物主义的、着眼于社会的态度。对心理现象的分析必然导致提出人在世界中的地位的问题,必然使人们认识到,不揭示思维同人、同人的活动的联系,就不可能揭露思维的本质。认识的被认清了的目的、人的认识能力的发展程度,取决于历史上具体的社会关系体系的社会

---

① 《马克思恩格斯全集》第 1 版第 20 卷第 292 页。
② 《马克思恩格斯全集》第 1 版第 22 卷第 339、346 页。
③ 《马克思恩格斯选集》第 2 版第 3 卷第 704—705 页。

发展。

后来恩格斯写道:"黑格尔把历史观从形而上学中解放了出来,使它成为辩证的,可是他的历史观本质上是唯心主义的。现在,唯心主义从它的最后的避难所中,从历史观中被驱逐出来了,唯物主义历史观被提出来了,用人们的存在说明他们的意识而不是像以往那样用人们的意识说明他们的存在这样一条道路已经找到了。"①

归根到底是从处于矛盾和发展中的社会的基本经济关系中引出思维和整个精神生活,这个根本的复杂的任务,马克思只有依靠阐发唯物辩证法才能解决。而意识及其能动的反映活动这个新的概念又只是由于分析了社会的反映形式才能在19世纪40年代在马克思和恩格斯那里产生出来。

早在恩格斯生前,有人就企图否定马克思主义的哲学基础。马克思主义的"批判者们"力图仅仅用同马克思主义哲学和科学共产主义相脱离的社会经济理论的框子来限制马克思主义的科学意义。主张社会历史观点不依赖于辩证唯物主义的认识论的这类说教,导致用新康德主义、实证主义或者唯心主义哲学的其他流派来取代唯物主义哲学。

在恩格斯逝世以后,修正主义者和中派主义者公开声称这一点。例如,把马克思主义不看作"是哲学学说,而是经验科学,是特殊的社会观"②的卡·考茨基,在1898年就格·普列汉诺夫积极批判伯恩施坦主义一事写信给普列汉诺夫说:"我在哲学方面从来就不强,虽然我完全站在辩证唯物主义的立场上,我仍然认为,马克思和恩格斯的经济观点和历史观点至少同新康德主义是可以并行不悖的……如果伯恩施坦只

---

① 《马克思恩格斯全集》第1版第19卷第226页。
② 见《斗争》杂志1909年维也纳版第7期第452页。

是在这方面褪色了，这丝毫不会使我感到不安。"①

考茨基之流想使康德哲学同唯物主义历史并行不悖的企图，导致无产阶级的科学的意识形态被庸俗化并被歪曲。没有辩证唯物主义，历史唯物主义就不再成其为历史唯物主义，没有唯物主义辩证法，就不会有马克思主义的社会理论。

同新康德主义对马克思主义哲学的修正相反，列宁捍卫并且论证了辩证唯物主义和历史唯物主义相统一而又互相联系的马克思主义原则。列宁首先强调指出唯物主义历史观的发现对于阐发科学的辩证法具有重要意义，他写道："马克思和恩格斯的学说是从费尔巴哈那里产生出来的，是在与庸才们的斗争中发展起来的，自然他们所特别注意的是使唯物主义哲学向上发展，也就是说，他们所特别注意的不是唯物主义认识论，而是唯物主义历史观。因此，马克思和恩格斯在他们的著作中特别强调的是**辩证**唯物主义，而不是辩证**唯物主义**，特别坚持的是**历史**唯物主义，而不是历史**唯物主义**。"②

唯物主义历史观是马克思和恩格斯在哲学中所实现的革命变革的焦点，因为它不仅是为把唯物主义推广到社会生活中去，从而把唯心主义从其最后避难所中赶出去所必需的，而且是为创立唯物主义辩证法并对它进行科学论证所必需的。以前的唯物主义所以不能成为辩证唯物主义，其主要原因，正是缺乏唯物主义历史观。

对作为哲学社会学的一门科学的历史唯物主义的特点的分析在恩格斯的著作中占有显著的地位。

唯物主义历史观是马克思主义哲学的有机组成部分，同时又是以其

---

① 《格·瓦·普列汉诺夫遗著》1938年莫斯科版第5辑第264页。
② 《列宁选集》第3版第2卷第225页。

研究对象不同于其他社会科学的一门专门科学。马克思和恩格斯不止一次地提出要防止刻板地运用唯物主义历史观的原则。他们教导我们在进行历史研究时不要把唯物主义历史观当作教条,而要把它当作指导线索。否则,辩证法就有可能变成从外部强加于事实的先验结构。例如,恩格斯在 1890 年 8 月 5 日给康·施米特的信中写道:"……我们的历史观首先是进行研究工作的指南,并不是按照黑格尔学派的方式构造体系的方法。必须重新研究全部历史。"①

但是在 19 世纪末,当马克思主义获得了广泛传播的时候,对于自认为是马克思主义的朋友的许多青年作家来说,"唯物主义"这个概念,据恩格斯证实,简直成了一个套语,他们把这个套语硬贴到各种事物、现象上去,而不再下工夫对它们从事深入的、全面的研究。

在这种情况下,恩格斯一而再、再而三地强调指出并揭示了历史唯物主义的方法论意义。恩格斯在 1890 年 6 月 5 日致保·恩斯特的信中指出,历史唯物主义用研究社会生活的真正科学的方法武装学者,使他认识社会发展的最一般规律,同时要求具体地研究各种历史事实,揭示这些事实的特点,而决不能轻视这些事实的特性,把它们硬套到某种一般的历史公式中去。

在这里,恩格斯事实上提出了作为认识社会现象的一般理论和方法的唯物主义历史观在方法论上的作用的问题。

早在对马克思的著作《政治经济学批判》的书评中,恩格斯就强调指出,即使只是在一个单独的历史实例上发展唯物主义历史观,也是一项巨大规模的科学工作,这项工作只有在大量的、批判地审查过的、

---

① 《马克思恩格斯选集》第 1 版第 4 卷第 475 页。

充分地掌握了的历史资料的基础上才能解决。①

重新研究历史的必要性首先提出了关于方法的问题。恩格斯在给弗·梅林的信中指出了在研究民族历史时运用历史比较方法的现实意义。恩格斯发展了马克思关于先进国家为落后国家指出道路的论点,以研究德国历史为例子指出,利用历史比较方法,即对某一时期的一定历史时代的内在规律性的分析,用同先进国家的相应过程相比较、相对照的方法来加以补充,就能更充分、更全面地认识现实。

马克思和恩格斯发现了唯物主义历史观,从而对科学地认识社会作出了不可估量的贡献,为辩证地解释社会生活的具体现象和事件树立了典范。例如,恩格斯在上述给保·恩斯特的信中揭露了"青年派"的方法论的缺陷,这就是他们在研究像亨·易卜生和 A. 斯特林贝格这样一些斯堪的纳维亚作家的创作的阶级规定性时采取了非历史的、抽象的刻板的态度,同时恩格斯也就为把历史唯物主义的方法运用于进行具体的文艺批评的研究提供了卓越的范例。他指出,不了解挪威的具体历史及其特殊的特点,就不可能理解挪威小市民阶层意识形态的原因和实质,从而也不可能正确地评价某个作家的创作。恩格斯认为,在创造易卜生的妇女们的那个时期,挪威小市民阶层的特性是由两种情况所决定的:第一,在 19 世纪 60 至 80 年代挪威已经争得了一部在当时欧洲存在的一切宪法中最民主的宪法。第二,在文学领域取得了除了俄国以外没有一个国家能够夸耀的成就。

恩格斯根据唯物主义历史观,在自己的具体历史研究著作中揭示了有关问题的社会方面、政治方面和心理方面,作出了理论结论,制定了论证工人阶级在各个不同斗争阶段上的策略的原则。

---

① 《马克思恩格斯全集》第 1 版第 13 卷第 527 页。

二、经济关系的观念及其在社会发展中的作用

在《德意志意识形态》中已经宣布并贯彻了历史主义的原则,但是直到《资本论》以前,唯物主义历史观的问题仍然是马克思主义哲学的首要问题。在黑格尔之后,争取新的唯物主义的斗争首先应该在这个领域中进行。因此,马克思和恩格斯在同敌人的论战中经常首先强调指出唯物主义理论的主要原理——物质生产在历史过程中的决定作用,社会存在的第一性和意识的第二性。

在70至80年代,在恩格斯反对自然主义和庸俗经济学关于社会发展的观点和暴力论的时期,这个问题具有特别重要的意义。

恩格斯肩负了阐发科学共产主义理论的一系列重要因素,具体分析首先是在《资本论》中只是大体上得到了阐明的那些问题的任务。他对杜林的详细批判应该从这个角度去理解,用恩格斯本人的话来说,这种详细批判同这个"创造体系的"模仿者的著作的科学内容是极不相称的。

杜林的思想和观点在不久以前表示赞成社会主义的所谓青年派中间引起了反响。恩格斯利用批判杜林这个机会,以正面的形式对他和马克思所代表的辩证方法和共产主义世界观作了系统的阐述①,从而促进了对马克思主义在"哲学、自然科学和历史问题"上的观点作百科全书式的概述。②

对《反杜林论》这部著作的创作史的分析揭穿了马克思主义的现

---

① 《马克思恩格斯全集》第1版第20卷第8页。
② 《马克思恩格斯全集》第1版第36卷第139页。

代思想敌人所捏造的谎言是站不住脚的,他们硬把马克思同恩格斯对立起来,胡说什么马克思主义哲学中有两个不同的流派。在马克思主义两位创始人无与伦比的友谊和共同进行创作的历史上常常有这样的情况,马克思由于极度繁忙来不及完成的事情,由恩格斯光辉地实现了。[①] 大家知道,马克思在完成《资本论》写作工作的时期不止一次向他这位朋友表示想用两三个印张的专门小册子阐述自己对唯物主义辩证法的愿望。恩格斯发表《反杜林论》一书就是这个任务的解决,据作者本人承认,这部书是经马克思同意并在他参与下写成的,它表达了他们共同的观点。[②] 马克思为恩格斯的小册子《社会主义从空想到科学的发展》(它是从《反杜林论》中抽出来的)写了专门的序言,这个事实证明马克思是完全赞同恩格斯的观点的。马克思把上述小册子称作"科学社会主义的入门"[③]。

恩格斯在捍卫和阐发马克思主义理论的时候,始终十分注意科学社会主义中那些在具体历史形势下对工人运动具有现实意义的问题。在70至90年代,资产阶级思想家和修正主义者打着反对马克思主义的"片面性"(他们把马克思主义同"经济唯物主义"混为一谈)的旗号,

---

① 见 Е.П.康捷尔:《反对伪造恩格斯在马克思主义形成和阐发工作中的作用的行为》,载《苏共历史问题》1960年第6期第105页。

② 《马克思恩格斯全集》第1版第19卷第11页。

③ 《马克思恩格斯全集》第1版第19卷第263页。

把他们的批判的锋芒首先指向马克思主义关于社会发展的物质基础的学说。①

在这种情况下,恩格斯认为自己有责任再一次详细地阐明社会的经济基础的客观内容。恩格斯在同杜林的论战中确认:"唯物主义历史观从下述原理出发:生产以及随生产而来的产品交换是一切社会制度的基础……"②

恩格斯的功绩在于,他明确而彻底地克服了自然主义把历史和自然等同起来的做法,同马克思一起最早正确地理解到并揭露了历史和自然界之间存在的矛盾,指出历史过程的特性首先就在于人们自觉的、有目的的活动。因此想把马克思主义两位创始人的观点互相对立起来,硬说什么马克思始终把存在解释为人们的社会历史活动的结果,而恩格斯似乎只是在人的实践活动之外从事对自然界本身的研究,这种企图是站不住脚的。

恩格斯在论述有关人类社会起源问题的著作中首先力求揭示马克思主义的实践观念。恩格斯把社会生活的历史看作是变化的不断的洪流,而人本身是变化的主体和客体,他证明,对象感性活动的最高形式是理论知识的表现,它们以人道主义的价值和理想为目标,同时又形成这些价值和理想。

马克思和恩格斯不是简单地把生产看作人类生活的必要条件,而是

---

① 例如,最早的资产阶级批评家之一 Π.巴尔特宣布历史唯物主义是"技术经济的历史观",他最先力图歪曲马克思关于社会的经济基础、关于生产关系的实质的学说,把生产关系同生产力、同各种不同的"生产形式"等同起来,把经济归结为技术、地理环境、种族特点等等(见 Π.巴尔特:《作为社会学的历史哲学》,1900年圣彼得堡版第334、337、338页及其他各页)。

② 《马克思恩格斯全集》第1版第20卷第292页。

一切形式的社会关系及其发展的决定性基础,他们十分注意分析关于"生产方式"和"基础"的统一和差别的问题。这不是相同的概念。社会的经济结构,基础——这只是生产方式的一个方面。同时也不能把基础看作是从生产方式中抽去其另一个方面——生产力的简单的机械的结果。否则就可能造成一种印象,似乎生产力在决定社会精神生活方面不起任何作用。

生产力作为社会发展的最终基础,对社会精神生活的变化产生影响,但这种影响是间接的,它通过基础,通过随着变化了的生产力而或早或迟要发生变化的生产关系折射出来。恩格斯在《反杜林论》中对马克思主义关于基础和它同上层建筑相互作用的观点下了如下的定义:"每一时代的社会经济结构形成现实基础,每一个历史时期由法律设施和政治设施以及宗教的、哲学的和其他的观点所构成的全部上层建筑,归根到底都是应由这个基础来说明的。"[①]

恩格斯在解决同无产阶级的解放斗争、同创立关于社会的真正科学相联系的各项任务的过程中,在同形形色色的马克思主义的伪造者的斗争中,对马克思主义关于社会生活的经济制约性的学说作了明确的补充说明,发展了"经济关系"这个概念本身。例如,在19世纪90年代,恩格斯把马克思关于生产方式和基础的学说具体化了,他写道:"我们视为社会历史的决定性基础的经济关系,是指一定社会的人们用以生产生活资料和彼此交换产品(在有分工的条件下)的方式说的。因此,这里面也包括生产和运输的全部技术装备。这种技术装备,照我们的观点看来,同时决定着产品的交换方式,以及分配方式,从而在氏族社会解体后也决定着阶级的划分,决定着统治和从属的关系,决定着国家、

---

① 《马克思恩格斯全集》第1版第20卷第29页。

政治、法律等等。此外，包括在经济关系中的还有这些关系赖以发展的**地理基础**和事实上由过去沿袭下来的先前各经济发展阶段的残余（这些残余挂往往只是由于传统或惰力才继续保存下来），当然还有围绕着这一社会形式的外部环境。"①

经济关系的真实历史不能归结为某一种因素，它必须以活生生的历史社会过程的各个不同方面的相互作用作为必要条件。在社会中，人们的有目的的劳动活动表现在多种多样的领域中：在工业、运输业、农业、科学、技术中。同人们活动的这种多样性相适应，在生产过程中也就产生了多种多样的关系。既然在现实生活中生产关系是同生产力、同生产过程不可分割地联系着的，所以恩格斯在给"经济关系"这个概念下定义时就把生产方式也包括在这个概念里面，而生产关系是生产方式的一个方面。

恩格斯在进一步研究社会生活各个方面的现实多样性和这些方面的相互作用的时候，在同地理环境和人口密度的直接联系中考察了经济关系。每个时代的生产方式包括这个时代所固有的劳动对自然条件的依存性、自己的人口规律，但是在这个范围以外自然界不会影响人类社会的历史。

恩格斯在1894年1月25日给瓦·博尔吉乌斯的信中警告说，把社会过程的现象本身同它们在社会中通过彼此相互影响而起的社会作用混为一谈是错误的，不能脱离生产力来理解生产关系，这并不意味着生产力本身包含在社会的经济结构即基础这个概念中。对于像地理环境和其他自然力那样一些现象，就更是如此。地理环境产生影响，是就生产过程本身只有在一定的自然条件中才可能进行这一点而言的。

---

① 《马克思恩格斯全集》第1版第39卷第198页。

恩格斯在其著作《家庭、私有制和国家的起源》(1884年)和上述给博尔吉乌斯的信中并没有像一些"批判者"企图强加于他的那样，扩大马克思主义的生产概念①，而只是强调指出了某一现象的存在条件同现象本身的差别。如果说在现象产生以前条件可能存在，那么，不受任何东西制约的现象却不可能存在。在这里，恩格斯把生产的社会意义和生产的自然前提——自然界、地理环境——区别开来。这是第一。

第二，恩格斯在批判把社会生活的一切现象机械地归结为作了庸俗理解的经济的所谓"经济唯物主义"时解释说，承认社会历史现象的复杂性、多样性的历史唯物主义的任务就在于，归根到底只用经济发展来解释社会历史现象的存在和相互作用。

后面这个表述应该从这样的意义上来理解，即并不是一切社会现象都直接由生产所决定。各阶级的斗争和其他社会关系起着巨大的作用，其中，特别是在社会发展的早期阶段，家庭关系也起着远不是最不重要的作用。恩格斯是根据在《家庭、私有制和国家的起源》中对原始社会的规律性所作的科学分析得出这个结论的。

马克思和恩格斯在揭示经济关系的本质及其在社会发展中的作用时，特别注意各个阶级在生产中的状况。因为正是这种状况决定了人们的行动、观点、思想。因此，从《反杜林论》开始，恩格斯在他的对历史唯物主义作了系统阐述和全面论证的那些哲学著作中，发展了马克思主义关于阶级、阶级产生的原因和阶级斗争的形式的学说。

恩格斯的功绩在于对这个问题作了具体的阐发。恩格斯在强调指出

---

① 见 П. 巴尔特：《作为社会学的历史哲学》，第351页；爱·伯恩施坦：《社会问题》，1901年莫斯科版第19页；M. 阿德勒：《作为思想家的恩格斯》，1925年柏林版第95页。

基础首先是社会分工在阶级形成和发展中的作用时，揭示了从无阶级社会向阶级社会过渡的历史机制，研究了阶级形成的历史途径，证明了奴隶制形态、封建主义形态和资本主义形态的阶级结构的经济制约性，确定了在未来的共产主义社会中消灭阶级的一般物质基础。

三、社会意识和上层建筑问题

恩格斯在反对把马克思主义理论庸俗化和简单化的斗争中，首先在经济关系的起源和实质的问题上捍卫并发展了唯物主义。他坚决驳斥了有人强加于这一理论的关于唯独经济影响历史[①]、关于历史自动地运动和否定社会上层建筑的积极作用的论点。恩格斯一再指出，不是别人，正是发现了唯物主义历史观的马克思，坚决地从对历史的解释中清除了一切"超人的东西"和"历史以外的东西"，清楚而明确地表述了关于正是人们自己创造历史的论点。卡·马克思强调指出了物质现象和精神现象、理论和实践的相互作用，无产阶级革命运动同科学理论相结合的必要性，早在1843年9月给阿·卢格的信中他就写道："我们是从世界本身的原理中为世界阐发新原理；我们并不向世界说：'停止斗争吧，你的全部斗争都是无谓之举'，而是给它一个真正的斗争口号。我们只向世界指明它究竟为什么而斗争，而意识则是世界应该具备的东西，不

---

① 例如，不无名气的 Π.巴尔特在恩格斯逝世后不断重复说："马克思和恩格斯没有指出意识形态对国民经济的反作用……"（Π.巴尔特：《作为社会学的历史哲学》，第350页）巴尔特的这些思想后来被机会主义的鼻祖爱·伯恩施坦几乎逐字逐句地加以重复，而现代马克思学家们也以不愧是出色地运用的顽强性继续加以重复。

管世界愿意与否。"①

马克思和恩格斯始终十分注意社会意识、上层建筑在整体中的积极作用，但是只是到 90 年代恩格斯才对这个问题作了阐述。在他的著作《路德维希·费尔巴哈和德国古典哲学的终结》中，特别是在关于历史唯物主义的书信中，社会存在和社会意识的辩证法，对上层建筑积极作用的全面论证是中心问题。

19 世纪 90 年代增长了的对历史唯物主义的兴趣在很大程度上促进了这个问题的提出。恩格斯收到许多信，在这些信中恩格斯根本不认识的一些写信人常常要求解释唯物主义历史观的实质。在这方面，《社会主义月刊》杂志的编辑约·布洛赫的一封信是很有意思的。他写道："从唯物主义历史观的观点看来，历史中的决定性因素是现实生活的生产和再生产。这个原理应当怎样理解？能否把它理解为这样，即唯独经济关系是决定性因素，还是经济关系在某种程度上构成其他关系的经常基础，而其他关系本身在这种情况下也可能产生影响呢？

在这方面我想问一问您，从唯物主义历史观的观点看来，是否唯独经济关系到处都直接地、完全不以个人为转移地作为自然界的自然规律而起作用，还是归根到底要以经济关系为转移而同时又能够加速或者延缓历史发展进程的其他关系也在起作用呢？"②

恩格斯在关于历史唯物主义的书信中对这些问题和其他问题都作了

---

① 《马克思恩格斯全集》第 1 版第 1 卷第 418 页。
② 1890 年 9 月 3 日约·布洛赫给弗·恩格斯的信，存于苏联马列主义研究院档案馆。

回答。①

　　这些书信对基础和上层建筑的相互作用，首先是上层建筑在社会发展中的作用问题作了分析，应该把它们看作是恩格斯由于过度繁忙而没有来得及完成的研究著作的简要提纲。资产阶级的思想家们，而追随他们的还有修正主义者，都不断地声称，恩格斯的书信证明了某种程度上似乎表明从马克思主义特征的经济决定论的"退却"。新康德主义者里克尔特硬说什么恩格斯用他在书信中所作的解释似乎"推翻了"历史唯物主义。爱·伯恩施坦用唯心主义观点来解释恩格斯的书信，竭力硬说恩格斯承认思想在社会生活中的完全独立性。②

　　恩格斯主要是对社会意识的相对独立性的阐发，丝毫不意味着改变历史观的唯物主义原理，也不是从这个原理退却。这个原理照旧仍然是主要的和决定性的原理，而关于意识形态、整个上层建筑的相对独立性的问题，只是对它的补充。恩格斯指出，"批判者们"如此害怕的历史中的唯物主义，并不否定意识形态的现实性，并不否定上层建筑对其经济基础的反作用。

　　最使资产阶级和修正主义的"马克思学家们"感到不快的是，马克思主义所有机地固有的对研究社会现象所采取的客观态度。起初他们

---

　　① 意大利著名的马克思主义宣传家安·拉布里奥拉就这个问题写道："对历史唯物主义的兴趣日益增长，但缺少有关的书籍，因此在恩格斯的晚年向他作为一个没有讲坛的教授提出大量的问题，那是毫不奇怪的。由此就产出了大量的书信。"（安·拉布里奥拉：《历史唯物主义和哲学》，1922年莫斯科版第22页）

　　② 见爱·伯恩施坦：《历史唯物主义》，1901年圣彼得堡版第19页。在今天，关于90年代恩格斯的书信和关于这些书信的内容同唯物主义历史观相对立的错误说法，受到了资产阶级思想家们（泰梅尔·维特等人）的极力支持。马克思主义哲学家们的一系列书籍和文章中都包含了对这类错误观念的批判。

按照自己的方式用庸俗的经济唯物主义的精神来阐述人类社会历史发展的唯物主义理论,然后就硬说,这种理论同马克思和恩格斯的观点不一致。因此,恩格斯喜欢引用马克思的话,马克总遇到这种情况常常感叹说:"咳,这些人哪怕是能**读懂**也好啊!"①

恩格斯在回答许多通信者提出的问题时,首先解释了为什么"青年们有时过分看重经济方面"②。问题在于,在马克思主义形成时期,在社会理论中唯心主义还居于统治地位,由哲学家所臆想出来的联系占着主要地位,必须把重点放在"从作为基础的经济事实中**探索出**政治观念、法权观念以及由这些观念所制约的行动"③。恩格斯认为,他们当时只能这样做,同时补充说:"但是我们这样做的时候为了内容而忽略了形式方面,即这些观念是由什么样的方式和方法产生的。"④

但是,这是被迫的"忽略"。即使在这个时期,对马克思和恩格斯说来,十分明显,现实生活的生产和再生产只是归根到底是社会发展中的决定性因素。正是由于考虑到这一点,恩格斯在给约·布洛赫的信中指出:"无论马克思或我都从来没有肯定过比这更多的东西。"⑤ 但是,既然这里谈的是经济生活条件、社会存在的决定性作用,不言而喻也是以社会生活的其他各个方面的存在为前提,这些方面在整个相互作用具有不是主要的、不是决定性的意义,但具有相当重要的意义。

恩格斯把马克思主义的基础和上层建筑的理论发展了并且具体化

---

① 《马克思恩格斯全集》第 1 版第 38 卷第 124 页。
② 《马克思恩格斯全集》第 1 版第 37 卷第 462 页。
③ 《马克思恩格斯全集》第 1 版第 39 卷第 94 页。
④ 《马克思恩格斯全集》第 1 版第 39 卷第 94 页。
⑤ 《马克思恩格斯全集》第 1 版第 37 卷第 460 页。

了。马克思关于上层建筑的每一个因素的实质和特性的思想①在恩格斯关于两种、两类上层建筑以及它们同基础之间和它们自身之间的独特联系的学说中得到了鲜明的表现。这里指的一方面是国家和上层建筑的其他物质因素,即虽然从社会的经济基础中派生出来但不能归为思想关系的那些设施。而思想关系构成第二类上层建筑现象,它们作为意识对经济基础——对社会的物质生活来说是派生的。恩格斯把它们称为"观念的上层建筑"②。

大家知道,为了表示在剥削制社会中的统治阶级所特有的虚幻的、幻想的、歪曲现实的意识,"意识形态"这个术语在恩格斯以及马克思的著作中得到了最广泛的流传。在1893年7月14日给弗·梅林的信中,恩格斯发展了早在《德意志意识形态》中所表达的思想,写道:"意识形态是由所谓的思想家通过意识、但是通过虚假的意识完成的过程。推动他的真正动力始终是他所不知道的,否则这就不是意识形态的过程了。"③

但是,恩格斯在这个专门的意义上考察意识形态的时候,把它同被科学地认识了的现实对立起来。正是他对意识,形态的形式——法、宗教、伦理、哲学——的起源和发展作了历史唯物主义的分析,揭示了它们同社会生活的物质基础之间以及它们本身之间的相互作用。

恩格斯把对反映首先是"观念的上层建筑"的内容和性质的分析,

---

① 《马克思恩格斯全集》第1版第13卷第9页。
② 《马克思恩格斯全集》第1版第20卷第97页。
③ 《马克思恩格斯全集》第1版第39卷第94页。

同对象社会意识①的相对独立性这样极其重要的一般社会学的规律性的深入研究和理论论证联系起来。恩格斯在《路德维希·费尔巴哈和德国古典哲学的终结》中写道:"公法和私法被看作两下独立的领域,两者各有自己的独立的历史发展,本身都可以系统地加以描述,并要求彻底根除一切内部矛盾,以便作出这种描述。"②

恩格斯指出,社会意识的相对独立性,这是在意识形态依赖于社会的经济发展的范围内起作用的社会意识按照它自己的内在的特殊规律发展的能力。社会发展的每一个领域都有在以前的各代人的思维过程中形成的,并且"在这些世代相继的人们的头脑中经过了自己的独立的发展道路"③ 的一定的思想材料。意识形态形式的相对独立性的表现的实质就在于,这些意识形态形式不仅按照存在的规律,而且按照逻辑的规律,不仅按照物质的规律,而且按照意识的规律发展。

这一规律是由马克思主义最先科学地加以规定和阐明的,否定这个规律性就会导致对整个历史过程,对按照自己内在的、相对独立的规律发展的艺术、哲学、宗教的阶级本性的独特性和复杂性的简单化理解。

意识形态的内容和性质是受主要的原因——经济关系制约的。但是恩格斯强调指出,既然主要的原因是处在观念本身之外,那么意识形态过程的本性本身,这一过程发展的复杂性和对物质存在的依赖性就是意识形态的发展、它的积极性的前提,而意识形态过程对物质存在的依赖

---

① 这个术语是恩格斯在《路德维希·费尔巴哈和德国古典哲学的终结》中分析意识形态的形式时最先使用的。后来在90年代的书信中他也把这个术语用于一系列虽然依赖于社会生产但在社会发展中能起积极作用的其他一些社会现象(如贸易等)。
② 《马克思恩格斯全集》第1版第21卷第418页。黑体为引者所加。
③ 《马克思恩格斯全集》第1版第39卷第95页。

性是以意识形态本身的发展，以社会意识的各种不同形式的相互联系为中介，并首先表现在观念的继承性联系中的。恩格斯首先以像哲学那样的"更高的意识形态"为例探索这种相互作用的机制。恩格斯指出，经济会对先驱者所提供的现有哲学材料发生作用。但是经济的这种作用是间接的："经济在这里并不重新创造任何东西，但是它决定着现有思想材料的改变和进一步发展的方式，而且多半也是间接决定的，因为对哲学发生最大的直接影响的，是政治的、法律的和道德的反映。"①

恩格斯在揭示社会意识的后来发展阶段和以前发展阶段的联系时强调指出，艺术中的每一种风格，科学中的每一个学派，哲学中的每一种流派，都具有自己的特点，特殊的内容，因而也具有自己的继承精神传统的特殊规律性。在哲学的历史发展中这种继承性是一回事，在这里作为规律进行着对哲学来说是特殊的唯物主义和唯心主义的斗争，这一斗争当然会对继承的性质打上烙印。而在自然科学的发展中，继承则具有完全不同的性质，在那里唯物主义和唯心主义当然也进行斗争，但是起作用的也是另一些规律性。

恩格斯在分析作为现实在人们意识中的反映过程的意识形态过程的复杂性时，揭示了这一反映的机制。在这方面，1893年7月14日恩格斯给弗·梅林的信具有很大的方法论的意义。这封信在分析意识形态的各种不同形式方面应该被看作是考虑到了意识形态过程的所有方面的典范。正是在这封信中，恩格斯在理论上论证了关于意识形态具有相对独立性的原理，在反对否定意识形态形式发展的内在规律性的庸俗经济唯物主义的同时，坚决驳斥了那些想按照唯心主义及其所固有的关于意识不依赖于存在而独立的幻想的精神来描绘这种意识形态过程的企图。恩

---

① 《马克思恩格斯全集》第1版第37卷第490页。

格斯对历史科学中的唯心主义的根源作了全面的分析，揭露了产生意识形态具有独立性的假象的原因，直到现在，资产阶级的辩护士们还利用这种假象来宣扬关于意识第一性的幻想。

恩格斯认为产生这种现象的原因是资产阶级的思想家们不懂得作为意识形态相对独立性的物质基础的社会分工，他们不懂得由于在阶级社会中脑力劳动同体力劳动的分离，精神生产，观念的发展只是在一定程度上脱离社会的物质生活而独立。恩格斯写信给康·施米特说："凡是存在着社会规模的分工的地方，单独的劳动过程就成为相互独立的。生产归根到底是决定性的东西。但是产品贸易一旦离开生产本身而独立起来，它就会循着本身的运动方向运行，这一运动总的说来是受生产运动支配的，但是在单个的情况下和在这个总的隶属关系以内，它毕竟还是循着这个新因素的本性所固有的规律运行的……"① 上述观点完全适用于精神生产，适用于意识形态的发展。

恩格斯指出，因为在阶级社会中，在意识形态的领域内属于分工的特殊部门的人们（立法者、法律家、哲学家、学者等等）是作为统治阶级的观念和理论的创立者进行活动的，他们脱离了物质生产，从表面的假象看来同一定阶级的斗争是没有联系的，所以许多资产阶级思想家由此就得出结论说，似乎思想过程是一个独立的世界，它完全不以物质生产为转移，同物质生产是格格不入的。唯心主义者从意识形态过程是通过思维来进行的这个事实得出结论说，任何人的行动"最终似乎都是以思维为**基础**的了"②，人们始终一直处于纯粹思想的领域中。

结果，在资产阶级意识形态的观点中，对经济关系所作的反映就

---

① 《马克思恩格斯全集》第 1 版第 37 卷第 485 页。
② 《马克思恩格斯全集》第 1 版第 39 卷第 95 页。

好像是照相机暗匣中的影像一样,是头足倒置的,而且这个反映是这样进行的,即过程并没有接触到行动主体的意识。恩格斯说,例如,"……法学家以为他是凭着先验的原理来活动,然而这只不过是经济的反映而已"①。

恩格斯以哲学为例揭示了社会意识反映社会存在的过程和机制的复杂性,指出,如果说历史本身是一个非常错综复杂的过程,那么在人们的一般意识中反映这个历史过程就更加错综复杂,而在哲学意识中这种反映就更是如此。

与黑格尔不同(哲学家个人使黑格尔感到兴趣首先是作为思想的主体,作为"精神的自由活动"的表现),恩格斯特别注意对作为历史活动家和政治家的哲学家采取社会的阶级的态度,他认为思想家个人的性格具有很大的意义,即认为思想家以什么样的顽强精神和热情去维护和贯彻实行本阶级的观念这一点具有很大意义。恩格斯证明,离开对各种哲学体系的阶级含义的分析,离开各种哲学观念的社会历史制约性的分析,就不可能理解哲学知识的全部实质,不可能理解哲学中各种新问题的提法和发展。

这种阶级的、政治的态度,对恩格斯来说,不仅在评价思想家个人本身时,而且在评价思想家所创立的哲学体系和理论时,都是有代表性的。恩格斯指出,如果说现实在哲学家的意识中可能得到不正确的反映,那么这里就不能排除哲学体系的创立者本身对他们自己的创造物的真正意义也认识得不正确的可能性。

因此,根据对历史主义和思想继承性原则的马克思主义理解,恩格斯同马克思一起认为,对过去的各种哲学体系,不能按照它们在其创立

---

① 《马克思恩格斯全集》第1版第37卷第488页。

者本人看来是什么样子,而是必须按照在这些体系中如何反映同历史时代的联系来进行评价。在这里,这种历史联系本身当然是作为哲学观念本身在历史中的发展和继承而折射出来的。

恩格斯从哲学观念的继承性是哲学观念的相对独立性的表现之一这种观点出发,尖锐地谴责了对过去的全部遗产采取的虚无主义的态度。保·巴尔特宣称哲学史只不过是由一些不能证明自己正确的体系组成的"一堆废墟",恩格斯在同保·巴尔特论战时利用了黑格尔的一个说法,写道,这确实是一条"从无通过无达到无"的道路。恩格斯在向康·施米特提出关于怎样阅读黑格尔著作的意见时告诫他说:"更为重要的是:从不正确的形式和人为的联系中找出正确的和天才的东西。"[①]

恩格斯指出,继承性不是简单地把过去的思想搬到新的时代中来,不是消极地抄袭所利用的思想、理论、体系的全部内容。在恩格斯看来,继承性是继承和批判地改造以前的思想材料这两个环节的有机统一。

社会意识的相对独立性鲜明地反映在社会意识的各种形式在历史发展中所起的能动作用上面。在这里,看来不能把意识形态的能动性和它的相对独立性这两个概念等同起来。能动性是观念的东西对其物质基础的反作用。但是,这种能动性本身部分地是由意识形态在其发展中的相对独立性所决定的,这种相对独立性表现为社会意识超过社会存在或者落后于社会存在。

恩格斯在阐发马克思关于理论一旦掌握群众就会变成物质力量的思想时,指出了意识形态的能动作用表现在哪里和怎样表现,提出了关于使社会思想变成历史过程中的伟大力量的条件的问题。思想和理论作为

[①] 《马克思恩格斯全集》第 1 版第 38 卷第 202 页。

社会发展的物质的、经济的需要的反映，对人们起着作用，迫使他们按照自己的要求和标准去行动。恩格斯写道，社会发展的需要反映得越正确、越深刻，这种作用就越大。思想的能动性最明显地表现为先进阶级的活动。

基于先进阶级的世界观因为符合新的社会需要而固有的历史乐观主义，先进阶级思想的能动作用就在于他们能指出道路，揭示前景，预见革命活动的结果。凡是人们自觉地进行活动的地方，人们总是希望知道他们是为什么而斗争，思想深入人心，掌握群众，变成组织人、教育人的物质力量。不管是什么先进阶级，如果它的思想家所创立并追求的未来理想不能鼓舞这个阶级，那么这个先进阶级的斗争就不可能是有成就的。恩格斯在谈到法国革命的思想时写道："现在我们知道，这个理性的王国不过是资产阶级的理想化的王国；永恒的正义在资产阶级的司法中得到实现；平等归结为法律面前的资产阶级的平等，被宣布为最主要的人权之一的是资产阶级的所有权……18世纪的伟大思想家们，也和他们的一切先驱者一样，没有能够超出他们自己的时代所给予他们的限制。"① 不管资产阶级启蒙学者所宣布的思想是多么虚幻，没有这些思想的鼓舞作用，资产阶级和整个第三等级就不可能开始同封建制度进行斗争并实现资产阶级革命的基本任务。

恩格斯在考察意识形态的能动性问题时，不是局限于分析先进思想在社会生活中的作用。正在消失的阶级的意识形态的作用也是能动的。这种阶级的思想即使已经不反映人们的生活条件，不同这种条件相适应，也会对社会产生影响。恩格斯写道，这种阶级的思想的存在是由思想所固有的保守性，即由于习惯、由于传统而被继承下来的能力所决

---

① 《马克思恩格斯全集》第1版第19卷第206页。

定的。

恩格斯在一系列具体的历史研究著作中，尤其是在《社会主义从空想到科学的发展》和这部著作的英文版导言中，运用了这些理论原理。恩格斯以近代唯物主义的第一批代表人物——在自己的哲学体系中反映了新贵族和资产阶级的妥协的培根、霍布斯和洛克为例子，揭示了在英国资产阶级革命中思想的能动作用。

恩格斯首先从经济和政治的相互关系，从国家政权对经济发展的反作用研究了上层建筑对基础的能动影响。政治上层建筑所以能对经济产生决定性的影响，是由于政治，根据恩格斯的定义，成了强大的经济力量。

国家能影响社会生活的经济方面及其他方面，只是由于国家表达了在生产中占统治地位的阶级的需要。国家政权和政治思想的能动的服务作用，同样也可以用意识形态过程的本性本身来说明。恩格斯写道："国家作为第一个支配人的意识形态力量出现在我们面前。社会创立一个机关来保护自己的共同利益，免遭内部和外部的侵犯。这种机关就是国家政权。"[①]

国家作为意识形态力量，由于社会发展的结果而产生以后，对社会就具有独立的性质，即具有影响历史过程的能力。恩格斯指出国家政权对经济发展有三种作用："它可以沿着同一方向起作用，在这种情况下就会发展得比较快；它可以沿着相反方向起作用，在这种情况下它现在在每个大民族中经过一定的时期都要崩溃；或者是它可以阻止经济发展沿着既定的方向走，而给它规定另外的方向—这种情况归根到底还是归

---

① 《马克思恩格斯全集》第1版第21卷第347页。

结为前两种情况中的一种。"①

最后,恩格斯把关于上层建筑对社会的能动作用的问题,同关于个人在历史中的作用的问题联系起来。他把个人的活动放到作为偶然性和必然性这两个范畴的相互关系的个别场合的自由和必然的相互关系的背景上来考察。在 90 年代,恩格斯再一次用历史实例说明了他在《反杜林论》、《自然辩证法》和《路德维希·费尔巴哈和德国古典哲学的终结》等著作中所阐述的理论原理。

恩格斯指出,能动的自觉的活动并不排除必然性的作用。而这种必然性归根到底是经济的必然性。伟大人物越是深刻地认识社会发展规律,他对历史进程所产生的影响就越大。"但是,如果我们把这个人除掉,那时就会需要有另外一个人来代替他,并且这个代替者是会出现的,或好或坏,但是随着时间的推移总是会出现的……如果说马克思发现了唯物史观,那末梯叶里、米涅、基佐以及1850年以前英国所有的历史学家都证明,事情已经向这个方面发展,而摩尔根对于同一观点的发现表明,做到这点的时机已经成熟了,这一观点**必将被发现**。"②

恩格斯在 90 年代提出的问题具有深远的意义。在后来的马克思主义历史上,反对把唯物史观庸俗化、简单化的斗争占有重要地位。在新的历史条件下,列宁把恩格斯关于上层建筑能动作用的思想发展成为主观因素和客观因素在历史过程中的相互关系的严整理论,并把这一理论

---

① 《马克思恩格斯全集》第 1 版第 37 卷第 487 页。
② 《马克思恩格斯全集》第 1 版第 39 卷第 200 页。M. B. 谢列勃里亚科夫在谈到马克思和恩格斯发现唯物主义历史观时写道:"为了获得这种观点,不仅必须具有完全的无私精神,而且必须有发自内心深处的真诚,极大的勇气,独立、坚强而又始终不渝的性格。"(M. B. 谢列勃里亚科夫:《恩格斯的青年时代》,第 6 页)

研究的成果运用于争取无产阶级革命和社会主义的实际斗争。列宁把恩格斯关于阶级斗争的形式，关于国家的原因、实质，国家消灭的条件的学说以及其他思想提高到了一个新的阶段。认识和社会历史实践的进一步发展，又使马克思列宁主义理论得到了进一步的丰富。

(原载《弗·恩格斯和现代的马克思主义哲学问题》
1971年莫斯科版第15章)

(刘晫星 译)

恩格斯晚期著作中的历史唯物主义*

〔西德〕阿·施米特

当我向大会领导建议讨论这个论题时,我正在仔细研究法国结构主义,这种结构主义最激进的代表不仅抛弃任何历史哲学,而且也抛弃历史科学,甚至抛弃一切历史过程即连续性转变的概念。通过这个工作,我又一次清楚地认识到了,恩格斯在他的晚期著作中,特别是在80年代和90年代的书信中取得了什么样的科学成就;他为精确说明他和马克思在德国1848年三月革命前共同阐述的历史唯物主义作出了什么样的贡献。今天谁要很好地探讨有关历史理论的问题,回顾一下恩格斯的论述是有好处的。

我在参加讨论的这篇短短的论文中只提出有关问题的一些主要点。在这里请允许我谈两点:一点是专门性的问题,另一点是一般性的问题。后者牵涉到唯物主义历史观和政治经济学批判之间的关系,前者牵涉到恩格斯引入历史方法中的一个概念,即"否定性的经济因素"的概念。据我所知,这个概念虽然重要,但在到目前为止出版的所有书刊中都没有加以重视。为了说明它的意义,我们必须援引恩格斯1890年10月27日给康拉德·施米特的信。在这里恩格斯首先指出,如果"在

---

* 本文选自《马列主义研究资料》1984年第2辑。作者是法兰克福大学哲学讲师。

经济上"把历史唯物主义简单化，认为在研究上层建筑现象，例如法的时候，涉及的是把社会关系直接变为原则，那是错误的。恩格斯指出，让职业法律家进行活动的法律部门"虽然一般地是完全依赖于生产和贸易的，但是它仍然具有反过来影响这两个部门的特殊能力"①。随着现代国家建立法的体系，这个法的体系——为了能发挥职能——的目的不可能是恰当地反映经济上的对抗，而是如恩格斯所强调指出的，就"经济关系的忠实反映……受到破坏"而言，必须成为"不因内在矛盾而自己推翻自己的**内部和谐一致的表现**"。② 恩格斯认为所谓的"法发展"大部分是以社会设法"消除那些由于将经济关系直接翻译为法律原则而产生的矛盾，建立和谐的法体系"③为基础的，而这个体系当然又总是被经济动力所摧毁。

因为法学家本身没有意识到经济状况反映为法范畴的形式这个过程（由于异化的整个过程没被掌握），他就不得不以为他是"凭着先验的原理来活动，然而这只不过是经济的反映而已"。但是这些——严格意义上的——思想观点绝不是无能为力的。恩格斯强调指出，它们"对经济基础发生反作用，并且能在某种限度内改变它"④。除此以外他也承认，很难有时甚至是不可能把思想的东西在细节上都归结为经济原因，虽然事实上存在着联系。例如，尽管继承权是以经济为基础的，但是它即使在家庭的同一发展阶段上，在实践中也不能排除未必出于纯粹经济原因的差别。恩格斯在这里指出了在英国立遗嘱的绝对自由

---

① 《马克思恩格斯选集》第 1 版第 4 卷第 483 页。
② 《马克思恩格斯选集》第 1 版第 4 卷第 483 页。
③ 《马克思恩格斯选集》第 1 版第 4 卷第 484 页。
④ 《马克思恩格斯选集》第 1 版第 4 卷第 484 页。

以及在法国对这种自由的严格限制；二者都对财产的分配，从而对经济有影响。

我要证明——当然只是简略地——同现在仍然流行的认为恩格斯主要只是通俗化者的偏见相反，恩格斯已经十分清楚地认识到了唯物主义历史观必然遇到的那些困难。当我们研究像宗教、哲学等比法律规范离物质实践更远的思想领域时，这种困难就更多。恩格斯清楚地写道，这些领域都有它们的"被历史时期所发现和接受的史前内容，即目前我们不免要称之为谬论的内容。这些关于自然界、关于人本身的本质，关于灵魂、魔力等等的形形色色的虚假观念，大都只有否定性的经济基础；史前时期的低级经济发展有关于自然界的虚假观念作为自己的补充，但是有时也作为条件，甚至作为原因。虽然经济上的需要曾经是，而且愈来愈是对自然界的认识进展的主要动力，但是，要给这一切原始谬论寻找经济上的原因，那就的确太迂腐了。科学史就是把这种谬论逐渐消除或是更换为新的、但终归是比较不荒诞的谬论的历史"[①]。

这段关于科学进步的理论概括包含了前面所提到的"否定性的经济因素"的概念；这个概念之所以具有重要意义，因为它更明确地表达了恩格斯在另外的地方[②]所阐述的思想，即经济因素总是"归根到底"的说明原则。虽然历史唯物主义适用于整个历史过程，但是不是以同一种方式适用于一切阶段。即使经济关系**不存在**或者**还不存在**，它们也将起决定的作用。"原始谬论"——指魔术般的思想和行为样式——的基础是古代社会水平低下的生产力。

现在我们可以用比较复杂一些的事实来说明我们在这里所说的思

[①] 《马克思恩格斯选集》第 1 版第 4 卷第 484—485 页。
[②] 《马克思恩格斯选集》第 1 版第 4 卷第 477—479、505—508 页。

想。马克思在《资本论》中反驳了那种对他认为现实的生活过程制约着经济以外的领域的结构的历史观所进行的敌对的批判,这种批判说:"这一切提法固然适用于物质利益占统治地位的现今世界,但却不适用于天主教占统治地位的中世纪,也不适用于政治占统治地位的雅典和罗马。"① 值得注意的是马克思的答辩,他根本没有想到要否定和"否认"政治的因素或宗教的因素对资本主义以前的阶段的意义。更确切地说,他完全和恩格斯一样,仍然从经济上推论出非经济的结构本身占统治地位的现象。马克思写道:"首先,居然有人以为这些关于中世纪和古代世界的人所共知的老生常谈还会有人不知道,这真是令人惊奇。很明白,中世纪不能靠天主教生活,古代世界不能靠政治生活。相反,这两个时代谋生的方式和方法表明,为什么在古代世界政治起着主要作用,而在中世纪天主教起着主要作用。"② 正如结构主义的马克思主义者阿尔都塞所说的,事实上这里已表现出"超决定"(Surdétermination)。局部的、起决定作用的结构是由占统治地位的因素,即归根到底为自己开辟道路的经济决定的。经济决定当时决定人们生活的领域。这种领域可能是宗教,如在中世纪,或者是政治,如在古代,或者是经济本身,如在现代资产阶级社会。这种领域是否作为最后的基础进入个人意识,或者说,在分析历史过程时是否必须考虑经济以外的事实,这不取决于研究者的意愿,而是取决于人们当时赖以生产和再生产他们的存在的经济形式。

现在我们再扼要地谈一下前面提到的成熟的恩格斯所阐述的历史理论的问题,即历史唯物主义和经济学以及对经济学的批判的关系。根据

---

① 《马克思恩格斯全集》第1版第23卷第99页。
② 《马克思恩格斯全集》第1版第23卷第99页。

官方的共产主义教科书对材料的表面的划分多半就可以看出，它们的作者还不了解唯物主义历史观的政治经济学含义和内容。他们几乎总是把关于历史过程的"客观规律"的学说看作是同政治经济学批判相脱离的，从此使它庸俗化为单纯的"世界观"。但是在恩格斯那里，情况不是这样的。他从不把观察的客观性和不加以理解的客观主义混为一谈。他把历史过程规定为许多因素交互作用的产物，"而在这种交互作用中归根到底是经济运动作为必然的东西通过无穷无尽的偶然事件……向前发展……我们自己创造着我们的历史，但是第一，我们是在十分确定的前提和条件下进行创造的。其中经济的前提和条件归根到底是决定性的……但是第二，历史是这样创造的：最终的结果总是从许多单个的意志的相互冲突中产生出来的，而其中每一个意志，又是由于许多特殊的生活条件，才成为它所成为的那样。这样就有无数互相交错的力量，有无数个力的平行四边形，而由此就产生出一个总的结果，即历史事变，这个结果又可以看作一个作为整体的、**不自觉地**和不自主地起着作用的力量的产物。因为任何两个人的愿望都会受到任何另一个人的妨碍，而最后出现的结果就是谁都没有希望过的事物。所以以往的历史总是像一种自然过程一样地进行，而且实质上也是服从于同一运动规律的。但是，各个人的意志……虽然都达不到自己的愿望，而是融合为一个……总的合力，然而从这一事实中决不应作出结论说，这些意志等于零。相反地，每个意志都对合力有所贡献，因而是包括在这个合力里面的"①。

　　这段话应该是对唯物主义历史理论最适当的表达。恩格斯破除了黑格尔"世界史理性观点"的魔术，同时揭示了它的真正内容。他指出，问题在于"宇宙精神"特有的无主体的主观性，在于黑格尔在现实中

---

① 《马克思恩格斯选集》第1版第4卷第477—479页。

的"理性的狡猾"。不能把思辨的范畴简单地抛弃掉，而是使它们还原到它们的物质基础。黑格尔本人已经这样做了，不过总是披着形而上学的外衣。正如卢卡奇已经证明的，不仅《精神现象学》是这样，黑格尔的晚期著作也是这样。黑格尔认为，世界史的统一性正是由各民族和各国之间残酷的斗争中产生的，这种思想是以实行竞争方针的经济自由主义的社会模式为前提的，这种情况和被马克思批判地作为出发点的法哲学是一样的。"需求的体系"通过各种特殊的、相互交错的利益和活动表现为有规律的联系。

唯物主义者恩格斯是不会把经济的客观规律的支配作用神化为一种高级的理性（这种理性在黑格尔那里也只是在国家中才达到）的支配作用。恩格斯早在1844年写的天才文章《国民经济学批判大纲》中就已经强调指出，现代事变过程的客观性在于"当事人的盲目活动"，在于人们还是他们命运的奴隶，而不是他们命运的主人这一事实。虽然像原子一样行动的个人、集团、人民和民族都追求有意识的目的，但是他们的"合力"——恩格斯的术语完全适合于情况的否定性——是无意识的和盲目的。只要人们"不是按照共同的意志，根据一个共同的计划"①创造着自己的历史，他们就受未被认识的和未被控制的经济支配，归根到底受价值规律，即"以**偶然性**为其补充和表现形式的**必然性**"②的支配。

恩格斯谈到迄今的历史是"按照一种自然过程"进行的，这不是说，恩格斯忽视自然和历史有质的区别。相反地，应该从比喻的意义批判地理解上述说法。人类还没有从纯粹自然史的黑暗中摆脱出来。当

---

① 《马克思恩格斯选集》第1版第4卷第506页。
② 《马克思恩格斯选集》第1版第4卷第506页。

然——恩格斯首先在《反杜林论》中提出这种看法——随着人们把异己的、与他们敌对的历史的经济结构规律和运动规律作为他们自己行动的规律来掌握,那些规律就可以用实践的活动来加以消除,团结一致的人们将自由地塑造自己的生活过程(自己的"社会存在"),而不是为这种生活过程所支配,他们的意识将不再单纯地反映这种生活过程。只要唯物主义是从错误的生活组织中产生的,那么对于恩格斯来说,它在概念上的批判的表现并不像教条主义者所认为的那样,是无可争辩的、永远有效的"世界观"。

(原载《弗里德里希·恩格斯1820—1970年。报告。评论。文件》文集1971年德文版第221—224页)

(洪佩郁 译)

恩格斯在十九世纪九十年代捍卫历史唯物主义的斗争^{*}

〔苏〕Л. Г. 戈尔什科娃

批判资产阶级对历史唯物主义的伪造

德国唯心主义社会学家、莱比锡教授保尔·巴尔特（1858—1922年）是用他自己的唯心主义社会发展观点对抗唯物主义历史观并宣布历史唯物主义为经济派唯物主义的第一个资产阶级批评家。

保·巴尔特的第一部哲学社会学著作《黑格尔和包括马克思及哈特曼在内的黑格尔派的历史哲学》在1890年出版，不仅在资产阶级当中，而且在马克思主义的所谓"朋友们"当中获得广泛的赞许。只要浏览一

---

* 本文选自《马列著作编译资料》1979年第4辑。

原题注：1962年苏联出版了 Л. Г. 戈尔什科娃的《恩格斯在十九世纪九十年代对历史唯物主义的发展》一书。全书除《引言》和《结束语》外，分两部分。第一部分《恩格斯捍卫马克思主义哲学免受资产阶级和修正主义的歪曲》有三章：《反对德国社会民主党中机会主义的斗争》、《批判资产阶级对历史唯物主义的伪造》、《反对德国"青年派"修正主义的斗争》。第二部分《恩格斯对历史唯物主义的发展》有两章：《物质生产和经济基础在社会前进运动中的作用》、《上层建筑对社会发展的反作用》。鉴于第一部分的第二、三两章，提供了一些背景材料，有助于理解恩格斯在19世纪90年代写的关于历史唯物主义的部分书信，故节译出发表，以供参考。本文的标题系译者所加。——译者注

下保·巴尔特的这本书，就可以清楚地看出资产阶级批评唯物主义历史观的反动手法。保·巴尔特硬说历史唯物主义机械地理解社会历史过程，把历史的必然性同机械决定论、社会宿命论混为一谈。巴尔特并不了解，作为辩证学说的马克思主义历史观念的实质之所在。按照辩证学说，社会过程的客观逻辑不仅不排除人的活动的作用，而且完全是由人的活动的作用形成的，所以巴尔特断言，马克思关于社会经济形态的学说、特别是科学共产主义理论是思辨的、纯粹抽象的结构。

恩格斯在看到维也纳杂志《德意志言论》7月号（1890年）发表的三流经济学家摩里茨·维尔特的书评之后，才知道保·巴尔特的这本书。恩格斯写道："**这个批评使我对该书本身也产生了不良的印象。**"① 他坚决反对庸俗地把马克思主义歪曲为"经济唯物主义"。恩格斯对保·巴尔特这本书的批判是关于历史唯物主义的书信问世的直接原因。②

保·巴尔特力图把唯心主义历史观同承认经济"因素"的"第一性"作用结合起来，于是，他的言论从历史观点来看引起了注意，虽然他的言论并没有什么新鲜东西，甚至对他所讨论的问题也一窍不通。因此，恩格斯把巴尔特的书看作是歪曲马克思主义的典型例子不是偶然

---

① 《马克思恩格斯选集》第1版第4卷第474页。
② 德国社会民主党人康·施米特1890年10月20日写信给恩格斯说："巴尔特的主要论据是，他认为历史地证明非经济（政治）过程对经济基础的影响是可能的。这同唯物主义历史观并不矛盾，只要非经济过程本身又能够从经济过程中得到证明。在这种情况下，非经济过程对经济的影响本身也能够从经济上得到论证，一切从根本上说又会归结为经济因素。我认为，正是这一点应当对巴尔特加以说明。如果这一点不可能说明，那么马克思主义的历史观就不会在它最严格的意义上经受住考验。经济就会不再是唯一的决定的因素了，其他那些不是从经济引出的独立的过程就会对经济过程发生影响，但在马克思的书中恰好是把这些发生影响的过程的独立性解释为幻想。"（苏共中央马列主义研究院档案）

的。因为资产阶级辩护士们把这种歪曲作为应当如何解决经济因素在历史中的作用的问题的典范向广大读者兜售。

在遭到恩格斯尖锐批判的《黑格尔和包括马克思及哈特曼在内的黑格尔派的历史哲学》一书中,巴尔特有意歪曲马克思主义。这个资产阶级社会学家在这本书里以及在后来的一些多少涉及马克思的理论的著作中,用恩格斯的话说,只是解释了马克思的个别词句,而对那些对他不利的或者直接有碍于他的虚假结构的马克思的原理,则讳莫如深避而不谈。巴尔特对马克思主义哲学的"反驳"主要是否定它的辩证唯物主义理论,说什么马克思主义不是世界观,而是社会学,它作为体系同哲学唯物主义没有任何联系。巴尔特为了回避马克思主义奠基人终生反对思辨哲学、反对这种哲学以"科学中的科学"相标榜的事实,硬说马克思作为政治家、革命家从来没有对思维和存在的本体论问题、对认识问题发生过兴趣。从哲学方面来说,马克思学说似乎没有提供任何独立的新颖的东西。对马克思来说,"黑格尔的矛盾说是……一切辩证法的源泉"[①]。至于哲学唯物主义——在巴尔特看来,它是马克思理论中同哲学历史发展丝毫没有关系的偶然因素,那不过是从费尔巴哈那里抄袭来的。马克思在费尔巴哈的影响下掌握了唯物主义观点,并仰赖这个观点给黑格尔逻辑形式添进了经验主义内容。

巴尔特之所以把对自然的唯物主义解释从马克思主义中加以废弃,是因为这种解释是唯物主义历史观的出发点和第一个必要的前提,是因为只有根据这种解释才第一次可能制定出历史唯物主义这一门社会发展的科学理论,制定出历史唯物主义这一种研究一切具体社会科学和研究渊源于正确理解历史现实的实践活动的方法。

---

① 保·巴尔特:《黑格尔和包括马克思及哈特曼在内的黑格尔派的历史哲学》,1890年莱比锡版第45页。

马克思和恩格斯的历史理论及其基本前提——社会存在决定社会意识——是研究工作的引路线，是行动的指南。主要的不是口头上承认历史唯物主义，不是死背它的公式，而是正确地运用它来分析现实的历史。马克思写道："材料中的自由运动只不过是一种处理材料的**方法——即辩证方法**的别称。"①

但是，唯物主义历史观的这种方法论的意义，资产阶级"批评家们"全然不知道。巴尔特从唯心主义和"经济唯物主义"出发，把马克思主义的社会理论解释为狭隘的片面的教条，似乎它承认唯独经济"因素"才起作用，各种各样的社会生活都应当归结于这个"因素"。这个资产阶级思想家竭力把马克思的革命理论说成是物质进化观，按照这个观点，经济关系的自动发展会排除无产阶级反对资产阶级的阶级斗争。巴尔特企图让读者相信，按照马克思的观点，人只是受经济状况摆布的可怜的机器，而阶级斗争是社会发展的第二性因素。②

社会学的机械折中方法的拥护者巴尔特是"因素论"的积极拥护者之一。他否认那些在社会科学中具有最重要的方法论意义的马克思主义抽象概念（首先像"社会存在"、"社会意识"、"基础"、"上层建筑"一类概念）的科学性，认为马克思主义属于片面的历史理论。这类理论承认社会进步的决定因素是被巴尔特同技术、工艺等量齐观的生产力。③

---

① 《马克思恩格斯全集》第1版第32卷第672页。

② 保·巴尔特：《作为社会学的历史哲学》，1900年圣彼得堡版第338页。

③ 巴尔特写道，承认生活和劳动过程本身即技术过程的经济方面是社会发展的基础，已成为"政党即社会民主党"的理论旗帜，"这种思想几乎已经写入它的纲领，因此一天天在整个西欧和北美燃起燎原大火"。（保·巴尔特：《作为社会学的历史哲学》，1900年圣彼得堡版第323页）

巴尔特写道:"马克思和恩格斯的观点可以直接被看作是经济派概念,而为了把他们的观点与同一派的其他分支加以区别,必须称这些观点为技术经济历史观。"① 巴尔特把马克思主义社会理论歪曲为"技术决定论",实际上否认了正是马克思创立了历史唯物主义的事实。巴尔特认为马克思主义仅仅是历史哲学、社会学,硬说在这一方面马克思和恩格斯也没有创造什么新东西,只是整理了圣西门和路易·勃朗的一些现成的观点。②

巴尔特竭力把马克思主义社会发展理论同孔德的实证论混为一谈。马克思主义关于社会生活的一切方面受经济制约的学说、关于基础决定上层建筑的学说,被巴尔特称之为"社会静力学"③,他认为人类的设施的性质从属于满足人的生物需要的必然性。由此可以看出,巴尔特对经济生活这个概念本身作了唯心主义曲解。经济跟同它不可分割的东西分离了,跟人的劳动活动脱离了,跟阶级斗争对立了。

巴尔特不认真研究像"社会存在"和"社会意识"、"生产力"和"生产关系"、"基础"和"上层建筑"这些历史唯物主义范畴中所反映的现实关系,硬说马克思和恩格斯用这些不同的术语表达的是同一个概念。这一点表现出巴尔特的方法的局限性。用恩格斯的话来说,巴尔特读黑格尔著作是为了"在黑格尔的著作中寻找……谬误的推论和牵强附

---

① 保·巴尔特:《作为社会学的历史哲学》,1900年圣彼得堡版第338页。
② 保·巴尔特:《作为社会学的历史哲学》,1900年圣彼得堡版第323页。
③ 保·巴尔特:《黑格尔和包括马克思及哈特曼在内的黑格尔派的历史哲学》,1890年莱比锡版第41—42页。但是,孔德的这个术语完全不适用于马克思主义,因为在力学方面静力学是关于平衡和静止规律的学说,而马克思主义承认生产方式是社会进步的基础,把生产方式看作是经济和历史发展的动力。

会之处"①来论证他自己的体系。巴尔特无法从黑格尔辩证法的虚假形式下发现真正的天才的内容,无法理解辩证方法的实质。他不理解黑格尔的辩证方法,又对马克思的辩证法置之不顾。他不了解辩证法,就"决不能了解他所论述的那个问题"②,就弄不清楚马克思主义关于经济关系的本质和作用、关于基础和上层建筑的相互作用的学说的深刻性。

巴尔特无中生有地指责马克思鼓吹"经济唯物主义",硬说马克思把经济关系同生产,把生产同工艺等量齐观。他把马克思主义关于社会经济运动、社会经济基础的观点的本质归结为工艺过程、技术的发展,并且一本正经地力图证明,技术、生产工具的改变本身不能解释一切历史事实。

恩格斯揭露了巴尔特的庸俗社会学研究方法在政治上和方法上毫不中用,并且指出:"巴尔特对马克思的批评,真是荒唐可笑。他首先臆造一种历史发展的唯物主义理论,说什么这**应当**是马克思的理论,继而发现,在马克思的著作中根本不是这么回事。但他并未由此得出结论:他,巴尔特,把某些不正确的东西强加给了马克思,相反的,却得出结论说,马克思自相矛盾,不会运用自己的理论!'咳,这些人哪怕是能**读懂**也好啊!'——遇到这类批评时,马克思是这样感叹的。"③

马克思和恩格斯赋予"生产"这个术语以广泛的意义,把它理解为人与自然的相互作用的整个过程,从来没有把它只限于技术的进步。生产工具的改变通常总是伴随着物质生活条件的改变。例如,工业革命导致无产阶级的出现,把社会划分为资产阶级和无产阶级。④ 同时,由

---

① 《马克思恩格斯全集》第 1 版第 38 卷第 202 页。
② 《马克思恩格斯选集》第 1 版第 4 卷第 474 页。
③ 《马克思恩格斯全集》第 1 版第 38 卷第 124 页。
④ 《马克思恩格斯选集》第 1 版第 1 卷第 214—216 页。

于马克思和恩格斯是从人的合理活动（人与动物的主要区别）出发的，所以他们不忽视地理环境、人口密度、种族特点的作用。他们只是强调，在所有这些成分中起决定作用的是生产。人的文化历史只是从人不再满足于掌握现成的自然物而开始生产他所需要的消费品时开始的。

马克思主义经典著作家详细地阐述了地理环境、人口、种族特点在社会发展中的作用。但同时他们总是强调生产、生产力和生产关系的决定作用，认为它们最终决定历史的进步，包括改变人的本质及其环境。

但是巴尔特不下工夫仔细研究马克思和恩格斯的著作，探讨马克思主义理论的实质，而闭着眼睛硬说马克思主义只承认经济环境，忽视"一开始就在人的周围的东西，即自然，以及后者在人的身上表现为思想的东西"①。按照巴尔特的说法，马克思的历史观点不能称为唯物主义的，因为它忽视像地理环境、种族之类的物质因素。② 巴尔特不能理解自然与人、自然与社会的相互关系的辩证法，认为与一系列其他现象（人周围的自然、作为生物个体的人）相联系的复杂的社会机体直接地、唯一地服从于地理条件、人的生理和心理的特点、人的本质。③ 这是公开鼓吹历史唯心主义，鼓吹早在18世纪就流行过的唯心主义社会发展观点。巴尔特不能理解这样一条真理：既然生产过程是人与自然之间进行的过程，它的一般因素对它的发展的一切社会形式来说都是同样的。但是这种过程的每一个特定的历史形式继续发展它的物质基础和社会形式。人类的文化历史就是人从自然的奴隶变为自然的主人的不断发

---

① 保·巴尔特：《作为社会学的历史哲学》，1900年圣彼得堡版第372页。
② 巴尔特写道："马克思的历史理论自称是唯物主义的，但是它完全忽视许多物质因素（例如，气候和种族）。"（保·巴尔特：《黑格尔和包括马克思及哈特曼在内的黑格尔派的历史哲学》，1890年莱比锡版第58—59页）
③ 保·巴尔特：《作为社会学的历史哲学》，1900年圣彼得堡版第373页。

展的过程。这个历史依赖于生产过程、生产力的不断进步、劳动生产率的提高。这一切（特别是在一开始的时候）当然取决于地理环境和社会发展的其他物质条件。但是，生产在它的发展过程中在很大程度上影响着这个环境，改变着这个环境并使这个环境屈从于人。在劳动过程中自然力的作用不论有多么大，比较复杂的和发达的社会形式都是作为生产发展的结果而出现的。

巴尔特为了伪造马克思主义，把马克思主义唯物主义贬低为历史的唯物主义。而他又把这种唯物主义歪曲为庸俗社会学，以便用它推翻整个马克思主义。弗·梅林在批判这位莱比锡教授的专著《历史唯物主义》（1893年）中写道，巴尔特的这种手法在某些社会民主党思想家的头脑中造成许多混乱。这些人根据各种各样的资产阶级转述来了解马克思主义，并倾向于折中主义或与此差不多的理论修正主义，不愿意承认这样的一个显而易见的事实：在马克思和恩格斯看来，唯物主义**自然**说像唯物主义**历史**说一样，是正确世界观的必要部分。后来，列宁写道：实际上，不能不看到"意识总是**反映**存在"这一"整个唯物主义的一般原理"同"社会意识**反映**社会存在这一历史唯物主义的原理"有"直接的和**不可分割的联系**"。①

为了用马克思主义哲学来表达历史过程的物质基础的本质和作用，制定出这样一些概念，如"社会存在"、"社会物质生活条件"、"生产方式"、"生产力"、"生产关系"、"经济基础"。这些概念同属一类，但不是同一范畴。分不清楚这些范畴中的共性和个性，就会导致对马克思主义的伪造。历史唯物主义教导我们，虽然技术、生产工具的发展是社会生活一切改变的最终原因，但是还存在其他一些能够影响该国和该民族内部的物质条件各种关系的原因。有时技术、生产的改进并不直接

---

① 《列宁全集》第2版第14卷第341页。

影响生活的社会政治方面。这就是为什么马克思和恩格斯在承认生产工具、技术的本原的决定性作用的同时，又认为作为基础的物质经济关系的改变是历史变化的主要原因。

在恩格斯批判的那本书中，巴尔特只是顺便提到关于马克思主义的经济观点、关于经济在社会发展中的本质和作用等问题。而对这些问题，巴尔特在《作为社会学的历史哲学》一书（1897年）中作了较为详细的和明确的解答。这本书是这位社会学家对1895年发表的恩格斯1890年10月27日致施米特的信的某种反应。巴尔特的这个大部头著作重复并且在许多地方补充了他的头一本著作。但是，巴尔特在这本书中的整个言论表明，他没有能力理解马克思在揭示历史唯物主义基本范畴中运用的深刻的辩证法。巴尔特首先把生产关系、社会经济结构的本质问题弄模糊了。同时，他处处竭力证明，似乎这是在不同时期使用不同术语来表示经济基础的马克思主义奠基人本身的缺点。巴尔特把恩格斯同马克思对立起来，把恩格斯同恩格斯对立起来。例如，他硬说，从《反杜林论》开始，特别是在《家庭、私有制和国家起源》一书中，恩格斯到处扩展马克思主义的概念"经济结构"，超出了纯粹从技术生产方面来理解这一概念的界线。

在解决与无产阶级解放斗争和建立关于社会的真正科学有关的任务中，在与形形色色的马克思主义伪造者的斗争中，恩格斯对马克思关于社会生活受经济制约的学说作了一定的更正。恩格斯证明，实际生活的生产和再生产仅仅**归根到底**是决定性的因素。所谓"归根到底"的意思，不是说所有社会现象径直地直接地决定于生产。阶级斗争和其他社会关系起着巨大的作用。这样，某一个民族的社会制度，特别在它发展的早期，除了经济基础，还包括其他许多关系，在这些关系中，例如家族关系就起着远非无足轻重的作用。

巴尔特把唯物主义历史观的最重要的问题上的这种新提法和新发展

说成是恩格斯"改变了信念",并以此证明马克思主义的历史唯物主义范畴不科学。巴尔特不理解恩格斯对马克思的社会理论的创造性发展,硬说马克思的伟大战友和无产阶级世界观的奠基人唯心主义地把历史规律归根到底归结为自然规律。

巴尔特把以抽象的形式表现现实活动的十分确定的方面最重要的历史唯物主义范畴仅仅看成是一种抽象概念,并把这些抽象概念看成是表示同一个概念的不同术语。

在巴尔特的书中有一种明显的倾向,就是把社会经济结构、基础同生产力、劳动过程的形式混为一谈。巴尔特用**如何**获得、用什么工具获得的问题代替**谁**掌握生产工具和生产资料的问题。这是在使用劳动工具即技术的过程本身中发生的所谓工艺生产关系。巴尔特根本不使用"生产关系"这个概念,只是说一定的"生产形式"。① 他把生产规则、不同生产部门之间的相互联系这样一些关系包括在所谓"生产形式"中,"因为'经济结构'这种用语不能作别的解释"②。按照巴尔特的说法,关于经济结构、社会基础是什么的问题,无需争论,因为"经济原则"在与其他原则(例如,意识形态影响,法的、政治的影响)的联系之外似乎是不存在的。

巴尔特无法隐瞒马克思和恩格斯关于意识、有意识的活动在社会发展中的作用的许多论述,就说这些论述是同整个马克思主义唯物主义观点相矛盾的。首先,恩格斯关于历史唯物主义的书信就是被这样看待的。按照巴尔特的说法,与"社会静力学"不同,"社会动力学"包括意识、整个上层建筑对经济运动的反作用在内,在马克思主义中没有得到充分的阐述。"在马克思和恩格斯那里,完全没有指出过意识形态对

---

① 保·巴尔特:《作为社会学的历史哲学》,1900年圣彼得堡版第337页。
② 保·巴尔特:《作为社会学的历史哲学》,1900年圣彼得堡版第334页。

国民经济的反作用。"① 同时，巴尔特还断言，马克思和恩格斯似乎从来没有证明社会发展的意识形态形式受经济制约（不仅没有证明宗教和哲学受经济制约，而且极其不能令人信服地把政治和法说成是经济）。巴尔特硬说马克思主义把思想看作是某种消极的东西，看作"仅仅是形式和外衣"②，认为社会学的任务在于，不抱任何成见地确定经济因素在历史中的相对作用。"经济先于政治，这无论在历史初期和以后都无法证明，不如说，在这两个生活领域之间存在最密切的相互作用，而这种相互作用决不能说明一个是基础，另一个是上层建筑的比拟说法是正确的。"③

这位资产阶级的十足的奴仆想要消灭唯物主义和唯心主义这两个在哲学中反映社会政党和阶级的现实斗争的基本派别之间的对立。巴尔特为了对抗马克思主义一元论，鼓吹主观唯心主义和折中主义。对他来说，重要的是论证我和非我、主观和客观、意识和存在的不可分割性。为此，他把多样的社会现象归成一堆，对他来说，一切联系都是一回事、一个样。折中主义因素论的拥护者巴尔特提出经济和政治这两个领域的相互作用作为社会理论的决定性基础，以便以后易于偷运资产阶级历史编纂学关于政治的独立性和第一性的基本命题。采取这种态度，就不能不谈论历史过程的唯一规律，就不可能深入研究历史的动力，发现这种相互作用所围绕的轴心。

巴尔特从身心并行论出发，很容易滑到公开的唯心主义观点。

"奴隶制无论在史前时期或在有历史记载以来，在很大程度上最终被判为政治的产物。于是政治就表现为规定经济的东西同时是以最深刻

---

① 保·巴尔特：《作为社会学的历史哲学》，1900 年圣彼得堡版第 350 页。
② 保·巴尔特：《作为社会学的历史哲学》，1900 年圣彼得堡版第 337 页。
③ 保·巴尔特：《作为社会学的历史哲学》，1900 年圣彼得堡版第 52 页。

的和贯穿一切的方式。"① 这位"批评家"在这里没有提供任何新鲜的、独特的东西。他只是重复了恩格斯早在1877年就批判过的杜林的臭名远扬的"暴力论"的老论据和老结论。巴尔特在19世纪末提出关于暴力在社会发展中的决定作用的命题，至少引起了人们的困惑和惊异，因为他不只一次地宣称他熟习马克思主义的一切著作，包括最后期的著作。而在这些著作中，由于估计到新的历史条件，马克思的理论得到了更精确的阐述和进一步的发展（《反杜林论》、《路德维希·费尔巴哈和德国古典哲学的终结》）。如果巴尔特仍把马克思主义理论中显然没有的东西强加给马克思和马克思主义理论，这就不能用无知来解释了。巴尔特站在资产阶级立场上来"批评"马克思主义的"谬见"。对他来说，不存在一切真正学者的那种客观需要：在同对手争论之前，应当能够正确地传达对方的观点。而这就首先必须多少完全地理解对方的观点。但是在巴尔特出来讲话的时期，几乎不可能有反马克思主义的言论是以深刻理解马克思主义著作为基础的。因此"批评"总是粗暴的、无知的。"就拿论述马克思的那一部分②来看，那里出现的极其严重的错误用什么理由可以解释呢？对于一个读过我的《反杜林论》和《费尔巴哈》（在这两本书中对这些错误都充分予以防止）的人来说，几乎所有这些错误都是不可理解的。"③ 恩格斯把"批评家"的一切牵强附会和歪曲同他自己的和马克思的原著加以对照，得出结论说，这一切不能用作者的无知和局限性来解释，而纯粹是蓄意的和有意识的歪曲。

对巴尔特来说，不存在真实的历史、也不存在他不愿意接受其观点

---

① 保·巴尔特：《作为社会学的历史哲学》，1900年圣彼得堡版第48—49页。
② 指保·巴尔特《黑格尔和包括马克思及哈特曼在内的黑格尔派的历史哲学》一书中的一部分。
③ 《马克思恩格斯全集》第1版第39卷第373页。

的其他学者对历史的研究。恩格斯说，他像一个律师一样，避而不谈对他不利的东西，而引证一些与案件无关的东西。这位莱比锡教授考察了几个历史上的实例，就得出结论说，经济对政治起决定的、规定的作用的命题，不论在历史初期还是后来都无法得到证明。巴尔特企图用古代世界历史的个别例子（那时尽管统治阶级轻视体力劳动，但是艺术、政治等等都是很繁荣的）来论证他的那个不能把马克思主义关于经济在社会发展中起决定作用的学说运用于整个历史的论断，证明政治、意识形态的绝对独立性。在这里，巴尔特有意识地犯了两个重大错误。巴尔特引用早已被马克思批判过的美国的德国前辈的论据[①]，首先把历史唯物主义原理只运用于人类历史的一个小的片断——资本主义，否认历史唯物主义的普遍性，否认它的方法论性质。其次，他实际上把奴隶占有者赋予自由民不屑于干的体力劳动的道德意义和不同社会经济形态中的生产方式的实际作用混淆了。经济在任何地方都是基础、社会发展的决定性力量。以天才人物德谟克利特、赫拉克利特、柏拉图、亚里士多德、埃斯库罗斯和索福克勒斯等人为代表的希腊艺术和哲学的辉煌的繁荣时

---

① "……借这个机会，我要简短地回答一下美国一家德文报纸在我的《政治经济学批判》一书出版时（1859年）对我的指责。……可是据上述报纸说，这一切提法固然适用于物质利益占统治地位的现今世界，但却不适用于天主教占统治地位的中世纪，也不适用于政治占统治地位的雅典和罗马。首先，居然有人以为这些关于中世纪和古代世界的人所共知的老生常谈还会有人不知道，这真是令人惊奇。很明白，中世纪不能靠天主教生活，古代世界不能靠政治生活。相反，这两个时代谋生的方式和方法表明，为什么在古代世界政治起着主要的作用，而在中世纪天主教起着主要作用。此外，例如只要对罗马共和国的历史稍微有点了解，就会知道，地产的历史构成罗马共和国的秘史。而从另一方面说，唐·吉诃德误认为游侠生活可以同任何社会经济形式并存，结果遭到了惩罚。"（《马克思恩格斯全集》第1版第23卷第99页脚注）

期在奴隶劳动、农业手工业经济中有广泛的基础。而且奴隶占有者在他们对待体力劳动的态度上的道德本身也曾经是奴隶占有制生产方式的反映。在奴隶占有制下奴隶只是会说话的工具。

巴尔特关于经济和法、经济和道德的相互作用的议论也是没有根据的。国家制度、法体系和一切意识形态观念的形式的表面的独立性把巴尔特弄糊涂了。他特别激烈地反对马克思主义关于像宗教、哲学这样的高级意识形态形式受经济制约的学说。巴尔特写道，马克思主义用经济制约性来解释一切的"奢望"是没有任何根据的，因为到目前为止（这是在《反杜林论》和《路·费尔巴哈》等马克思主义基本哲学著作出版以后写的）似乎还没有什么著作提出宗教和哲学作为"决定于经济基础"的意识形态，是从属于经济发展的。另外，按照巴尔特的说法，似乎在马克思和恩格斯的著作中常常可以看到一些同他们关于经济和政治、基础和上层建筑相互作用的理论相矛盾的历史事实。

例如，巴尔特说，在宗教和经济的相互关系中宗教对经济发展的深刻影响是比较明显的。在各族人民生活中"宗教到处是占统治地位的，而不是第二等的因素"。"宗教就其起源来说是远离经济的。马克思只是硬说经济后来对宗教能够发生影响，但是没有在任何地方加以证明，这一点是不能排除的。实际上我们认为这种影响是不大的……"①

为了答复这一类唯心主义低劣作品，马克思在《资本论》中写道："工艺学会揭示出人对自然的能动关系、人的生活的直接生产过程，以及人的社会生活条件和由此产生的精神观念的直接生产过程。甚至所有抽掉这个物质基础的宗教史，都是非批判的。事实上，通过分析来寻求宗教幻象的世俗核心，比反过来从当时的现实生活关系中引出它的天国形式要容易得多。后面这种方法是唯一的唯物主义的方法，因而也是唯

---

① 保·巴尔特：《作为社会学的历史哲学》，1900年圣彼得堡版第55页。

一科学的方法。"① 马克思和恩格斯写道，应当抛弃只是把宗教看成是一般意识形态的泛泛议论，而应当具体分析宗教形式的发生、发展和演变的原因，弄清宗教形式的本质和特点。

马克思和恩格斯认为，宗教是一种幻想的反映，在这种反映中，"人间的力量采取了超人间的力量的形式"②。他们证明，宗教早已产生在无阶级社会，也就是产生在还不具备奴役人（一个阶级统治另一个阶级）的经济关系的条件下。但是不应当由此得出巴尔特匆忙得出的结论：在无阶级的原始社会的条件下宗教没有经济根源。正如恩格斯指出的，宗教在远古时代产生的条件正是社会经济发展的极其低下的水平"否定性的经济基础"③。大家知道，原始的宗教反映着自然界的自发力在意识形态上对人的统治。但是这种统治本身不决定于自然的需要，而决定于经济上的需要，而经济上的需要"愈来愈是对自然界的认识进展的主要动力"④。自然界的自发力统治人是由于社会生产力的不发展。生产力的不断发展——这就是把人从统治他的自然界的自发力下面解放出来，最后确立人对自然界的统治。

这是马克思主义宗教观点同马克思主义以前的唯物主义者的观点不同之处。马克思主义以前的唯物主义者可以谈自然力对人的统治，自然力造成恐惧而产生宗教，而完全忽视了自然界的自发力对人的统治本身在历史上的暂时性质。

宗教受经济制约还不限于这一点。除了上述原因外，从出现阶级社会时起，宗教具有了新的经济根源，宗教在社会发展的自发力对人的统

---

① 《马克思恩格斯全集》第 1 版第 23 卷第 410 页脚注。
② 《马克思恩格斯选集》第 1 版第 3 卷第 354 页。
③ 《马克思恩格斯选集》第 1 版第 4 卷第 484 页。
④ 《马克思恩格斯选集》第 1 版第 4 卷第 484 页。

治中，在对抗关系的统治中，在一个阶级对另一个阶级的统治中找到这种根源。恩格斯指出，很显然，经济对宗教发展的这种影响不是直接的。恩格斯写道："宗教一旦形成，总要包含某些传统的材料，因为在一切意识形态领域内传统都是一种巨大的保守力量。"① 经济不是直接地创造这样或那样的宗教观念，而只是归根到底决定着在宗教观念材料中发生的变化，即从原始时期开始历史地形成的种种偏见的改变。

以宗教为例，恩格斯在与巴尔特之流的论战中证明，历史唯物主义的任务不在于把意识形态形式归之于经济，而在于归根到底从经济发展中引出意识形态形式作为经济本身的发展、社会生产力的表现。大家知道，马克思早在《关于费尔巴哈的提纲》中就反对把复杂的事物简单化的机械观点。马克思在1845年指出，路·费尔巴哈把宗教归结为它的世俗的基础并不能解决这个问题本身。问题不在于揭示宗教的世俗内容，而在于弄清楚，为什么从这个世俗的基础上产生出这样的虚幻的世界图景。应当明白，这个分为现实的和宗教的两重世界的本质是什么。在这里光谈经济原因是不够的。

巴尔特对马克思主义关于基础和上层建筑的学说本质的有意歪曲，特别表现在他对哲学和经济之间的相互关系的分析上。巴尔特自命不凡地写道，他不得不逐字地在马克思的科学著作中寻找哲学对经济变化的从属性的例子，似乎他在马克思主义奠基人的一切著作中能够找到这种从属性的唯一的一个例子，"就是笛卡尔宣称动物是机器"②。巴尔特歪

---

① 《马克思恩格斯选集》第1版第4卷第253页。

② 保·巴尔特：《作为社会学的历史哲学》，1900年圣彼得堡版第45页。巴尔特完全歪曲了《资本论》第1卷第13章马克思的111注。这个注指出："按照笛卡尔的定义，动物是单纯的机器，他是用与中世纪不同的工场手工业时期的眼光来看问题的。在中世纪，动物被看作人的助手。"

曲事实,嘲笑马克思主义的"贫乏"。他认为马克思主义之所以"贫乏",是因为马克思和马克思主义者热衷于"社会静力学",把它当作对社会生活的唯一解释。在他看来,马克思似乎极端夸大了经济在历史发展的一切表现、特别是最崇高的表现的形成中的作用,硬说这种作用是"唯一能解释一切的原因"①。

恩格斯尖锐地批判了巴尔特这个"狭隘的历史学教授"对马克思主义关于哲学和经济的相互关系的学说的歪曲。笛卡尔在关于动物是机器的学说中反映了资本主义生产方式发展中工场手工业时期的特点,这一点并不意味着这个伟大的笛卡尔主义者的哲学体系只是资产阶级经济的成果。笛卡尔的哲学和学术思想还受到他的前辈的哲学体系和学术发现的很大影响。

庸俗论者要求马克思及其拥护者纯粹从经济方面来论证任何意识形态的东西,恩格斯讥笑了这种荒谬的主张。意识形态、它的一切形式的发展不能只用经济关系来解释。哲学与阶级斗争、与社会经济发展的联系是很复杂的,这种联系常常不能一下子和直接地发现。恩格斯指出,巴尔特把马克思变成一个只承认"社会静力学"和似乎否认受经济发展制约的各种意识形态领域对历史有任何影响的平庸的实证论者,他这样做只是在嘲笑自己、自己的方法、一个唯心主义者和形而上学者的狭隘眼界。

历史的现象不应当看作是独立的因素。它们都是整个历史的一部分。恩格斯教导说,重要的是,任何社会都是现象的总和,一切现象无例外地归根到底都以经济关系的发展所规定的生活的物质过程为基础。为了理解整个生活,光找出经济原因是不够的。恩格斯写道:如果巴尔特"认为我们否认经济运动的政治等等反映对这个运动本身的任何反作

---

① 保·巴尔特:《作为社会学的历史哲学》,1900年圣彼得堡版第48页。

用，那他就简直跟风车作斗争了。他只须看看马克思的《雾月十八日》，那里谈到的几乎都是政治斗争和政治事件所起的**特殊**作用，当然是在它们**一般**依赖于经济条件的范围内，或者看看《资本论》，例如关于工作日的那一篇，那里表明立法起着多么重大的作用，而立法就是一种政治行动。或者看看关于资产阶级的历史的那一篇（第二十四章）"①。

反对德国"青年派"修正主义的斗争

在"青年派"的思想领袖当中，特别突出的是柏林组织的领导人：**保尔·恩斯特**，他同时又是在德国社会民主党报刊上撰文的著名剧作家和文艺评论家；**保尔·康普夫麦尔**，是研究国民史、工人运动史和工人政党史的；**汉斯·弥勒**，德国新闻工作者和著作家，多年从事合作运动问题的研究；**麦·席佩耳**等人。恩格斯指出，所有这些"聪明透顶的博士"加入党，是为了在发行量很大的一些新报纸的编辑部中占个位置，成为党的领袖和理论家，甚至把社会主义运动纳入他们所希望的轨道。恩格斯气愤地写道，他们把资产阶级大学当作社会主义的圣西尔军校，"带着军官官衔甚至将军官衔"加入党的行列。②"青年派"大都出身于资产阶级，在无产阶级运动最兴盛时期参加进来，身上带着资产阶级意识的残余、成见，不可能无条件地掌握工人阶级的科学世界观。因此，他们尽管主观上是些有才干的人，但客观上却是党内小资产阶级情绪的体现者。这就是他们的危险性、软弱性和错误的根源。恩格斯指出，但是"青年派"出现的危险性不仅在于党内形成了小资产阶级社会主义

---

① 《马克思恩格斯选集》第 1 版第 4 卷第 486 页。
② 《马克思恩格斯全集》第 1 版第 37 卷第 446 页。

派别。在德国这样一个小市民阶层"根深蒂固"的国家,这一点并不意外,也不那么危险,因为小资产阶级派别"在下次选举时可以当做破烂废物扔掉"①。

恩格斯警告说,更大的危险性在于,"傲慢的文学家们"虽然受过高等教育,但很不熟悉无产阶级政治斗争的实际条件,把马克思主义加以庸俗化和简单化,往马克思主义著作中偷运唯心主义观点。"青年派"加入党是为了教育工人,而自己并不打算学习马克思主义,把马克思主义同无产阶级的革命斗争结合起来。对马克思主义思想理解极为肤浅的"青年派"领袖企图同意从大学教科书中学来的各种各样的资产阶级和小资产阶级的思想。他们把马克思主义的理论同工人运动的实践割裂开,不能估量客观因素的相对份量、斗争着的力量的对比。"青年派"领袖们急忙用他们从大学院墙里搬运出来的零碎知识拼凑自己的科学,立刻"想用这种科学去教育别人",打算仅仅借助于革命的词句和"通过党的刊物来指挥党"②。

"青年派"思想家自称为马克思主义的"拥护者"和"朋友",但是对马克思主义的理解却非常刻板。他们没有掌握马克思主义哲学的基本点唯物主义辩证法。因此,他们以为马克思的历史唯物主义就像庸俗唯物主义者欧根·杜林所歪曲地机械地形而上学地解释的那样。"青年派"的理论观点的特点是机械论、同唯心主义相结合的宿命论。

这种理论观点最为明显地表现在保·恩斯特的《关于马克思主义的危险》一文(1890年9月27日发表在《柏林人民论坛》)中。作者在这篇文章中不加批判地接受和宣扬了"从形而上学者杜林那里学来的荒谬论断,说什么在马克思那里历史是完全自动地形成的,丝毫没有(正

---

① 《马克思恩格斯全集》第1版第22卷第99页。
② 《马克思恩格斯全集》第1版第22卷第99页。

是创造历史的）人的参与，并且说什么经济关系（但是它们本身就是人创造的！）就像玩弄棋子一样玩弄这些人"①。社会发展中的决定论的科学原则被"青年派"降低为庸俗理论——社会宿命论。证明社会存在和社会意识的辩证相互作用的马克思主义理论被他们当成抽象的公式，似乎一切都服从于一个原则——经济条件的单方面的作用。

反对派思想家的观点，不管他们的主观意图如何，实际上只是马克思主义理论在资产阶级著作中的反映。他们鼓吹"经济唯物主义"，忽视和直接否认历史过程的主观方面的意义，实际上是忽视无产阶级阶级斗争的作用，企图使无产阶级的全部活动服从于资本主义的利益。为此目的，他们力图首先在无产阶级心目中败坏政治斗争的必要性，使无产阶级的活动局限于经济斗争。他们竭力贬低无产阶级意识形态斗争、理论斗争的作用。所以，"青年派"的理论立场（公式主义、宿命论）是他们的政治策略立场的反映，是他们相信社会发展和工人运动的自发性的反映。

在党应当按变化了的条件制订相应的策略的时期，同一切倾向作原则的和始终不渝的斗争是维护和必须巩固党作为能够引导群众胜利进行社会主义革命的战斗革命力量的第一个最重要的条件。恩格斯无论在理论方面和实际活动方面都给予"青年派"的一切报刊以毁灭性批判。"在理论方面，我在这家报纸上看到了……被歪曲得面目全非的'马克思主义'，其特点：第一，显然不懂他们宣称自己在维护的那个世界观；第二，对于在每一个特定时刻起决定作用的历史事实一无所知；第三，明显地表现出德国文学家所特具的无限优越感。"②

---

① 《马克思恩格斯全集》第 1 版第 22 卷第 97—98 页。
② 《马克思恩格斯选集》第 1 版第 4 卷第 269 页。

与此同时,恩格斯指出,"青年派"的教条主义和修正主义不仅是理论上的错误问题,而且是一个敌视工人阶级利益的政治立场问题。恩格斯揭露了反对派领袖们的野心,指出:"在我们党内,每个人都应当从当兵做起;要在党内担任负责的职务,仅仅有写作才能或理论知识,甚至二者全都具备,都是不够的;要担任领导职务,还需要熟悉党的斗争条件,掌握这种斗争的方式,具备久经考验的耿耿忠心和坚强性格,最后还必须自愿地把自己列入战士的行列中。"① 恩格斯在《给〈萨克森工人报〉编辑部的答复》中提出了一个在现代条件下仍有很大意义的问题,即关于党的社会成分和革命群众跟党的"右"和"左"翼领袖之间的区别问题。恩格斯号召德国社会民主党马克思主义核心的领导人在反对派的策略错误还没有被广大群众觉察的时候要坚决反对这些策略错误。恩格斯写道,如果把"青年派"的"拿下障碍物"的狂妄想法"搬到现实中来,则可能把一个甚至最强大的、拥有数百万成员的党,在所有敌视它的人们完全合情合理的哈哈大笑中毁灭掉"②。

虽然把意识形态归结于经济的形而上学方法完全违反历史唯物主义,但是许多所谓的马克思主义的"朋友"和"拥护者"却把马克思主义历史观看成是能够应用于一切具体的社会事实的万能药方和公式。这一点特别明显地表现在"青年派"最突出的代表人物保·恩斯特的言论中。恩斯特从鼓吹"经济唯物主义"开始,不久即转到康德主义。在这个机会主义小集团中,正是保·恩斯特受到恩格斯的批评最激烈。恩斯特像"青年派"的所有领袖一样,都是资产阶级和小资产阶级在工人运动中的代表,他们从不懂和不认识马克思主义开始,最后走上公

---

① 《马克思恩格斯选集》第1版第4卷第270页。
② 《马克思恩格斯选集》第1版第4卷第269页。

开地有意地歪曲马克思主义的道路。最初，像保·恩斯特这样一些活动家的错误还可以认为是"由于没有领会众所周知的理论真理，或者由于像小孩子那样生硬地，像小学生那样盲目地乱套这些真理"①。但是后来这一点不可避免地导致同敌视工人阶级的资产阶级意识形态合流。

在19世纪90年代，在德国社会民主党刊物上曾经广泛讨论一些文学问题，特别是与著名作家提出的那些社会问题有关的文学问题。在"青年派"的文学社会刊物《自由论坛》上曾经广泛讨论当时流行的挪威剧作家亨·易卜生和瑞典作家奥·史特林堡的作品。

在这两位民族文学大师的叛逆作品中，"青年派"反叛首领力图首先利用个人主义的、无政府主义的、甚至神秘的倾向来反对党的领导。他们推崇易卜生、史特林堡以及其他当时出名的作家的那些赞颂单个强大的个人、个人优越于群氓的作品。"青年派"在他们的文章中以对这些作家的创作、他们的个别作品进行文艺批评为名，竭力否定党的领导作用，夸大"自由的"个人的作用，轻视组织在严格集中的工人党里的"盲从的、在党的人"。

这个刊物也讨论一些大作家提出的其他社会问题。许多参加易卜生作品讨论的人所注目的最重要的问题是妇女解放问题。某些参加者对这个问题的解释非常简单化。例如《自由论坛》编辑海·巴尔、文艺评论家勒·玛尔戈尔姆认为"妇女问题"是一个不以社会条件为转移的"永恒"的生物学问题。

被认为是优秀的易卜生作品通之一的保·恩斯特反对上述观点。恩斯特正确地指出，妇女运动像许多其他社会现象一样首先是社会发展的产物，但是他极其简单地认为，妇女问题的解决是生产关系发展的自发

---

① 《列宁全集》第2版第27卷第19页。

结果。他写道:"毫无疑问,妇女问题像所有'问题'一样要靠生产关系的一般发展自行解决。"①

对历史唯物主义理解很肤浅又不懂辩证法的恩斯特,企图单单用经济因素的自动作用来解释社会发展的复杂过程。恩斯特以及类似的"理论家"把马克思主义的历史方法变成死板公式、纯粹的词句、万应灵药。这一切造成的结果是,恩斯特不顾具体的历史特点,把斯堪的纳维亚半岛的妇女运动整个问题及其在文学著作特别是在易卜生的剧本中的表现归入他所熟悉的德国小市民的范畴。他直接从经济中引出社会意识的各种形式,而不去分析基础和上层建筑之间、社会意识的各种形式之间的复杂的相互作用,忽视意识形态的相对独立性,不注意艺术、文学、社会一般精神生活发展的特点。这种对方法论的庸俗化如此显而易见,以致海尔曼·巴尔在《马克思主义的模仿者》一文中尖锐地嘲笑恩斯特说,他打着马克思的旗号,实际上把历史唯物主义的"批判方法"变成"教条主义定理"。②

马克思和恩格斯不止一次地警告不要死搬硬套唯物史观的原则;他们教导人们不要把他们发现的方法当作教条使用,而应当当作研究历史的引路线。否则,正如马克思和恩格斯常常指出的,辩证法就会变成它的反面,变成从外部强加于事实的先验的结构,也就是变成与辩证唯物主义和历史唯物主义毫无共同之处的唯心主义公式。但是不愿学习马克思主义的恩斯特不重视这些警告。

恩斯特就海·巴尔的这篇文章给恩格斯写了一封信(1890年5月31日),信中说:"由于许多原因,我很想知道,巴尔的指责是否正确,

---

① 《自由论坛》1890年5月14日第15号。
② 《自由论坛》1890年5月28日第17号。

马克思是否对妇女问题有另外的看法，或者更确切地说，他在这种情况下会怎样想……首先，因为我也在其他刊物上（例如在《社会民主党人》上）维护自己的观点和类似的东西，如果它们不正确，会造成有害的影响。"①

为了答复恩斯特的这个问题，恩格斯在1890年6月5日写了一封著名的信，对"青年派"集团中的德国文学家们的这位头目的基本错误进行了严厉的批评。从这封回信中可以看出，恩格斯不仅很熟悉恩斯特反驳巴尔的文章，而且还很熟悉他发表在《社会民主党人》和《新时代》上的其他文章。恩格斯首先指出恩斯特对马克思主义的研究方法采取的纯粹机械的教条的态度。他说："至于谈到您用唯物主义方法处理问题的尝试，那么，首先我必须说明：如果不把唯物主义方法当作研究历史的指南，而把它当作现成的公式，按照它来剪裁各种历史事实，那末它就会转变为自己的对立物。"②恩格斯解释说，历史唯物主义用研究社会生活的真正科学的方法武装学者，使他了解社会发展的最一般的规律，同时要求具体研究历史事实、它们的特殊性的表现，而决不能为了制订某种一般的历史公式而忽视它们的特点。恩格斯强调历史唯物主义的方法和理论的一致性，从而指出，决不能形而上学地把理论解释为一劳永逸地提供出来的关于人类历史过程，它的过去、现在和未来的知识总和。否则，就会抛弃历史唯物主义理论同唯物辩证法的不可分割的联系，结果不仅歪曲了理论，而且也歪曲了马克思主义关于社会的科学的方法。

恩斯特在其活动的初期，作为庸俗理论"经济唯物主义"的拥护

---

① 苏联《文学遗产》1931年第1期第12—13页。
② 《马克思恩格斯全集》第1版第37卷第410页。

者，认为社会发展的一切规律只是资本主义经济力量的不幸的后果。恩斯特把历史唯物主义当作刻板公式，甚至非常机械地去理解像艺术作品这样的特殊现象，认为它直接来自"时代"的经济发展。恩斯特忽视在具体条件中研究艺术家作品的必要性，把作品同作者所属的那个阶级的活动和世界观联系在一起。例如，恩斯特认为，易卜生作为小资产阶级的代表不可能跳出小市民思想的框框，所以他竭力证明这位作家必定只是在自己的阶级观念中兜圈子。"这个小市民的辩证法——就是咬自己尾巴的小猫。"① 恩斯特机械地解释作家和阶级的相互关系。经济作用的这种宿命的、几乎是神秘的不可避免性在恩斯特那里成为否认整个思想斗争、包括文学艺术当中的思想斗争的遁词。恩斯特忽视具体研究历史事实的必要性，认为不这样做历史唯物主义"也能够解决一切历史问题"②。恩斯特在研究易卜生的作品时用一般社会学公式来代替对挪威历史的具体分析，否认历史科学的特点，把挪威小市民同德国小市民同等看待。恩斯特机械地把堕落的德国小市民的胆怯、无原则、毫无首创性之类的狭隘特点强加给挪威小资产阶级及其文学家。

恩格斯在给恩斯特的信中指出，他的最大的方法上的错误是在研究像易卜生这样作家的作品受什么阶级决定的问题上采取非历史的抽象的刻板的态度。恩格斯写道："您把整个挪威和那里所发生的一切都归入小市民阶层的范畴，接着您又毫不迟疑地把您对**德国**小市民阶层的看法硬加在这一挪威小市民阶层身上。"③

---

① 保·恩斯特：《亨利希·易卜生的海上的女人》第 1 卷，载《新时代》1889—1890 年第 43 页。

② 保·恩斯特：《亨利希·易卜生的海上的女人》第 1 卷，载《新时代》1889—1890 年第 43 页。

③ 《马克思恩格斯全集》第 1 版第 37 卷第 410 页。

恩格斯尖锐地批判了在历史和艺术领域里对马克思主义的这种歪曲。他在1890年10月5日党的中央机关报上发表的《答保尔·恩斯特》一文中，把恩斯特的机械方法看成是"青年派"混乱的不稳定的无政府个人主义反对派的共同的方法。"这个人竟能把杜林这样的敌人对马克思理论所作的歪曲同这个理论本身混为一谈，让别人去帮助他吧，我可不干这种事。"① 恩格斯继而写道，这就是"为什么我竭力反对把我同属于这类集团的分子混在一起"②。

恩格斯在他的著作中证明，恩斯特的折中主义机械论的方法是文学方面以至政治方面的错误论点的系统化。看来，对纯理论基础的歪曲实际上是意味着贬低意识和群众政治积极性的作用，推崇经验主义、自发性，把社会主义变为自由主义。因此，恩格斯指出，庸俗社会学研究方法不仅在方法论上是成问题的，而且在政治上是有害的。"青年派"在政治上和文学上的立场是密切相联的。这种方法的拥护者对最一般的事物视而不见，在估价经济的或政治的状况时不能不偏不倚地酌量该事实的相对意义和参与这些事实的力量的大小。恩格斯指出，对德国青年作者（还不只是德国的）来说，"唯物主义的"这个概念只是一个术语，一种词句，他们把这种词句运用到一切事物、现象上去，而不下工夫对它们进行深入的、全面的、具体的研究。恩格斯一再地强调，在认识和改造现实的过程中历史唯物主义只应当作指南来使用。要了解历史唯物主义的方法论基础，就必须在具体研究领域方面有广博知识。

为了驳斥恩斯特，恩格斯对当时与德国不同的挪威"小市民"的特点进行了深刻的历史的分析。他在致恩斯特的信中不仅揭露了恩斯特

---

① 《马克思恩格斯全集》第1版第22卷第98页。
② 《马克思恩格斯全集》第1版第22卷第99页。

的言论的公式化、死板和机械论的性质，同时还提供了把历史唯物主义的方法运用于具体文艺批评研究的光辉典范。恩格斯指出，不了解挪威的具体历史、它的特点，就无法明了挪威小市民的思想是怎样形成的，因而也不能正确评价恩斯特所讨论的作家的作品。

恩格斯指出，挪威小资产者、挪威农民的特点首先在于他们从来没有当过农奴。在易卜生创作剧本的时期，挪威小市民的特点是由下面两个最重要的客观情况造成的：第一，在19世纪60至80年代，挪威为自己挣得了当时欧洲最民主的宪法；第二，这一时期在文学领域达到的繁荣，除了俄国没有一个国家能与之相比。"这些人无论是不是小市民，他们创作的东西要比其他的人所创作的多得多，而且他们还给包括德国文学在内的其他各国的文学打上了他们的印记。"①

如果说在德国小市民是"遭到了失败的革命的产物，是被打断了和延缓了的发展的产物"②，那么"挪威小资产者是自由农民之子，在这种情况下，他们比起堕落的德国小市民来是**真正的人**"③。恩格斯考虑到挪威历史发展的所有这些特点，写道："例如易卜生的戏剧不管有怎样的缺点，它们却反映了一个即使是中小资产阶级的但是比起德国的来却有天渊之别的世界；在这个世界里，人们还有自己的性格以及首创的和独立的精神，即使在外国人看来往往有些奇怪。因此，在我对这类东西作出判断以前，我是宁愿把它们彻底研究一番的。"④ 恩格斯就是这样举出具体例子来教导人们：除了一般规律还应当如何揭示在一定阶级

---

① 《马克思恩格斯全集》第1版第37卷第410页。
② 《马克思恩格斯全集》第1版第37卷第410页。
③ 《马克思恩格斯全集》第1版第37卷第411—412页。
④ 《马克思恩格斯全集》第1版第37卷第412页。

的一定社会经济发展中，在阶级力量的现实对比中所形成的一些特点。

恩斯特只根据易卜生属于小资产阶级这一点来说明作者创作的社会内容和阶级根源的问题，恩格斯不仅揭露了恩斯特的这种简单化、庸俗化的做法，而且深刻地论证了马克思主义在唯物主义历史观的一些最重要的问题上的观点。恩格斯说明了马克思主义关于意识形态的**阶级性**的学说，提出并解决了一定阶级的观念的思想内容在社会存在的影响下形成的过程的问题。恩斯特认为一切阶级的意识形态都直接来自经济，并且只根据意识形态的作者属于哪个阶级来断定意识形态的阶级性。恩格斯在驳斥这一点时指出，经济本身不能创造任何意识形态，特别是像距离经济最远的艺术活动这样的意识形态形式。

恩格斯发展了马克思关于"不应当认为，所有的民主派代表人物都是小店主或小店主的崇拜人"① 的思想。他指出，一般来说意识形态的阶级性质，具体来说某个艺术家、哲学家、作家的作品的阶级性质，就其内容和形式来说，不决定于作者的出身、地位和个人同情，而决定于他站在什么阶级立场上认识世界，他的作品在客观上巩固了什么阶级的地位。恩格斯在谈巴尔扎克时写道："这样，巴尔扎克就不得不违反自己的阶级同情和政治偏见；他**看到了**他心爱的贵族们灭亡的必然性，从而把他们描写成不配有更好命运的人；他在当时唯一能找到的未来的真正的人的地方**看到了**这样的人，——这一切我认为是现实主义的最伟大胜利之一，是老巴尔扎克最重大的特点之一。"② 意识形态的阶级性并不意味着阶级的物质利益是一切意识形态形式的直接对象和内容。如果事情这么简单，那就不需要分析思想本身，只要作一点阶级和等级"考

---

① 《马克思恩格斯选集》第 1 版第 1 卷第 632 页。
② 《马克思恩格斯全集》第 1 版第 37 卷第 42 页。

证"就够了。只从经济，只从作者的阶级归属着眼，不仅不能说明易卜生的作品，"社会学科学的博士"巴尔扎克的作品（巴尔扎克尽管同情贵族，却现实主义地再现了"七月王朝"的现实），而且也不能了解英国专制王朝，专制制度的拥护者霍布斯为什么成了"第一个现代唯物主义者"，为什么"在从康德到黑格尔的德国哲学中，德国庸人的面孔有时从肯定方面表现出来，有时又从否定方面表现出来"。①

在生活中一切都是复杂的多样的。在研究社会现象时，不应当把它们看作是绝对的矛盾，而应当看作是辩证的统一，并且要坚决地指出历史发展的决定性原因是经济关系。同时，在解决意识形态、一切意识形态形式的发生的问题时，必须不仅看到经济的影响，而且还要看到经济在每一个具体意识形态形式中的特殊反映，看到意识形态的形式不仅同经济相互作用，而且它们自己相互之间也发生作用。只有通过这个办法才能完全揭穿保·巴尔特及其同伙把马克思的历史理论同"经济唯物主义"混为一谈的诡辩手法。

恩格斯通过对易卜生作品的分析和其他具体历史的研究，清楚地证明，要少背历史唯物主义的原理，而应当理解它们的实质，学会运用它们。为此，必须深入研究具体学科，用历史唯物主义观点考察一切历史事实，指出"事物的真正的联系"。

弗·梅林如果不是响应恩格斯的这一号召的唯一的一个德国社会民主党理论家，也是最早的一个。在马克思主义思想的直接影响下，弗·梅林写了《莱辛传奇》（1893 年）。用恩格斯的话说，这本书是对普鲁士地主和德国庸人的一篇极好的诉讼状。

这本书的问世证明，唯物史观"现在终于开始得到恰当的应用——

---

① 《马克思恩格斯选集》第 1 版第 4 卷第 485 页。

作为研究历史的引线来应用"①。恩格斯认为,梅林的重大功绩在于他根据唯物史观改变了传统的德国历史学研究方法。

必须重新研究历史首先有个方法问题。恩格斯在致弗·梅林的信中指出了在研究民族史中运用历史比较法的迫切性。恩格斯发展了马克思关于先进国家给落后民族指路的原理,并以研究德国历史为例指出,运用历史比较法来分析某一时期的一定历史时代的内部规律性,要补之以同先进国家的平行过程进行比较、对比,这样才能更完全、更全面地认识现实。"在研究德国历史(它完全是一篇苦难史)时,我始终认为,只有拿法国的相应的时代来作比较,才可以得出一个正确的标准,因为那里发生的一切正好和我们这里发生的相反。"②

恩格斯号召从无产阶级党性观点出发重新研究整个历史,特别是那些在教育工人阶级的事业中有现实意义的历史问题。在这一方面梅林的著作具有很大的意义。恩格斯写道:"梅林的作品,不管是社论还是他的《莱辛传奇》,我觉得都很出色,使我十分高兴。""他的《莱辛传奇》写得好极了,尽管在某些地方我有不同的看法。"③

弗·梅林《莱辛传奇》这部出色的文艺评论性著作有一篇专门谈哲学的前言——《论历史唯物主义》。这篇文章尖锐地抨击了保·巴尔特对马克思主义进行的资产阶级伪造。梅林依据大量实际材料证明一切意识形态形式对经济发展的依赖性。"无论一切一般意识形态还是美学和文学观点,归根到底都决定于社会的经济结构。"④ 梅林完全按照恩

---

① 《马克思恩格斯全集》第 1 版第 38 卷第 310 页。
② 《马克思恩格斯全集》第 1 版第 39 卷第 97 页。
③ 《马克思恩格斯全集》第 1 版第 38 卷第 484 页,第 39 卷第 78 页。
④ 弗·梅林:《莱辛传奇》,1907 年莫斯科版第 347 页。

格斯的意思写道:"基督教具有纯经济的起源,它曾是社会的、群众性的、世界性的宗教。"①

梅林公正地批驳了巴尔特关于政治是绝对独立的和经济是政治的产物的命题,但并不总是给政治对经济的积极作用和独立性以应有的说明。巴尔特有个唯心主义观点:"某些与经济力量的自由游戏相对抗的正义思想和政治原则,最初出现在英国,而后来,几乎所有其他文明国家都有了保护工人的立法。"②梅林反对这个观点,但在激烈的论战中却站到对政治的积极作用估计不足的立场上去了。他写道:"英国的工厂立法曾经是贵族、资产阶级和无产阶级之间的异常尖锐和长期的阶级斗争的结果,因此,这个立法的根源是经济的,而不是道德的或政治的。至于其余的'文明国家',巴尔特先生哪怕以自己的亲爱的祖国为例也应当知道法的思想和政治原则对经济力量的影响是多么微小。"③

这种对唯物史观的片面解释所造成的结果是,尽管梅林对马克思主义的资产阶级伪造者的批判具有很大的意义,但是他不可能给历史唯心主义连同它独立的思想王国的幽灵以彻底的最后的驳斥。虽然在上述著作中梅林绝非一次地反对把马克思的历史理论同社会发展的宿命论观念混为一谈,但是他本人却在很大程度上带有他自己所反对的公式主义、机械论。

恩格斯力求用现有的一切手段来帮助以马克思主义世界观教育他认为理论水平特别低的年轻一代。总的来说恩格斯是同意梅林的这本书的,但是他也注意到方法论方面的重大缺点。在用马克思主义分析德国

---

① 弗·梅林:《保卫马克思主义》,1927年莫斯科版第63页。
② 保·巴尔特:《作为社会学的历史哲学》,1900年圣彼得堡版第53页。
③ 弗·梅林:《保卫马克思主义》,1927年莫斯科版第57页。

的具体历史时代时,梅林仍旧像马克思主义创始人在创立科学共产主义理论时期所做的那样,保卫马克思主义的主要命题——经济在社会发展中起决定性作用。他为了捍卫马克思主义哲学的一元论,仍旧把决定性的注意力集中在思想起源的问题,即思想和政治的发展依赖于经济的问题上,而忽视了基础和上层建筑的相互作用的另一个最重要的方面:关于思想的**作用**、关于意识形态对经济的积极的反作用的学说。

在90年代,恩格斯让梅林注意,不仅必须全面分析经济,而且必须全面分析社会生活的一切现象,首先必须研究意识形态起源的多样性这个复杂的问题。否则,就无法彻底揭穿"狭隘的教授"巴尔特反对马克思时所采用的用"经济唯物主义"偷换历史唯物主义的欺骗手法。恩格斯指出,这尤其是因为"青年们有时过分看重经济方面"①,他们同马克思在某种程度上都是有过失的。恩格斯还说明了这样强调经济因素的主导作用的原因。在历史唯心主义盛行的时候,马克思和恩格斯为了驳斥论敌,不得不捍卫主要原则、经济关系的决定作用。在这种情况下并不是始终有可能广泛地阐述思想、上层建筑的作用。"起初总是因为内容而忽视形式"②,而在跟唯心主义斗争时期"不是始终都有时间、地点和机会来给其他参预相互作用的因素以应有的重视。但是,只要问题一关系到描述某个历史时期,即关系到实际的应用,那情况就不同了,这里就不容许有任何错误了"③。

但是,恩格斯提出的任务,梅林后来没有能够完成。这无疑是跟梅林本人的方法论上的局限性、他对辩证方法的估计不足、他的观点中的

---

① 《马克思恩格斯选集》第1版第4卷第479页。
② 《马克思恩格斯选集》第1版第4卷第502页。
③ 《马克思恩格斯选集》第1版第4卷第479页。

机械论因素有关系。

恩格斯认为"青年派"修正主义思想根源在于他们不理解唯物主义辩证法，并以梅林、拉法格等人为例指出，甚至第二国际的优秀理论家都不掌握马克思主义方法论的深刻性，不理解马克思主义的实质方面：辩证法和认识论的同一性、方法和理论的一致性，因此他们在自己的历史和理论研究中常常滑到庸俗唯物主义的立场上去。

恩格斯的这些深刻的指示，保·恩斯特并没有接受。1894年《新时代》第2期发表了保·恩斯特对弗·梅林《莱辛传奇》一书的评论文章，标题是《梅林的〈莱辛传奇〉和唯物史观》。恩斯特在这篇文章中攻击这本以大量实际材料清楚、鲜明和科学地论证了德国政治思想运动受经济条件发展所制约的出色的马克思主义著作。保·恩斯特的批判对象是梅林的专论附录《论历史唯物主义》。但这不是对梅林的"谬误"的批判。恩斯特批判梅林的书中的唯物史观，实际上也就否认整个历史唯物主义，否认作为方法和理论的历史唯物主义。

恩斯特由于否定马克思主义，公开地从"经济唯物主义"转到唯心史观的立场上去了。他硬说，在历史上除了经济基础，其他因素，例如"具有非物质基础的纯精神力量"也同样起作用。"对理解艺术和精神生活的其他领域来说，这一点应当成为一条指导性的东西。"① 恩斯特是"多因素论"的拥护者。在社会中"有两个因素共同在起作用，这就是经济关系和、比如说，'人的本质'（这个用语不好，不过我没有更好的）；由于它们的相互作用……产生了后来所有的东西。因此，如果我们想要成为正确的，我们就不应当仅限于客观的生产过程，我们

---

① 《新时代》1893—1894年第2卷第31期第51页。

还应当研究人的'本质'"①。恩斯特指出，社会的经济结构反映在人的意识中，而这种反映远不总是客观的和正确的，所以他得出一个似是而非的，实际上是唯心主义的结论："人的历史行动不是决定于**实在的东西**，而是决定于**似乎实在的东西**。"② 这样，恩斯特就拒绝用唯物主义来解释思想动机，把它们变成独立的、不以客观现实为转移的心理因素，实际上滑到了社会学中的心理生理学的平行论的立场，滑到了承认经济关系和人的本质这两个相互作用而不是相互决定的因素在共同起作用的立场。恩斯特不顾马克思主义辩证唯物主义的一元论，鼓吹社会学的二元论，宣称把一切多样的社会关系归结为唯一的物质基础原则上是不可能的。他企图用来为这种折中主义观念辩解的是康德主义的认识论论据：人不知道有什么，只知道由于人的感觉器官的本质本身而使他感觉到的东西。

不言而喻，这样理解"感觉"和认识最后会导致完全否定恩斯特在他自己的文章中所谈过的社会发展的物质因素。恩斯特的这些康德主义论断证明他已经跟马克思主义哲学完全决裂。然而，恩斯特的文章居然发表在卡·考茨基领导的德国社会民主党中央理论刊物上。诚然，《新时代》编辑部给这篇文章写了按语，声称编辑部不同意作者对梅林的书的意见，刊登他的文章是因为它似乎涉及许多对现代社会主义者有很大意义的问题。编辑部补充说："我们期望这篇文章会引起有趣的讨论。"③

尽管恩格斯发出警告，德国社会民主党和第二国际的领导集团仍对

---

① 《新时代》1893—1894年第2卷第27期第7页。
② 《新时代》1893—1894年第2卷第27期第7页。
③ 《新时代》1893—1894年第2卷第27期第7页。

哲学修正主义的危险估计不足。某些社会民主党人士甚至认为必须支持恩斯特。例如,不无名气的康·施米特在这种情况下给恩格斯写信说:"保·恩斯特的片面性常常使我很生气,但是他完全不像人们认为的那样盲目。他在最近的一期《论坛》上发表的历史文艺理论性的文章表明,他准备在争论中作某些让步。"① 施米特为了替恩斯特的"失策"辩解,竭力说明这是由于他的物质状况的困难造成的。恩格斯回信说,这个理由不能为一个妄想充当党的领袖和理论家的人进行开脱。"这个人具有如此丰富的想象力,以致不把别人的话读成相反的意思,就连一行也读不下去,这样的人可以把自己的想象力用于其他方面,而不能用于社会主义这个非幻想的方面。"②

恩斯特从把马克思主义理论庸俗化为"经济唯物主义"宿命论观念,走上主观主义的道路,认为经济是构成一定心理状况的因素,而这种状况又被看作是历史行为的决定性的原因。这一切明显地证明,"经济唯物主义"作为表示唯物史观庸俗化的术语是狭窄的,因为它不能包括一切最终会被归为伪造和修正马克思主义的思想和政治流派。但是这个术语却固定下来了,现代批评家也使用它。恩格斯在研究反马克思主义言论的方法论基础时也使用过"经济唯物主义"这一术语,不过他当时就指出这个术语与那个把一切多样化的历史生活归结于同阶级斗争脱节的经济,并否定思想的积极作用的修正主义流派的实质是对不上号的。恩格斯警告说,问题不在于片面地解释马克思主义的历史观,而在于把它简单化、庸俗化,对马克思主义进行嘲弄。

---

① 《康·施米特致弗·恩格斯(1890年9月20日)》,苏共中央马列主义研究院档案。

② 《马克思恩格斯全集》第1版第37卷第491页。

那些被称为党的正式理论家的人对马克思的唯物主义观念的片面的和非辩证的理解，当然不会促进一般党员、尤其党外人士正确地掌握马克思主义理论。有许多人给恩格斯写信，常常有些恩格斯完全不相识的人来信要求解释唯物主义历史观的实质。在这一方面，《社会主义月刊》编辑约·布洛赫1890年9月3日致恩格斯的信是很有意思的。"根据唯物史观，现实生活的生产和再生产是历史中的决定性因素。这个原理应当怎样理解呢？是否可以这样理解：只有经济关系是决定性因素，或者只有经济关系在一定程度上构成一切其他的关系（这些关系本身在当时情况下也能发生作用）的固定的基础？我以为，保·恩斯特较多支持前一种看法，而康·施米特较多支持后一种看法。难道政治的、王朝的和普通个人的利益在历史过程中不相当经常地起一定的作用。当然，它们没有物质基础，就不会发生这种作用，但毕竟不是一切都产生于经济必然性。不然，光有经济**可能性**就足够了。像拿破仑或俾斯麦那样的人物不顾经济条件似乎就不大可能取得什么成就。但同时这一点也不能说明，他们所作的一切都是经济**必然性**的结果……

为此，我想问一问您，根据唯物史观，是不是只有经济关系作为自然界的自然规律在所有的地方直接地和不以个性为转移地起着作用，或者，还有其他一些归根到底取决于经济条件同时本身又能加速或阻止历史发展进程的关系也起作用。"①

恩格斯在他写的关于历史唯物主义的书信中回答了这些问题。这些论述基础和上层建筑的相互关系，首先是上层建筑在社会发展中的反作用的问题的书信，应当看作是恩格斯因为忙而来不及写的文章的纲要。

---

① 《约·布洛赫致弗·恩格斯（1890年9月3日）》，苏共中央马列主义研究院档案。

恩格斯认为"批评家们"在社会存在和社会意识、基础和上层建筑、经济和政治及一切意识形态形式之间关系的问题上不理解和歪曲马克思主义,其方法论的根源是否定历史唯物主义的哲学基础——唯物主义辩证法。马克思主义的庸俗化者认为只有绝对对立的东西。他们把原因和结果、自由和必然绝对地对立起来,认为社会生活的两个方面——物质和意识——的统一性是它们的平衡,所以他们不能看到社会发展的过程充满复杂性和矛盾性,不理解它的特殊性。恩格斯在给康·施米特的信中写道:"所有这些先生们所缺乏的东西就是辩证法。他们总是只在这里看到原因,在那里看到结果。他们从来看不到:这是一种空洞的抽象,这种形而上学的两极对立在现实世界中只是在危机时期才有,整个伟大的发展过程是在相互作用的形式中进行的(虽然相互作用的力量很不均衡:其中经济运动是更有力得多的、最原始的、最有决定性的),这里没有任何绝对的东西,一切都是相对的。"①

恩格斯的这段简要的论述是关于马克思主义认识论和辩证法的整个观点的精华。首先,恩格斯反对形而上学地把原因和结果对立起来,反对把形式逻辑的排中律运用于生活本身而不顾它的现象的多样性和它们之间的联系。原因和结果尽管它们之间是矛盾的,但是相互渗透的,它们"是彼此不可分离的,正如它们是彼此对立的一样,而且不管它们如何对立,它们总是互相渗透的"②。但是在两个方面的这种相互作用中,马克思主义不是简单地认定相互作用的事实,而是揭示出它的基础。马克思主义辩证法提出全面估量历史条件是基本要求之一,并教导人们在

---

① 《马克思恩格斯选集》第 1 版第 4 卷第 486—487 页。
② 《马克思恩格斯选集》第 1 版第 3 卷第 62 页。

研究某一现象时必须首先分清主要的、规定性的决定性的原因。马克思主义辩证法的这些论点驳斥了折中主义因素论，驳斥了心理生理的、心理物质的平行论的拥护者，因为他们认为一切事件都是同时地、平行地扩展的，从而也就否定了历史。

马克思主义的原因和结果的辩证法具有普遍的意义。同时，正如恩格斯指出的，它特别明显地表现在社会过程的不同方面的关系上面。历史是一个复杂的、合乎客观规律的过程。社会发展规律的作用只有在人们的活动中和通过人们的活动表现出来。因此，主观因素——人的，集团的和阶级的意志、意识、感情、传统，它们反映在不同的心理和意识形态中——在历史过程的形成和发展中具有重要的意义。恩格斯让青年理论家注意的正是这个方面。

恩格斯在致约·布洛赫的著名的书信以及其他书信中**全面地**揭示了社会生活的不同方面的复杂的辩证的相互作用（它的基础是生产力和与之相适应的生产关系的发展）。恩格斯用因果关系考察社会存在和社会意识、基础和上层建筑的相互作用的问题，并教育人们，除了规定历史过程中的主要和决定性的东西的主要原因之外，不能不顾及到社会生活的其他非经济方面，特别是当主要涉及该过程的形式或速度，或者它的其他许多方面的时候。除了意识形态依赖于经济之外，必须揭示每一个意识形态形式的内部特殊规律，指出任何一种意识形态都有自己的特殊的矛盾，因而都有与经济、政治和其他意识形态形式的独特的联系。

恩格斯在90年代如此鲜明而坚定地保卫历史唯物主义，就像马克思和他在19世纪40至50年代论证历史唯物主义时一样。恩格斯在回答约·布洛赫的上述问题时反对有意或无意地把马克思主义理论庸俗化，说明了历史唯物主义的实质："……根据唯物史观，历史过程中的决定性因素**归根到底**是现实生活的生产和再生产。无论马克思或我都从来没有肯定过这更多的东西。如果有人在这里加以歪曲,说经济因素是**唯一**决定性的因素,那末他就是把这个命题变成毫无内容的、抽象的、荒诞无稽的空话。"①

(孙魁 译 杨启潾 校)

---

① 《马克思恩格斯选集》第 1 版第 4 卷第 477 页。

19世纪90年代恩格斯通信中的哲学问题[*]

〔苏〕П.С.塔拉诺夫

在科学共产主义奠基人的书信遗产中，90年代的恩格斯书信占有特别明显的地位。这首先是因为其中包含有丰富的哲学内容，它们涉及的问题相当广泛和多样。书信的主题是历史唯物主义的问题，在所讨论的问题的一般范围中，几乎全是比较重要的哲学问题。

关于恩格斯的这些书信，已经写得很多很多了。但可以肯定地说没有一本哲学和哲学史方面的著作提到和分析过恩格斯的这些历史唯物主义的书信。

本文作者考虑到凡是以前的著作就上述领域谈过的东西，在这里就不再重复，而是力求用新的缩影法，并以已经发表的和存档的但在学术交流上还很少利用的资料为基础，考察一些传统的问题。这里谈的是90年代其他人给恩格斯的书信。

但是，在转入直接分析原信之前，简略地谈一谈90年代恩格斯通信的数量特征，是很有意义的。在《马克思恩格斯全集》（俄文第2版）中发表了1890—1895年底期间恩格斯的623封信。其中主要是哲学内容的约有40封。恩格斯给各个通信人的哲学书信，按年代来分，情况如下：

---

[*] 本文选自《马克思恩格斯研究》1992年总第11期。

1890年：致约·布洛赫（9月21—22日），致安·拉布里奥拉（3月30日），致威·李卜克内西（3月9日），致康·施米特（8月5日、10月27日），致保·恩斯特（6月5日）。

1891年：致奥·倍倍尔（10月24—26日），致尼·丹尼尔逊（10月29日—31日），致卡·考茨基（3月17日、10月14日），致安·拉布里奥拉（2月27日），致劳·拉法格（3月30日、6月13日），致保·拉法格（5月19日），致麦·奥本海姆（3月24日），致康·施米特（7月1日、11月1日）。

1892年：致维·阿德勒（8月30日），致奥·倍倍尔（3月16日、12月3日），致弗·梅林（9月28日），致康·施米特（2月4日、9月12日）。

1893年：致伊·古尔维奇（5月27日），致尼·丹尼尔逊（10月17日），致弗·左尔格（12月30日），致乔·兰普卢（4月11日），致劳·拉法格（6月20日），致保·拉法格（6月27日），致弗·梅林（7月14日），致菲·屠拉梯（6月6日），致弗·施穆伊洛夫（2月7日）。

1894年：致瓦·博尔吉乌斯①（1月25日），致弗·左尔格（5月12日），致朱·卡内帕（1月9日），致卡·考茨基（7月28日），致

---

① 因为《马克思恩格斯全集》俄文第2版的资料室没有任何关于博吉尔乌斯的资料，所以就得进行考究，以便获知必要的传记材料。结果得知：博尔吉乌斯名叫瓦尔特，于1870年11月2日生于奥得河畔的法兰克福，曾在图宾根大学、柏林大学、布勒斯劳大学、弗赖堡大学、海德堡大学学习。瓦尔特·博尔吉乌斯于1890年7月10日成为大学生，攻读法学、哲学、政治经济学。1897年获哲学博士学位，写了十多本著作，其中有《无政府主义思潮》、《帝国主义》、《我为什么抛弃世界语？》。他死于1928—1935年之间。（参看《人名录》第9卷，1928年柏林版第171页；第10卷，1935年柏林版第1805页"讣告"栏。）

保·拉法格（3月6日）。

1895年：致威·桑巴特（3月11日），致路·库格曼（1月9日），致斐·滕尼斯（1月24日），致理·费舍（4月15日），致康·施米特（3月12日）。

在上述信中，保尔·恩斯特（1866—1933）的信，康拉德·施米特（1863—1932）的信，约瑟夫·布洛赫（1871—1936）的信，瓦·博尔吉乌斯（生于1870年）的信，是本文分析的重点。恩格斯给这些人的复信，恰恰是很长的，而且按其中包含的哲学主题来说也恰恰是很明显的。

在恩格斯的所有复信中有一组信在科学界已公认为"关于历史唯物主义的信"。这组信通常包括下述5封：1890年8月5日致康·施米特，1890年9月21—22日致约·布洛赫，1890年10月27日致康·施米特，1893年7月14日致弗·梅林，1894年1月25日致瓦·博尔吉乌斯。① 可是，从恩格斯的90年代书信的**内容的共同性**的角度出发，对它们作一总的分析，就会产生这样的意见：所列举书信的范围应该扩大。这里还应列入下列复信：致保·恩斯特（1890年6月5日），致康·施米特（1891年7月1日，1892年2月4日，1895年3月12日），致奥·倍倍尔（1892年3月16日），致乔·兰普卢（1893年4月11日），以及不久前发现的给威·桑巴特的复信（1895年3月11日）。因此，在考察这一时期恩格斯的书信时，应指出的不是5封，而是12封关于

---

① 参看《恩格斯——思想家》，1970年莫斯科版第228页。这五封关于历史唯物主义的信，刊载在弗·维·阿多拉茨基编辑出版的《马克思恩格斯书信选集》1931年莫斯科和列宁格勒第4版（参看第432—433页）。五封信中（除去1890年8月5日给康·施米特的信）的四封信，以《弗里德里希·恩格斯论唯物主义历史观的应用范围》为题发表于1902年的《社会主义文献》杂志。

历史唯物主义的信。

1890年5月31日,恩格斯收到已在报纸和杂志上发表了一些政论文章的24岁的社会民主党人保尔·恩斯特从格尔伯多夫寄来的一封信。① 与恩斯特的信同时寄来的有两期《自由论坛》杂志。恩斯特在谈到它们的内容时写到:其中一期刊登了他的文章《斯堪的纳维亚妇女运动》,而另一期则发表了海尔曼·巴尔对这篇文章的批评性评论。巴尔在这里声称,恩斯特"不正确地使用了马克思的方法"。

恩斯特委婉地附带说,"由于种种情况",他想"知道巴尔的责难是否正确",因而在给恩格斯的信的末尾写道:"如果您费心能满足我的请求,用三言两语谈一谈我的观点是否符合马克思的观点,此外,请允许我在同巴尔论战时利用您的信,那么您会使我感激万分。"

恩格斯于1890年6月5日给恩斯特写了回信。这封信对于每一个研究马克思主义的人来说很重要,因为恩格斯在信中除了详细而深刻地分析了所涉及的问题之外,在指出恩斯特观点的弱点时表述了马克思主义关于历史研究的方法论的一个根本原理:"如果不把唯物主义方法当作研究历史的指南,而把它当作现成的公式,按照它来剪裁各种历史事

---

① 藏于原苏共中央马列主义研究院中央党务档案馆。恩格斯在《答保尔·恩斯特先生》中重复了保尔·恩斯特给他的信的片段(参看《马克思恩格斯全集》第22卷第93—99页)。

实,那么它就会转变为自己的对立物。"①

1890年春,莱比锡大学32岁的社会学家保尔·巴尔特发表了自己的学位论文《黑格尔和包括马克思及哈尔曼在内的黑格尔派的历史哲学》。该书中有整整的一章专门论述了马克思和他的理论。巴尔特声称,他并不熟悉马克思、恩格斯和马克思主义者的所有主要著作,但他提到了《资本论》、《反杜林论》、《路德维希·费尔巴哈和德国古典哲学的终结》。他自以为,该书的主题,它所涉及的问题和对这些问题的回答,以及对现有理论的批判态度,具有十分重要的意义。但是,熟悉马克思主义奠基人的读者,只要仔细看一看该书的内容以及对马克思主义历史观的批判方式和批判形式,就会自然而然地产生对巴尔特论断的正确性感到莫名其妙和怀疑。就拿作者的下述论断来看:"马克思和他的信徒有很大的功绩,他们虽然不是首先但比其他人尖锐得多地指出了经济在一切事物、甚至社会生活的最高表现形式的形成中所起的作用。但是,他们不正确地规定了这种作用,把它解释为**起绝对控制作用的原因**。这

---

① 《马克思恩格斯全集》第1版第37卷第410页。应该指出,恩格斯的上述论断的原则性得到下述事实的确证:过了两年,他于1892年3月16日给奥·倍倍尔的信中又重复了这一论断。他在谈到他读了弗·梅林发表在《新时代》上的《莱辛传奇》感到十分满意时写道:"令人鼓舞的是,二十年来唯物史观在年轻党员的作品中通常只不过是响亮的词藻。现在终于开始得到恰当的应用——作为研究历史的引线来应用。"(参看《马克思恩格斯全集》第1版第38卷第310页)文中从恩格斯给恩斯特的信中引来的片断,第一次由恩格斯本人发表在他的《答保尔·恩斯特先生》一文中(《马克思恩格斯全集》第1版第22卷第94页)。该文是对1890年9月16日发表在马格德堡的《人民呼声报》上的恩斯特的文章的答复。恩斯特在其文章中歪曲恩格斯的言论,并试图说明他同情"年轻人的言论"。

是对经济作用的错误规定……"① 在第 56 页上有一个同样荒谬的论断："卢梭生活在隶属于全权的专制政体的社会；但是，他勾划了以普遍平等为基础的社会的图景……他的理论通过国民公会实现了，**哲学决定政治，并通过政治间接地决定经济**。在这里马克思和他的信徒过低地估计了思想体系的力量。"

在另一本较晚的著作中，巴尔特概述了自己观点的基本原则："太阳吸引地球。不错。但这是不完全的真理，因为相反的说法也是对的：地球吸引太阳。但是，正是后一种说法没有被注意。对马克思和马克思主义者来说，太阳是经济，而地球是整个上层建筑。"② 马克思主义的历史观被巴尔特解释为"经济自动论"——一种没有把思想对生活进程的影响有意识地包括在自己的公式内的学说。

与巴尔特的书有关的还有科尼斯堡 27 岁的经济学家、社会民主党人康拉德·施米特给恩格斯的许多信。他和恩格斯积极通信已有 3 年了。这许多信中的第一封信上所注日期是 1890 年 6 月 25 日。③ 对我们来说所关注的和重要的是：其他人的信中有一些信第一次谈到经济基础与政治的和思想的上层建筑的关系问题，而且正是恩格斯的复信中第一次出现了"历史唯物主义"的术语④，并包含了一些阐述唯物主义历史观基本原理的论点。

使我们感兴趣的是施米特的信的一个断简之处，其开头的话是："是的，我几乎忘了。"施米特接着报道了保尔·巴尔特的书在莱比锡

---

① 保·巴尔特：《黑格尔和包括马克思及哈尔曼在内的黑格尔派的历史哲学》，1890 年莱比锡版第 61 页，黑体为本文作者所加。
② 保·巴尔特：《作为社会学的历史哲学》，1922 年莱比锡版第 716 页。
③ 藏于原苏共中央马列主义研究院中央党务档案馆。
④ 《马克思恩格斯全集》第 1 版第 37 卷第 433 页。

出版的消息。情况是这样的：他早在他逗留于莱比锡时就和作者相识。施米特在评价作者时写道：这是"一个非常能干的完全独立自主的人"，是一个与任何虚荣心格格不入的人。据告知：在上述书中包含有对马克思历史观的批评。在施米特看来，该书是深刻的。巴尔特的主要目的是要"证明，经济不是单方面决定政治，而是政治也反过来决定经济"①。总之，作者肯定"政治的、法律的、宗教的和哲学的运动在很大程度上遵循着内在的、不是从经济基础中引申出来的规律，而且他善于从历史中举出证据"。简言之，施米特最后说："该书定能使您感兴趣。"②

恩格斯在答复施米特时（1890年8月5日）还没有可能去翻阅巴尔特的著作。但是，根据施米特的告知以及在收到信之前就已读过的一本维也纳杂志上的书评，恩格斯预先确定了巴尔特的根本毛病：他不可能"了解所谈论的那个问题"③。因为，"虽然物质条件是原始起因，但是这并不排斥思想领域也**反过来**对这些物质条件起作用，然而是**第二性**的作用"④。恩格斯提醒施米特注意：德国的许多青年不正确地理解了唯物主义历史观，他们认为，这是一种理论"标签"，只要把它贴在某个历史问题上，问题马上就解决了。恩格斯指出，这种看法歪曲了历史唯物主义的实质，它"首先是进行研究工作的指南，并不是按照黑格尔学派的方式构造体系的方法"。恩格斯在谈到这个"指南"的应用范围时强调指出："必须重新研究全部历史，必须详细研究各种社会形态存

---

① 参看《恩格斯传》，1970年莫斯科版第557页。
② 参看《恩格斯传》，1970年莫斯科版第557页。
③ 《马克思恩格斯全集》第1版第37卷第432页。
④ 《马克思恩格斯全集》第1版第37卷第431—432页。黑体为本文作者所加。

在的条件。"但是，年轻人却不是这样，他们只有空洞的"历史唯物主义的套语"，以之作为"不研究历史的借口"。①

看来，一切都清楚了。恩格斯该说的都说了，他认为主题已经讲得一清二楚。可是，1890年9月初，他完全出乎自己意料之外地又收到一个年轻人的信②，这一次是科尼斯堡大学数学系的一个19岁的大学生约瑟夫·布洛赫写的。真有意思！——在信中有这样的问题："按照唯物主义历史观，历史上的决定因素是现实生活的生产和再生产。这应该如何解释？经济关系是**唯一的**决定性因素，还是，经济关系仅仅在某种意义上形成所有其他的、以后自己还可能起作用的关系的牢固基础？"布洛赫写道，据他所知，第一观点"更多地是属于保尔·恩斯特的"，而第二个观点则是属于"康拉德·施米特博士的"。

真是有趣的论断！在我们看来了这个论断之所以有趣，是因为它使我们看清了布洛赫给恩格斯写信的所谓内情。我认为，这件事的直接导因可能是保尔·恩斯特的一篇极端自负的文章。这篇文章不到一个月之前即1890年8月9日发表于柏林的《人民论坛》，题为《马克思主义的危险》。作者在其中"直截了当地重复他从形而上学者杜林那里学来的荒谬论断，说什么在马克思那里历史是完全自动地形成的，丝毫没有（正是创造历史的）人的参与……"③

至于谈到其他的可能有的动机，那不无根据的还有这样的可作为上述情况的补充的推测：布洛赫与上面提到的人可能有一些私人接触。施

---

① 《马克思恩格斯全集》第1版第37卷第432—433页。
② 藏于原苏共中央马列主义研究院中央党务档案馆。
③ 《马克思恩格斯全集》第1版第22卷第97页。

米特和恩斯特是熟人，这是无疑的。① 布洛赫是施米特的同乡——他们两人都来自科尼斯堡，年龄的差距很小，至于谈到兴趣，那么，根据布洛赫的进一步演变来判断，他们部分地是相投的。② 这就是下述结论（我们审慎地说：不是可靠的，而只是可能的结论）的根据：被马克思主义所吸引的这个青年曾有一次和施米特相遇并与他交谈，他从那时得知恩斯特的争论以及恩斯特关于唯物主义历史观的观点不同于③施米特。因为施米特和恩斯特的威信对于19岁的数学系大学生来说可能具有同等价值，而他自己本人的意见还没有最后确定（否则他为什么要提

---

① 这里的资料是一系列的信。（1）1889年6月11日康·施米特给恩格斯的信。施米特在信中写道："……我的第一篇文章在报上发表了。您也许能抽空看一看。我把它寄给您。在这一号报纸上保尔·恩斯特论陀思妥也夫斯基的文章很好，他也是年轻的社会民主党人……他也坚决表示同意唯物主义历史观，正像我在论康德的文章中所做的那样。"（2）1890年10月20日康·施米特给恩格斯的信，其中谈到施米特和恩斯特通信。（3）1893年12月20日安·拉布里奥拉给恩格斯的信："我需要一本《神圣家族》。现在还没有找到……不久前康·施米特（从苏黎世）来信，答应替我借这本书，他将从保尔·恩斯特那里借到。"顺便说一下，这封信使我们有可能确定了1893年12月30日恩格斯给弗·阿·左尔格的信中提到的一个物主（指一本《神圣家族》的所有者）的名字。（参看《马克思恩格斯全集》第1版第39卷第184页）这个物主就是保尔·恩斯特。

② 后来，在1895年，布洛赫成为柏林大学具有社会主义倾向的学生的杂志《社会主义大学生》的编辑，从1897年起成为《社会主义月刊》的编辑。1895年10月1日，该杂志第一次刊登恩格斯的信。

③ 例如，参看1890年10月20日康·施米特给恩格斯的信："您在信中关于历史唯物主义的现代代表所谈的东西，太对了，很遗憾。保尔·恩斯特的片面性使我大为恼火……"

出问题呢?),所以他决定直接写信给恩格斯①,请恩格斯说明在他的社交界中具有二者择一的性质并被作了错误的简单化解释的问题。②

可见,恩格斯就是这样了解布洛赫的,恩格斯是非常忙的人,可是他抽出时间,详细叙述了马克思主义对年轻人的问题中所涉及的难题的看法的实质。

我认为,布洛赫并不十分相信,事务繁忙的 70 岁高龄的恩格斯会给他回信,而且回答得如此详尽。因此,他主编的《社会主义大学生》杂志在恩格斯逝世后两个月发表了恩格斯给他的信,并在发表时的按语中强调指出恩格斯"如此详尽地"回信给"一个**素不相识**的人"。杂志还提醒人们注意恩格斯的使每个人感到鼓舞的人品。这不是很好的例证吗?③

现在回过来谈信。布洛赫同意对物质基础的依靠是必然的,但认为用不着肯定"经济的**必然性**,而在大多数情况下"提经济的**可能性**就足够了。在布洛赫看来,历史的进程决不是单一由经济决定的,而是取

---

① 恩格斯的通信地址完全可能是布洛赫从施米特那里得到的。不过,施米特本人也是费了一番周折得知这个地址的。请看,他在给恩格斯的第一封信中写道:"我借助于一位对我很友好的女士得到你的通信地址。她又是从同她有书信往来的勃朗太太那里得知的。"显然,保尔·恩斯特也是从施米特那里得到恩格斯的通信地址的。

② 这里的根据是《社会主义大学生》杂志编辑部发表恩格斯于 1890 年 9 月 21—22 日给布洛赫的信时加的按语:"当时,即 1890 年,对于'历史唯物主义'来说,是一个全盘公式主义的时代。"(参看《社会主义大学生》1895 年第 19 期第 351 页)

③ 《弗里德里希·恩格斯的一封信。致唯物主义历史观的批判者》,载《社会主义大学生》杂志 1895 年第 19 期第 353 页。

决于人们的活动，并受人们的制约①，经济是——根据信的精神判断——与人们一起发生的因素之一，它赋予人们的意志所要求的"可能性"。与此相联系，布洛赫引用了拿破仑和俾斯麦的名字，认为这些历史人物所做的一切，如果没有他们，是不可能实现的，因为这一切不能归结于"经济的**必然性**"，或者，不能归结于——用我们已知道的保尔·巴尔特的术语来说——"经济自动论"。这是我们给信的原文作出的补充。

布洛赫在信的结尾处问到，根据唯物主义历史观来看，"经济关系究竟是不以个人为转移地、始终不变和坚定不移地作为自然规律起作用"，还是有另外一些能够"加速或阻碍"历史发展进程的、"归根到底由经济关系所决定的"关系？

恩格斯于9月21—22日答复了布洛赫。他提醒这个年轻人注意：在基础和上层建筑之间存在着"交互作用……在这种交互作用中归根到底是经济运动作为**必然的东西**通过无穷无尽的**偶然事件**（即这样一些事物，它们的内部联系是如此疏远或者如此难于确定，以致我们可以……认为这种联系并不存在②）向前发展。否则把理论应用于任何历史时期，就会比解一个最简单的一次方程式更容易了"③。恩格斯的思想是怎样的呢？第一，他改正了布洛赫的观点，并指出，从所研究的问题的来龙去脉来看，要求把"偶然性"而不是把"可能性"同"必然性"

---

① 布洛赫写道："单纯政治的、皇朝的，甚至是个人的利益是否经常在历史的进程中起某种作用？"

② 偶然事件（亦可译"偶然性"——译者注）的这个定义在我们所拥有恩格斯遗著中是第一次碰到的，而且可以有把握地说，它补充了恩格斯在其他场合对这一范阴所下的其他定义。

③ 《马克思恩格斯全集》第1版第38卷第461页。

对比。第二，他让收信人注意历史中存在的重要趋向的相互作用的**性质**和它们的**相互作用**本身。恩格斯写道："我们自己创造着我们的历史。"但是，他补充说，我们是"在十分确定的前提和条件下进行创造的。其中经济的前提和条件归根到底是**决定性的**。"①

恩格斯在谈到个人的作用时发展了一些论点，对人类前史作了深刻评价。的确，单个人的意志不等于零，而是有意义的，但是，到目前为止人们的意志参与历史过程是"**不自觉地**"②，即不知道历史规律和自己活动的真正的刺激因素，每一种意志都只是力求实现自己。这会引起各种意志的冲突，因为它们的利益大部分是不一致的。于是，这种或那种意志所导致的结果往往不符合它的愿望。由此可以得出结论，当人们的作用由"偶然性"这个范畴来描述时，它受经济因素制约，同时它也改变经济因素对自己的影响，但这种影响**归根到底**是决定性的。由此可以得知：直接的因果性联系是人的眼睛看不到的。恩格斯总结说："所以**以往的**历史总是象一种自然过程一样地进行，而且实质上也是服从于同一运动规律的。"③

三年过去了。恩格斯于1893年4月11日在给乔·兰普卢的信中继续谈到他给布洛赫复信中的思想："自然界用了亿万年的时间才产生了具有意识的生物，而现在这些具有意识的生物只用几千年的时间就能够有意识地组织共同的活动：不仅意识到自己作为个体的行动，而且也意识到自己作为群众的行动，共同活动，一起去争取实现预定的共同目标。现在我们已经差不多达到这样的程度了。"

---

① 《马克思恩格斯全集》第1版第37卷第461页。黑体为本文作者所加。
② 《马克思恩格斯全集》第1版第37卷第462页。
③ 《马克思恩格斯全集》第1版第37卷第462页。黑体为本文作者所加。

恩格斯在结束对布洛赫的答复时明确地点破这个年轻人的关于历史唯物主义的知识的来源，并请他"根据原著来研究这个理论，而不要根据第二手的材料来进行研究……"并指出："马克思所写的文章，没有一篇不是由这个理论起了作用的。"① 恩格斯从马克思和自己的著作中举出了《路易·波拿巴的雾月十八日》、《资本论》、《反杜林论》和《路德维希·费尔巴哈和德国古典哲学的终结》。

1890年10月20日，恩格斯收到康·施米特的下一封信②，信中告知，他将获得巴尔特的书，一旦到手，便立即寄往伦敦给恩格斯。施米特写到："巴尔特的主要论据是：他认为，非经济因素（特别是政治因素）历史地作用于经济基础，这是可能的。当然，这不可能成为反对唯物主义历史观的理由，只要这些非经济因素也可以从经济因素中引申出来；要知道，在这种情况下，非经济因素对经济的作用仍然要用经济来论证，而且一切归根到底都归结于经济关系。但是，我认为，恰恰这一点证明应该反驳巴尔特。"

恩格斯的复信接着就发出了。10月27日发出的信中包含着这样的评论："如果巴尔特认为我们否认经济运动在政治等方面的反映对这个运动本身的任何反作用，那他就简直是跟风车作斗争了……如果政治权力在经济上是无能为力的，那末我们为什么要为无产阶级的政治专政而斗争呢？"③

恩格斯在谈到巴尔特这类理论家时指出："所有这些先生们所缺少的东西就是**辩证法**。他们总是只在这时看到原因，在那里看到**结果**。他

---

① 《马克思恩格斯全集》第1版第37卷第462页。
② 藏于原苏共中央马列主义研究院中央党务档案馆。
③ 《马克思恩格斯全集》第1版第37卷第490—491页。

们从来看不到：这是一种空洞的抽象……""整个伟大的发展过程是在**相互作用**的形式中进行的。"恩格斯指出，所有这些人的错误论断的主要原因之一是："对他们来说，黑格尔是不存在的。"①

正是巴尔特对哲学的无知，他的资产阶级局限性，不善于和不愿意从哲学遗产中取火（而不是取灰），决定了他不懂得这样的情况："原因和结果经常交换位置；在此时或此地是结果，在彼时或彼地就成了原因。"②

恩格斯用具体的例子表明政治、法、宗教、哲学对经济发展进程的反作用，表述了国家政权对基础的三种作用。恩格斯特别详细地谈论了上层建筑的各种形式的**相对独立性**，并让收信人注意：由于社会中存在着分工以及由于生产的新要求，就有必要数量的人分出来执行新的职能。于是，就产生了通常的社会活动部门，它有"它自己的发展，它自己的本性所决定的特殊的规律和阶段"③。"相对独立性"这一提法中的**相对性**论点，表明"生产归根到底是决定性的东西"④，而"**独立性**"的论点则强调新生力量的能动性：它"又反过来对生产的条件和进程发生影响"⑤。

恩格斯向施米特阐明了马克思主义关于基础和上层建筑的观点，把考察问题同毕竟还是存在的反映方式协调起来："经济的、政治的和其他的反映同人眼睛中的反映是完全一样的，它们……都表现为倒立的影

---

① 《马克思恩格斯全集》第 1 版第 37 卷第 491 页。黑体为本文作者所加。
② 《马克思恩格斯全集》第 1 版第 20 卷第 25 页。
③ 《马克思恩格斯全集》第 1 版第 37 卷第 486 页。
④ 《马克思恩格斯全集》第 1 版第 37 卷第 485 页。
⑤ 《马克思恩格斯全集》第 1 版第 37 卷第 486—487 页。

像——头足倒置。"① 这也引起了下述情况：真正的相互联系被弄得模糊了，而且过分强调了被歪曲理解的思想因素，超过它所应得的程度。总之，这一切已足以说明问题了，只有"这些极端自负、目空一切的无知青年"② 才会犯历史观上的错误，不过，马克思主义就是从克服这些错误中产生的。

在1891年7月1日恩格斯给施米特的信中又谈到巴尔特的书。恩格斯已经读过这本书，现在就谈谈对这本书的概括性意见："巴尔特的书使我大失所望。我原以为不会有那么多庸俗的东西和轻率的结论。"③ 恩格斯写到："巴尔特对马克思的批评，真是荒唐可笑。他首先臆造一种历史发展的唯物主义理论，说什么这**应当**是马克思的理论，继而发现，在马克思的著作中根本不是这么回事。"④

恩格斯特别谈论了巴尔特对哲学史的评论，批评了他的论断：整个哲学史只不过是一些……"废墟"："一个人评论每一个哲学家不是根据他的活动中永恒的、进步的东西，而是根据必然是暂时的、反动的东西，根据他的**体系**，——这种人还是少说为佳。"⑤ 要知道，巴尔特正是从这种立场出发着手确定遗产，甚至是确定像黑格尔这样的巨匠、思想家的遗产的意义的。同时，巴尔特由于其哲学上的盲目而不能在黑格尔身上看到一点值得重视的东西，因此也把他归入上述"废墟"之中。恩格斯称这个批评家是"所谓的"批评家，这种人以为："他在这里或

---

① 《马克思恩格斯全集》第1版第37卷第484页。
② 《马克思恩格斯全集》第1版第37卷第491页。
③ 《马克思恩格斯全集》第1版第38卷第123页。
④ 《马克思恩格斯全集》第1版第38卷第124页。
⑤ 《马克思恩格斯全集》第1版第38卷第123页。

那里搜寻一点牵强附会的东西,就是对黑格尔的批判。"①

恩格斯在评巴尔特著作的信文中强调黑格尔的作用,这不是偶然的。恩格斯明确指出巴尔特对马克思历史理论的看法的形而上学性是由于巴尔特对黑格尔的错误评价以及由此而来的对辩证法——唯一的最高级的正确思维方法——的不理解。

恩格斯对《黑格尔和包括马克思及哈尔曼在内的黑格尔派的历史哲学》一书的评价,对巴尔特来说已不是秘密:两封信(1890年10月27日②和1891年7月1日③)都是在恩格斯逝世后发表的。第一次发表于《社会主义月刊》杂志1920年第22期。这个杂志(在33年内这个杂志一直用的是红色封面)就是前面提到过的《社会主义大学生》杂志,名称是在1897年改的。它和它的前身都是由约瑟夫·布洛赫编辑的。但情况怎样呢?巴尔特能接受恩格斯的批评并放弃自己观点中的错误吗?一点也没有。④ 他在所注日期为1897年5月的《作为社会学的历史哲学》一书的前言中,照旧坚持己见:"……我坚决相信我的基本原理

---

① 《马克思恩格斯全集》第1版第38卷第123页。

② 该信第一次发表于1875年10月26日莱比锡的《人民报》。

③ 第一次发表于《社会主义月刊》1920年第22期。这个杂志(在33年内这个杂志一直用的是红色封面)应是前面提到的《社会主义大学生》杂志,名称是在1897年改的。它和它的前身都是由约瑟夫·布洛赫编辑的。

④ 巴尔特在《作为社会学的历史哲学》一书的一个注中写道:"……在1891年7月1日恩格斯致康拉德·施米特的信中,话题又转到我的书,转到黑格尔。恩格斯只是讽刺地谈到它……"接着写道:"不弄清'错误的转化',怎能进行批判呢?在其他方面,这第二封信中只包含有未经证明和无法证明的论断,以及充满火气的漫骂,而没有对问题的反驳。"参看保·巴尔特:《作为社会学的历史哲学》,1922年莱比锡第695—696页。

的正确性。"① "我从这里所谓的原理中举一个例子，并以此结束恩格斯论述历史物主义的信中的巴尔特的问题：我将不否认，恩格斯指给我看的马克思的一些言论中包含着涉及政治现象和经济现象的相互作用问题的一些事实……问题只是在于他们是否清楚地介绍了这种相互作用，是否有意识地认为这种作用是现实生活的创造性因素。我否认的正是这一点。"②

康拉德·施米特对恩格斯的批评意见则完全是另一种态度。他在1891年10月25日的信中写道："您对巴尔特的批评使我大为震惊。我决定马上着手研究黑格尔。在我学习黑格尔著作的那个学期，我几乎完全研究康德了。而大学讲义中对黑格尔学说的叙述真正有些陈腐味。我非常想弄清楚马克思的辩证法和黑格尔的辩证法的相互联系。马克思写道：'辩证法在黑格尔手中神秘化了。但这决不妨碍他第一个全面地有意识地叙述了辩证法的一般运动形式。'③ 我首先仔细研究了《哲学全书》中的《逻辑》（《小逻辑》，以别于早期出版的《大逻辑》——译者注）。我已找到一些基本原理。但是'神秘化'产生了巨大的使人糊涂的影响。为了理解全部详情，看来需要几年。"④

可以想象，恩格斯是满意地读了施米特的这封信的。广泛的介绍——应当如何和按照什么次序研究黑格尔的著作，必须特别注意什么，这位思想家的辩证法为什么是颠倒的——证明，恩格斯在这个具体场合是如何注意和多么关心掌握黑格尔辩证法的革命内容的问题。恩格

---

① 保·巴尔特：《作为社会学的历史哲学》，1922年莱比锡版第1页。
② 保·巴尔特：《作为社会学的历史哲学》，1922年莱比锡版第291页。
③ 这个片段摘自《资本论》第1卷第2版"跋"（《马克思恩格斯全集》第1版第23卷第24页）。
④ 藏于原苏共中央马列主义研究院中央党务档案馆。

斯于1891年11月1日写道①："不读黑格尔的著作,当然不行。而且还需要时间来消化。先读《哲学全书》中的《小逻辑》,是很好的办法。"他提醒道："然而,千万不要像巴尔特先生那样读黑格尔的著作,就是在黑格尔的著作中寻找……那些谬误的推论和牵强附会之处。这纯粹是小学生做作业。更为重要的是从不正确的形式和人为的联系中找出正确的和天才的东西。"②

在所考察的时期的恩格斯书信中,1893年7月14日给弗·梅林的信是最重要的书信之一。恩格斯谈了许多想法。这些想法是在读了梅林的书《莱辛传奇》特别是该书的附录《论历史唯物主义》之后产生的。在恩格斯给约·布洛赫和康·施米特的回信中,我们已经知道了恩格斯关于上层建筑在同经济基础——它"归根到底"③ 是历史发展的根据——的辩证的相互影响中起积极作用的一些原理。在这里,除这些原理之外,恩格斯为意识形态的本性和实质下了一个广泛的定义,并揭露了有人提出的"曲解"和"歪曲"历史唯物主义的借口,其"明显的例子"④ 就是保·巴尔特的书："……主要的事实您都论述得很出色……只有一点被忽略了,的确,这一点在马克思和我的著作中通常也强调得不够,在这方面我们两人都有同样的过错……我们都把重点首先放在从作为基础的经济事实中**探索出**……思想观念以及由这些观念所制约的行动,而**当时是应当这样做的**。但是我们这样做的时候为了内容而

---

① 我们注意到,与研究黑格尔著作有关的意见,还包含在1892年2月4日恩格斯给施米特的信中(参看《马克思恩格斯全集》第1版第8卷第270—271页)。
② 《马克思恩格斯全集》第1版第38卷第201—202页。
③ 《马克思恩格斯全集》第1版第39卷第96页。
④ 《马克思恩格斯全集》第1版第39卷第94页。

忽略了形式方面，即这些观念是由什么样的方式和方法产生的。"①

对唯物主义历史观的基本原理的阐述还包含在给瓦尔特·博尔吉乌斯的信中。我们首先考察一下什么东西使布勒斯劳大学法学和哲学系的24岁大学生发生了兴趣。博尔吉乌斯首先为他这个与恩格斯素昧平生的人冒昧求教一事表示歉意，然后告知②：他不久前曾有机会在桑巴特教授主持的大学学术讲座上作关于"经济唯物主义"的报告。报告完毕之后，他与教授发生激烈的争论，争论涉及对马克思理论的意思上的理解。"关于该理论对未来历史科学的划时代意义"，他们与桑巴特有"一致的意见"。争论涉及两个问题：1. 对严格意义上的"经济关系"应如何理解？2. "与费尔巴哈关于单个人的原理'人吃什么，他也就是什么'相类似，经济结构是否是决定社会状况的唯一的创造力量？"博尔吉乌斯补充说，桑巴特教授"……坚持卡尔·马克思的说法：'归根到底'；而我则同意您的（？）：'唯一起决定作用'"。博尔吉乌斯写道，不仅对于他，而且"对于科学"来说，都"十分"迫切地想准确阐明：马克思和恩格斯著作中所叙述的最初的"经济唯物主义"是什么观点。

恩格斯对这两个问题作了答复。③ 恩格斯就第一个问题作了详尽的论述，然后转入第二个问题。他对马克思和他的观点作了如下说明：

---

① 《马克思恩格斯全集》第1版第39卷第94页。
② 藏于原苏共中央马列主义研究院中央党务档案馆。
③ 指出下述一点是不无意思的：恩格斯于1894年1月25日给博尔吉乌斯的信，第一次发表于约·布洛赫编的《社会主义大学生》杂志1895年第20期，标题是《弗里德里希·恩格斯的第二封信》。发表时的按语中一般地转述了向恩格斯提出的问题，后面的签名是"M·S"，即海因茨·施塔尔根堡。杂志没有告知收信人的姓名。

"我们认为，经济条件归根到底制约着历史的发展。"不过，应当注意："政治、法律、哲学、宗教、文学、艺术等的发展……又都互相影响并对经济基础发生影响。"恩格斯提醒博尔吉乌斯注意：这并不像某些人为着简便起见而设想的那样是"经济状况自动发生作用。而是人们自己创造着自己的历史"①。接着他在信中揭示了必然性和偶然性的辩证法，讲出了对这一问题的思想，从而补充了给约·布洛赫的信。恩格斯还考察了个人在历史上的作用以及一系列其他问题。

恩格斯列举了一些论述唯物主义历史观的著作：《雾月十八日》、《反杜林论》、《路德维希·费尔巴哈》。我们还记得，在给约·布洛赫的信中也列举了这些著作。要知道，令人惊奇的事是：青年们竟读完了这些著作，而且在他们那里没有产生在向恩格斯请教时反映出来的观点上的混乱。只要看一看下面两段表述就够了，一段摘自《反杜林论》，一段摘自《路德维希·费尔巴哈》："唯物主义历史观从下述原理出发……一切社会变迁……的终极原因，不应当在人们的头脑中……去寻找……不应当在有关的时代的**哲学**中去寻找②，而应当在有关的时代的经济学中去寻找。"③ "头脑中发生……思想过程的人们的物质生活条件，归根到底决定着这一思想过程的进行……"④ 不过，问题是有的，我认为，问题发生的原因之一是：马克思思想向广度传播的速度⑤——

---

① 《马克思恩格斯全集》第1版第39卷第199页。

② 保·巴尔特正是企图在哲学中寻找。

③ 《马克思恩格斯全集》第1版第20卷第292页。

④ 《马克思恩格斯全集》第1版第21卷第348页。

⑤ 1890年2月20日德国社会民主党人在帝国国会选举中的巨大胜利，以及由此而起的1890年3月20日俾斯麦被迫辞职，在客观上促使马克思主义的思想在有进步倾向的知识分子中传播开来。

主要是在青年中——和当时存在的研究这种思想的方式不相适应。实践已经要求编写马克思主义教科书,也就是要求有预见而且也在方法上——即用审定的方法——消除了最初结论的"公式化"和"匆促性"的书籍。其实,上面所考察的恩格斯的一些信也为这种教学参考书的各个章节提供了范例。

恩格斯在给博尔吉乌斯的信末尾请代向某某先生致谢,感谢这位先生寄来使恩格斯十分高兴的某物。① 因为该信在海·施塔尔根堡发表时有删节,我们不知道恩格斯在这里写的是何人何物。博尔吉乌斯的信使我们有可能得知这个人的名字。如果估计到在博尔吉乌斯这位以前与恩格斯素不相识的人的信中提到的只有桑巴特教授,那么,显然这指的就是他,但是,恩格斯的凡是提到桑巴特的信,以及1895年3月11日给威纳尔·桑巴特本人的信,却以严肃的"但是"削弱了这个"显然"。问题出在:给桑巴特的信寄往汉堡②,而在博尔吉乌斯的信中,大家知道,写的是寄布勒斯劳。此外,这个"但是"还有1895年2月26日恩格斯给保尔·拉法格的信作证。该信中有对桑巴特的评价:"威纳尔·桑巴特……是柏林的一位教授,马克思主义者,但是有些折衷主义色彩。"③ 不过,在上面举出的两封信中提到威纳尔·桑巴特的姓名这件事以及对他的评价:"马克思主义者",使我们能够克服这个名声不佳的"但是"。第一,我们从博尔吉乌斯的信中知道了桑巴特对经济因素的作用的观点的性质(我们还记得:"归根到底"),也就是说,在当时

---

① 《马克思恩格斯全集》第1版第39卷第201页。
② 《马克思恩格斯全集》第1版第39卷第404页。
③ 《马克思恩格斯全集》第1版第39卷第392页。在以后的年代中,桑巴特世界观的折中主义使他走上庸俗政治经济学的立场,他公开反对马克思主义,并颂扬德国的希特勒法西斯制度。

完全符合马克思主义的观点；我们还知道了他于 1894 年任教的大学是**布勒斯劳大学**。第二，我们查了相应的手册①，得知威纳尔·桑巴特 1906 年期间在布勒斯劳任经济学教授。第三，1895 年 2 月 14 日桑巴特给恩格斯的信②是从布勒劳斯发出的，恩格斯的回信是 1895 年 3 月 11 日。由此可以得出结论：1. 恩格斯在给博尔吉乌斯的信中用虚线表示的某先生的姓名，是指威纳尔·桑巴特；2. 在恩格斯给桑巴特的信中的收信人居住的城市，不应当是柏林，而是布勒斯劳③；3. 所发表的恩格斯给保·拉法格的信中出现的桑巴特是"柏林的一教授"，这不对。④

当然，给桑巴特的回信很有意义，这不仅是从研究马克思这个角度来说的。它之所以重要还在于它的思想。这并不是说，在这里碰到了在给恩斯特、施米特、布洛赫、梅林和博尔吉乌斯的信中基本上没有的原理，而是谈这里有意义上的细微差别，而且颇为重要。恩格斯让桑巴特注意："从马克思的观点看，整个历史进程——指重要事件⑤——到现在为止都是不知不觉地完成的……"⑥ 他指出马克思方法的特点：

---

① 《人名录》第 9 卷，1928 年柏林版第 1484 页；《大布鲁克豪斯》第 11 卷，1934 年莱比锡版第 525 页。

② 藏于原苏共中央马列主义研究院中央档务档案馆。

③ 看一看信（藏于原苏共中央马列主义研究院中央党务档案馆）的原件就可知道，这是辨认中出现的错误。信的原文中写道："布勒斯劳的一位教授。"

④ 在第一次用俄文发表（由 Н. Г. 卡兹明娜整理）的这封信中，没有指出收信人居住的城市。参看《弗·恩格斯给威·桑巴特的一封以前不为人所知的信》，载《苏共党史问题》1962 年第 2 期第 132—134 页。

⑤ 这种具体的说明十分重要。在这一时期的其他信件中是没有的。

⑥ 《马克思恩格斯全集》第 1 版第 39 卷第 405 页。

"……马克思的整个世界观〔Auffassungsweise①〕不是教义,而是方法。它提供的不是现成的教条,而是进一步研究的出发点**和供**这种研究**使用**的方法。"②

我们对"关于历史唯物主义的信"的概述就到此结束。我想作的主要结论是:对恩格斯的信以及寄给他的信的分析,使我们学习了恩格斯90年代的书信体遗产,并使我们摆脱了可以这样表达的心情:**我虽有答案在手,可是对问题的实质却仍旧茫茫然**!

(原载苏共中央马列主义研究院马恩室
《科学情报资料》1977年第29期)

(单志澄 译)

---

① 我认为,对这个词的翻译应当更准确些。根据该信的意思和精神,从所有关于历史唯物主义的信的观点来看,以及根据更接近于这个德语词汇的译法,这里不应用"世界观",而应用"理解的方法",因为恩格斯在概念上强调的正是运用马克思方法的性质。

② 《马克思恩格斯全集》第1版第39卷第406页。

恩格斯关于历史唯物主义的通信与当代*

〔俄〕И. С. 纳尔斯基

恩格斯晚年,在1890年6月5日给保尔·恩斯特的信中,开始撰写一系列的提纲,这些提纲收入标题为《关于历史唯物主义的通信》的马克思主义史中。他的这部分书信体遗产意义十分重大。

列宁在把他以前提出的把对立面创造性地统一起来的人道主义原则作为其社会哲学的基础以后,就开始在1922—1923年的文章和笔记中不仅从根本上重新认识自己的社会主义观点和通向社会主义的道路,而且还重新认识自己的社会哲学。此时,他对恩格斯晚年的文章和书信尤为感兴趣。① 要知道,恩格斯以及后来的列宁,都在自己的晚期著作中意识到:要在对过去的一些观点加以澄清和重新评价的基础上作出总结,并且铺设通向未来的道路。1922年11月列宁注意到《弗·恩格斯。政治遗嘱。公开的信件摘编》(1922年莫斯科版)这本书,并要值班秘书"专门保管"。但是,这本汇编没有包括恩格斯晚年的理论书信,而正是这些书信开辟了比以前更广泛、更深刻的研究前景。列宁在世时,1895年德国在《社会主义大学生》杂志上发表两封信(写给约·布洛赫和瓦·博尔吉乌斯的),1920年又在《社会主义月刊》杂志

---

* 本文选自《马克思恩格斯研究》1995年总第22期。
① 参看《列宁全集》第2版第40卷第207页。

上发表了两封信（都是写给施米特的）。但这是否意味着列宁已经看到这些信，还很难说。

恩格斯在一生中的最后5年里积极地与朋友、战友、工人运动活动家以及许多国家的社会党人、年轻人通信往来。本世纪末马克思主义继续在欧洲广泛流传，而1890年10月德国废除《反社会党人非常法》，则提高了他们的思想积极性，但伴随这一切而来的是马克思主义的理论认识水平的降低，甚至在社会民主党党员中也是如此。"二十年来唯物史观在年轻党员的作品中通常只不过是响亮的词藻……"① 只不过是简单化的概念的堆砌而已。恩格斯在说到"年轻人"时首先指的是保·恩斯特小组。恩斯特采取折中主义的方式把"经济唯物主义"的僵化的教条主义观点同新康德主义结合在一起，后来又同欧·杜林的"暴力论"结合在一起，并以这种理论为根据来否定合法的斗争手段（1894年恩斯特离开了社会民主党的队伍）。

恩格斯在其生命的最后几年被公正地认为是马克思主义领域中首要的权威。② 恩格斯也同所有来访者进行对话：因为这是对马克思理论的可靠性及其今后发展方式的检验。与老年恩格斯通信的人是些信念业已形成的活动家（马克思主义者、资产阶级社会学家），还有世界观正在形成的人。由于受书信体裁的限制，恩格斯给予他们的经过压缩、但仍是经过深思熟虑的答复：问题是最根本的，至于是谁提出的，并不那么重要。遗憾的是，恩格斯的书信并没有全部保存下来。例如，他写给拉布里奥拉的一系列回信就没有找到。关于历史唯物主义的全部通信（1931年B.B.阿多拉茨基就是这样称谓这些书信的）通常包括七个

---

① 《马克思恩格斯全集》第1版第38卷第310页。
② 参看安·拉布里奥拉：《历史唯物主义和哲学》，1922年莫斯科版第22页。

方面。

这些人向恩格斯提了些什么问题呢？经济学家、哲学家和社会民主党党报《柏林人民论坛》编辑部成员康拉德·施米特，曾就社会学家П.巴尔特《黑格尔和包括马克思及哈特曼在内的黑格尔派的历史哲学》一书（1890）提出这样的问题：巴尔特以社会学的唯经济主义的精神来阐述马克思主义的社会发展论，又为此而批判这种理论，并断言各种经济之外的因素也在同等程度上对社会过程发生作用，这种做法是否正确？根据施米特的意见，只要证明巴尔特引用的那些经济之外的过程能够从纯经济环境中引申出来，那么"经济唯物主义"的观念就是符合真实情况的，并且要巩固这种观念。"因为那样一来，非经济过程的影响又会在经济上得到论证，并且一切在其根本上又会归结为经济的动力……而在马克思那里，正是这些产生影响的过程的独立性却被说成是一种幻想并且被否定。"[1] 像巴尔特一样，其他一些包括路·布伦坦诺和鲁·什塔姆列尔在内的社会学家和经济学家，都指责马克思的学说是宿命论的和直观的，说它会把人们变成听命于历史规律的没有意志的小卒。

恩格斯曾在其他的书信中评论过这种理论上的二者择一。例如，布洛赫（当时是数学系的学生）就问过恩格斯："经济关系是不是**唯一**的决定因素，或者，它们在一定意义上只是构成其他一切关系的坚实基础，然后这种关系本身又发生作用呢？我认为，维护前一种观点（指马克思主义）最坚决的是保尔·恩斯特先生，而维护后一种观点最坚决的

---

[1] 1890年10月20日康·施米特致弗·恩格斯的信。参看《马克思恩格斯研究》第10期第110页。

是康拉德·施米特博士。"① 一位布雷斯劳的法律系学生博尔吉乌斯更详细地提出问题。他问,第一,应该怎样理解经济关系——是指被生产出来的和被消费的财富,还是"也指在很大程度上依赖于科学状况的生产这些财富的性质和方式;第二,是否应该把经济关系仅仅看作是制约其他关系,整个说来决定并影响这些关系的关系,就像'环境'影响个人一样,而特征取决于种族、创造个性的影响等等,并且被他们所改变,或者说,经济结构作为唯一的创造力量决定社会的状况,类似费尔巴哈关于单个的个人的说法:'人就是他所吃的东西'"②。博尔吉乌斯本人倾向第二种解答。

恩格斯以自我批评的方式承认,理论上出现的这种不能令人满意的状况在某种程度上是马克思主义本身形成的某些历史特点引起的:马克思和他"在反驳我们的论敌时,常常不得不强调被他们否认的主要原则,并且不是始终都有时间、地点和机会来给其他参与交互作用的因素以应有的重视"③。的确,马克思主义的奠基人在强调"主要原则",即人类历史总趋势的经济决定性时,总是具体分析这些或另一些历史进程和例如像1525年德国或1848—1852年法国的事件,并考虑到经济与政治、法、意识形态以及经济与参与这些事件的阶级、社会集团、历史人物的社会心理和个人心理的相互作用。但是,这恰恰证明具体分析和理论之间出现的脱节,而不仅仅是证明言未尽意。"道德、宗教、形而上学和其他意识形态,以及与它们相适应的意识形态便失去独立性的外

---

① 1890年9月3日约·布洛赫致弗·恩格斯的信。参看《马克思恩格斯研究》第10期第106—107页。

② 1894年1月29日瓦·博尔吉乌斯致弗·恩格斯的信。参看《马克思恩格斯研究》第10期第132页。

③ 《马克思恩格斯全集》第1版第37卷第462页。

观。它们没有历史、没有发展。"① 这段话出自年轻的马克思和恩格斯的手笔,但许多马克思主义者对马克思主义社会哲学的基本内容的理解就以这种形式保留下来,后来也是如此。

在90年代上半叶的书信中,恩格斯不仅竭力提醒人们注意那些已有的但尚未被所有的人掌握的历史唯物主义观点,而且在评述和研究人类历史的辩证法时也向前迈了一步。"必须重新研究全部历史……"② 而为此必须发展历史的研究方法本身。经济基础与精神的和制度的上层建筑、社会存在与社会意识以及人们生活中一般物质的东西与观念的东西的辩证相互关系的问题,成了马克思主义的共同奠基人所关注的焦点。对这些问题的答复阐明了无产阶级党的战略和策略方面——无论是在19世纪末资产阶级民主制范围内扩大合法斗争手段的基础上还是在20世纪初革命战役临近时期的条件下——的许多东西。对国家、法和意识在政治斗争中的作用问题加以探讨,具有重要意义,而主观因素在历史上的作用问题则是这次探讨中首要的问题。

在恩格斯晚期的书信体遗产中,精神现象和其他上层建筑的现象的能动性及其对社会经济生活乃至整个人文史的影响已经表述过了,所以社会意识的形式同一般上层建筑诸因素的相互作用、同经济之外甚至社会之外的诸因素(例如,地理环境)的相互作用,就被突出地作了论述。这些因素深深"卷入"社会经济的联系和中介的网络之中,但是它们在社会发展的不同阶段上按照程度和性质起着各种不同的作用。恩格斯也相应地开始制定对辩证唯物主义和历史唯物主义有重要意义的哲

---

① 《马克思恩格斯全集》第1版第3卷第30页。
② 《马克思恩格斯全集》第1版第37卷第432页。参看第39卷第405—406页。

学范畴和概念:"依存性"、"能动胜"、"相对独立性"、"思维材料"、"反作用",并且回过来对"必然性"和"偶然性"范畴作了分析。

恩格斯驳斥了宿命论关于经济对历史过程的全部内容的特殊和普通的、全面和绝对的影响的观点。但是,如果把上层建筑的能动性解释为类似机器的联系,而这种联系又是按照事先编制好的程序完全自动工作的,那么从对历史客观规律的宿命论理解中就不会引申出对上层建筑的能动性的承认。对政治、法、道德、宗教、哲学和艺术的能动作用的这种解释是错误的。恩格斯把社会精神生活的各领域的能动性和相对独立性这两个命题结合在一起,从而改正了这个错误。这种结合符合于下述原理:"思想领域也反过来对这些物质条件起作用,然而是第二性的作用。"① 从而也带来了某种不同于基础本身所固有的新东西。此外,"相对独立性"还同与之相对立的概念,即事物、过程和现象的"普遍联系"构成一个统一体,所以在辩证法理论中把它们放在其统一体之外去研究是不正确的。

总之,恩格斯认为,相对独立性,还有发展的不平衡性,都是过程中的任何一个与其他不同的阶级、"层次"、领域所固有的,因为不同的领域都有它们本身所特有的一些运动规律,尽管这些关系也依赖于低级领域,但还是以"扬弃的"形式包含在自己的内容中。在经济中也有这种情况:"凡是存在着社会规模的分工的地方,单独的劳动过程就成为相互独立的。"② 许多其他的过程和现象对生产过程产生反作用。恩格斯在这方面引用了16世纪重大的地理发现做例子,说明这些发现的影响交织在贸易对生产的反作用机制中。接着谈到,在这种机制的范

---

① 《马克思恩格斯全集》第1版第37卷第431—432页。
② 《马克思恩格斯全集》第1版第37卷第485页。

围内，货币贸易开始对商品贸易产生影响，这更促成了在垄断资本主义的前夜逐渐形成的金融资本对工业资本的统治。随着证券贸易的发展，"金融贸易对于生产的反作用就变得更为厉害而复杂了"①。

恩格斯对地理环境和人口现象的作用的分析是相当重要的。地理环境不仅是经济之外的因素，甚至是社会之外的因素，然而它保证原料资源的供应，也就是说，在许多方面，它决定劳动对象的形式，促进或妨碍交通联络，如果与有利或不利的气候条件联系在一起，就更是如此。人口过程和语言一样，作为社会现象（但不是经济基础的，也不是上层建筑的现象）对生产与交换的紧张程度，对商品市场和劳动力市场的容量和质量均有影响。但在历史的进程中，来自生产方面的、对这两个因素的派生反作用则会越来越强，而且它们一也与生产紧密地结合在一起。在这种意义上生产方式还包括"生产和运输的**全部技术装备**……包括在经济关系中的还有这些关系赖以发展的**地理基础**和事实上由过去沿袭下来的先前各经济发展阶段的残余（这些残余往往只是由于传统或惰性继续保存下来），当然还有围绕着这一社会形式的外部环境"。② "种族本身就是一种经济因素"。恩格斯在这里所说的"种族"指的是什么呢？很明显，他指的是民族特征对人口因素的影响。也就是说，与马克思一样，恩格斯并没有把生产关系仅仅归结为私有制的形式和生产组织的性质（同样，他们也没有把生产力仅仅归结为劳动力和生产资料）。③

---

① 《马克思恩格斯全集》第1版第37卷第486页。
② 《马克思恩格斯全集》第1版第39卷第198、199页。
③ 地理环境对社会的影响远远地超出经济的范围。例如，某个国家的出类拔萃最终还是取决于它的经济成就，但是要从觊觎主导地位的一些国家中被选拔出来，则可能决定于地理甚至宗教和历史方面的原因，而这些原因只有在以后才能产生经济结果。恩格斯引用了勃兰登堡、挪威和加斯梯里亚的历史作例子。

这就更加扩大了社会决定的多样性，由于这种多样性，社会决定的一切构成因素相互作用的结果，"归根到底"是由其中主要的即经济在生产力进步基础上的发展决定的。①

恩格斯在1890年9月21—22日致布洛赫的信中总结了这个观点："根据唯物史观，历史过程中的决定性因素**归根到底**是现实生活的生产和再生产……对历史斗争的过程发生影响并且在许多情况下主要是决定着这一斗争的形式的，还有上层建筑的各种因素……这里表现出一切因素间的交互作用，而在这种交互作用中归根到底是经济运动作为必然的东西通过无穷无尽的偶然事件向前发展。"②

应该正确理解"归根到底"这种说法。恩格斯既用它来反对把历史唯物主义变为"唯经济的"形而上学的唯物主义学说，又用它来反对唯心主义把思想和似乎只从思想中引申出的制度的独立性和能动性绝对化。经济的合成作用是通过必然性和各种偶然性的相互作用而形成的。恩格斯在90年代的书信中，用相互作用的**三种偶然性**的命题补充了《自然辩证法》中关于偶然性和必然性的片断中的思想，从而发展了这一思想。

根据第一种偶然性，自然界和社会中偶然现象的相互作用、它们的相互交叠和融为一体，从整体上构成了必然的过程。偶然现象有自己的

---

① 参看 Г. А. 巴加图利亚：《马克思恩格斯理论遗产中的"生产力"范畴》，载《哲学问题》1981年第9期第109页。

② 阿尔都塞试图在《唯物主义辩证法》一文（1963）和其他一些著作中用下面的命题来代替恩格斯的论点，即经济、生产所影响的只是哪一种也就是另外哪一种非经济结构在该社会的生活中起决定作用（参看杰克西耶·雅克：《论归根到底的决定论（马克思和/或阿尔都塞）》，载《法国马克思主义者论辩证法》，1982年莫斯科版第229—236页。

原因，而这些原因又来源于相互联系和互为中介的无限深处。从必然过程的起源来看，现象是偶然的，而把现象一个一个地单独拿出来看，对必然过程来说也是不重要的。今天，我们在分析微观世界的现象时，也碰到接近于上述意义的偶然性：在亚原子过程的范围内，必然性似乎是由"诸偶然性"融为一体的，因此，对于科学来说，必然性带有统计的和概率的性质。但是，这种必然性的集成整体就其客观形式来说达到何种程度，仍然是个问题。

偶然性的第二种形式是：各种外部现象给出现的过程带来局部变异，似乎在"补充"这个过程，但并不是从根本上改变其在这些外部过程之外的本质。恩格斯在前面引用的致布洛赫的信中对偶然性的第三种形式作了描述。他说，在本质上是必然的过程同与之对抗的事件相冲突，克服这些事件所特有的倾向，支配它们直至战胜它们。在这里恩格斯发展了《资本论》第3卷中的思想：价值规律只不过"作为内在规律，对单个当事人……起作用，并且是在生产的各种偶然变动中，维持着生产的社会平衡"①。对抗的因素不仅能够以拼凑成的聚合体的形式出现，而且它们之间的内在联系是"如此疏远或者是如此难于确定，以致我们可以忘掉这种联系，认为这种联系不存在"②。在致博尔吉乌斯的信中，恩格斯把这三种偶然性形式的作用结合起来：在历史上人们的"意向是相互交错着的，因此在所有这样的社会里，都是以那种以**偶然性**为其补充和表现形式的**必然性**占统治地位。在这里透过各种偶然性来为自己开辟道路的必然，归根到底仍然是经济的必然性"③。

---

① 《马克思恩格斯全集》第1版第37卷第460—461页。
② 《马克思恩格斯全集》第1版第25卷第995页。
③ 《马克思恩格斯全集》第1版第39卷第199—200页。

恩格斯所坚持的这些观点，意义十分重大。但是在两个世纪之交，一些作者却提出，恩格斯"修正了"马克思的观点。

然而，事实并非如此。恩格斯不是修正了而是发展了马克思的思想，比如说，蕴涵在《关于费尔巴哈的提纲》中的思想。他并没有在其伟大的志同道合的战友所取得的成就上停滞不前，而是对主观因素的总体关系，以及对人类经济生活中主观因素的各个组成部分作了更精确的描述。恩格斯讲清了唯物主义历史观能够在其中最全面地表现其正确的条件，同时，在致博尔吉乌斯的信中表述了下述规律性："我们所研究的领域愈是远离经济领域，愈是接近于纯粹抽象的思维领域，我们在它的发展中看到的偶然性就愈多，它的曲线就愈是曲折。如果您划出曲线的中轴线，您就会发觉，研究的时期愈长，研究的范围愈广，这个轴线就愈接近经济发展的轴线，就愈是跟后者平行而进。"① 人们在研究个别历史事件时很难弄清它们以间接方式表现的经济原因，而这经常似乎仅仅是一种人工的模式，因为参与这些历史事件的阶级、集团和单个人的**直接**利益和欲望并非总是让人们弄清这些深刻的原因，尤其是因为存在着各种各样的既有个人的也有集团的利己主义。至于谈到完整的历史时期，则是另外一回事了。恩格斯在为新出版的马克思著作《1848年至1850年的法兰西阶级斗争》一书写的《导言》（1895）中也引用过这一思想。② 在这方面我们要提醒大家注意，要对从1919年起的时代作出社会形态的总结，为时尚早。

经济发展的"轴线"和政治思想发展的"轴线"的接近，取决于经济条件对政治思想条件的作用，尽管是在政治意识和一般社会意识的

---

① 《马克思恩格斯全集》第1版第39卷第200页。

② 参看第22卷第591页。

"各该领域本身所限定的那些条件的范围内"①,也就是在由这些领域中每个领域的发展的内在特性所限定的条件的范围内。而这些内在特性的存在之所以可能,正是由于经济原因:这些原因在过去某时使脑力劳动脱离体力劳动并将脑力劳动划入相对独立的范围。

恩格斯在考察过去历史上国家的相对独立性时,联系了下面这个事实:国家的活动在某种程度上符合整个社会的利益,而它对经济所起的反作用,或者在现有状态下巩固了经济(在这里国家上层建筑的独立性表现得最少),或者促进了经济的继续发展,或者阻碍了经济的发展并导致过时结构的恢复,或者立刻在各方面发生作用。情景之所以显得复杂,尤其是因为经济动机对国家活动、法和政治的影响经常只是通过上层建筑的其他环节,如宗教的、道德的和哲学的思想来施加的。

在《〈社会主义从空想到科学的发展〉英文版导言》(1892)中,恩格斯对社会革命范围内政治过程的相对独立性问题提出了新的观点。社会革命在开始时经常"远远地"②赶在那个年代现实的经济任务的前面。这样,政治和意识形态的上层建筑与经济的脱离形成了,而且它们彼此削弱③,于是"世界历史的讽刺把一切都颠倒过来了"④。随之"在这种过分的革命活动之后,必然接着到来一个不可避免的反动,这个反动又超出了它能继续下去的那个限度"⑤。钟摆逐渐减慢的摇摆会

---

① 恩格斯指出,正是从马克思的这一著作中可以清楚地看到,他和马克思对社会实现社会主义改造的期限问题的观点是怎样改变的和为什么改变的。

② 《马克思恩格斯全集》第1版第22卷第373页。

③ 《马克思恩格斯全集》第1版第22卷第350页。

④ 参看A.B.丘吉诺夫:《伟大的法兰西革命史研究的一些迫切问题》,载《近代史和现代史》1989年第2期第68页。

⑤ 《马克思恩格斯全集》第1版第22卷第350页。

一直持续着，直到所有社会结构确立了相对的协调。在这个意义上19世纪"实行了、分别实现了、继续完成了伟大的法国资产阶级革命家们所开创的事业"①。20世纪也部分地继续"完成"了这项事业。苏维埃国家内危险的"仓猝行事"是由于当时采取了新经济政策才得以消除的。现在改革正在清除20世纪30年代和60年代错误地"仓碎行事"的后果。但是，改革按其实质来说不仅仅是历史上的一个"革命转折"。

恩格斯曾指出错误的拿破仑思想对19世纪中叶法国历史进程的影响。20世纪证实，错误思想能够对政治以及通过政治对经济本身产生巨大的反动影响：在资本主义社会里，希特勒主义的思想使得最残酷的奴隶占有制在东欧被占领土上复活；斯大林的僵化和极端的假社会主义观念，招致了失去本阶级属性的统治和关押在集中营中的所谓"人民敌人"的奴役劳动。早在18世纪法国大革命年代，似乎在自己的营垒中就存在着应予消灭的经常不断的敌人这种错误思想。

我们看到，上层建筑及其各种因素的相对独立性不仅在于它对社会生活的积极促进或延缓的反作用，而且在于这种独立性有内在的发展规律。延缓的反作用主要表现为：精神传统的存在、过去学说中某些思维材料的使用、错误异化的思想的形成。总之，表现为自我欺骗的形式，此外，还表现为真实的和错误的思想向别国的转移。这种转移是与各种社会形态长期共存和相互作用的过程相联系的。尽管恩格斯在书信中没有对这种过程进行研究，但是现在这种过程本身却有着特别深远的影响。

思想的反作用的一个特点是：在不同历史时期，在不同的国家，在

---

① 《列宁全集》第2版第36卷第354页。

精神现象其中包括转移来的精神现象中，下述各种思想形式被提到第一位，如19世纪40年代德国的宗教和哲学批判，19世纪60年代俄国的带有哲学色彩的文艺作品和文学批评，20世纪80年代后半期苏联的政论作品以及"道德和政治的"批判。

恩格斯强调指出上层建筑诸因素对社会经济基础的反作用的**意识形态**性质，同时，在书信中还使用了在《德意志意识形态》中就已经形成的、把意识形态视为错误意识的观点。意识形态的错误无论是在日常意识方面，还是在理论经济意识方面都有其场所。尤其是出现了这样的幻想：似乎意识形态观念本身具有绝对的独立性和威力，并以总体的方式影响历史的二者择一。另一方面，又出现了对思想的误解：既然思想没有绝对独立性，那就"意味着"思想是完全无能的。

夸大思想在历史上的作用与人们的精神活动中所谓的**思维材料**的绝对化有联系。恩格斯对思维材料是这样理解的："这些材料是从以前的各代人的思维中独立形成的，并且在这些世代相继的人们的头脑中经过了自己的独立的发展道路。"① 思维材料在精神生产形式的相对独立性中的作用也是相对的，就是说这种作用既不全面，也不普遍。但是，过去的思维材料对现在的和以后的社会精神生活的影响是这种生活**发展的内在规律**的最重要的表现形式之一：传统与革新相互影响并不仅仅意味着死人对活人的统治。19世纪末波兰的社会学家强调指出传统在人的未来生活中的作用。卢·克希维茨基写过关于现代生活的"历史基础"和"思想漫游"的文章；K.凯勒斯－克劳兹则在1894年提出所谓的思想回归规律。

法律、哲学、文学、艺术及其观点的相互影响和它们对经济及政治

---

① 《马克思恩格斯全集》第1版第39卷第95页。

生活的影响，通过这些观点中的每个观点的特性而发生突变，而这些观点也取决于它们所掌握的自己精神材料的特性。

例如，在国家和法的领域，发展的内在特征之一就是要求法的所有章节在逻辑上彼此一致，这样就不会使法律成为经济生活景象中全部矛盾的精确复制品，不会歪曲这种景象。至于说到宗教，在史前时期它的存在有"经济基础，但只是在否定的意义上"①，也就是经济基础发展的微弱性以及由于人们缺乏有关自然力的知识而产生的对自然力的极大依赖性。只是资产阶级启蒙思想家才发现了这种依赖性的决定性环节。后来，一系列的宗教观点不止一次地发生变化，但只是在纯宗教观念和概念的材料和可能性的范围内发生的。这些概念也被列入哲学发展的以后的思维材料中，但已经与早期的实践经验和关于自然界的未来理论概念的萌芽并列在一起了。

任何新的**哲学**观念都继承、掌握、利用和改造以前的（不仅仅是本国的）思维材料。因此，经济落后的国家能够——如果面临深刻的社会经济变革——与相对进步的国家一起提出先进的（不只是在民族范围内）和有理论高度的学说。这些学说甚至能够超过经济上较发达国家的思想并且推进世界哲学的未来发展。② 这方面的经典范例是：18世纪法国启蒙思想家对洛克学说的利用，谢林、黑格尔和费尔巴哈的哲学对19世纪俄国思想的影响，当然，还有作为历史乐观主义理论的马克思主义的产生。马克思主义的奠基人积极改造德国而且还有英国和法国的思想。而悲观主义哲学反映出社会哲学的丧失，它对源于其他国家的保守思想则一往情深，现在西方一系列发生危机的哲学流派的情况，也是

---

① 《马克思恩格斯全集》第1版第37卷第489页。
② 《马克思恩格斯全集》第1版第37卷第489—490页。

如此。但是，从总体上说，历史和哲学过程不仅具有阶级和意识形态的内容，而且还有不朽的、全人类的即所有阶级的、能够提供知识和有价值的内容。因此，恩格斯再一次谴责了对待哲学遗产的抽象的消极的态度。巴尔特把全部哲学史说成是"一些站不住脚的体系的废墟"。而恩格斯则提出，这是"从无通过无到无"的正确途径。① 可以对黑格尔的唯心主义进行批判，但"更为重要的是，从不正确的形式和人为的联系中找出正确的和天才的东西"②。

科学具有相对独立性和对社会经济生活的反作用的特殊表现形式。博尔吉乌斯认为，"社会状态直到细节都被经济和科学决定了"③。恩格斯在回信中指出，遵循认识活动内在逻辑的科学知识在发展上的相对独立性，科学对生活，其中包括自然知识对生产和技术的不断扩大的影响，都是存在的。然而，"科学却在更大的程度上依赖于技术的**状况**和**需要**。社会一旦有技术上的需要，则这种需要就会比十所大学更能把科学推向前进"④。正像马克思早在 50 年代就指出的那样，科学，随着其自身的越来越快的发展，开始转变为社会生产力（不言而喻，正如 T. 雅罗舍夫斯基在一些文章中所指出的那样，这种转变不仅仅是通过发展社会性的科学意识，而且是通过技术的具体体现而发生的）。与我们同时代的大生产为我们的基础理论研究提供了最强有力的工具，尽管研究的结果与直接的技术实践有很大的距离，但以后会给科学以巨大的推动："闪闪发光的经验"变成了"硕果累累的经验"（弗·培根）。

---

① 《马克思恩格斯全集》第 1 版第 38 卷第 123—124 页。
② 《马克思恩格斯全集》第 1 版第 38 卷第 202 页。
③ 《马克思恩格斯研究》1992 年第 10 期第 132 页。
④ 《马克思恩格斯全集》第 1 版第 39 卷第 198 页。

现在科学与生产、技术和社会需求的相互影响,使科学发明对全人类的生活产生巨大的影响(其中包括与所说的全球性问题相关的不良影响),而科学研究的方向、组织、拨款及其成果的利用,在许多方面仍旧取决于个别国家的有正确(或者相反不正确)导向的利益和政策。统一的全球性的科学战略只是开始形成。

恩格斯在90年代的书信中着重研究了**群众**和积极**分子**在历史上的作用。不言而喻,在物质资料生产活动中,人民群众作为主要生产力起着客观的作用,但是他们在主观方面的作用也很巨大。历史"是这样创造的:最终的结果总是从许多单个的意志的冲突中产生出来的……每个意志都对合力有所贡献,因而是包括在这个合力里面的"①,如果这个意志属于杰出的人物,就尤其如此。只要在一个人身上出现社会必然性(尽管解决由谁来完成这个人的使命的问题已属于历史偶然性范围),那么这样的人物就会出现。"但是,如果我们把这个人除掉,那时就会需要有另外一个来代替他,并且这个代替者是会出现的……"② 还有这样一种意见,似乎恩格斯"回避了"③ 马克思关于"站在运动最前面的那些人物的性格"④ 的伟大意义的思想,并把事情归结为没有不可代替的人,所以在选择他们时偶然性很大,而偶然性对必然性进程的影响则不大。但事情并非如此。我们继续引用恩格斯的话:"这个代替者是会出现的,——或好或坏,但是随着时间的推移总是会出现的。"我们补充一点,如果恰恰是不好,而那个"代替"伟大人物的人的道德面貌

---

① 《马克思恩格斯全集》第1版第37卷第461—462页。
② 《马克思恩格斯全集》第1版第39卷第200页。
③ 《卢卡奇全集》第13卷,1934年达姆施答特和新维德版第79页。
④ 《马克思恩格斯全集》第1版第33卷第210页。

又受到限制，尤其是受到损害，那么他对以后事件的影响将会相当抵触而且可能导致历史悲剧。20世纪很明显而又富有戏剧性地证明了这一点。

这样，恩格斯在19世纪90年代关于历史唯物主义的书信中，揭示了社会生活中原因与结果的复杂而系统的相互影响，驳斥了简单化的公式主义。他为了更准确地阐明自己和马克思的过去论点，运用了辩证法的批判功能。一些思想偏执的恩格斯学家传播这样的怪论，说什么恩格斯转向了"因素论"，放弃了经济决定历史的总进程和方向的原则以及从成熟马克思的、据说是宿命论的观点而转向唯意志论的观点，等等。实际上恩格斯发展了的正是研究社会过程的一元论的辩证唯物主义方法论。恩格斯在一封信中涉及了关于抽象的认识论本性的问题。①

百年时光并没有白白度过。关于各种社会现象相对独立性的观念在发生变化。例如，现在我们看到了相对独立性的如此多样的形式和层次。在我们国家，与70年代的全面停滞状况相反，科学逻辑学和哲学史得到迅速发展，另一方面，"像计算机似的科学"趋向于"封闭"在自己的广阔空间内，同时，庞大的行政机构将科学排斥到生活的外围，推入狭窄的生态学上的壁龛之中。

在恩格斯的书信之后，一个新的时代到来了，此时需要从根本上恢复马克思主义的理论。这种需要的深刻的哲学根源来自必然和自由的辩证法。卢卡奇对这个问题作了如下的描述："在这里，马克思主义的复杂性及其经常遭到指责的而事实上不存在的矛盾性，是在它们真正的现实的合乎逻辑性中表露出来的：一方面，不管什么东西，只要在经济中，因而在自己时代的类本质中均没有任何现实根源的话，它在社会存

---

① 《马克思恩格斯全集》第1版第39卷第408页。

在中就不能成为决定实践的范畴;另一方面——这种经济的决定性不论在哪种情况下都不能同时直接地、单一地成为'必然'决定的因素。"① 列宁在20世纪初的与以前大不相同的条件下重新考察了政治和意识形态在人们生活中的作用,从而解决了这个问题。现在,在为改革进行的斗争中,这个问题又出现在我们面前,这时经济基础和上层建筑中新旧东西的相互影响比开始想象的更富有戏剧性和更复杂,而所期望的成功对经济、政治和精神变革的依赖性也大大地增加了。

(原载俄国《哲学科学》杂志1990年第8期)

(邢艳琦 译)

---

① 《卢卡奇全集》第13卷,1934年达姆施答特和新维德版第85—86页。

恩格斯对《新时代》捍卫历史唯物主义的支持*

〔德〕乌尔苏拉·贝克尔

在斯图加特出版的《新时代。精神生活和社会生活评论》不仅是国际无产阶级最强大的政党——德国社会民主党的理论机关报,而且自1890年10月改为周刊以后日益发展成为第二国际革命的、马克思主义力量的喉舌。早些年,政治性的外国通讯几度试图在该杂志发表都未能成功,现在这类通讯在杂志上占了中心地位。它们定期报道时事政治局势,国际工人运动的历史和发展情况,从而促进了无产阶级国际主义的进一步加强。1895年3月,杂志的编辑部满意地证实,它的撰稿人的范围"正在不断扩大,其中有各国社会民主主义的最杰出的代表……"这一点可以由总共91名作者的名单得到证明,他们当中有:爱德华·伯恩施坦、爱德华·艾威林、爱琳娜·马克思-艾威林、劳拉·拉法格、克拉拉·蔡特金、沙尔·博尼埃、弗里德里希·阿道夫·左尔格、维克多·阿德勒、保尔·阿克雪里罗得、格奥尔基·瓦连廷诺维奇·普列汉诺夫、尼古拉·谢尔耶维奇·柳萨诺夫、若昂·纳杰日杰、安东尼奥·拉布里奥拉、亨利·科尔、艾米尔·王德威尔得,等等。① 从杂志的撰稿人来看,从杂志的传播来看,尤其是从杂志涉及本国范围以外的

---

* 本文选自《马克思恩格斯研究》1992年总第11期。
① 斯图加特《新时代》1893—1894年度第2卷。

那些论题来看，都表明杂志越来越具有了国际的性质。

正因为如此，恩格斯把《新时代》看成"一个极其值得掌握住的堡垒"①，并以多种方式努力帮助编辑部。恩格斯主要通过他同主编卡尔·考茨基以及报纸的固定撰稿人爱德华·伯恩施坦和奥古斯特·倍倍尔的书信往来和私人接触来参与《新时代》的内容设计。恩格斯除了刚才提到的用间接的方式对报纸施加影响以外，他还通过在杂志上发表文章直接为实现《新时代》所面临的任务作出了重要贡献。

这些任务中的一项任务是，更深刻地阐明经济基础和上层建筑之间的辩证法，这不仅对于德国的而且对于国际的社会民主主义都具有重要意义。这首先是社会的实践本身提出的一个要求。国际工人运动的不断壮大，尤其是德国社会民主党已发展成一个在选举中获胜的群众性政党，这就以新的方式提出了工人阶级作为主体的现实可能性的问题。为了科学地论证无产阶级在夺取政权的准备阶段的战略和策略，必须更加具体地理解并从理论上概括社会主体的思想与行为的历史重要性。为此，要求人们自觉地接受和运用马克思主义的辩证的决定论，这种决定论包含着历史主体在作用于客观因素时的独立性。然而在实现这些要求的过程中，历史唯物主义越来越被人们按照宿命论的和经济主义的历史观庸俗化和歪曲了，这一日益扩大的趋势严重危及着为此所需的理论知识。因此，为了有效地反击对历史唯物主义的进攻，就需要更全面地弄清马克思主义，关于主体的作用，关于经济、政治和思想之间的关系的观点。

90年代初经常有人向《新时代》编辑部和恩格斯提出有关历史唯物主义方面的询问，这表明了人们对这一主题的广泛兴趣以及同这一主

---

① 《马克思恩格斯全集》第1版第37卷第375页。

题有关的理论难点。例如，学数学的学生约瑟夫·布洛赫在1890年9月3日给恩格斯的信中问道："根据唯物史观经济关系是否确实像自然规律那样普遍地、直接地、唯一地和完全不以个人为转移地、始终不变地和不可避免地起作用，还是其他关系虽然归根到底由经济关系所决定，但是它们也能够加速或阻碍历史发展的进程？"①布洛赫把保尔·恩斯特称为持第一种观点的代表，把康拉德·施米特称为后一种观点的代表。这说明，这种询问不仅表现了年轻的大学生在掌握马克思主义时的某种不足，而且同时反映了有些人机械地和经济主义地对历史唯物主义作歪曲性的论述所造成的影响，不论是资产阶级的出版物还是社会民主主义的出版物中都有这样的论述。

保尔·恩斯特，"青年派"的一位代表，于1890年8月在《柏林人民论坛》上发表了一篇文章，题目是《马克思主义的危险》②。文章否认主体的作用，把马克思的理论（像约瑟夫·布洛赫所描述的那样）解释为宿命论。该报随后开展的讨论表明，同这种观点进行一场有根据的争论竟会何等困难。③

在资产阶级对马克思进行解释方面具有代表性的著作，要算1890年春天出版的保尔·巴尔特的《黑格尔和包括马克思及哈特曼在内的黑

---

① 1890年9月3日约瑟夫·布洛赫致恩格斯的信，藏于原苏共中央马列主义研究院党务档案馆。
② 保尔·恩斯特：《马克思主义的危险》，载《柏林人民论坛》1890年8月9日第32期。
③ 《关于马克思主义的危险的辩论》，载《柏林人民论坛》1890年30日第35期附刊，1590年9月6日第36期。

格尔派的历史哲学》①一书,因为这部书开始了资产阶级对马克思进行的真正的哲学批判。巴尔特硬说,经济在马克思主义中有一种所谓过高的作用,这种作用被看作唯一充足的原因,而思想的影响以及政治和法律的影响则被忽视了。大家知道,恩格斯自己手头有巴尔特的这部著作,这本书成了恩格斯一些书信讨论的话题,人们今天把恩格斯的这些书信称为"关于历史唯物主义的书信"。

康拉德·施米特使恩格斯注意到了保尔·巴尔特的著作。施米特在1890年6月25日的信中对作者和内容都作了基本正面的描述。例如他写道:"他对马克思历史观的批判给我留下深刻的印象。首先他力图证明,经济不是单方面地决定政治,而是政治也反过来决定经济。他一般地断言,政治的、法律的、宗教的、哲学的运动在很大程度上遵循着内在的、不是从经济基础中引申出来的规律,而且他善于从历史中举出证据。"②康拉德·施米特完全清楚,对巴尔特的书需要进行彻底的反驳,但是他认为这"十分困难"③。他起初还推荐卡尔·考茨基为《新时代》写一篇评论④,但他后来在深入研究了这一著作之后得出结论说,除了

---

① 保尔·巴尔特:《黑格尔和包括马克思及哈特曼在内的黑格尔派的历史哲学》,1890年莱比锡版。

② 1890年6月25日康拉德·施米特致恩格斯的信,藏于原苏共中央马列主义研究院党务档案馆。

③ 1890年6月25日康拉德·施米特致恩格斯的信,藏于原苏共中央马列主义研究院党务档案馆。

④ 1890年6月25日康拉德·施米特致恩格斯的信,藏于原苏共中央马列主义研究院党务档案馆。

恩格斯没有其他人能进行这种论战性的批判。①

就连一位如此出名的社会民主主义理论家、经济学家和哲学家康拉德·施米特（他力图深刻理解马克思主义），都受到巴尔特对马克思批判的影响，这一事实反映了他在掌握唯物主义历史观方面所达到的认识水平，并促使恩格斯用书信的形式对为阐述社会进程而辩证地运用唯物主义作出广泛的说明。②

如果莱比锡的哲学教授对马克思历史理论所作的歪曲论述同一些年轻的社会民主主义作家（其中有保尔·恩斯特）对马克思主义理论的理解不是如此完全一致的话③，恩格斯肯定不会对他进行深入的研究。早在巴尔特的读物之前，恩格斯就强调指出了被作为"构造体系的方法"而滥用了的历史唯物主义同巴尔特的批判之间的联系，巴尔特之所以能够"抓住把柄"，是因为这些东西"在他那一流人中间……已经退化为空话"。④ 这样一来，巴尔特的书就首先成为恩格斯对歪曲马克思主义的做法从两个方面进行论战的诱因和出发点：一方面，恩格斯利用这部书来整个地说明资产阶级对马克思的批判的实质和弱点；另一方面，他又用来批评社会民主主义本身内部关于历史唯物主义的非辩证的观点。

恩格斯在各封书信中作了理论的和方法论的论述来反驳人们对马克思主义的片面解释，而这种片面的解释也反映在《新时代》上。恩格

---

① 1890年10月20日康拉德·施米特致恩格斯的信，藏于原苏共中央马列主义研究院党务档案馆。1891年3月5日他把巴尔特的书寄给了恩格斯。

② 参看《马克思恩格斯全集》第1版第37卷第430—434、484—492页。

③ 参看彼得·米勒：《卡尔·考茨基的唯物主义历史理论和对社会主义的历史必要性的论证》，1985年柏林版第137页。

④ 《马克思恩格斯全集》第1版第37卷第432—433页。

斯的论述所产生的影响，可以从弗兰茨·梅林写的文章《论历史唯物主义的方法》中①得到重要的证明。梅林在文章中几乎逐字引用了恩格斯1893年7月14日在给他的信中就经济基础和上层建筑的关系所阐述的思想。梅林反对保尔·恩斯特的观点："难道保尔·恩斯特不明白，如果说唯物主义历史观否认各种思想领域有独立的历史存在，那么它绝不否认它们对历史的各自影响？如果保尔·恩斯特把原因和结果理解成刻板地对立的两极并完全忽略了相互作用，他的思考就是片面的、非辩证的。历史唯物主义究竟什么时候否认过，当一种历史因素被其他的、归根到底是经济的原因造成的时候，它也能够对周围环境，甚至对产生它的原因产生反作用？"②

当然，恩格斯绝不仅限于通过写信来支持《新时代》上开展的维护唯物主义历史观的争论。恩格斯不仅在写信时论述历史唯物主义，而且他还于1892年在《新时代》上以历史唯物主义为标题发表了一篇完整的文章，恩格斯的文章直接地有助于表现出该杂志的理论特点。③ 但是，马克思恩格斯的研究者们一般都把恩格斯的所谓晚期的哲学著作和他与那些将马克思主义的哲学基础歪曲和庸俗化了的观点进行的争论看成同"关于历史唯物主义的书信"是一回事，所以这篇论文至今远未

---

① 弗兰茨·梅林：《论历史唯物主义的方法》，载《新时代》1893—1894年第12年度第2卷第142—148、170—175页。

② 弗兰茨·梅林：《论历史唯物主义的方法》，载《新时代》1893—1894年第12年度第2卷第175页。参看《马克思恩格斯全集》第1版第39卷第96页。

③ 恩格斯：《论历史唯物主义》，载《新时代》1892年第1期和第2期，参看《马克思恩格斯全集》第1版第22卷第334—361页。

受到重视。①

不过，从这篇文章的写作起因和条件，以及它的直接读者来看，这种忽视乍看起来似乎是有道理的。这篇文章名为《论历史唯物主义》，恩格斯曾为他的著作《社会主义从空想到科学的发展》的英文版写过一篇导言，而这篇《论历史唯物主义》便是恩格斯把这一导言略加删节而成的德译文。②恩格斯本来只打算写一篇简短的前言，说明他对由他校订并由爱德华·艾威林完成的英文版的肯定。然后出版商威廉·斯旺·桑南夏恩出于商业的原因，请求恩格斯写一篇尽可能长一些的前言。③恩格斯满足了这一请求并写了一篇论文，在莫斯科出版的恩格斯传记中，这篇论文被认为"具有独立的科学意义"④。

在论文中，恩格斯论述了广泛的、内容丰富的论题，这些论题好像首先直接根据英国读者的兴趣和思维方式而安排的。考虑到英国读者对外国的思想财富持有偏见，尤其是他们拒绝接受唯物主义学说，恩格斯试图使他们逐步地、并根据他们自己的经验理解历史唯物主义。例如，恩格斯把历史唯物主义同英国的现代唯物主义的历史、同这种唯物主义逐渐具有的独特的英国形式（不可知论）联系起来，并同时又使历史

---

① 海因茨·马洛尔尼在其文章《弗里德里希·恩格斯和哲学史问题》中提到了这部著作的哲学意义。在格尔哈德·布雷德勒和沃尔夫冈·库特勒的文章《早期资产阶级革命：改革和农民战争与资产阶级革命过程的关系》中详细地分析了恩格斯那部著作的革命理论的内容。此文载《形成理论与历史》，1978年柏林版第324—326页。

② 弗·恩格斯的《导言》，载《弗·恩格斯：社会主义：空想和科学》，爱德华·艾威林译。附有作者写的导言，1892年伦敦—纽约版第Ⅴ—ⅩⅩⅩⅨ页。

③ 参看《马克思恩格斯全集》第1版第38卷第321页。

④ 《弗里德里希·恩格斯。他的生平和活动》，1975年莫斯科版第560页。

唯物主义在质上同它们区别开来，用来解释资产阶级革命前后英国"中产阶级"历史上的宗教倾向，在唯物主义历史观的基础上概括地叙述英国工人运动的状况和前景，并论证克服在工人运动中产生影响的宗教传统的可能性。

恩格斯如此熟练地和与任何刻板的做法相反地运用了历史唯物主义。仅仅由于这一点，在反对将马克思的历史论简单化并加以机械地歪曲的斗争中，《新时代》上刊登这篇文章就具有重要意义。然而有一点对于我们这里所研究的问题是很重要的，即恩格斯不是简单地在事后才为这个理论刊物将英文版的《导言》译成德文的，而是早在起草过程中，在安排《导言》的内容时就已考虑到了德语读者的需要。① 这一迄今被忽视了的情况不仅是恩格斯在政论活动中国际主义方面的一个特点，而且它同时还使人们重新认识了恩格斯在理论上支持德国社会民主主义进行思想争论时所采用的形式和方法。

如果我们在考虑到德国的共同读者的情况下稍加仔细地读一读《导言》或它的译文，就会注意到，表面上看来似乎是专门论述英国问题的，而实际上马克思主义研究的理论问题正是资产阶级和社会民主主义在90年代所提出的问题。因此，恩格斯还通过这篇文章对德国的和国际的社会民主主义内部机械地、经济地理解马克思的历史论作出了反应。虽然他在这里没有同各个代表人物进行直接的论战，既没有明确地讨论保尔·巴尔特的指责，也没有讨论保尔·恩斯特的指责。但是，恩格斯却通过对英国历史的一个时期进行历史的、唯物主义的考察，表明了他对他们的观点——即认为马克思主义否认思想和上层建筑的作

---

① 参看1892年4月16日卡尔·考茨基给恩格斯的信，载《恩格斯与卡尔·考茨基通信集》，1955年维也纳版第336页。

用——所持的立场。恩格斯注意到了各个批评者，注意到了变化了的阶级斗争实际所提出的新的理论问题，在这篇文章中重新转而分析历史过程的主体方面。恩格斯的这篇文章与"关于历史唯物主义的书信"和《路德维希·费尔巴哈和德国古典哲学的终结》在内容上有着密切联系，这说明，绝不能把恩格斯的文章理解为纯历史的文章，相反它有大量广泛的哲学内容。不论对于恩格斯最后几年在哲学方面的创作来说，还是对于《新时代》来说，它都具有不容低估的理论意义。

恩格斯在为导言的德译文选定标题时就已经表现出了上述这种联系。《论历史唯物主义》一文（或它的初稿《导言》）在马克思列宁主义的文献中偶尔也受到重视，然而多半是由于一种误解才受到重视，即人们认为恩格斯在这篇文章中第一次使用"历史唯物主义"这个概念。① 但是，准确地说应该是，恩格斯这时第一次在一篇决定要发表的文章中使用这一概念。其实，早在1890年的书信中就出现了"历史唯物主义"这个词，在那些书信中，恩格斯深入地研究了唯物主义历史观和唯物辩证法的联系。② 根据恩格斯的归纳，"历史"这个术语是"一切属于社会而不仅仅属于自然界的领域"③，它说明唯物主义历史考察的必要的完整性。它的意思包括，这种历史考察不应只限于对社会发展

---

① 这一不正确的看法不仅出现在《马克思恩格斯全集》俄文第2版第22卷的前言中，60年代写的文章中也有这种看法。参看 L. G. 哥尔施柯娃：《恩格斯与唯物主义历史观》，载《弗里德里希·恩格斯和马克思主义哲学的现代问题》，1971年柏林版第407页；阿尔弗勒德·科辛：《弗里德里希·恩格斯对马克思主义的革命世界观的贡献》，载《德国哲学杂志》1970年第10期第1158页。

② 参看《马克思恩格斯全集》第1版第37卷第430—434、484—492页以及459—463页。

③ 《马克思恩格斯全集》第1版第39卷第95页。

的经济内容进行分析，而且还必须阐明从社会各个领域的相互作用中产生出来的社会发展的具体历史形式。和在书信中一样，选择概念时的变化是恩格斯所作出的种种努力的一个组成部分，其中包括对保尔·巴尔特和保尔·恩斯特将马克思主义歪曲为一种机械理解的"经济唯物主义"的观点。

如果我们把恩格斯有关这方面的书信加以比较，对唯物主义历史观所作的错误解释和修正就更加明显了。正如上面已经提到的那样，保尔·巴尔特取得在大学授课资格的论文对康拉德·施米特产生了强烈的影响，这种影响也促使恩格斯着重强调对马克思的理论起着重要作用的唯物主义历史观和唯物辩证法的统一，并促使他首先研究人们所感兴趣的经济和意识形态之间的关系。这时，恩格斯在打算要发表的文章中再次提到并继续扩充了他的书信中对这个问题所作的论述。例如，《导言》中的一些片断表明，恩格斯直接引用了他在1890年10月27日给康拉德·施米特的信中的内容。① 在《导言》中，恩格斯根据对一个具体事物的分析，以唯物主义历史观为基础阐述了唯物主义历史观的辩证的性质，从而也就间接地针对歪曲历史唯物主义的观点进行了论证。恩格斯认为在讨论历史的内容时不应忽视历史的形式，根据这一要求，他试图增强人们对历史过程的复杂性和矛盾性的了解。他特别强调了经济、政治和意识形态的密切的相互作用。恩格斯不仅分析了政治等上层建筑现象对于（与各自的经济关系相适应的）贵族、资产阶级和无产阶级之间的力量关系的依赖性，而且还分析了它们相对的独立性和它们由此而产生的对社会所产生的促进或阻碍的影响。此外他还强调了社会主体的作用和社会主体的世界观的作用，并且明确地强调指出，甚至作

---

① 《马克思恩格斯全集》第1版第37卷第490—492页。

为规律来强调指出：一场革命的主观条件证明是客观的革命发展的必要因素。

显而易见，恩格斯通过这篇文章不仅向公众公开了他书信中的思想内容，而且重新使人们了解他在《路德维希·费尔巴哈和德国古典哲学的终结》中所阐述的观点。每当有人询问如何理解唯物主义历史观的时候，恩格斯总是让人们去研究这部著作。他把《路德维希·费尔巴哈和德国古典哲学的终结》第四章中对经济基础和上层建筑之间的相互关系所作的理论概括，作为对英国关系进行唯物主义解释的基础，从而使这种理论概括重新得到证实并同时进一步被确认。

总的说来，《新时代》为实现第二国际的理论家所面临的任务，即明确和维护唯物主义观的辩证性质作出了重要的贡献，其中恩格斯的那篇文章起了决定性的作用。

［原载《马克思恩格斯研究论丛》（柏林）第 29 辑第 130—136 页］

（佐海娴 译 张钟朴 校）

批判地认识辩证唯物主义的尝试*

〔俄〕特·伊·奥伊泽尔曼

一、作为哲学之否定的哲学

各种哲学学说间关系所特有的不断对抗,往往表现为某一哲学体系的创立者不仅否定其他一切哲学学说,而且甚至否定哲学本身,从而表明自己的学说与以往被认为是哲学的东西有着根本的不同。康德的学说就是这种对哲学作哲学否定的鲜明例子。康德断言,他的哲学"宣布自己是此前根本不存在任何哲学的哲学"①。康德在解释这个令人难以置信的说法时称,只可能有一种真正的哲学,既然在他之前不存在真正的哲学,那么一切不是真正哲学的学说就根本不应算作是哲学;这些学说不过是对各种哲学话题的议论,而不是哲学按其定义应当成为的那种真理体系。

康德在对哲学作哲学否定时当然并非单枪匹马。康德主义以至一切唯心主义的不可调和的反对者路·费尔巴哈跟康德一样断然决然地大声

---

* 本文选自《马克思恩格斯列宁斯大林研究》2000年第4辑。
① 伊·康德:《道德形而上学》,载《康德文集》第4卷下册,莫斯科1965年版,第114页。

宣布："没有任何宗教便是我的宗教；没有任何哲学便是我的哲学。"①这个说法不可思议地把对哲学（和宗教）的否定和对哲学的承认结合了起来。从古希腊罗马的哲学怀疑主义时代起直到今天，任何对哲学的哲学否定的命运都是这样，因为任何理论上论证了的对哲学的否定必然会变成对新的哲学理论的论证。换句话说，要求批判地分析哲学内容的对哲学的否定，针对哲学的正题提出反题，针对哲学的论据提出反论据，必然会变成否定之否定，即在新的基础上重建哲学。应该从这样的立场来看待马克思和恩格斯学说在其形成时期及此后的各个发展阶段中内在固有的对哲学的否定。

马克思在他的第一部哲学著作《德谟克利特的自然哲学和伊壁鸠鲁的自然哲学的差别》这篇博士论文中就已经非常接近于否定作为与所谓失去精神的外在现实相对立的抽象自我意识的哲学。按照马克思的说法，哲学的任务不是否定这一现实，而是使之理性化、哲学化。为此哲学应从抽象的思辨变成实际的动力。这一转化是哲学发展的规律，只是由于这一规律哲学与现实的矛盾才能得到克服。但随着这一冲突的被克服，也出现哲学的自我否定。马克思写道："于是，得出这样的结论：世界的哲学化同时也就是哲学的世界化，哲学的实现同时也就是它的丧失……"②

在 1842—1843 年《莱茵报》发表的马克思的文章中这一关于哲学必然地、合乎规律地**世俗化**并最终成了哲学自我否定的思想有了进一步的发挥。这些文章讨论了德国的经济状况和政治状况，但是这种讨论是

---

① 路·费尔巴哈：《说明我的哲学思想发展过程的片断》上卷，载《费尔巴哈哲学著作选集》，生活·读书·新知三联书店 1961 年版，第 250 页。

② 《马克思恩格斯全集》第 2 版第 1 卷第 76 页。

从被认为是理性批判的哲学的立场出发的。哲学研究的对象是莱茵省议会的辩论、林木盗窃法案以及摩泽尔河沿岸地区葡萄种植者的悲惨状况，这一点按照马克思的看法与哲学的任务和使命丝毫没有矛盾。如果过去哲学认为报纸不是适合于发表哲学见解的场所，那么现在哲学成了报纸的同人。马克思写道："哲学就其特性来说，从来没有打算过把禁欲主义的神甫法衣换成报纸的轻便服装。"① 马克思与千百年来的传统决裂，把非哲学的问题变成了哲学分析的对象，从而发展了新的哲学观，这一哲学观后来被说成是对哲学的否定。

马克思与青年黑格尔派阿·卢格一起在1844年出版的《德法年鉴》上发表的文章是马克思这一哲学构想发展的新阶段。《德法年鉴》卷首发表的马克思和卢格的来往书信讨论了他们打算出版的这一刊物的任务。马克思在1843年9月的一封信中谴责哲学企图思辨地、教条地预料未来，毫无根据地傲慢地奢望一劳永逸地解决人类面临的一切问题。马克思尖刻地指出："到目前为止，一切谜语的答案都在哲学家们的写字台里，愚昧的凡俗世界只需张开嘴来接受绝对科学的烤松鸡就得了。"马克思认为，但是时代变了，过去看起来不依赖于现实世界的哲学已经再也不能存在了。马克思发挥在《莱茵报》上表述的想法写道："现在哲学已经变为世俗的东西了，最确凿的证明就是哲学意识本身，不但表面上，而且骨子里都卷入了斗争的漩涡。"② 哲学议论性质的这一变化，哲学变成对社会现状的批判，哲学直接参与政治斗争，这一方面是哲学发展产生的人道主义理想的体现，另一方面则是对哲学的否定，至少是

---

① 《马克思恩格斯全集》第1版第1卷第120页。
② 《马克思恩格斯全集》第1版第1卷第416页。

对以往传统理解的哲学的否定。①

马克思在《德法年鉴》发表的《〈黑格尔法哲学批判〉导言》一文中继续发挥关于哲学的实现过程与哲学的否定、消灭过程相统一的思想。马克思在反对他不久前还赞同的当时德国流行的青年黑格尔主义时,批判青年黑格尔派代表人物关于"**不消灭哲学,就能够使哲学成为现实**"② 这一虚幻的想法。按马克思的看法,哲学变成现实,即实现哲学的人道主义理想,就是否定和消灭专门把哲学表现为思辨的意识形式的一切。哲学由于成了实践活动、有政治取向的斗争而变为现实,就不再是哲学——这就是马克思的想法。

但是马克思在上面引用的这篇文章中还没有走到否定一切哲学;他多半是主张必须彻底改造哲学,把哲学同无产阶级的解放运动结合起来,使哲学成为无产阶级阶级斗争的思想武器。"哲学把无产阶级

---

① 黑格尔如下一段箴言是这种传统哲学观的鲜明例子:"哲学离开了社会表层上兴风作浪、永无宁息的种种热情的争斗,从事哲学观察;它所感兴趣的,就是要认识自我实现的'观念'的发展过程——这个'自由的观念'就只是'自由'的意识。"(参看黑格尔:《历史哲学》,商务印书馆1963年版,第503页)值得注意的是,黑格尔谈到自我实现的观念,就是说,他没有把人类活动纳入这一观念的实现。另一点也很说明问题:自由被说成"只是'自由'的意识"。马克思反对的正是这样的对哲学定义和作用的理解:"……我们便会更明确地知道,我们现在应该做些什么,我指的就是**要对现存的一切进行无情的批判**。"(《马克思恩格斯全集》第1版第1卷第416页)

② 《马克思恩格斯选集》第2版第1卷第8页。

当做自己的**物质**武器,同样地,无产阶级也把哲学当做自己的**精神武器……**"①

这里引用的马克思的论点表明他对哲学所持的双重态度。一方面,他谴责哲学是应予消灭的学理主义的、与实际生活对立的思辨意识。但是另一方面,他又反复强调哲学必须变为现实,因而承认哲学所怀有的人道主义理想,不仅如此,他还认为哲学(当然是彻底改造了的哲学)是工人阶级社会解放的思想武器。马克思在《1844年经济学哲学手稿》中克服了这种对哲学的双重态度。这一未完成的手稿可以说是马克思主义形成时期最重要的著作,马克思后来在与恩格斯合写的第一部著作《神圣家族》中评价这部著作的特点时认为,这就是对费尔巴哈的崇拜。马克思断言,费尔巴哈"真正克服了旧哲学"。马克思发挥这一论点时写道:"费尔巴哈的伟大功绩在于:(1)证明了哲学不过是变成思想的并且经过思考加以阐述的宗教,不过是人的本质的异化的另一种形式和存在方式;从而,哲学同样应当受到谴责;(2)创立了**真正的唯物主义**和**现实的科学**,因为费尔巴哈使'人与人之间的'社会关系成了理论的基本原则。"②

马克思赞成费尔巴哈的看法,从而接受了费尔巴哈对哲学的否定,尽管这种否定明显是片面的、简单化了的。从上面引用的话来看,费尔巴哈对哲学的否定是对归结为宗教意识的唯心主义的否定,这当然忽视

---

① 《马克思恩格斯全集》第1版第1卷第467页。稍后马克思解释了自己的想法:"哲学不消灭无产阶级,就不能成为现实;无产阶级不把哲学变为现实,就不可能消灭自己。"(《马克思恩格斯全集》第1版第1卷第467页)马克思把无产阶级的社会解放称作无产阶级的被消灭,无产阶级由于获得社会解放而不再是无产阶级即被剥削阶级,成了他们使用的生产资料的所有者。

② 《马克思恩格斯全集》第1版第42卷第158页。

了唯心主义本身的哲学的、认识的内容,把这一内容干脆就从括号内移出。

不难理解,马克思所采取的这种对哲学的否定与他在《德法年鉴》以及较早期的著作中论证的对哲学的态度有着原则性的区别。现在关于哲学的实现,把哲学的人道主义理想变为现实已经无从谈起。消灭哲学被归结为消灭被认为是异化了的人的意识的宗教。不错,在上面引用的关于受到整体否定的哲学的一段文字中与之相对立地提出了**真正的唯物主义**,从引用的这段文字中可以看出,真正的唯物主义被认为并不是哲学学说,而是对哲学的否定,使人觉得对哲学的否定是完全合理的,因为哲学被归之为唯心主义,不仅如此,甚至被归之为宗教意识。但问题的实质不仅在这里,因为"真正的唯物主义"不仅与唯心主义相对立,而且与此前的一切唯物主义学说相对立,因为这些学说也是哲学学说。马克思称之为真正唯物主义的不是关于自然界的唯物主义学说,而此前的唯物主义(包括费尔巴哈的唯物主义)都是这样的学说。马克思称费尔巴哈是真正唯物主义的创始人时当然没有意识到这一点,才认为崭新的唯物主义学说是这位卓越的前辈创立的。而在费尔巴哈的哲学中,在他的人本主义唯物主义中这种崭新的唯物主义学说只处于萌芽状态中。马克思指的是(在读他的《关于费尔巴哈的提纲》,尤其是《德意志意识形态》时这一点变得十分显而易见)关于社会的唯物主义学说,即被认为是共产主义世界观理论基础的历史唯物主义。

马克思的《关于费尔巴哈的提纲》说:"旧唯物主义的立脚点是**市**

民社会；新唯物主义的立脚点是**人类社会或社会的人类**。"① 这里谈到的市民社会当然是指资产阶级社会，人类社会则是指根据共产主义原则建成的社会。因此可以理解，为什么《德意志意识形态》把共产主义者说成是**实践的唯物主义主义者**，因为他们的活动理论上是以唯物史观为基础的。②

马克思主义的创始人在《神圣家族》中在批判青年黑格尔派唯心主义的过程中把他们对被认为是以理论形式出现的异化了的人的意识的哲学的否定具体化了。他们断言："正因为哲学过去只是事物现状的超验的抽象的表现，正由于它自己的这种超验性和抽象性，由于它**在想象中独立于**世界之外、所以它一定要幻想它高高地超越于事物的现状和现实的人之上；另一方面，因为哲学过去并没有**真正**独立于世界之外，所以它也就未能对世界做出任何**真正的判决**，未能对世界使用任何真正的鉴别力，也就是说，未能**实际地**干预事物的进程，而至多只是不得不满足于 in abstracto［抽象形式的］实践。"③ 马克思在这里同在《1844年经济学哲学手稿》中一样实质上否定的不是一切哲学，而是哲学的特殊的、他所说的超验的形式即唯心主义。这个结论无疑是从我们引用的论

---

① 《马克思恩格斯选集》第2版第1卷第57页。下面的广为人知的结论性的一条说："哲学家们只是用不同的方式**解释**世界，问题在于**改变**世界。"（同上）这一条没有把对哲学的否定归结为对唯心主义及其似乎不可避免的宗教基础的否定。哲学作为不为改变（当然是革命地改变）社会关系的必要事业服务的理论而遭到否定。这当然是十分片面的哲学观。历史经验表明，哲学经常服务于对社会进行革命改造的事业。至于哲学家们用不同的方式解释世界，那么当然不能因此指责哲学和一切认识现实并从而解释现实的科学。

② 参看《马克思恩格斯选集》第2版第1卷第75页。

③ 《马克思恩格斯全集》第1版第2卷第49页。

点中得出的,完全为《神圣家族》中那个简短的哲学史评述的内容所证实。马克思和恩格斯考察了(不错,是断断续续地考察了)唯物主义同被称作形而上学的唯心主义的斗争。马克思主义创始人强调了黑格尔哲学的杰出作用,指出他不仅重建而且丰富了17世纪的形而上学,同时他们指出,这一唯心主义思辨哲学的最高形式"将永远屈服于现在为**思辨本身的活动所完善化并和人道主义**相吻合的**唯物主义**。**费尔巴哈在理论**方面体现了和**人道主义**相吻合的**唯物主义**,而法国和英国的**社会主义和共产主义**则在**实践**方面体现了这种唯物主义"①。马克思和恩格斯在这部著作的另一处断言,继承了笛卡尔物理学传统的唯物主义"成为**真正的自然科学**的财产"②,即不再作为知识的特殊的哲学形式而存在。因此,哲学,不仅唯心主义,而且唯物主义,都失去了自己存在的根据,而其中合理的东西溶化在非哲学知识之中,一方面溶化于自然科学之中,另一方面溶化于有实践取向的社会理论之中。

马克思主义创始人合著的第二部著作《德意志意识形态》对哲学的否定表现得格外突出。这里已经不谈实证科学掌握哲学的人道主义方向的问题,不谈唯物主义和自然科学融合的问题,哲学简直受到蔑视。马克思和恩格斯断言,哲学应当退休:"……须要跳出哲学的圈子并作为一个普通的人去研究现实。关于这一点,文献中有大量材料,当然,哲学家们并不知道……哲学和现实世界的研究这两者的关系就像手淫和性爱的关系一样。"③ 这其实是对哲学的虚无主义态度,这种态度与马克思和恩格斯较早时期的著作中对哲学所持的否定的同时又是双重的态

---

① 《马克思恩格斯全集》第1版第2卷第159—160页。
② 《马克思恩格斯全集》第1版第2卷第166页。
③ 《马克思恩格斯选集》第2版第3卷第262页。

度有着明显区别，其论据与孔德的实证论哲学相近似。实证科学从哲学中分裂出来，与它划清界限，最终使哲学失去存在的权利。"对现实的描述会使独立的哲学失去生存环境，能够取而代之的充其量不过是从对人类历史发展的考察中抽象出来的最一般的结果的概括。"① 这种对哲学比较温和的、同时容许有对人类历史成果作理论概括（实质上是作哲学概括）的可能性的否定，在此后的叙述中被越来越严厉的对哲学的批判代替了，哲学被当作必然注定要留在与现实隔绝的思想世界中的虚假的知识。对于非哲学的实证研究来说不存在这种思维的自我隔绝，因为对于这种研究来说没有必要从思想世界进入现实世界，因为这样的研究没有脱离现实，没有与现实发生对抗；这样的研究是在现实世界的怀抱里，在事实和经验材料的世界中实现的。因此可以理解，为什么"从思维过渡到现实，也就是从语言过渡到生活的整个问题，只存在于哲学幻想中，也就是说，只有在那种不会明白自己想象中脱离生活的性质和根源的哲学意识看来才是合理的"②。

这就表明，对哲学的否定越来越变成是对一贯与唯物主义哲学对立的唯心主义思辨思维的否定。这一点马克思主义创始人不会看不到，因为他们谈到**唯物主义世界观**，说唯物主义世界观"**没有前提是绝对不行的，它根据经验去研究现实的物质前提，因而最先是真正批判的世界观**"③。这里谈到了唯物主义历史观。马克思和恩格斯在《德意志意识形态》中第一次提到了这个用语本身以及唯物史观的基本原理，他们把唯物史观这一用语及其基本原理是作为对哲学的否定、作为唯物主

---

① 《马克思恩格斯选集》第 2 版第 1 卷第 73—74 页。
② 《马克思恩格斯全集》第 1 版第 3 卷第 528 页。
③ 《马克思恩格斯全集》第 1 版第 3 卷第 261 页。

义从思辨哲学领域向认识和概括经验材料的实证研究领域的过渡来叙述的。

不应认为,对哲学的否定以及唯物史观与哲学的对立只是马克思主义形成时期马克思和恩格斯早期著作的特点。这是马克思尤其是恩格斯在他们所有著作中都加以捍卫的立场。例如,恩格斯在《路德维希·费尔巴哈和德国古典哲学的终结》这部著作中断言,唯物史观"结束了历史领域内的哲学,正如辩证的自然观使一切自然哲学都成为不必要的和不可能的一样"①。不能不指出,对自然哲学和历史哲学的这一绝对的否定,是对哲学发展极其重大成果之一——辩证思维方法的承认。从上面引用的论断中可以看出,恩格斯并非完全在谈哲学时才提到辩证思维方法,也就是说他没有把这种方法当作专门哲学的方法,而是当作一般科学的研究方法,所有的学者,尤其是自然科学家都应该掌握这种方法。因此恩格斯在《自然辩证法》中一再强调指出:"只有当自然科学和历史科学本身接受了辩证法的时候,一切哲学的废物——除了纯粹的关于思维的理论以外——才会成为多余的东西,在实证科学中消失掉。"②

因此,《德意志意识形态》以整体的甚至可以说是挑衅的粗野方式对哲学所作的否定具有肯定的性质,其证明是对哲学的杰出成就——辩证思维方法的承认。

马克思和恩格斯在《神圣家族》中用费尔巴哈的方式即实质上是否定的态度对待辩证法,因为他们只是就黑格尔及其追随者的哲学来研究辩证法。例如,以下一段关于黑格尔体系及费尔巴哈对它的批判的论

---

① 《马克思恩格斯选集》第 2 版第 4 卷第 257 页。
② 《马克思恩格斯选集》第 2 版第 4 卷第 308—309 页。

述就证明了这一点:"然而,到底是谁揭露了'体系'的秘密呢?**是费尔巴哈**。是谁摧毁了概念的辩证法即仅仅为哲学家们所熟悉的诸神的战争呢? 是**费尔巴哈**。"① 如果考虑到费尔巴哈没有接受**黑格尔的辩证法**,他把辩证法说成是唯心主义的、使现实神秘化的方法,那么给予费尔巴哈对辩证法的批判如此高的评价令人信服地表明,马克思和恩格斯在40年代还没有提出关于用唯物主义改造辩证法的问题,他们对哲学的否定在那时也是对辩证法的否定。

《德意志意识形态》并没有讨论一般辩证法问题。马克思在《哲学的贫困》中批判了蒲鲁东从黑格尔哲学中接受下来的辩证法,揭露了这一辩证法的唯心主义性质。但是马克思同时还强调指出了黑格尔辩证法的积极方面。例如,他指出,否定是发展过程必要的因素。马克思在反对蒲鲁东对肯定和否定这两个对立面关系作非辩证的理解时正确地指出:"两个相互矛盾方面的共存、斗争以及融合成一个新范畴,就是辩证运动。谁要给自己提出消除坏的方面的问题,就是立即切断了辩证运动。"② 但《哲学的贫困》没有给马克思主义对黑格尔的辩证方法的态度作总的原则性的评述,尽管马克思对蒲鲁东"贫困的哲学"的批判无疑包含了对一系列问题的辩证的提法。③ 过了20多年后,我们才在马克思为《资本论》第1卷第2版写的跋中看到了这样的原则性的评价。马克思在为第2版写的跋中反对当时德国流行的对黑格尔哲学的蔑视,

---

① 《马克思恩格斯全集》第1版第2卷第118页。
② 《马克思恩格斯选集》第2版第1卷第144页。
③ 格·瓦·普列汉诺夫正确地说明了马克思对蒲鲁东的批判:"在这场论争中,马克思对于蒲鲁东的胜利就是善于辩证地思想的人对于不善于弄清辩证法的性质但却企图应用辩证方法去分析资本主义社会的人的胜利。"(《普列汉诺夫哲学著作选集》第3卷,生活·读书·新知三联书店1962年版,第159页)

宣称自己是"这位大思想家的学生",并因此简明扼要地判定了黑格尔辩证法的意义和作用:"辩证法在黑格尔手中神秘化了,但这决没有妨碍他第一个全面地有意识地叙述了辩证法的一般运动形式。在他那里,辩证法是倒立着的。为了发现神秘外壳中的合理内核,必须把它倒过来。"① 对黑格尔辩证唯心主义的这一评价与马克思和恩格斯在40年代谈到这一哲学时所写的文字有着多么惊人的差别!

马克思提出了把黑格尔的唯心主义辩证法非神秘化、用唯物主义改造他的辩证法的问题。这样提出问题必然导致向作为尚未归结为唯物史观的一般世界观的唯物主义哲学回归。恩格斯为了解决马克思提出的课题,在《反杜林论》中谈到关于唯物主义新的历史形式时说:"现代唯物主义本质上都是辩证的,而且不再需要任何凌驾于其他科学之上的哲学了。一旦对每一门科学都提出要求,要它们弄清它们自己在事物以及关于事物的知识的总联系中的地位,关于总联系的任何特殊科学就是多余的了。"② 因此,承认必须有新的辩证唯物主义哲学,并没有取消过去对哲学的否定,但是取代对哲学的存在权作整体的、实质上是虚无主义的否定的,是具体的、有历史根据的任务:结束使哲学与自然科学和社会科学的对立,取消作为科学的科学的哲学即妄图在具体科学世界中占领导地位的伪科学。这已经不是对一切哲学的否定,而是对**以往那种意义上的**哲学的否定,即对传统哲学的否定,传统哲学的每个体系都妄图囊括无法囊括的一切、建立包罗万象的完整的世界图景。恩格斯关于这一应予取消的哲学说道:"一旦我们认识到(就获得这种认识来说,归根到底没有一个人比黑格尔本人对我们的帮助更大),这样给哲学提

---

① 《马克思恩格斯选集》第 2 版第 2 卷第 112 页。
② 《马克思恩格斯选集》第 2 版第 3 卷第 364 页。

出的任务，无非就是要求一个哲学家完成那只有全人类在其前进的发展中才能完成的事情，那么以往那种意义上的全部哲学也就完结了。我们把沿着这个途径达不到而且任何单个人都无法达到的'绝对真理'撇在一边，而沿着实证科学和利用辩证思维对这些科学成果进行概括的途径去追求可以达到的相对真理。"①

总之，马克思和恩格斯从笼统地断然否定哲学开始，最后达到否定以往那种意义上的哲学。这无疑已经是积极的否定，这一方面意味着克服了以往的尤其是唯心主义的哲学所固有的把哲学世界观与丰富多彩的一切科学知识对立起来的做法，另一方面意味着批判地掌握了唯物主义传统和辩证思维方法。马克思和恩格斯在这条道路上着手创立**新型的**哲学。他们究竟在多大程度上解决了这一课题呢？这个问题要求我们作详细的探讨。

二、新型哲学的对象问题。辩证法规律

马克思高度评价辩证思维方法并提出了用唯物主义改造黑格尔的唯心主义辩证法的问题，但他并没有把自己的世界观称作辩证唯物主义，甚至没有称作哲学。看来他没有把经过唯物主义改造了的辩证法看作是哲学学说，而是看作科学的方法论，这与马克思对哲学的否定完全一致。因此马克思才从来不谈他所创立的哲学。列宁在谈到"马克思一再把自己的世界观叫作辩证唯物主义"②时无疑是说错了。

从上面引用的那段话中可以看出，恩格斯谈到了"现代唯物主义"

---

① 《马克思恩格斯选集》第2版第4卷第219—220页。
② 《列宁全集》第2版第18卷第258页。

的辩证性质。但是我在他的著作中也没有找到"辩证唯物主义"这一用语。恩格斯在描述自己的哲学观点时往往谈的是唯物主义、唯物辩证法。指的当然是辩证唯物主义,可是几乎完全没有出现过这一用语,显然是因为恩格斯把自己的哲学观点解释为对哲学的克服,尽管这令人感到不可思议。大概因为这个原因,我们在恩格斯的著作没有见到过"马克思主义的哲学"或"马克思主义哲学"这样一些后来广为流行的用语。

法国马克思主义者、《马克思主义考证词典》的作者们在谈到"辩证唯物主义"这一用语时说得很对:"在马克思和恩格斯的著作里没有出现过现在用来表示马克思主义哲学的这一用语,马克思和恩格斯只谈到过'唯物辩证法'。"① 词典的作者们强调指出这一决非偶然的情况,因为这一情况表明马克思主义创始人对哲学所持的虚无主义态度,即使在他们阐述自己的哲学观点体系时这种态度也表露出来。例如,恩格斯在《反杜林论》这部尽管具有论战形式却最充分地阐明了马克思主义哲学基本原理的著作中断言:"如果存在的基本原则是从实际存在的事物中得来的,那么为此我们所需要的就不是哲学,而是关于世界和世界中所发生的事情的实证知识;由此产生的也不是哲学,而是实证科学。"② 如果遵循这个论点的话,那么就很难回答以下一个问题:马克思主义哲学在科学知识体系中究竟占有什么样的地位?因为恩格斯在这里也把哲学(不是指一般哲学,而是指马克思主义哲学)看作是与实证科学相对立的,因此应该予以否定。这就是说,尽管已经断言马克思

---

① G. 拉比卡和 G. 邦叙桑:《马克思主义考证词典》,巴黎 1982 年版,第 723 页。

② 《马克思恩格斯选集》第 2 版第 3 卷第 375 页。

主义只否定以往那种意义上的哲学，但对哲学的整体否定并未完全被克服，如我们下面将看到的那样，这直接影响到对哲学对象问题的提法。

马克思和恩格斯的追随者约·狄慈根在其著作《一个社会主义者在认识论领域中的漫游》中把"辩证唯物主义"这一用语引进学术领域中使用。"马克思主义哲学"这一用语首先出现在第二国际时代的马克思主义者的著作中，尤其是在格·瓦·普列汉诺夫和列宁的著作中。但是对这些历史细节不必太重视，因为马克思和恩格斯，尤其是恩格斯毫无疑问是辩证唯物主义的创始人。

恩格斯一再强调指出他所阐述的哲学观点原则上不同于以往的一切哲学，指出："这已经根本不再是哲学，而只是世界观，它不应当在某种特殊的科学的科学中，而应当在各种现实的科学中得到证实和表现出来。""只是世界观"这一说法当然不能不引起异议，简单的原因是**只是世界观**是不存在的。存在各种类型的世界观，例如宗教世界观，自然科学世界观，社会政治世界观以及当然还有具有自己独有的特殊特征的哲学世界观。恩格斯间接地承认了他谈的正是哲学世界观这一事实，因为接着上面引的这段话说："因此，哲学在这里被'扬弃'了，就是说，'既被克服又被保存'；按其形式来说是被克服了，按其现实的内容来说是被保存了。"① 因此对哲学的否定，用辩证法的概念来说，最终变成了否定之否定，即被扬弃、被克服了的否定，也就是哲学的重建，但正如恩格斯强调指出的那样，当然是在新的基础上的重建。

不再是"特殊的科学的科学"的哲学不是从思辨的公设中，而是从人类共同的经验中，从自然科学对自然界研究的成果中得出自己的结论。这样的认识人类经验和科学材料的哲学，当然只能是唯物主义。恩

---

① 《马克思恩格斯选集》第2版第3卷第481页。

格斯根据这些方法前提断言:"唯物主义的自然观无非是对自然界本来面目的朴直的理解不添加任何外来的东西……"①

恩格斯还用同样的论据来论证唯物主义对超自然的、彼岸的精神世界的否定。他以为这一否定不是哲学(唯物主义)研究的成果,而是从对外部世界和思维的专门科学研究中得出的必然结论。当然没有任何理由来贬低科学尤其是自然科学在论证唯物主义世界观时的作用。但这是否意味着唯物主义不是哲学本身发展的成果,包括对自然科学发现的哲学认识的成果呢?当然不是。然而恩格斯仍然把唯物主义对超验的东西的否定说成是自然科学的结论而不是哲学的结论。他写道:"确信在物质世界之外并不单独地存在着一个精神世界,这是对现实世界,包括对人脑的产物和活动方式进行长期而又艰苦的研究的结果。"② 不过恩格斯在《自然辩证法》中批判了持唯心主义观点甚至神秘主义观点的自然科学家。这是否意味着自然科学本身不会导致唯物主义世界观,哲学唯物主义虽然无疑从自然科学中获得自己的论据,但仍然对其自然科学根据保持一定的独立性、相对的自主性呢?用恩格斯的话来说:"现代唯物主义概括了自然科学的新近的进步……"③ 这一点表明"现代唯物主义"依赖于自然科学,也表明它的相对自主性来自对各种各样的、

---

① 《马克思恩格斯选集》第2版第4卷第306页。对唯物主义世界观下的这个定义没有考虑到唯心主义者也认为他们了解自然界的本来面目,不仅如此,他们不同于神学家,坚持认为只能用自然的即自然界的原因来解释自然界的现象。我们只需提一下谢林。他在他的自然哲学中在认识自然科学成就时反对用一切非自然的因素来解释自然现象的做法。"真正的自然科学的第一准则是用自然力量来解释一切……"(《弗·威·约·谢林全集》第3卷,斯图加特1860年版,第273页)

② 《马克思恩格斯全集》第1版第20卷第664页。

③ 《马克思恩格斯选集》第2版第3卷第364页。

往往彼此不一致的科学材料的概括。

恩格斯坚决把新的唯物主义即辩证唯物主义与先前的各种唯物主义学说对立起来，先前的唯物主义学说仍然与辩证法格格不入，具有形而上学的（即反辩证法的）性质，把运动归结为物体机械的移动，不承认发展的普遍性和重要性，局限于唯物主义的自然观，而在对社会现象的理解上仍然站在唯心主义的立场上。在个别的情况下，恩格斯对先前唯物主义的非辩证性质的批判具有极端激烈的、激烈得不讲道理的特点。例如，他断言：黑格尔"对自然科学的……概括和合理的分类是比一切唯物主义的胡说八道合在一起还更伟大的成就……"①

因此，辩证唯物主义不仅与唯心主义决裂，而且与形而上学的、反辩证的唯物主义决裂，与此相应，它**辩证地唯物地**形成了哲学的对象和整个问题的范围。对哲学的否定（即使是对以往那种意义上的哲学的否定）在很大程度上也使对马克思主义哲学对象的理解成了问题。这一点即使是在恩格斯的如下论述中也很明显："这样，对于已经从自然界和历史中被驱逐出去的哲学来说，要是还留下什么的话，那就只留下一个纯粹思想的领域：关于思维过程本身的规律的学说，即逻辑和辩证法。"② 如果同意这个论点，那么思维便成了马克思主义哲学的对象。但这个使辩证唯物主义向黑格尔的辩证唯心主义靠拢的结论，显然与恩格斯的其他论述，尤其是有关唯物主义自然观的论述发生矛盾。恩格斯在《自然辩证法》中批判黑格尔，因为黑格尔把辩证法规律"当作纯

---

① 《马克思恩格斯全集》第1版第20卷第546页。
② 《马克思恩格斯选集》第2版第4卷第257页。法国马克思主义者路·阿尔杜塞在谈到恩格斯这一及其他论述时得出结论说："哲学没有对象。"（路·阿尔杜塞：《学者们的自发哲学》，巴黎1974年版，第38页）但是这一结论与上面引用的恩格斯的其他论述不一致。

粹的思维规律"，恩格斯用来反对这一唯心主义观点的是如下说明马克思主义哲学对象的唯物主义论点："辩证法是自然界的实在的发展规律。"① 恩格斯在这部著作的另一处提到《反杜林论》时强调指出："辩证法被看作关于一切运动的各个最普遍的规律的科学。"②

这部《自然辩证法》对辩证法从而也是对马克思主义哲学的对象还有另一个描述："辩证法是关于普遍联系的科学，主要规律：量和质的转化——两极对立的相互渗透和它们达到极端时的相互转化——由矛盾引起的发展或否定的否定——发展的螺旋形式。"③ 因此，恩格斯把发展的普遍性同现象的普遍联系联系了起来。这两者都被说成是自然界和社会的发展（客观辩证法）及认识过程即主观辩证法的根本内容。

因此，辩证唯物主义的对象是被认为是决定自然界、社会和认识中一切过程的普遍的辩证法规律。自然会产生一个问题：关于在同等程度上决定自然界过程和社会过程以及认识活动的**最高的**、处处起支配作用的规律的看法本身是否与科学相距甚远？因为科学研究和发现一定领域现象的规律，普遍性必然有所局限的规律。即便存在这样的包罗万象的规律，那么这些规律既然不能为某一门科学（其研究领域不是无限的）

---

① 《马克思恩格斯选集》第 2 版第 4 卷第 311 页。
② 《马克思恩格斯选集》第 2 版第 4 卷第 365 页。
③ 《马克思恩格斯选集》第 2 版第 4 卷第 259 页。这里引用的论点明显与前面引用的恩格斯《反杜林论》的论述不一致。按照恩格斯《反杜林论》的论述，每一门科学应该弄清自己在事物总联系中的地位，因此"关于总联系的任何特殊科学也就是多余的了"（《马克思恩格斯选集》第 2 版第 3 卷第 364 页）。因此，《反杜林论》和《自然辩证法》之间暴露出一定的差异。《反杜林论》把辩证法首先说成是关于思维规律的学说（同上），而《自然辩证法》根据研究的对象则谈到了客观的辩证法规律。

所发现，又怎么能为哲学所发现呢？是否存在绝对普遍的规律，即与基础科学已发现（及正在发现）的那些规律根本不同的规律？依我看，要回答这些问题应该哪怕简单地探讨一下"辩证法规律"与物理学、化学、生物学及其他科学发现的规律之间的关系。

首先产生的一个问题是：基础科学是否与普遍规律的概念格格不入？我认为万有引力定律是自然界的普遍规律。这个规律的作用决定了非生物界物体之间的关系，同时也对生物界包括人的机体的各种过程产生十分确定的、可以测出的影响。但是生物过程虽然也受到万有引力定律的影响，仍然是由一些独特的生物学规律性所决定的。当然，对这些规律性进行的分析表明，这些规律性的基础是物理学定律和化学定律，但这一点并不取消生物学、生理学的独特的规律性，只是证明生物界和非生物界的统一、自然规律的统一。但是万有引力定律的普遍性并不适用于社会关系，同样也不适用于认识和思维过程。因此，这不是绝对的普遍性，即仍然是受局限的普遍性。基础科学按其历史形成的内容来看，并没有一个无例外制约自然界和社会中发生的一切过程的规律。

因此，把"辩证法规律"和基础科学的规律进行比较，告诉我们它们之间存在着原则性的差异，而"辩证法规律"却被说成是决定生物界和非生物界、社会生活以及思维中一切过程的实质关系。不错，这里通常还附带说明："辩证法规律"以不同的方式出现在不同的生活领域中，在自然界、社会和思维中具有非常不同的、特殊的、独特的作用形式。但这一说明并不改变主要的一点，即承认同样一些规律适用于一切存在的事物。

恩格斯在《反杜林论》和《自然辩证法》中用物理学、化学、生物学、哲学史中的例子来说明"辩证法规律"。我们看到，通过逐渐的量变的积累从一个聚集态向另一个聚集态过渡，而量变的逐渐积累最终导致向新质态的飞跃式转变。这个例子以及其他一些不必列举的例子使我们可以得出结论，自然规律（即使不是全部，至少也是很多这样的规律）以及社会过程和认识的规律都带有辩证性质，也就是说，这些规律是运动、发展和变化的规律。但是从这个仍然在一定程度上具有假设性质的结论（因为多得说不清的自然规律和社会规律仍然未被认识）中绝不能得出结论（即使是假设性的结论），认为存在着包罗万象的、绝对的辩证法规律。只有根据可以说：通常被称为辩证法规律的东西表示在物质世界和精神生活的一切过程中存在着共同的本质特征。自然规律、社会生活规律、人的认识活动规律无疑是彼此间有着质的区别的规律，但这并不排除它们之间有着本质上共同的东西，因为这些规律都是规律，每一个规律都是运动、变化和发展的规律。存在的不同质领域的不同质规律之间的这一共同点才被奉为绝对的"辩证法规律"。现实中**没有也不可能有说是派生出基础科学发现的具体规律的特级规律、最高规律**。合乎情理的、有科学根据（也就是有哲学根据）的看法是，科学已知的各种各样的规律存在着本质的一致性，作为哲学学说的辩证法力图加以发现和表述的一致性。承认存在着两个等级的规律——最高的（辩证法的）规律和从属于它们的自然规律、社会规律和认识规律，就意味着停留在黑格尔的辩证唯心主义的立场上。而黑格尔的辩证唯心主义把哲学与一切科学知识对立起来，把哲学看作无所不知的科学的科学，它了解其他一切科学所不知道的真正的真理。①

---

① 例如，黑格尔在《精神现象学》中断言："……在任何一门知识或科学里按其内容来说可以称之为真理的东西，也只有当它由哲学产生出来的时候，才配得上真理这个名称……"（黑格尔：《精神现象学》上卷，商务印书馆1963年版，第46页）按照黑格尔的说法，原来与哲学无关的大量科学原理至多是正确的，但不是合乎真理的。

应该指出，马克思和恩格斯在谈到黑格尔表述的辩证法规律时通常是指在基础科学确定的规律性中得到表现的普遍发生的辩证过程。马克思主义创始人绝不认为哲学发现了基础科学所不知道的规律。黑格尔唯心地推崇"辩证法规律"，把它们与基础科学认识的规律相对立，马克思和恩格斯与黑格尔的这一做法完全格格不入。但是苏联时期出版的教科书却把"辩证法规律"说成是一切科学的原理都应与之相适应的特殊的最高等级的规律。名声不好的"米丘林生物学"被特·杰·李森科宣布为真正辩证唯物主义的科学并由此推翻了遗传学领域中的一切研究成果，这一切令人信服地证明，求助于充作学术争论中最高法官的最高规律（辩证法规律），很容易变成伪科学的骗局。

综上所述，我得出的结论是：辩证唯物主义的对象不是广为人知的"辩证法规律"，而是假设为普遍的辩证过程，构成其内容的是各门科学确定的事实：自然界、社会和认识中的运动、变化和发展。因此唯物辩证法是运动、变化和发展的**一般**理论，它概括了生物学、地质学、天体物理学、社会学以及其他一系列科学建立起来的运动、变化和发展的**特殊**理论。

三、已经提出但并未解决的问题

认识的发展以及人的实践活动完全推翻了唯心主义关于自然界是我们人类观念总和的看法。这一主观唯心主义的看法在当代没有公开的拥护者。至于承认自然界不依赖于人的意识而存在的客观唯心主义，从当代自然科学的成就来看也是完全站不住脚的，因为客观唯心主义把物质看作是不活泼、无定形的物，没有非物质力量的作用自己不能运动、发展和构成复杂的结构。19世纪的自然科学就已经通过实验证明了物质的自我运动，即不同质的物质运动形式的相互转化。而发现原子能后任何关于物质不活泼的议论连表面的说服力也都丧失了。①

尽管当代科学认为物质具有内在的力量，但是唯心主义却并未消失；唯心主义依然力图推翻唯物主义关于精神的看法，维护关于精神的自足性、甚至实体性的论点。马克思和恩格斯没有只批判唯心主义，他们还严厉批判了把精神说成是人的生命活动的特殊物质产物的所谓庸俗唯物主义。但是这一明显简单化的关于精神的看法与一切唯物主义学说固有的观点究竟有多大的距离呢？古希腊罗马的唯物主义者认为，人的灵魂是十分精细的物质。近代唯物主义者关于意识、思维的看法并没有重大的进步。托·霍布斯断言，只存在物体，尽管他当然承认思维是作为特殊的复杂的物体的偶性而存在的，甚至对思维作了认真的分析，但他没有能使他的本体论的物体论同对精神的承认协调起来。其他的唯物主义者与霍布斯不同，不仅承认物体、物的存在，而且承认非物质的实在——意识，他们完全依据人的生理学把意识看作是人脑的特性。

马克思主义创始人赞同先前的唯物主义关于物质对意识是第一性的基本原理，批判了他们前人形而上学（反辩证法）的自然观，批判了他们不能把唯物主义原则用于理解社会生活。但是同时他们完全满足于旧唯物主义的基本原理：意识是人脑的特性，是高度组织的物质的功能。这个原理只有在没有人脑就不可能有意识、思维这一意义上来说才是没有争议的。但这个本身是正确的论断能否使我们理解、解释精神实

---

① 不过应该指出，18世纪的唯物主义在预料后来的自然科学发现时就已经成功地推翻了关于物质不活泼的看法。例如，保·霍尔巴赫在他著名的《自然的体系》一书中断言："物质由于它自己特有的能力而活动，它的运动则归因于与它密切关联着的一些其他的力……"（霍尔巴赫：《自然的体系》上卷，商务印书馆1964年版，第26页）

在的多样性和丰富性呢？当然不能。不仅如此，承认意识、思维是高度组织的物质的产物这一真理未必与唯物主义把精神看作特别精细的物质的过时观点彻底决裂，因为精神不单单是意识、思维。存在着精神世界——科学以至一切认识、形式多样的艺术、宗教。说科学、艺术或宗教是高度组织的物质、人脑的产物，等于什么也没有解释，对人、人类在其整个历史发展过程中的**精神**活动的这些现象一窍不通。

如果说唯心主义对自然界明显估计不足，把它还原为个人的意识或无人称的精神，那么如我们所见到的那样，唯物主义一贯对精神估计不足，把它还原为生理学基础，而生理学基础丝毫不能解释艺术、一般精神（例如，个人的智力）的发展。恩格斯在把意识、思维定义为"人脑的产物"①的同时认识到思维毕竟不可能只归结为其生理学基础。因此他写道："它是单个人的思维吗？不是。但是，它只是作为无数亿过去、现在和未来的人的个人思维而存在。"②恩格斯在这部《反杜林论》的另一处谈到理论思维时强调指出：这"……是一种历史的产物，它在不同的时代具有完全不同的形式，同时具有完全不同的内容"③。对关于思维、**知识**问题这样的提法当然远远超出了自然科学认为思维是人脑的特性、功能的论断的范围。

遗憾的是，这一与此前唯物主义相比截然不同的关于精神本质问题的新提法在恩格斯的《反杜林论》及其他著作中没有得到发挥。不错，马克思主义创始人在阐释唯物史观的基本原理时勾画了对分析意识行之有效的新方法。他们断言，社会意识反映社会存在即人们的生活，按他

---

① 《马克思恩格斯选集》第2版第3卷第374页。
② 《马克思恩格斯选集》第2版第3卷第426页。
③ 《马克思恩格斯选集》第2版第4卷第284页。

们的定义，人们的生活具有社会性。单个人的意识是个人的意识同时也是社会的意识，即两者的统一。不理解这种个人和社会从来就有的统一，就不可能理解思维（首先是思维的范畴结构）、科学知识和各种形式的艺术的发展。因此才能懂得，唯物主义关于精神是物质的产物这一基本原理尽管完全正确，对于理解人的精神生活包括人的意识、思维却是完全不够的，更不用说理解认识了，因为认识的发展只有通过对认识过程的**特殊**规律的研究才能解释。马克思和恩格斯创立了作为辩证发展理论的辩证唯物主义，以此对抗从前的庸俗进化论的观点，但没有制定关于人类精神发展的理论，因此不能彻底克服唯物主义还原论，即把精神归结为物质这种片面的、极为简单化的做法。

恩格斯正确地指出，唯物主义哲学随着每一个划时代的科学新发现的出现会采取新的历史形式。建立辩证唯物主义即唯物主义哲学的新的历史形式，反映并从理论上认识了上一世纪中叶杰出的自然科学的发现。19世纪末尤其是20世纪初的标志是涌现了许多划时代的自然科学发现。这些发现使我们有必要赋予辩证唯物主义以新的历史形式。列宁在其著作《唯物主义和经验批判主义》中试图解决这一课题。

恩格斯从当时的自然科学的材料出发，没有局限于给物质概念下哲学的、本体论的定义，说物质对意识、思维来说是第一性的东西，而是试图指出自然科学的事实，使这一定义具体化。他写道："物、物质无非是各种物的总和，而这个概念就是从这一总和中抽象出来的。"① 严格地说，物质的这个定义与马克思和恩格斯时代的一切杰出发现并不完

---

① 《马克思恩格斯选集》第2版第4卷第343页。恩格斯解释说，物质概念是抽象的。"当我们把各种有形地存在着的事物概括在物质这一概念下的时候，我们是把它们的质的差异撇开了。"（《马克思恩格斯全集》第1版第20卷第598页）

全相符，因为他们生前就已经出现了极其重要的电磁场的概念。此外，当时已存在的光的波动说无疑已表明物质的东西没有被归结为物、自然界的物体。不过恩格斯对自然科学物质观的提示仍然具有原则性的意义，因为这表明，把物质概念抽象地定义为它只是从来就有的东西，是完全不够的。这样的抽象定义由于提出时没有考虑科学材料，因此与古希腊罗马时代朴素的唯物主义者议论原初物质、原初物的看法没有多大的区别。

列宁在《唯物主义和经验批判主义》中分析了19世纪末物理学中开始出现的方法论危机，这个危机是由于电子这一基本粒子的发现而古典力学无法加以解释才出现的。这一发现在许多自然科学家中间造成的混乱表现为关于物质非物质化的唯心主义议论，因为物质概念仍然归结为物的概念。列宁为了捍卫唯物主义立场，证明电子即使不具有自然科学赋予物质的特性，无疑也是物质的，因为电子是不以人的意识和意志为转移而存在的实在的现象。列宁因此提出对物质的哲学定义，不管自然科学发现了什么出乎预料的新的自然现象，这一哲学定义仍应保持其真理性。列宁提出的定义与本体论对物质第一性概念所下的哲学定义不同，可以界定为对物质的认识论定义。"物质是标志客观实在的哲学范畴，这种客观实在是人通过感觉感知的，它不依赖于我们的感觉而存在，为我们的感觉所复写、摄影、反映。"① 这个定义中的主要之点是把物质理解为如定义所说的不依赖于人的意识而存在的客观实在。认为这一客观实在为人所感知的说法与列宁对马赫主义的批判有关，马赫主义认为感觉是一切存在的"要素"，而不是对不依赖于这些要素而存在的实在的感知。主张客观实在只有在它反映在我们的感觉中时才是客观

---

① 《列宁全集》第2版第18卷第130页。

实在，就意味着背离唯物主义，因为唯物主义认为感性知觉是有局限性的，因而存在着许多并不是我们感觉器官的对象的客观实在现象。但是看来不能简单地把感性知觉从作为客观实在的物质概念的定义中排除出去，因为这一定义具有认识论性质。此外，脱离了人的感性知觉提出的客观实在的概念完全可为客观唯心主义所接受，客观唯心主义是从精神的实体性即精神对人的意识的独立性的观念出发的。因此，虽然关于物质是通过感觉感知的客观实在的概念远未囊括客观实在存在形式的多样性，但这一概念作为关于超感觉的、超验的客观实在的唯心主义观念的反题，仍然在一定程度上是需要的。

不能不指出，列宁提出的关于物质的哲学概念在马克思主义文献及马克思主义之前的哲学中并非新的概念。例如，普列汉诺夫在《胆怯的唯心主义》一文中批判马赫主义者约·彼得楚尔特时把物质定义为"直接或间接作用于或者在一定条件下能够作用于我们的外部感觉"①的东西。同时普列汉诺夫指出，"近几年来惊人的发现"中没有一件发现动摇了这一物质概念，尽管需要对这一概念作重大改变。至于应该作什么样的改变，普列汉诺夫没有谈到。

---

① 《普列汉诺夫哲学著作选集》第3卷第532页。在卡·考茨基的著作中也有这样的物质观。他是从承认可感知世界的不容争辩的实在性出发的，他说："唯物主义承认物质，只不过意味着承认世界现实地存在于我们以外，并不是单纯的假象，并不是思维的头脑的产物。"（卡·考茨基：《唯物主义历史观》第1分册，上海人民出版社1964年版，第24页）马克思主义对物质概念下的定义与先前的唯物主义没有原则性的区别。例如，霍尔巴赫在《自然的体系》中对物质下了类似的定义："对于我们说，物质一般地就是以任何一种方式刺激我们感官的东西。"（霍尔巴赫：《自然的体系》上卷，商务印书馆1964年版，第35页）这样的物质定义也是17—18世纪其他唯物主义者特有的，因为他们的认识论持感觉论的立场。

但是不仅唯物主义者把物质定义为外部的可感知的实在。让·卢梭坚决不同意他的思想战友唯物主义者的看法，维护唯心主义世界观，同时却断言："我把凡是我意识到在我身外的并作用于我的感觉的一切称作物质。"① 伊·康德这位先验唯心主义的始作俑者在《自然科学的形而上学基础》中断言："……物质就是每一个**外感官的对象**……"②

因此，把物质概念定义为可感知的客观实在并不充分地说明唯物主义的特点，它与唯心主义、至少是与某些唯心主义变种的根本对立。物质概念的这一感觉论定义同认为一切可以认识的对象都是可感知的感觉论的认识论一样，是有局限性的。这一定义把物质概念同感性知觉联系起来，从而把主观因素放进了物质概念之中。

还有一点很明显：人所创造的物品（例如，机器或艺术作品）不能定义为不依赖于人的意识和意志的东西。这是体现人的智力并将其物质化了的特殊的客观实在。它与物质第一性、物质始终存在这一唯物主义基本原理明显有矛盾。物质作为可感知的、不依赖于人的意识和意志的客观实在的概念，根本不适用于唯物史观的范畴。生产力和生产关系都是人创造的，其客观性带有主体客体性质，即生产力和生产关系部分不依赖于人的活动，部分又依赖于人的活动。

物质概念的认识论定义还有一个缺点：这个定义一点没有谈到物质对意识、思维和一般精神的第一性。物质是绝对从来就有的，是既不能创造也不能消灭的，这一定义从历史和逻辑的角度说，是物质的基本哲学定义。顺便提一下，列宁也是承认这一点的，他谈到物质和精神的关系时说："……对于认识论的这两个根本概念，除了指出它们之中哪一

---

① 让·卢梭：《爱弥尔》，圣彼得堡1913年版，第262页。
② 康德：《自然科学的形而上学基础》，生活·读书·新知三联书店1988年版，第21页。

个是第一性的，不可能，实质上不可能再下别的定义。"① 然而正如我们看到的那样，列宁仍试图给物质下一个新的哲学定义，可是不能认为这个定义是原则上划清了唯物主义和唯心主义这两个互不相容的对立面界线的令人满意的定义。

综上所述，我得出这样的结论：辩证唯物主义没有提供**自己的**关于物质的哲学概念，就是说，没有提供将它与先前的形而上学的（反辩证法的）唯物主义从根本上区分开来的物质概念。当然可能会产生一个问题：是否需要有一个新的、辩证唯物主义的物质概念？是否能够提出这样的概念？列宁同普列汉诺夫一样提出了关于这样一个新概念的必要性的问题并试图加以表述。但是提出的这个课题并没有得到解决。当然可以这样来提出问题：哲学并不追求自己的特殊的物质概念并接受自然科学中形成和阐发的物质概念。但自然科学的物质概念并不适用于社会现象。对社会现象无疑也应作唯物主义的解释。由于一般科学的物质概念不是由单独一门科学来制定的，制定这样的实质上是哲学的概念，应该是辩证唯物主义这一最发达形式的唯物主义哲学的使命。这样的概念是需要的，特别是对彻底克服哲学唯物主义至今仍未摆脱的对精神简单化的理解来说是这样。

马克思主义哲学作为关于辩证过程的学说，其中心概念是发展**普遍性**的概念。尽管恩格斯把辩证法定义为一切运动、变化和发展规律的科学，但正是发展被理解成包括了一切运动和变化的过程。只有对发展作这样的理解，它才是真正普遍的、甚至是绝对的过程。但是运动，不管其形式如何，本身不是发展。从物质的一种聚集态向另一种聚集态的过渡是物质状态的质变，但这还不是发展，至少是因为这样的质变是一个

---

① 《列宁全集》第 2 版第 18 卷第 148 页。

可逆过程。马克思以前的唯物主义的杰出代表人物论证了物质自我运动的原则，把运动解释为物质存在的形式。①他们也承认物质、自然界的变化是合乎规律的必然过程。他们也不排斥发展的概念，但他们没有研究发展概念与形成发展的运动和变化（运动和变化本身并不是发展过程）过程之间的联系。马克思主义创始人也没有研究这二关系，即构成发展过程的不同质的过程的统一。

辩证唯物主义要求有辩证的发展观念。马克思和恩格斯把发展说成是根据辩证法规律进行的过程。但是这些规律，至少是黑格尔表述和采用的那种形式的规律，说明的与其说是发展过程，还不如说是对立面的联系和统一。例如，黑格尔把量变到质变描绘成可逆过程。黑格尔的《逻辑学》在本质论一篇中研究了对立面的矛盾和互相渗透。其中没有发展概念，发展概念只出现在概念论中，黑格尔把概念解释为"存在"和"本质"的本体论基础。黑格尔断言："概念的前进运动既不再是向他物的过渡，也不再是他物中的外观，而是一种**发展**……"黑格尔在解释这一论点时把概念的范围与"存在"和"本质"的范围作了限定："向他物的过渡是'**存在**'范围的矛盾进展历程，他物中的外观是'**本质**'范围的矛盾进展历程。反之，概念的运动就是**发展**，在发展中惟有在其本身中的成分才得到发挥和实现。"②

---

① 唯心主义者黑格尔也不得不承认（当然不是无条件地承认）唯物主义所论证的物质自我运动的原则。黑格尔在《自然哲学》中主张物质和运动的统一："就像没有无物质的运动一样，也没有无运动的物质。"（黑格尔：《自然哲学》，商务印书馆1980年版，第60页）但是黑格尔同时限制了运动的概念。依他看来，他认为具有实体性意义的逻辑过程不是运动过程。黑格尔把运动和物质联系起来时，把运动只理解为机械运动、空间的移动。

② 参看黑格尔：《小逻辑》，生活·读书·新知三联书店1955年版，第355页。

马克思和恩格斯自然不同意黑格尔对发展过程的理解,因为这种理解实际上否定了发展过程的普遍性。从他们的观点看来,辩证法规律不仅是一切运动和变化的规律,而且首先是发展的规律。例如,按照唯物辩证法,量变到根本的质变的规律为飞跃式的、革命的发展道路提供了根据。马克思和恩格斯因此对革命的发展和进化的发展作了原则性的区分,认为进化的发展是革命改造前的发展,是为革命改造作准备。但是应该指出,在马克思的《资本论》中量变到质变的过渡(例如,货币积累至成为资本)通常被看作是逐渐的、渐进的过程。

恩格斯关于现象固有的质的论述使我们可以得出结论说,质变可以飞跃式发生,也可以逐渐发生。例如,恩格斯指出:"存在着的不是质,而只是**具有**质并且具有无限多的质的物。"同时恩格斯强调指出:"每一种质都有无限多的量的等级。"① 但在这种情况下这个或那个对象的一个质或几个质的变化根本不表明这些对象(或过程)转变为飞跃式产生的新状态。

马克思和恩格斯还把辩证矛盾看作是发展的规律。列宁在《哲学笔记》中特别强调这一点,对黑格尔著作的批判性的摘要构成了《哲学笔记》最重要的内容。列宁看来与黑格尔针锋相对地断言:"发展是对立面的'斗争'。"接着又说:"相互排斥的对立面的斗争是绝对的,正如发展、运动是绝对的一样。"②

值得注意的是,在前一段引文中"**斗争**"一词是置于引号之中的,当然在后一段引文中则没有引号。不过这个引号绝不是偶然用的,因为根据列宁引用的例子来看,他也清楚,对于对立面的任何辩证关系来说

---

① 《马克思恩格斯选集》第 2 版第 4 卷第 339 页。
② 《列宁全集》第 2 版第 55 卷第 306 页。

"斗争"一词是十分相对的。列宁在《哲学笔记》中提到了这样一些辩证的对立面：作用和反作用（在力学中），正电和负电（在物理学中），原子的化合和分解（在化学中），阶级斗争（在社会科学中）。①毋需证明，这些存在于力学、物理学、化学过程中的辩证关系无论如何不可以称之为对立面的斗争。这是对立面相对应的关系，它们相互制约。阶级斗争则是另一回事，阶级斗争确实存在，但也不能说阶级斗争是绝对的，因为阶级斗争并不排除妥协，历史经验和当代资产阶级社会都证明了这一点。列宁所说的绝对的斗争要求有绝对的对立面，而辩证法考察的都是相对的对立面。

马克思和恩格斯在描述资本主义社会时利用了辩证矛盾的概念。资本—雇佣劳动的关系被定义为相互制约同时又相互排斥的对立面的关系。马克思和恩格斯把资产阶级社会的生产力和生产关系之间的矛盾看作是资本主义发展的下降路线的表现。恩格斯多次提到的生产的社会性质和占有的私人形式（资本主义形式）之间的矛盾也被作了这样的描述。

恩格斯在《反杜林论》中用一系列例子来说明否定规律，接着得出结论说："那么，否定的否定究竟是什么呢？它是自然、历史和思维的一个极其普遍的、因而极其广泛地起作用的、重要的发展规律；这一规律，正如我们已经看到的，在动物界和植物界中，在地质学、数学、历史和哲学中起着作用……"但是正如恩格斯所指出的，正是这一规律的普遍性表明，这一规律并不具体决定任何过程。"当我谈到所有这些

---

① 《列宁全集》第2版第55卷第305—306页。黑格尔的论断要正确得多："因此，正和负根本上互为条件，只是在相互关系中才存在。"（参看黑格尔：《小逻辑》，生活·读书·新知三联书店1955年版，第266页）

过程，说它们是否定的否定的时候，我是用这唯一的运动规律来概括所有这些过程，正因为如此，我没有去注意每一个个别的特殊过程的特点。"① 这个结论无疑适用于辩证法的一切规律；这个结论表明，这些规律（如果仍然这样叫它们的话）不决定自然界、社会和思维中发生的过程，而只是判定这些过程所具有的某些共同的特点，这些特点是由规律**决定的**，而认识这些规律则是基础科学的任务。人们在其实践活动中掌握了自然规律的作用，但他们当然没有掌握所谓的辩证法规律，因为这些规律只是理论思维需要的科学抽象，但这些科学抽象并不构成实际掌握自然规律这一过程的具体内容。恩格斯也不能不承认这一点："仅仅知道大麦植株和微积分属于否定的否定，既不能把大麦种好，也不能进行微分和积分……"②

因此，马克思和恩格斯在描述某一过程时，尤其是在研究资本主义时，虽然也指出所研究过程的辩证特点，却始终力求发现其特殊的规律性，他们把这些规律性说成是决定这些过程性质的。同样不能不承认，马克思主义创始人在指出资本主义制度发展的辩证过程时，在他们关于人类在资本主义之前的发展的论述中以及对定义为共产主义形态的人类未来的描述中，都没有采用辩证法的基本概念（有少数例外）。因此，在人类历史上辩证过程的普遍性与其说是通过对经验材料的具体分析来证明的，不如说是设定的。

上面已经指出，马克思和恩格斯使用发展的概念，但并没有对它下定义，即把它看作因科学成就而内容已十分确定了的概念。但是恩格斯的个别论断表明，他有时对总的发展概念作了表述。重要的是要强调指

---

① 《马克思恩格斯选集》第 2 版第 3 卷第 484 页。
② 《马克思恩格斯选集》第 2 版第 3 卷第 485 页。

出，这一概念的本质性的辩证的内容是前进①和后退这两个对立面的相互联系。例如，他强调指出："……要精确地描绘宇宙、宇宙的发展和人类的发展，以及这种发展在人们头脑中的反映，就只有用辩证的方法，只有不断地注视生成和消逝之间、前进的变化和后退的变化之间的普遍相互作用才能做到。"② 这一论点证明，恩格斯远远没有把发展只归结为前进，他强调了发展的矛盾性质，发展中对立过程的相互制约。恩格斯在把这一辩证法论点具体化时求助于达尔文关于物种形成的学说，这一学说完全证实了作为对立面统一的发展观。于是恩格斯断言："有机物发展中的每一进步同时又是退步，因为它巩固一个**方面的**发展，排除其他许多方向上的发展的可能性。"③ 遗憾的是，这一极其有益的总的发展观在恩格斯的其他著作中没有得到进一步的发挥。不仅如此，恩格斯实际上在他对人类发展作总的描述时放弃了这一由他表述的总的发展观。他声称，全世界的历史是"人类社会由低级到高级的无穷发展进程"④。不能不指出，这一论点明显不符合马克思主义关于阶级社会对抗性发展的原理。马克思的《资本论》令人信服地表明，资本主义的进步与这一进步产生的退步过程有着内在的联系。但是这里引用的恩格斯的这段话绝不是偶然说的。恩格斯在《反杜林论》⑤ 中说，社会的发展是"生成和灭亡的不断过程，无止境地由低级上升到高级的不断过

---

① 原文为 процесс（过程），似有误，现按 прогресс 译出。——译者注
② 《马克思恩格斯选集》第 2 版第 3 卷第 362 页。
③ 《马克思恩格斯选集》第 2 版第 3 卷第 362 页。
④ 《马克思恩格斯选集》第 2 版第 4 卷第 217 页。
⑤ 原文有误，应为《路德维希·费尔巴哈和德国古典哲学的终结》。——译者注

程"① 的图景。为什么他的总的发展观，尤其是在把这一发展观运用于社会时出现这些矛盾呢？依我看，其中有两个原因：理论上的原因和意识形态上的原因。看来，恩格斯以为，在进步倾向和退步倾向相互作用的过程中进步倾向比较强，占有优势，因此它最终决定了发展的方向和结果，至少在社会发展中是如此。上述对立倾向之间这样的对比关系在历史上当然是有过的，但绝不具有普遍的性质，尤其是因为不仅发展过程，而且发展结果都既包含进步倾向，又包含退步倾向。

因此可以认定，总的辩证发展观、辩证唯物主义的这一中心概念在马克思主义创始人的著作中仍然是研究得不充分的。如果他们把辩证法规定为发展的理论，那么严格地说，这样的理论不经过对发展概念本身的全面分析和论证原则上是不能成立的。不错，列宁在《哲学笔记》（《谈谈辩证法问题》一文）中试图指出辩证发展观（与形而上学发展观相对立的）的基本特点，但他既没有提供总的发展概念，也没有分析对这一过程十分重要的进步和退步之间的对比关系。

辩证唯物主义的认识论通常被说成是反映论，反映论也是先前的唯物主义的认识论。反映的概念部分地带有形而上学的性质，但在哲学中，尤其是辩证唯物主义中当然指的不是认识主体对被认识的客体的直接关系，而是指在较长时间里完成的现实在观念中的再现，因而这种再现用"反映"这一术语来表示并不十分恰当。恩格斯指出："……正确地反映**自然界**就已经极端困难，这是长期的经验历史的产物。"接着又说："在**社会**事件上，反映就更加困难了。"②

马克思和恩格斯辩证地改造了认识论的反映观。他们对理论认识和

---

① 《马克思恩格斯选集》第 2 版第 4 卷第 217 页。
② 《马克思恩格斯全集》第 1 版第 20 卷第 672 页。

经验认识（更不用说感性认识）之间作了质的区分，证明理论结论原则上并不归结为感性材料及在此基础上的经验结论。马克思主义创始人从而揭示了感觉论的认识论即旧唯物主义的认识论的局限性，因为根据旧唯物主义认识论的看法，知识的全部内容，不管其理论水平如何都是感性材料、感觉原有的。①

　　理论认识及其结果相对独立于经验研究的材料。马克思的《资本论》尽管没有表述过这一真理，却以其全部内容对此作了证明。经验材料说明商品的价格是由生产费用加平均利润之和决定的。经验材料表明，商品的价格随着供求关系而上下波动。马克思不否定这些由经验确定的材料；他通过对商品价值的生产、资本的生产和流转进行分析，从理论上对这些材料作了解释。经验材料对于他来说是用于通过认识得出理论结论的材料，这些理论结论推翻对资本主义生产和流转的经验认识的假象。

　　根据辩证唯物主义的认识论，理论思维相对独立于经验材料，尽管理论思维通常以这些经验材料为基础，但这并不妨碍理论思维与这些经验材料发生矛盾。恩格斯指出，牛顿在理论上确定了地球是扁圆的②，可是经验研究长时间里不仅轻视这一发现，而且还试图加以推翻。是什么使理论研究可以相对独立于经验材料呢？恩格斯指出，在自然科学中

---

　　① 列宁显然没有发现对辩证唯物主义认识论的这一重要描述，他断言："不通过感觉，我们就不能知道物质的任何形式，也不能知道运动的任何形式。"(《列宁全集》第2版第18卷第316页) 这样的看法之所以是错误的，是因为列宁使马克思主义哲学向费尔巴哈的极端感觉论的唯物主义靠拢了，他说："费尔巴哈、马克思、恩格斯的**整个学派**，从康德那里向左走，走向完全否定一切唯心主义和一切不可知论。"(《列宁全集》第2版第18卷第211页)

　　② 《马克思恩格斯全集》第1版第20卷第549页。

这一相对独立性是通过假设来实现的,假设对观察到的、为现有理论框架容纳不了的事实作出解释。当然,正如自然科学史所表明的那样,许多假设是不能成立的,但其中有一些为经验研究所证实,从而完成了向新的更高的认识水平的过渡。

社会科学中当然也有假设,假设在其中所起的作用大致与自然科学中的相同。从认识心理学来看,假设要求有想象和幻想,在科学中想象和幻想当然远不是毫无根据的胡思乱想。康德在说明思维时对他称作有效想象力的东西给予头等重要的意义。马克思和恩格斯明显低估了康德在认识论发展中的作用,但实际上接受了这一概念,当然,对它不是作先验主义的解释,而是作历史的解释。例如,恩格斯在解释理论对当时存在的经验材料的独立性时写道:"每一个时代的理论思维,从而我们时代的理论思维,都是一种历史的产物,它在不同的时代具有完全不同的形式,同时具有完全不同的内容。"[1] 不仅理论思维的形式,而且理论思维的内容都受历史制约,这一事实是辩证唯物主义认识论极为重要的原理。理论思维的历史制约性是多种多样的,但其中首先必须区分出此前的认识发展,这一认识发展即使不决定理论思维今后的发展,也在某种程度上构成理论思维今后发展的基础和表明今后认识发展的途径和方法的成就。

思维所使用的范畴最清楚不过地表明,思维的认识内容不管其形式如何都不能归结为经验材料。这是思维必要的形式。没有这些形式,即使是日常经验的思维也是不可能进行的。范畴是普遍性的形式,这些形式自然不能不从感性材料中汲取。思维的整套范畴的形成和发展、是长达千百年的历史过程,由于那些使基础科学发生革命的发现,这一过程

---

[1] 《马克思恩格斯选集》第 2 版第 4 卷第 284 页。

今天仍在继续，而且表现得十分明显。范畴学说是认识论的十分重要的部分。

不能说马克思和恩格斯十分重视对范畴的认识论研究。但仍应指出恩格斯著作中对因果关系所作的辩证分析以及他在对黑格尔辩证法进行唯物主义改造的基础上得出的对**具体**同一性的理解，这种同一性不同于形式逻辑的基本概念之一的抽象同一性，它包含有差别、本质差别。同时应该强调指出，思维的一系列的范畴形式在辩证唯物主义体系中没有得到认真的研究。这里我们要提一下必然性和偶然性的问题。马克思在《资本论》中研究商品流通时指出，这一由于分工而客观上必然的经济过程是由许多偶然的买卖行为构成的。必然性由偶然性形成，从偶然性中产生，受偶然性制约，借助偶然性实现。遗憾的是，这一极其重要的辩证法结论在马克思主义创始人的著作中并没有得到哲学上的系统阐发。恩格斯在《自然辩证法》中严厉批判了对偶然性的反辩证法的否定以及认为偶然性在自然过程中并不重要的看法。他在援引达尔文学说时正确地强调说："偶然性推翻人们至今所理解的必然性。关于必然性的迄今的观念失灵。坚持这种观念，就等于把人的自相矛盾的并且和现实相矛盾的任意规定当作规律强加给自然界，因而就等于否定有生命的自然界中的一切内在必然性，等于把偶然性的混沌王国普遍宣布为有生命的自然界的唯一规律。"① 恩格斯还用更概括的形式阐述这个从达尔文学说中得来的结论，即把它用于一切自然现象上。但是一旦恩格斯开始研究社会生活时，他对必然性—偶然性关系的理解就开始发生变化。现在偶然性已经不被解释为构成必然过程的东西，而是某种构成必然过程的假象的东西。恩格斯说，研究社会历史过程时的任务是"透过一切

---

① 《马克思恩格斯选集》第 2 版第 4 卷第 327 页。

迷乱现象探索这一过程的逐步发展的阶段，并且透过一切表面的偶然性揭示这一过程的内在规律性"①。

对偶然性与必然性关系的观点为什么会发生这一变化呢？我以为，对偶然性概念作出这一新的解释的原因与其说是带有理论性质，不如说是带有意识形态性质。马克思主义创始人在理论上论证了从资本主义向社会主义社会制度过渡的客观必然性，他们一贯把这种必然性解释为排除其他任何历史选择的**不可避免性**。这种对历史必然性的理解，经仔细考察，原来是把历史必然性绝对化，这与辩证法是格格不入的；这样来理解历史必然性，不可避免地把偶然性贬为纯粹表面的想象，贬为只是表面看到的东西。

可能性—现实性关系无疑属于理论思维尤其是辩证思维特有的极其重要的范畴关系之列。亚里士多德首先研究了这对范畴的意义和作用。根据他的学说，物质包含无限多的可能性，但是这些可能性只有借助非物质形式才能实现。黑格尔在这一关系和其他一系列关系上是亚里士多德的继承者。但他与他的那位天才的前辈不同，没有把无限多样的可能性与物质概念联系起来。黑格尔当然没有否定众多的可能性，却把它说成是**抽象**可能性的存在。这类可能性多半是想象中的，是实现不了的。黑格尔把为数很少的现实可能性与抽象可能性对立起来，现实可能性在具备一定的条件时，在为实现这一可能性进行的活动中变为现实。现实经过展开变为必然性，与可能性相比占首要地位。黑格尔的这一结论表达了他的哲学的基本方向，表达了把睿智的意识与现实调和起来的思

----

① 《马克思恩格斯选集》第 2 版第 3 卷第 363 页。恩格斯在《社会主义从空想到科学的发展》一文中一字不差地重复了这一论点（同上书，第 737 页）。依我看，这一点强调指出，恩格斯对这一论点十分重视。

想，这种现实与单纯存在的事物不同，是必然的和合理的。黑格尔倾向于把他的时代看作世界历史过程的完成，他当然不能也不愿明白一个为社会进步不断显示出来的事实：可能性（包括由于历史发展变为现实并最终实现的可能性）的世界较之现存的现实要无比丰富，现存的现实合乎规律地为新的现实所替代，新的现实实现着社会发展或自然发展更发达的阶段的可能性。

遗憾的是，马克思和恩格斯只是偶尔涉及可能性—现实性这对范畴的关系。同时他们把可能性概念主要解释为由于发展而逐渐成为现实的那种东西的萌芽的概念。这种把可能性归结为萌芽的说法只作为类比才是对的，而类比的缺点是它指明了由萌芽的存在决定的一种可能性，在这种萌芽里已被赋予、已被安置了完全确定的、完全预定的现实。其实，从来至少存在着两个甚至几个可能性。

马克思在分析商品内在的使用价值和价值的对立时指出，这一对立"包含着危机的可能性，但仅仅是可能性。这种可能性要发展为现实，必须有整整一系列的关系，从简单的商品流通的观点来看，这些关系还根本不存在"[①]。恩格斯在解释马克思的商品观时断言："……在产品的价值形式中，已经包含着整个资本主义生产形式、资本家和雇佣工人的对立、产业后备军和危机的萌芽。"[②] 如果考虑到欧洲的商品生产在资本主义最初幼芽产生之前几千年就已经在封建社会的内部出现，那么这一资本主义经济的幼芽如此长时间地处于所谓的沉睡状态的原因就完全无法解释了。

恩格斯把作为萌芽的可能性概念还用于分析自然科学的论点。例

---

① 《马克思恩格斯选集》第 2 版第 2 卷第 154 页。
② 《马克思恩格斯选集》第 2 版第 3 卷第 661 页。

如，他说："在最初产生的蛋白质小块中，'**在自身中**'包含着整个无限多的比较高等的有机体的胚种。"① 这种对可能性与现实关系的看法在一定程度上接近于在恩格斯时代就已被推翻的预成论关于生物发展的观点。

恩格斯在分析人的认识能力时采用了更广泛更深刻的可能观。他说，思维是至上的，同时又是不至上的，它的认识能力是无限的，同时又是有限的。"按它的本性、使命、可能和历史的终极目的来说，是至上的和无限的；按它的个别实现情况和每次的现实来说，又是不至上的和有限的。"② 在这里可能性被理解为认识固有的、明显超过其现有结果的潜力。在这样的情况下可能性的世界要比现实丰富得无可比拟。这样理解认识过程的可能性，是对世界无限可知性这一辩证法原则的令人信服的论证。但是在对可能性—现实性关系的这一理解中也缺少对**多种可能性**的看法，即认为现实发展过程决非只要求一种可能性的看法。可是只有明白可能性是多样的，才能正确地理解一定现实的形成及这一现实固有的必然性绝不是单值的、单维的。

马克思主义哲学十分重要的特点是把真理看作认识的过程和结果的辩证唯物主义观点。我们在恩格斯的《反杜林论》中看到对受认识发展制约的客观真理相对性的深刻理解，认识的进步不断对那些以为已经是最终的、被认为是真理的认识结果作出修正。这一关于真理的相对性和历史性的观点是与关于绝对真理的反辩证法观点相对立的，后者把绝对真理看作对对象的穷尽了的认识、终极真理、永恒真理。但是这里并不否认当然存在少数永恒真理，同样也不否定绝对真理是可以获得的，

---

① 《马克思恩格斯全集》第1版第20卷第646页。
② 《马克思恩格斯选集》第2版第3卷第427页。

只要把绝对真理理解为相对真理的统一，因而是在其所在范围内是相对的。

　　这一真理论的中心点是关于真理和谬误对立的相对性，如果把谬误不是简单地看作逻辑错误，而是看作科学认识中总是存在的内容上的谬误。恩格斯写道："真理和谬误，正如一切在两极对立中运动的逻辑范畴一样，只是在非常有限的领域内才具有绝对的意义……"但是恩格斯从这一十分正确的论点中却出人意料地得出了客气一点说是非常有争议的结论："因此，真正科学的著作照例要避免使用像谬误和真理这种教条式的道德的说法……"① 在与杜林激烈论战中得出的这一结论完全不符合辩证唯物主义的认识论。

　　真理标准问题是认识论最复杂的问题之一。唯心主义一贯设法在认识过程本身中，甚至在被认为是真理的论述中发现真理不容置辩的特征。例如，笛卡尔断言，符合真理的论断的特点是明确清晰，排除对其真理性的任何怀疑。批评这一论点的人正确地断言：在这种情况下必须指出判断的明确清晰的标准。这一要求实际上指出了真理的标准是**在被认为是符合真理的论断之外**的。但是哲学家们没有认识到必须这样来提

---

① 《马克思恩格斯选集》第2版第3卷第431—433页。遗憾的是，恩格斯继《反杜林论》之后写的《路德维希·费尔巴哈和德国古典哲学的终结》一书在真理和谬误关系问题上仍持含糊的说法。书中说："……今天被认为是合乎真理的认识都有它隐蔽着的、以后会显现出来的错误的方面，同样，今天已经被认为是错误的认识也有它合乎真理的方面，因而它从前才能被认为是合乎真理的……"（《马克思恩格斯选集》第2版第4卷第244页）这段论述把真理和谬误的相对对立解释成实际上这一对立消失了，因为真理和谬误几乎成了价值相等、意义相同的东西了。彻底坚持这样的观点（恩格斯的著作当然并非如此）会导致绝对的相对主义。

出问题，继续在知识本身、在知识的内容或逻辑形式中去寻求真理的标准。

唯物主义者与唯心主义者不同，试图通过对判断与判断涉及的外部对象的关系作分析来解决真理标准的问题。但是这一基本上正确的对问题的提法没有得到发挥。只有费尔巴哈可以说摸到了解决问题的正确途径，指出必须"用人的本质的那个不研究哲学的……方面……吸收到哲学**本身**里面来……"① 这里费尔巴哈指的是感性知觉，我们感觉器官的证明；他把这些证明看作是判断、思维中谈到的东西的真理性（或非真理性）的标准。同时费尔巴哈否定了对感性材料作批判性检验的必要性，把这些感性材料宣布为不应受到怀疑的符合真理的表象。

马克思的哲学观点是在费尔巴哈唯物主义的影响下形成的，他同意如下论点：哲学在解决自己的问题时应求助于非哲学的东西。但是这一哲学所必需的非哲学因素不单纯是感性、感性知觉，而是感性的**实践**活动，只有感性的实践活动才可能是判断我们知识是否是真理的标准。

马克思在著名的《关于费尔巴哈的提纲》中指出，费尔巴哈"把感性不是看作**实践的**、人的感性的活动"②。马克思把费尔巴哈的以至先前的一切唯物主义的这个缺点称作**直观性**，直观性是把认识看作外部世界对我们感觉器官作用的结果，而人对这一世界的作用，通过实践改变这一世界，却是世界现象可知性的十分重要的条件。因此"人应该"在实践中只有在实践中"证明自己思维的真理性，即自己思维的现实性

---

① 路·费尔巴哈：《关于哲学改造的临时纲要》，载《费尔巴哈哲学著作选集》上卷，第111页。

② 《马克思恩格斯选集》第2版第1卷第56页。

和力量,自己思维的此岸性"。①

实践是检验真理的标准,因为实践构成了人们一切认识活动的基础,决定、指导、推动多种多样的认识过程的社会生活的基础,马克思写道:"全部社会生活在本质上**是实践的**。凡是把理论引向神秘主义的神秘东西,都能在人的实践中以及对这个实践的理解中得到合理的解决。"②

把实践概念纳入认识论,无疑是一个卓越的哲学成就。但是有一点也是明白的:实践概念首先属于物质生产和一定形式的社会活动,绝非任何时候任何地点都可以直接地(或哪怕是间接地)适用于检验、评价认识的结果。实践同任何人的活动一样绝不是没有任何谬误的。因此自然会产生这样的问题:任何实践都是认识的基础吗?任何实践都是真理的标准吗?依我看,对这些问题不可能作出肯定的回答。

承认实践是真理的标准一点也没有贬低**理论**证明的意义,尤其在数学和物理学这样一些科学中是如此,因为这些科学的研究常常与实践没有直接的联系。不能不同意 Д. П. 戈尔斯基的说法,他写道:"不应非常简单地理解作为真理标准的实践,即科学的每一个原理都应用于实践,得到实践的证实。我们在论证科学原理的过程中利用许多把科学论断、科学要点与现实作间接对比的方法(逻辑论证、对应原理、简单和无矛盾性原则、寻找符合形式体系的模式、化繁为简规则,等等),这

---

① 《马克思恩格斯选集》第 2 版第 1 卷第 55 页。
② 《马克思恩格斯选集》第 2 版第 1 卷第 56 页。

些方法只有最后才与实践发生联系。"①

实践,不管其形式和发展水平如何,总是要受到**理论的**批判的。这对物质生产、社会活动、认识中使用的物质手段都是一样的。理论,尤其在当代,通常都超前于实践。这当然并不意味着实践不再是科学认识的基础;它继续起这个作用,但只是在它所掌握、吸收科学成就和理论成就的范围内。但在这样的情况下成为此后科学认识发展基础的不是单独的实践,即与科学理论无关,而是实践与科学理论的统一。这一点尤其在当代自然科学中十分明显(如原子物理学、天文学、生物、化学),当代自然科学的全部工具是科学理论和理论研究成果的物质化、物化形式。

恩格斯正确地指出实验在自然科学研究中、在确定理论原理正确与否时所起的巨大作用,只要理论原理尚未得到实验的检验,通常就仍然是假设。实验无疑是一种特殊形式的实践活动。其特殊性在于这种实践活动根据的是受到实验验证的一定的理论原理。В.С.斯捷平正确指出:"实验应当先有抽象的实践公式的某些方案,而这些方案是科学先前制定的并由科学知识内容提供的。研究者正透过这些公式的三棱镜来观察自然界并在自己的实验活动中加以'勘正'。"② 因此,与理论无关的、完全不依赖于理论的实验实践也是不存在的。实验不仅是科学地认识了

---

① Д. П. 戈尔斯基:《现实在人的认识水平上反映的超前性》,载 Д. П. 戈尔斯基等人主编:《实践与认识》,莫斯科 1973 年版,第 69 页。稍后作者正确地指出:"在基础科学内在发展规律的基础上还建立了根本不能作直接的实践检验的知识领域,但这些知识领域最终被使用和利用于可以实践使用的科目中。"(同上书,第 70—71 页)

② В.С.斯捷平:《科学认识是实践的"超前反映"》,载 Д. П. 戈尔斯基等人主编:《实践与认识》,莫斯科 1973 年版,第 217 页。

的和得到科学理论指导的实践；实验实现或推翻一定的科学构思、构想和假设。

以实验为例格外清楚地揭示了作为真理标准的实践的不可避免的局限性。自然科学发现的规律通过实验得到证实，因此被承认是对一定自然关系符合真理的知识。但对任何自然规律的这一实践论证丝毫没有证明这一规律的绝对普遍性，绝对普遍性只有当这一规律不断得到证实时才被承认。这意味着，关于某一自然规律普遍性的结论是归纳的结论，其真理性得不到实践的检验。

恩格斯在强调实践活动尤其是实验的作用时指出："单凭观察所得的经验，是决不能充分证明必然性的，在此后，然而并不是由此……非常正确，不能从太阳总是在早晨升起便推断它明天会再升起，而且事实上我们今天已经知道，总有一天太阳在早晨再也**不升起**，但是必然性的证明寓于人类活动中，寓于实验中，寓于劳动中：如果我能够**造成此后**，那么它便和由此等同了。"① 同意恩格斯关于劳动、实践、实验作用的看法的同时，不能不承认，他所引用的例子看来与他的意图相反，恰恰表明实践的尤其是实验的局限性，因为这里所说的天文现象绝不会接受实践的作用。因此，这方面不能为了证明由此的必然性而"**造成此后**"。

根据辩证唯物主义，实践在对社会过程的认识领域中同样也是真理的标准，尽管与自然科学相比在这一领域中实验起的作用要小，在一系列关系上根本不能做实验。实践在这一认识领域中通常被理解为**历史经验**。这一概念不够明确，因为研究者们关于**历史教训**没有也不可能取得一致看法，但仍然有足够多的社会知识的真理性得到了历史的证实。社

---

① 《马克思恩格斯选集》第2版第4卷第330页。

会思想家们早在奴隶占有制和农奴制实际上被消灭前很久就作出了关于这两种经济关系经济上没有效益的论断。马克思和恩格斯在19世纪40年代末第一次提出的关于资本主义生产方式已经耗尽其大力促进生产力发展的潜力和可能性的论点在这两位马克思主义创始人生前就已经被推翻，但这并不妨碍他们坚持认为他们的看法是正确的。这一例子表明马克思主义把历史经验当作真理标准的看法还不够明确。

因此，马克思主义创始人的著作中对关于实践是真理标准的作用这一十分正确、富有创新精神的思想探讨得还不够充分。马克思和恩格斯以及他们的继承者们把实践几乎当作不言而喻的概念。他们没有认识到必须批判地分析实践的认识论作用，必须研究运用这一真理标准的方法和范围。因此可以同意德国认识论问题研究者 P. 布勃涅尔的看法，他指出，不应该把实践概念变成最终解决一切理论问题的咒语（Zauberwort）。布勃涅尔说："没有任何根据可以认为，只要随便从理论领域一走向实践就可自然而然地排除错误。"①

我们来总结一下。马克思和恩格斯令人信服地表明，唯物主义应成为辩证唯物主义，这就要求用辩证法改造先前的唯物主义，用唯物主义改造唯心主义辩证法，用辩证唯物主义认识和概括当代的自然科学成就。马克思主义创始人在多大程度上解决了这些问题呢？我认为，解决得不够充分。马克思和恩格斯大多只限于提出问题，却留待以后再去具体解决问题。这方面鲜明的例子是对待黑格尔辩证法的态度。马克思主义创始人的著作高度评价了黑格尔的辩证法，批判了他的辩证法的唯心

---

① P. 布勃涅尔：《理论和实践——黑格尔之后的概念》，法兰克福1971年版，第30页。他接着指出："马克思虽然认为实践是人的自我实现，他却没有充分探讨实践理论。"（同上书，第34页）

主义性质，承认黑格尔表述的辩证法规律，对这些规律作了并不系统的批判分析，把辩证法运用于某些范畴。这当然是在用唯物主义改造黑格尔的辩证法，但严格地说，这只是这一宏大的研究工作的开端。我们不妨提一下黑格尔的本质论。黑格尔把本质看作是同一、差别、矛盾、根据、因果性、必然性等范畴的体系。同时黑格尔揭示了本质和现象的统一、外观的客观性、内容和形式的对应关系、因果的相互作用。本质被揭示为表现在现象世界中的多种多样的关系的统一。

我敢断言，马克思主义哲学对本质没有作这样多方面的理解，马克思主义哲学通常把本质定义为现象的内在联系，没有像黑格尔那样去探讨外在和内在之间相互转化的关系。例如，马克思把人的本质定义为一切社会关系的总和。这个自然是正确的论点对人的本质和对作为一般辩证范畴的本质的定义是单值的。毋需论证，人的本质包括他的种种人类学特征（年龄、性别、遗传特征）、情感和智力发展水平，首先当然是他的个性，即区别一个人与另一个人、但属于人的本质内容的东西。因此人的本质不是不同的单个的人的抽象同一性，而是具体同一性，众所周知，具体同一性包含着在一定条件下会成为矛盾的差别。

列宁的《哲学笔记》表明，他试图继续马克思主义创始人在用唯物主义改造黑格尔辩证法方面的工作。但是列宁对黑格尔著作所作的提要更多表明这一问题必须加以解决，而不是这一问题已获得真正解决。

不言而喻，在当代深入研究唯物主义辩证法，不仅要求批判地掌握黑格尔的辩证唯心主义，而且要求批判地掌握哲学后来发展的思想财富，而对哲学的意义，不仅马克思、恩格斯和列宁，而且其他的马克思主义杰出代表人物都是彻底否定的。恩格斯正确地强调指出，为了发展唯物主义辩证法，必须从哲学上认识自然科学的成就。他在这方面的著作令人信服地表明，上一世纪中叶的自然科学成就证实了辩证法的原则并在一定程度上把它们具体化了。列宁试图在《唯物主义和经验批判主义》中继续恩格斯开始的工作，但1908年发表的这部著作的研究范围，自然没有提供从哲学上认识20世纪初自然科学伟大发现的可能。至于自然科学后来的巨大成就，虽然不少马克思主义的研究著作研究了这些成就，但进一步发展唯物主义辩证法、用新的概念加以丰富的课题仍然没有得到解决。

恩格斯在分析自然科学的成就时指出，辩证法"是唯一的在最高程度上适合于自然观的这一发展阶段的思维方法"①。他认为，自然科学家在摆脱了种种唯心主义和反辩证法的谬误后将成为辩证唯物主义者。后来的历史时期的自然科学发展表明，自然科学家掌握了一系列辩证法的基本原理（真理相对性原则、必然性和偶然性统一的思想、具体同一性概念、现象普遍联系的思想，等等），但并未成为辩证唯物主义者，因为他们没有成为哲学家，即要求有专门学识素养才能从事的一定专门研究领域的代表。承认由于科学领域中的分工决定的这一不可避免的事实，使我得出一个结论：辩证唯物主义（或者换句话说，唯物主义辩证法）不可能是一般科学的理论和研究方法，因为每一门科学都历史地形成了符合其研究对象的方法和对它的理论论证，这些方法和论证具有辩证方法的某些特点，但并不因此变成辩证唯物主义的研究。因此应当把唯物主义辩证法看作是对自然和社会认识史的哲学认识，是对各种各样不同质的规律性的本质的理论概括。简单地说，是哲学的理论和方法，而不是一般科学的理论和方法，但这绝没有贬低唯物主义辩证法对每一门专门科学的启发意义。

要求所有自然科学家都成为辩证唯物主义者是不合适的，不仅因为

---

① 《马克思恩格斯选集》第2版第4卷第318页。

在科学创造领域存在着分工，而且因为这一要求间接地保留了哲学和非哲学研究的对立，而马克思主义创始人曾正确地反对过这样的对立。这意味着，不应当因为辩证法是发展的理论而要求每一门自然科学都去从事对发展的研究。科学研究的对象及方法即使在这一研究中运用了唯物主义辩证法的某些概念时也不依赖于辩证唯物主义。

在辩证唯物主义几乎长达150年的存在过程中，许多辩证唯物主义的拥护者不仅诠释和普及了辩证唯物主义的原理，而且发展了这一哲学学说。但是，马克思主义及其哲学的基本原理被变成教条这一情况严重束缚了辩证唯物主义的发展，排除了它与其他哲学学说之间的创造性的相互作用，往往不仅导致产生谬误，而且导致事实上背离唯物主义辩证法的原则。

我在结束这一从正面批判地认识辩证唯物主义的尝试时，得出的总的结论是：这一哲学理论还没有脱离形成阶段，这一哲学理论同它的正统代表们的断言相反，它是一个草稿，与其说是带有系统化的性质，不如说是带有草稿的性质，何况它的某些原理还是错误的。这些事实的认定，为建立真正辩证唯物主义哲学以及通过从理论上认识科学成就和历史经验来进一步创造性地发展辩证唯物主义哲学开拓了前景。

（原载俄罗斯《哲学问题》杂志2000年第2期）

（何宏江 译）

马克思的哲学和实践*

〔日〕平子友长

一、实践唯物主义和唯物史观

我们首先考察一下马克思对那些阐述了启蒙运动理论观点的哲学家们的批评。甚至在下面引证的马克思《黑格尔法哲学批判》手稿对黑格尔编写的《法哲学》第277段的批判中，我们也能看到马克思的天分：

> 之所以会有这些谬论，是因为黑格尔抽象地、孤立地考察国家的各种职能和活动……但是，他忘记了……国家的各种职能和活动是人的职能……只不过是人的社会特质的存在方式和活动方式。①

上面的论述看来是要表述这样一个不证自明的道理，即社会科学家应当把社会现象看作人的活动的结果。然而，马克思强调的不是描述社会科学家是如何科学地解释作为认识客体的社会现实的，而是要认清马

---

* 本文选自《国外理论动态》2009年第3期。
① 《马克思恩格斯全集》第2版第3卷第29页。——译者注

克思之前的无论是唯心主义的还是唯物主义的哲学家和社会科学家们为何不能把客观世界中的人的个体看作能动的主体，又是如何在这一问题上犯错误的。他的批判并非针对认识的客体，而是针对认识的主体。如果我们把上面引文中的"国家的职能和活动"换成"哲学家们和科学家们的认识活动"，马克思在他的《关于费尔巴哈的提纲》中提出的哲学原则就会凸显出来。马克思反对现存的"哲学基本问题"：精神和物质谁是世界的本原？这是因为，这种哲学基本问题是建立在马克思之前哲学家们所建立的假设的基础之上的：世界被还原为"认识的客体"。马克思认为，这些哲学家们站在一种虚幻的特权地位，在这种地位上，他们可以从世界的外部来观察整个世界。马克思主张，只要某人存在于客观世界的某一位置，他就不可能获得对世界的整体认识；他的视野只能是受到社会和历史的局限的。

因此，马克思的哲学基本问题可以作如下总结：首先，当某一哲学家进行思考或者言说的时候，他把自己置于真实世界的何地？其次，他的哲学研究作为生活世界中的一种特殊生活方式对他意味着什么？我们可以把第一个问题命名为"论题问题"，第二个问题命名为"生活方式问题"。

马克思对第一个问题的立场是：认识的主体和客体总是共存于同一客观世界中。在他《关于费尔巴哈的提纲》的第一条中，马克思对第一个问题的回答是"从主体方面去理解"①。然而，我们只有把主体置于客观世界之中才能做到这一点。

至于马克思对第二个问题的看法，马克思主张，人类作为能动的主体性存在（ein tätig subjectives Wesen），哲学思考就是人类正常生命过

---

① 《马克思恩格斯选集》第 2 版第 1 卷第 54 页。——译者注

程中的必要活动。然而，哲学家们的不同之处在于，他们把这种必要的活动看作一种与其他实践活动不同的特殊活动，他们把这种抽象认识能力的意志自由强调为理智（Verstand）、理性（Vernunft）和精神（Geist）。哲学家们坚持这样的信念，即通过把与这些抽象能力联系在一起的理性活动与日常世界区分开来，他们就能够站到让他们得以整体地观察世界的特权地位；但是，这种地位是不存在的。在他们的想象中，到达这种地位的回报是，他们能够懂得并提供那种人们想象中的在任何时间和地点都有效的"客观真理"。马克思的独特思想和观点为后来的欧洲哲学开创了一个全新的视角，也就是说他的思想作为哲学超越了任何哲学。

我们必须澄清"抽象的"、"具体的"和"实践的"这几个词在马克思那里的意义和用法。他对任何理论以及那些理论在任何知性领域的运用都用"抽象的"一词加以形容，而其他哲学家则倾向于把"抽象的"和"具体的"两个词像抽象理论和具体——实践理论一样进行区分。马克思所使用的"具体的"一词仅仅是指生活在现实世界中的个人的与理论活动相对的实践活动。例如，在通常的用法中，理论的应用就被称作是实践的，然而，只要理论的应用是在特定的理论领域之中，马克思就仍然认为这一过程是"抽象的"。因为，只要沦落为认识客体的现实世界与认识主体隔绝开来，认识活动就与个人的实践生活隔绝开来，并转化为一种自在的认识主体。他把这种理论上或者实践上的主体行为称之为"Anschauung"或者"Theorie"，而这两个词的希腊语本义是思辨。

我们应当记住，马克思对哲学的批评同时攻击了唯心主义和唯物主义。我们知道，唯心主义和唯物主义是互相矛盾的，而且许多传统哲学家在他们的哲学中对这两种类型的哲学进行了争论。然而，包括费尔巴哈哲学在内的所有马克思之前的唯物主义都是以抽象思辨的方式建构起来的,虽然哲学唯物主义在哲学舞台上对唯心主义进行了猛烈的抨击,但它仍然是抽象的,因此在思辨的意义上它也是唯心主义的。如果我们明白马克思和其他哲学家的区别,我们就能正确理解他的下述论断:

  抽象唯物主义是物质的抽象唯灵论。①

  我们已经充分探讨了启蒙运动的理论立场,现在我们转向另一项针对启蒙运动的政治实践观的批评,在提纲的第三条,马克思提出了他的批评:"关于环境和教育起改变作用的唯物主义学说忘记了……教育者本人一定是受教育的,因此,这种学说一定把社会分成两部分,其中一部分凌驾于社会之上。"②

  马克思提供的重要信息是,我们必须知道,教育者仍必须接受教育;而且,教育者同时是教育的接受者。在马克思看来,他之前的启蒙运动的政治理论均不自觉地以政治领袖和普通人的区别为基础。因此,它们的态度是和启蒙哲学在理论建构中的做法相同的:分割主体和客体。政治领袖把普通人当作接受他们教育和领导的客体。在提纲第三条中,马克思批判了所有以这种区分为前提的政治观类型,并认为它们的特征是"anschaulich"(思辨的)。

  如果我们把马克思批判的理论方面和实践方面结合起来,我们就能充分理解《关于费尔巴哈的提纲》的第十一条:"哲学家们只是用不同的方式**解释**世界,问题在于**改变**世界。"③

---

① 《马克思恩格斯全集》第 2 版第 3 卷第 111 页。——译者注
② 《马克思恩格斯选集》第 2 版第 1 卷第 55 页。——译者注
③ 《马克思恩格斯选集》第 2 版第 1 卷第 57 页。——译者注

总的来说,马克思的第十一条提纲常常被误解为对所有思辨哲学的激烈批判,以及对采取政治行动的鼓励。误解的原因在于,人们假定哲学家们没有做任何实际工作,同时假设马克思赞赏任何种类的目的在于改变世界的政治活动。在这种情形下,第十一条提纲的独特思想就被彻底忽视了。然而,我们应当联系前面的提纲特别是第一和第三条来理解第十一条。这样一来我们就能够理解,马克思所理解的"哲学家"不仅是思辨的理论家,而且是政治活动家。在马克思看来,即使是一种激进批判性的政治理论,只要它以政治精英和消极群众的区分为前提,就应该被判定为仅仅是"理论的"东西,在"以不同的方式解释世界"这一点上同理论哲学联系在一起。因此,"Anschauung"或者"Theorie"这样的概念,不仅意味着纯粹的理论活动,而且也包含某种形式的政治活动。

  考虑到马克思对"Theorie"一词的独特用法,我们也能注意到"Praxis"在马克思哲学术语中的独特含义。"理论"的特征是认识主体对认识客体或者政治精英对普通人的特权统治;与"理论"相反,"Praxis"表征的是克服这种特权并恢复普通人的能动的主体性的整个工程。马克思在提纲第一条用一句"作为能动的主体——即实践来理解客体"① 来表述他的哲学观和政治观,他的意思正是这样的。在《德意志意识形态》中,马克思在政治学术语上称这一工程为共产主义,在哲学术语上称这一工程为实践唯物主义。这种哲学开辟了知识和实践的一个全新视域,因为它在理论和实践两个层面都不再把主体与客体分割开来。

---

① 根据作者语言翻译,原文翻译参见《马克思恩格斯选集》第2版第1卷第54页。——译者注

表 1 实践唯物主义的关键词

Anschauung 思辨 Theorie 抽象 唯心主义 启蒙运动	理论的"Anschauung"		政治的"Anschauung"	
	认识主体和客体的分离		政治领袖和消极群众的分离	
	哲学唯心主义	哲学唯物主义	政治唯心主义	政治唯物主义
Praxis 实践唯物主义 具体	主体和客体在理论和实践两个层面的内在联系。 作为主体、作为实践来理解客体。			

如果不能彻底理解实践唯物主义,也就不能很好地理解马克思的唯物史观。这一观点的最简洁表述如下:"不是意识决定生活,而是生活决定意识。"①

这一论断中的意识不仅指作为研究客体的个体范畴的意识,而且同时指研究者自身的意识。这一点是非常清楚的,因为在实践唯物主义中,主体和客体之间的分离并不是固定的。唯物史观方法的应用要求社会科学家们回答上面提到的"两个哲学基本问题"。马克思鼓励他们反思他们的作为实践的一个特殊方面的认识过程,而实践在某种程度上是由生活的必然性决定的。

我们已经仔细考察了马克思哲学的核心。我们看到,许多哲学家和社会科学家,无论是反对还是赞同马克思,都误解了马克思的本意。这种误解的原因之一是,马克思的论断有时极为简单,似乎表达的是科学真理中的老生常谈或者简单信条。另一个原因是,大多数马克思主义哲

---

① 《马克思恩格斯选集》第 2 版第 1 卷第 73 页。——译者注

学家通常把马克思的完全是革命性的理念等同于激进的启蒙思想，因此就把历史唯物主义最基本的方法混同于某种自然决定论或者经济决定论。这样的决定论据认为只适合于作为研究的客体。结果是，马克思主义哲学家和社会科学家在给予马克思荣誉的同时，也使他蒙羞。

二、《资本论》中作为转化的认识论的马克思辩证法

这一部分我们谈论《资本论》中的辩证法，它是用下面这些词语建构起来的，如"Verkehrung"（转化）、"Schein"（现象）、"Versachlichung"（物化）和"Mystification"（神秘化）等。在我们解释这些词语之前，我们简要回顾一下马克思的理论发展过程。

马克思从其理论职业生涯的一开始，就不断地反对抽象实体对个体的统治。这种统治是由于主体转化为客体以及客体转化为主体造成的。因此，他的实践的目的是恢复个人失去了的主体性，维护作为自由独立社会成员的个人的尊严。在1844年写作的《黑格尔法哲学批判》中，他把个人摆脱抽象实体获得解放与对哲学思辨的批判联系起来，这种哲学思辨如黑格尔那样把抽象概念转变成了真实的主体。19世纪40年代初，他仍然对费尔巴哈着迷，因为费尔巴哈通过把抽象实体的统治归因于形而上学和宗教而清楚地解释了这种统治的神秘根源，并指责宗教剥夺了真实世界的自身价值。但不久之后，马克思就认识到了费尔巴哈批判中的盲点，因为费尔巴哈的批判是以思辨（也即形而上学和宗教）所创造的抽象幻象和真实的感性世界之间的相当简单的对立为基础的，并以对感性世界的赞颂而结束，然而，马克思注意到，抽象实体的统治事实上是从真实世界自身中产生的。他指出，一系列物化的抽象事物（die versach lichten Abstrakten），例如价值、金钱、资本等等，实际上作为能动力量统治着现代资本主义社会。这种新的认识促使他对政治经

济学进行了深入而全面的研究,英国古典学派成为他的主要关注对象。同时,他开始积极重新评价黑格尔哲学,认为这是一项运用"思辨逻辑"描述现代资本主义社会中的转化结构的划时代工程。他的评价中的变化是以这样一个事实作为标志的,这一事实就是,他不再用"逻辑泛神论的神秘主义"这样的字眼来批评黑格尔唯心主义,而在《黑格尔法哲学批判》中他是这样做的。从现在起,对黑格尔哲学的批判应当从两个方面进行,也就是说,既从理论上,也从实践上。理论批判是针对抽象概念的思辨运动的,然而,现在实践上的批判要更加重要得多,因为它针对的是抽象事物在现代社会自身中的真实统治。黑格尔哲学反映了这一社会中人类活动向抽象事物的结构转化。这种批判要求我们研究一种注定要在实践上推翻现代资本主义社会的历史运动。

现在,我们继续讨论《资本论》中的辩证法。《资本论》中的辩证法被用于科学地解释现代资本主义社会中的转化过程,通过这一过程,像金钱或者资本这样纯粹的事物开始作为统治力量——即社会生产关系的表面上的主体——发挥作用。这一过程由双重的转化构成。首先,商品生产把作为生产者的人的相互作用转化为物化的物(Sachen)的相互作用。其次,商品生产进一步把这种具体化的相互作用本身的社会特质转化为自然物(Dinge)具有的自然属性。① 第一个转化称为 Versach li-

---

① 在马克思的辩证法中,Sache 和 Dinge 之间的区别具有非常重要的地位,一个事物在关系的方面呈现为一个 Sache。另一方面,Ding 排斥任何社会关系,仅仅与其自身的自然属性有关,因此就表现为一种缺失任何社会原因的自然物,一个事物从自然属性这种属性方面表现为一个 Ding。Versachlichung 和 Verdinglichung 之间的区别是以 Sach 和 Ding 的区别为基础的。但在英语中没有相应的区分。由于在英语中我不能在不歪曲原意的条件下进行术语上的区分,本文中我把 Sache 和 Ding 都翻译为事物,把 Versachlichung 和 Verdinglichung 都翻译为具体化。

chung，意即把人的生产关系转化为物的关系。第二个转化称为 Verdinglichung，意即把物的关系转化为物的自然属性。结果，资本主义生产方式通过这种双重的转化，消除了它具有特定局限的历史特征，在现代社会的普通人看来，就成为了自然的和不证自明的最符合人性的生产方式。①

如果我们用逻辑术语表述这种转化，就要把它定义为本质（Wesen）向表象（Schein）的转化。马克思的表象概念是《资本论》中辩证法的一个特点。这是一种相对于本质（Wesen）的特殊形式的现象（Erscheinung）。② 马克思的分析指出，现代资本主义社会分裂为本质关系和表面（Scheinbar）关系。表面关系表现为本质关系的对立面。然而，本质关系只能以表面关系的形式表现出来。哲学方面和社会科学方面的实证主义者利用了这一尴尬处境；他们把现实还原为表面关系，而忽视了对更为复杂的现实结构的研究。但是，只要我们对资本主义现实进行批判性分析，我们就不能离开一对概念：本质—表象。这是因为，现象的否定性表象特征只有在本质的反常形式的意义上才能理解。众所

---

① "作为整个资本主义生产方式的特征的生产的社会规定的物化和生产的物质基础的主体化。"（见《马克思恩格斯选集》第 2 版第 2 卷第 583 页）"在这个……经济三位一体中，资本主义生产方式的神秘化，社会关系的物化，物质生产关系和它的历史社会规定性直接融合在一起的现象已经完成……把这种物的人格化和生产关系的物化，把日常生活中的这个宗教揭穿了。这是古典经济学的伟大功绩。"（见《马克思恩格斯选集》第 2 版第 2 卷第 578—579 页）

② 作者只是尝试着把 Erscheinung 和 Schein 翻译为现象和表象。Schein 和 Erscheinung 之间的区别最初源于黑格尔的《逻辑学》，然而，马克思对这一概念的理解与黑格尔不同，也就是说，它指的是现象的歪曲形式，表象以自身的属性掩盖本质。本质和表象这一对概念对于分析现代资本主义社会的转化结构是必需的。而英文单词 appearance 几乎不能反映这种辩证关系。

周知，马克思批判所谓的庸俗经济学家，是因为他们只注意到经济现实表面上显示的关系。然而很少有人知道，他也批评像大卫·李嘉图这样博学的经济学家们的科学主义，因为他们把表象只是当作幻象或者错误的印象。他们设想我们能够通过科学真理和教育来消除这些表象。毕竟，这只是一种理论上的要求。这正是启蒙运动典型的思维方式。然而，对于马克思来说，消除这种表象主要是实践的要求，因为他把表象理解为在资本主义社会中本质得以显现的必要形式。这一点把马克思的科学概念与启蒙运动的科学主义区分开来。

表2　马克思理论建构略图

政治经济学批判物化理论	对资本主义生产中的 Verkehung(转化)的分析 逻辑术语中的 Verkehrung:Wesen(本质)→Schein(表象)	
	Versach lichung	人→Sache(关系层面)
	Verdinglichung 生产关系的神秘化	Sache→Ding(属性层面)
实践理论	个人在日常生活中的否定性实践理论——异化理论	
	积极实践理论——政治解放	

如果我们设想我们能够用科学发现的真理代替表象，我们就无意中把提供真理的科学家和仍然为表象所惑的人也作了区分。然而，这种设想将导致先定的知识，而这是青年马克思所坚决批判的。他把辩证法用于政治经济学批判，是因为他的兴趣在于认识那些在日常生活中为真实存在的表象所惑的个人的实践的重要性。这样一来，关于对资本主义的历史性超越问题我们就达到了一种新的理论视角。根据这一新视角，对资本主义结局的讨论不应在政治经济学的有限框架之内进行。为了讨论资本主义的历史结局，马克思的经济理论应当与个人实践的理论相结合。政治经济学批判向实践理论的过渡是由异化理论开始的。

三、异化理论和历史辩证法

在对个人如何在物化的社会关系中失去自我进行解释时，异化理论主要关注的东西常常被误解或者至少没有得到充分理解。然而，异化理论的理论使命就是解释工人阶级"在异化关系中"形成批判——革命性人格的历史过程。异化理论是从一种历史哲学观点出发的：个人如果不完全卷入资本主义关系中并因此失去他们的人格统一性，就不能够养成他们自己的、把他们自身从对资本主义体系的屈服下获得解放所必需的人的能力。简而言之，异化理论不应被看作是一种人格丧失过程的理论，而应被看作在一种特定的否定形式下的人格养成过程。

现在我们简要回顾一下异化理论的发展。青年马克思把他关于异化劳动的关键论点归功于黑格尔的《精神现象学》。这一著作的第六章（二）标题为"自我异化了的精神。教化"，这可以看作是第一次尝试用历史哲学的语言来解释异化在文明史中的重要地位。

后来，费尔巴哈捡起了黑格尔的异化概念，但忽视了它的历史哲学意蕴，把异化概念用于宗教批判，认为宗教是人的异化。他几乎没有注意到异化概念在黑格尔试图解释的历史中的积极意义。总体上说，费尔巴哈的异化理论以一种历史虚无主义的宗教批判而告终。他认为，宗教存在的原因在于人类能力异化为一种异己的超越性实体（人格化为神）。尽管如此抽象，他还是能够以一种非常令人信服的方式批判所有宗教，因此在他那个时代的德国反对封建专制独裁的激进民主浪潮中发挥了极具批判——革命性的作用。

事实上，在费尔巴哈哲学压倒性的影响下，青年马克思形成了他的唯物主义观点。然而，这一事实并不意味着他简单地接受了费尔巴哈异化理论中的历史虚无主义框架。在他对异化的历史—社会层面产生日益增大的兴趣之后,他开始批判费尔巴哈理论的抽象性。有趣的是,他对费尔巴哈态度的变化,也相应伴随着他对黑格尔态度的变化。在他的《1844年经济学哲学手稿》中,他开始高度评价黑格尔关于异化是一个历史教化过程的观点。马克思接受黑格尔的一个证据是,在《1844年经济学哲学手稿》第三稿标题为《私有财产和共产主义》的一节中,他认为,理解私有财产的积极本质是共产主义的任务。在他的整个理论建构中,异化理论起到了把政治经济学理论和革命运动理论联系起来的桥梁作用。这种理念在下面两句话中得到了表述:

……整个革命运动必然在私有财产的运动中,即在经济的运动中,为自己既找到经验的基础,也找到理论的基础。①

自我异化的扬弃同自我异化走的是一条道路。②

第二句话提供的信息尤其重要,对于马克思自身思想的进一步发展以及对于马克思主义的整个历史都是如此。因为,它把马克思的社会主义思想与其他的社会主义观点区分开来了。马克思关注的是在资本主义社会中面对不公正待遇的工人的资质和能力;马克思问的是他们以何种水平的政治、文化和社会教化来武装自身。我们看到,《关于费尔巴哈的提纲》中的主要思想,即把客体理解成能动的实践,换句话说即把实践的主体带入和客体的相互联系当中去,被应用到了这里。马克思把政治实践的力量置于有待改变的客观体系中,并问他们如何在这一体系中

---

① 《马克思恩格斯全集》第2版第3卷第298页。——译者注
② 《马克思恩格斯全集》第2版第3卷第294页。——译者注

培养自身的政治能力,以便能够与资本主义体系相匹敌。在我们看到20世纪的社会主义试验和运动失败之后,我们现在能够理解下面马克思对"粗陋的共产主义"的批判:"对整个文化和文明的世界的抽象否定,向贫穷的、需求不高的人——他不仅没有超越私有财产的水平,甚至从来没有达到私有财产的水平——的非自然的简单状态的倒退,恰恰证明私有财产的这种扬弃决不是真正的占有。"①

总体上,我们可以说,为社会主义奋斗的动机和诱因主要出现在或多或少被排斥于资本主义体系创造的文明利益之外的社会阶层中。他们的眼界更多看到的是资本主义剥夺他们的东西,而不是资本主义给予他们的东西。他们通常求助于资本主义将要消灭的传统文化资源。只要社会主义运动以一种自发的方式发生,运动的大多数支持者就会属于这样的社会群体,即如果我们用马克思在引文中使用的表述方式来说,这一群体甚至还没有达到当代资本主义有可能使他们达到的文明和教育的最高水平。这恰恰就是下面问题的原因:首先,为何社会主义运动迄今为止注定不能成功推翻资本主义;其次,为何他们即使在成功获得政权之后,也仍然为保住政权而被迫从传统的统治阶级和知识分子中招纳自己的领导者和行政人员。这不可避免地导致了像政治干部、技术专家官僚这样的精英阶层的形成,他们成了有特权的统治阶级,最终导致社会主义的堕落;最后,为何他们为了维持政治秩序而经常不得不求助于暴力和政治压制,因为他们不能以多元民主的方式把不同社会阶级的具有高度差别的政治的、经济的、宗教的和其他的社会需要和主张整合进社会主义体系中。所以,我们记住这样一点是非常重要的,这一点就是,马克思向社会主义运动提出了一个艰难的任务,即如何处理工人阶级和其

---

① 《马克思恩格斯全集》第2版第3卷第296页。——译者注

他被压迫阶级的文化剥夺问题,甚至在夺取政权之前就必须做好这一点,马克思是第一个提出这种任务的社会主义思想家。

总之,异化理论的目标就是把物化理论所阐明的东西——资本主义体系中物化社会关系的理论阐释——转变为工人阶级的教化过程。最初,工人阶级只是被描述为在资本主义生产方式中发挥纯粹附属的作用,如在马克思的《资本论》中被描述为经济范畴的人格化。然而,它们同时逐渐成为政治和文化变革的独立力量。在这种意义上,物化的理论发展与异化的理论发展是遥相呼应的。马克思在《资本论》第一卷对"资本生产力"的分析中,把资本主义生产关系本身描述成一种史无前例的社会生产力。鉴于资本主义使工人屈从于社会化生产,这种认为资本是一种特定生产力的分析,表明物化理论和异化理论之间存在联系。①

然而,我们必须注意到,《资本论》仍然是一部未完成的著作。马克思未写的内容与通过异化方法对个人在其日常生活中的实践的分析有关。我们不认为马克思把物化分析与异化分析以一种令人信服的方式联系了起来。因此,在异化的资本主义关系中的个人经验和政治能力的形成之间不能建立必要的理论联系。只要马克思未能完成实践唯物主义的主要任务——劳动者个人的日常实践理论,无论是马克思主义哲学家还是社会科学家,为了弥补缺失的分析,都要常常诉诸马克思一生都在反对的现实预测论。例如,他们常常求助于像《资本论》第1卷第24章中论述过的观点:"资本主义生产由于自然过程的必然性,造成了对自身的否定。这是否定的否定。"②

---

① 关于资本主义生产关系作为一种特殊的生产力,见平子友长(1993)。
② 《马克思恩格斯选集》第2版第2卷第269页。——译者注

许多马克思主义学者认为，他们能够在政治经济学的理论框架之内——换句话说是用物化的语言——揭示资本主义的必然终结。只要他们运用某种科学理论来预见人类历史的未来，他们就陷入了启蒙运动的可疑境地。这种境地代表了某种思维方式，这种思维方式给予了科学家通过科学地发现现实背后的"规律"来预见普通人不能察觉的历史未来的特权——换句话说，给予了知识专家优越于人民的认知人民的未来命运的特权。辩证逻辑的技术语言——如否定的否定，看来是以一种科学揭示的形象粉饰了这种预言。

总之，马克思的唯物史观是欧洲哲学史上第一项克服了现实预测的思想和政策的重大工程。然而，马克思之后的许多马克思主义者反复回到这种特权立场。这是因为，马克思的早逝让马克思未能从实践唯物主义的视角充分详细地描述资本主义的活力。这是为何我们不应把马克思留下的东西当作他的理论的最终表述的原因。相反，如果我们想完全真实地还原马克思的社会科学，我们需要走得更远；我们必须继续进行马克思已着手但未能完成的科学任务。

（原载日刊《一桥社会研究月刊》第 34 卷第 2 期）

（武锡申 译）

历史唯物主义的方法论功能*

〔苏〕B. 拉津

近20年来社会科学领域不断分化的结果，使一系列学科从历史唯物主义中"分离出来"，其中，科学共产主义理论作为一个课题被划分出来，像伦理学、美学、科学无神论这样一些相对独立的哲学学科得到了发展，具体的社会研究领域扩展了。分化过程本身具有规律性，但它也带来一些需要花费精力去探讨的问题。

鉴于历史唯物主义领域的专家长期以来着重揭示这门学科的理论内容，致使对一些问题的探讨要付出更多的精力。当然，揭示历史唯物主义的理论内容是完全必要的，但其结果却使学者忽略了对作为方法论的历史唯物主义的探讨。

同时，不能把历史唯物主义在社会科学体系中的意义和作用，局限于探讨这些或那些理论问题。如果历史唯物主义失去方法论功能，就不成其为历史唯物主义了。历史唯物主义的规律和范畴，对于各门社会科学说来，都是科学认识的工具。

历史唯物主义的方法论功能取决于这门科学的对象。对历史唯物主义方法论功能理解上的不足之外，大部分都是因为对历史唯物主义的对

---

* 本文选自《马列主义研究资料》1986年第1—2辑合刊。作者是莫斯科大学哲学系历史唯物主义教研室主任、哲学教授。

象理解得不透彻。我们记得,当科学共产主义刚被确立为一门独立的科学和独立的教学学科时,关于这门学科的对象、主要是关于这门学科的对象与历史唯物主义的对象如何区别的争论便踵而来并持续不断。许多工作者在这方面的努力,除了积极效果以外,也留下了若干消极后果,它表现在科学共产主义理论同其哲学基础——历史唯物主义有些脱节,这就分散了科学研究领域中的力量。此外,在争论过程中还出现了一种倾向:有些科学工作者把历史唯物主义变成历史科学,使它同现代"脱钩"。

其实,从历史唯物主义的对象来看,研究现代社会过程本身不仅重要,而且具有重大的方法论意义,因为"现代关于发展的学说,如果不深入研究客体的发展状况及其成熟标准,就不可能成为**完备无缺的学说**"[①]。

历史唯物主义是社会的哲学,是社会—哲学理论,就这个意义说,这门科学名称中的"历史"一词,是作为"社会"一词的同义语使用的。有一种历史唯物主义的定义,是与这种理解相一致的,即历史唯物主义是推广辩证唯物主义去研究社会生活,把辩证唯物主义原理应用于社会生活现象。这个定义过去曾经用过,近年来印象淡漠了。这种定义曾一度受到批判,说它的前提是,辩证唯物主义和历史唯物主义并非同时产生(好像辩证唯物主义先产生,然后把它推广到社会生活)。这种观点从上述定义中是得不出来的,批评显然带有臆造性质。上述定义强调的恰恰是辩证唯物主义和历史唯物主义不可分割的联系。

列宁关于马克思和恩格斯把唯物主义大厦一直建到顶点的论点是众所周知的。列宁在《卡尔·马克思》一文中直接说明,唯物史观意味

[①] 《共产党人》1979 年第 15 期第 72 页。

着"彻底发挥唯物主义,即把唯物主义运用于社会现象……"① 看来,为了消除辩证唯物主义和历史唯物主义领域中研究工作的某种脱节现象,为了坚持马克思列宁主义哲学是"统一的概念机体"②、是一个完整的观点体系的见解,"恢复"上述定义的"权利"是合理的。这样做之所以必要,是因为此定义本身不会使历史唯物主义与现代"脱钩",它具有方法论的性质。

过去,我们论述历史唯物主义的对象时,着眼于说明这门科学的概念范围。这里我们将从揭示其方法论功能的角度来加以论述。

从历史唯物主义的对象出发来研究社会现象,其特点是,考察种种社会现象要从下述观点出发:1. 产生的原因;2. 发展的一般规律;3. 普遍的相互联系;4. 消亡的条件。根据上述情况,不难看出,我们也应当从这些观点出发来研究现代,而不去涉及科学共产主义理论的对象及其他专门社会科学的对象。

党要求哲学家探讨那些对目前和未来都是迫切的问题。这就是:成熟社会主义的规律性,世界革命过程,社会主义和资本主义条件下的科学技术革命,科技革命的成就与社会主义优越性相结合,以及个人和社会的问题,生活方式问题。换句话说,就是要求哲学家必须分析现代的社会发展过程。我们的任务在于说明,应当怎样从历史唯物主义的对象出发来研究现代的社会过程。

让我们以闲暇时间这个重要问题为例来加以说明。闲暇时间涉及问题的范围相当广泛,它全然不像人们有时认为的那样,仅仅是靠缩短工作日增加闲暇时间的事情。这项任务涉及交通运输、商业、服务设施的

---

① 《列宁选集》第 2 版第 2 卷第 586 页。
② 《共产党人》1979 年第 15 期第 72 页。

组织工作等一些极其复杂的问题。但问题不仅在这里。主要的是怎样利用闲暇时间，这已经超出组织工作的范围而要求我们去研究伦理学、美学、教育学等问题，也就是要研究培养全面发展的个人所涉及的一切问题。

许多科学都在研究闲暇时间问题，每门科学都从自己的角度，从某一个方面研究这种复杂现象。但只有历史唯物主义才能从总的方面来概括这个问题，指出这个问题各个方面的相互联系，预见这些或那些建议的最近期和更远期的后果。这一点同时也是历史唯物主义方法论功能的表现。

我们再根据这种观点来看看科学技术革命同社会主义优越性相结合的问题。论述这个题目的大多数作者，都强调社会主义所有制和有计划地管理经济是社会主义的优越性。但同时不可忘记，社会主义优越性还包含社会主义的政治制度、社会主义民主等。历史唯物主义领域中专业学者的任务是要说明这个问题的所有方面，指出问题的综合性质。大家也知道，社会主义优越性并不自动地发挥作用。为使这种优越性发挥作用，必须要有劳动群众和以共产党为首的社会主义社会的各级政治组织的自觉活动。主观因素在社会发展中作用的不断增长正表现于此。因此，历史唯物主义应当考察这些过程，而且考察应在这些过程与其他过程的相互联系中进行，应当探讨科学技术革命成就同社会主义优越性相结合的最有效途径，其中包括探讨完善社会主义政治制度、发挥其民主原则的途径，以及完善不仅对国民经济而且对其他社会生活领域进行管理的途径。

发展中的科学技术革命提出了一系列新的问题，这些问题不仅与生产工作者的变化或劳动性质有关（这方面的论著不少），而且与工作集体的变化及其组织有关。这种过程涉及调节个人行为的准则、教育问题、文化程度问题，涉及社会生活的各个方面。只有历史唯物主义从各个方面相互联系的角度来考察，描述过程的一般图景，这是由历史唯物主义对象的特点决定的。这完全符合当前向哲学家提出的全面地、综合地研究所选定客体的要求。提出进行综合研究，目前是寄予很多期望的。下述情况很能说明问题。像国家垄断资本主义这种现代极为复杂的现象主要由经济学家在研究，而他们对此只作经济上的说明。但是，众所周知，这种现象在很大程度上具有政治性质。我们要指出，探讨这个问题，全然不需要杜撰什么新名称或创造什么新科学，它完全可以"纳入"基础和上层建筑问题中。遗憾的是，近15至20年来这个问题几乎从历史唯物主义领域的学者、专家的视野中消失了。这对探讨国家理论产生了一定的消极后果。

党的出版物中指出，必须克服那种把哲学的世界观功能和方法论功能对立起来的倾向。不了解马克思列宁主义科学的世界观原理本身的方法论意义，必然导致"哲学方法论"和"科学方法论"①的对立。

社会科学的情况也是如此。只注意部门社会科学的方法论，就不会充分理解历史唯物主义这门社会哲学科学世界观原理的方法论意义。何况普列汉诺夫早就说过："唯物主义地解释历史，首先具有方法论意义。"②

解决社会生活领域中哲学的基本问题，肯定社会存在的第一性和社会意识的第二性，是研究社会生活领域中所有问题的方法论基础。回答哲学的基本问题，是世界观的实质，因而无论什么问题都会这样或那样地从这里找到出路。

---

① 参看《共产党人》1979年第15期第76页。
② Г. В. 普列汉诺夫：《哲学文选》第3卷，1957年莫斯科版第146页。

我们的世界观可以论证人民群众在历史中的巨大作用、生产方式在社会生活中的决定作用等，这无疑有着方法论意义。

应当特别强调指出，马克思列宁主义的阶级和阶级斗争理论对于所有社会科学无论在哪一层次上进行分析都有方法论意义，还应强调这一理论对在任何条件下制定和正确执行共产党政策的意义。

在这种情况下，历史唯物主义的任务在于证明，我们所提到的无论哪个社会生活领域，我们所研究的无论什么样的活动，都将呈现一个特点：它们无一不这样那样地与国内和国际舞台上的阶级斗争过程联系在一起。当然，这首先是针对对抗社会而言的。然而，在分析社会主义社会的各种问题时，阶级方法也并非不重要。这里指的是历史唯物主义的一条基本原理：只要真正的共产主义没有建成，阶级差别或阶级差别的残余仍然存在，在观察任何现象、评价任何事件时，阶级方法就完全必要。在分析那些乍一看来同阶级利益没有直接关系的过程时，阶级方法尤为重要。同时不能忘记，国际舞台上两大体系的斗争，其实质就是一种形式的阶级斗争，它不能不影响社会主义社会的生活。

我们回过头再来明确整个历史唯物主义的世界观功能的方法论意义时需要指出，正是这种世界观功能，使人们有可能在认清社会发展一般规律的基础上看到发展的总趋势、在急速涌来的政治和科技信息洪流中辨别方向。透彻了解世界观的原则，能使人们具有并不断提高理论思维素养。

不应当认为，历史唯物主义只是适用于社会科学的方法论。关于社会意识的第二性的论点本身，同所有科学都有直接关系。近年来出版了许多著作专门分析科学变为直接生产力的过程。但是，很遗憾，这些著作中很少提及历史唯物主义的一个基本原理，就是科学属于社会意识。如上所述，读者会得出一个印象，似乎科学完全可以归属于生产力，从而稀里糊涂地就处于第一性的地位了，大家知道，这同对社会的唯物主义观点是不相容的。

历史唯物主义的方法论意义也表现在它的整体化功能上。科学迅速分化的过程，必然导致科学知识整体化这种需求的增长。当然，这并不意味着，历史唯物主义应当成为具体科学所获得的材料的收藏者。然而，必须十分清楚，"自然科学领域和社会领域每出现一个划时代的发现，哲学唯物主义都必然要改变自己的形式"①。这说明历史唯物主义依靠概括具体科学的材料来丰富自己，并在概括这些材料的同时，在不同程度上决定着今后发展的前景。

制定范畴—概念体系，制定所有社会科学工作者都能使用的一般概念，是历史唯物主义的方法论功能表现之一。使用范畴的不一致，术语中的混乱，在很大程度上是因为，这些科学的代表者在采用一般概念时对其意义缺乏应有的透彻了解。列宁针对这种态度的可悲后果指出："……如果不先解决一般的问题，就去着手解决个别的问题，那末，随时随地都必然会不自觉地'碰上'这些一般的问题。"② 这说明，无论是制定一般概念，还是将一般概念运用于各门科学，都要以马克思列宁主义的哲学—辩证唯物主义和历史唯物主义的基本原理为依据。

（原载《历史唯物主义是社会哲学理论》1982年莫斯科高等学校出版社版）

（王淑秋　徐小英　译）

---

① 《共产党人》1979年第15期第72页。
② 《列宁全集》第1版第12卷第476页。

马克思主义自我批评的原则基础[*]

〔俄〕泰奥多尔·奥伊泽尔曼

生产,首先是物质财富的生产是社会存在和人类生活不可或缺的条件,甚至可以说是绝对必需的条件,这一点早在马克思以前就已人所共知了。也没有必要一一列举阐述过这个思想的思想家(顺便说一句,人们通常的认识不依赖科学而基于他们的日常经验也必然得出这个思想)。实质上,历史唯物主义与这种关于众所周知、但前人又评价不够的事实的陈词滥调毫无共同之处。

唯物史观的出发原理

唯物史观的实质首先在于,它所说的生产不仅创造人类生活所必需的物质财富,而且生产社会关系,并且最终生产作为社会和社会存在成员的人本身。据此观点,马克思把人类的历史看作主要取决于社会生产的进步的历史。

因此,对社会生产的作用的高度评价,甚至是最高评价就成为历史唯物主义最主要的出发点。我们这个以科技革命为特征的时代(这场革命看来正在不间断地进行着)完全证明了这种对物质生产的进步给予社

---

[*] 本文选自《马克思恩格斯研究》1995年总第23期。

会生活各个领域的**全面影响**的高度评价是正确的，而且在不断深化这一评价。科技革命的社会影响不但有积极的影响，而且有消极的影响——这是明显而普遍、又使人产生强烈印象的事实。

不难理解，关于生产是全部人类历史的决定性基础的学说提供了解决客观必然性和人的主观的自觉活动之间相互关系这一最复杂的哲学——历史问题的钥匙。生产是社会、历史的客观基础，但这个基础是世世代代一脉相承的人们本身所创造的，因此，这个基础在很大程度上不取决于（或者只是部分取决于）当时的每一代人。这就是说，人本身创造了决定他们的社会存在、他们的历史的客观条件。唯物史观依靠辩证地理解主观和客观这两个对立面的统一和相互转化克服了马克思的先辈们未能解决的宿命论和唯意志论的对立。马克思和恩格斯指出，环境"创造了怎样的人，人就创造了怎样的环境"。

人创造了自己的历史，是自身历史悲剧的创造者，这一点早在马克思以前就已人所共知了。这个论题是17—18世纪的欧洲思想家提出来的，他们在与封建的和神学的世界观进行论战时对此进行过论证。但是这些思想家中谁也没能对如下一点作出解释：既然外部自然界（人们生活的原始条件）和人自身的人的本性都不取决于人的本身，那么人怎么能创造出自己的历史呢？

马克思主义以前的思想家在试图对上述论题加以论证时陷于矛盾之中，唯物史观则科学地解决了这个矛盾。按照唯物史观，成为人的生活及人类历史的决定性基础的，不是外部自然界和人们生活的自然环境（不论自然环境的意义有多大），而是社会生产。人们生活的自然环境是人在生产过程中改变的，而随着外部自然界的这种历史的变化，人的本性和人的社会性也逐渐在发生变化。因此，历史唯物主义就提供了理解社会发展、人及其个性发展的钥匙。

上述论点虽然远没有包括唯物史观的全部原理，却使我们理解了为什么连那些与马克思主义格格不入的思想家也对历史唯物主义作了很高的评价。用存在主义哲学的优秀代表让·保·萨特的话来讲，"历史唯物主义对历史作了唯一合适的诠释"①。就整个唯物史观来说，我不能无条件地接受这样的评价。但如果是指上面所说的基本原理的话，那么我认为萨特说的完全正确。

众所周知，马克思把社会生产分成生产力和生产（经济）关系。马克思主义以前的政治经济学经典作家把生产力的概念用于学术中，而马克思在他的经济学研究中使用这个概念时，追随了这些研究者。下面我要谈一谈，在对生产力的实质和作用的理解上马克思到底比他的前人深入了多少。首先我要在这里指出，马克思对社会生产的结构的学说作出了哪些直接贡献。

这个贡献在于，马克思引入了**生产关系**这个概念。在他看来生产关系**是**历史上一定的、受生产力制约的**社会关系**，就实质来说，生产关系不同于生产者之间根据生产的技术特点、技术水平等形成的技术关系。按照马克思的说法，生产关系不仅是人与人在生产过程中的相互关系，而首先是生产资料的分配方式、人对生产资料的关系及所有制关系。马克思把奴隶制的、封建的和资本主义的所有制形式说成是历史上一定的生产关系。

诚然，马克思主义以前的政治经济学的经典作家们也分析了经济关系。但他们把这个关系看作对生产来说是外在的关系，是基本上不变的，不论生产力及其发展水平如何而永远存在的关系。只有马克思认识到生产关系是发展着的生产力的**发展形式**，从而是历史上一定的、应该

---

① 让·保·萨特：《辩证理性批判》，1960 年巴黎版第 24 页。

变化而且合乎规律地在变化的社会经济结构。十分清楚，生产关系的概念与下面的基本原理直接有关，按照这个原理，生产不能归结为物质、消费品及劳动工具等等的创造，而同时是社会关系的生产，而按照马克思的说法，社会关系的总和是作为社会存在物的人的本质。因此，生产关系的概念就是马克思关于社会生产以至整个社会的学说的中心点。在这个意义上，马克思的下列说法很典型："**生产关系总和起来就构成**所**谓社会关系，构成为所谓社会……**"① 这段话摘自马克思写于1847年的著作《雇佣劳动和资本》。后来马克思在《政治经济学批判》这部著作里又进一步明确了他对生产关系的理解。这部著作把生产关系的总和看作是社会的**经济基础**，在经济基础之上竖立着称作上层建筑的其他一切非经济的社会关系的总和。由于这种划分，社会生活的经济与非经济形式（主要是政治的、法律的、艺术的和宗教的形式）之间的关系问题就成了历史唯物主义最重要的问题。

马克思和恩格斯最亲密的战友之一保·拉法格认为经济基础与上层建筑之间的关系是**经济**决定一切。尽管这个结论是直接从马克思主义创始人的论述中得来的，但是它不可避免地引起了人们的怀疑和异议。马克思在表述关于上层建筑和经济基础必要的、受客观条件制约的统一的论点时，说明不能用这一论点来解释古希腊神话的起源和内容。马克思在《资本论》里谈到了基督教是与发达的商品货币的生产关系体系相一致的。然而众所周知，基督教是在古希腊奴隶社会瓦解时产生的，基督教是商品货币关系、市场关系极不发达的制度下奴隶们的宗教。现代具有发达的商品货币关系的国家并不都是信奉基督教的。由此能否得出结论说要重新修改关于这种或那种形式的宗教是由经济制约的这一命题

---

① 《马克思恩格斯选集》第2版第1卷第345页。

呢？我认为无疑要作这样的修改，但这种修改并不是否定宗教意识与经济关系的联系。联系（其形式是多种多样的）是一回事，而社会的经济结构对这种或那种信仰的制约则是另一回事。

不仅宗教，而且社会的精神生活的其他形式也不能理解为社会的经济结构的产物和反映。比如说可以确认，文艺复兴时代的艺术无疑早有明显的反封建的性质，所以它这样或那样地反映了资本主义经济在封建社会内部的形成过程。然而这种艺术的独特的艺术内容，以及其他在许多方面始终是不可逾越的最高的美学水准，用资本的原始积累时代的经济现实是无论如何也解释不了的。

恩格斯在他著名的关于历史唯物主义的通信中曾试图更确切更具体地说明马克思关于经济基础和上层建筑的相互关系的论点。他一再指出，生产关系的总和只是**最终**（而且**只是基本上**，而不是细节上）决定社会生活的其他方面，因为无论哪一个社会过程都不可能完全归结为它的经济基础。应该说的是经济过程和非经济过程之间的相互作用。两者构成统一的整体，构成一个两者在其中互为因果的系统，系统的所有成分都是重要的和必不可少的。

从《资本论》的作者并不陌生的系统论的观点来看，绝不能把某一系统中的一个成分看成是与该系统的其他成分毫不相关、不受它们制约的成分，因为一个系统中的每个组成成分都只是在特定系统内、在该系统的各个成分特定的相互关系之中才成为现在这样的组成成分的。如果按照这种对系统的理解，就必然不会有该系统中某个成分最重要的想法。

然而从恩格斯的解释中所得出的这些结论并未妨碍他坚持这样的观点，即"经济关系不管受到其他关系——政治的和意识形态的——多大影响，归根到底还是具有决定意义的"①。而且恩格斯在1894年1月25日致瓦·博尔吉乌斯的这封信中对生产关系作了非常广泛的解释："我们视之为社会历史的决定性基础的经济关系，是指一定社会的人们生产生活资料和彼此交换产品（在有分工的条件下）的方式。因此，这里包括生产和运输的**全部技术**……包括在经济关系中的还有这些关系赖以发展的**地理基础**……"②

毫无疑问，生产关系的这种定义在很大程度上把生产关系和生产力（包括劳动工具、生产资料、劳动对象，即受劳动的作用的自然界）混淆起来。这种混淆是偶然的吗？我认为不是偶然的，因为如果仅仅把生产关系理解为生产力发展的形式，那么关于经济关系在**整个**社会生活发展中具有决定意义的论断就会失去自己的根据。这是因为生产力发展的形式是由**内容**，即生产力的发展所决定的。顺便说一句，马克思不容置疑地断然指出了这一点："社会关系和生产力密切相联。随着新生产力的获得，人们改变自己的生产方式，随着生产方式即谋生的方式的改变，人们也就会改变自己的一切社会关系。"③

从马克思的这个论点中无论如何也得不出生产关系在一切社会关系体系中起决定作用的结论。然而这个结论却是整个唯物史观的出发原理之一。这也是把资本主义作为历史上一定的生产关系体系来进行批判而得出的。资本主义所创造的生产力自然不可能成为批判的对象；它是资本主义的最高成就。所以受到批判的只能是资本主义所创造的生产力发展的社会形式。然而同时却断言这种社会形式不再促进生产力的发展，

---

① 《马克思恩格斯选集》第2版第4卷第732页。
② 《马克思恩格斯选集》第2版第4卷第731页。
③ 《马克思恩格斯选集》第2版第1卷第141—142页。

束缚生产力的进步。马克思和恩格斯的这一错误认识在现代条件下让人看得尤为清楚，这就表明必须用批判的态度重新认识马克思对生产关系的理解。

当代德国哲学家于·哈贝马斯在对唯物史观的批判认识方面做了不少的工作，他建议用**相互作用**、互动的概念代替生产关系的概念。"生产力和生产关系的联系倒是应该用较抽象的劳动和相互作用的联系来代替。"① 我认为，这种彻底改变历史唯物主义基本范畴的做法事实上已把生产关系的概念从科学术语中剔除了。同时在这种情况下对马克思主义批判认识的任务就在于把生产关系这一概念放在恰当的位置上，也就是把它理解为第二位的、由生产力派生的关系。马克思主义也有这样的对生产关系的理解，但同时也有着我以为是错误的把生产关系看作对一切（或者至少是大多数）非经济过程具有决定作用的看法。历史唯物主义所固有的这个矛盾应该和经济决定论以及由此而来的庸俗社会学一起加以克服，而庸俗社会学在大多数研究艺术、宗教、哲学以至整个精神生活的马克思主义著作中表现得十分明显。

我与长期占统治地位的观点不同，坚信历史唯物主义中最主要的是生产力学说。如果说对于亚当·斯密和大卫·李嘉图来说生产力的概念是劳动力及其所使用的生产资料的话，那么马克思把人的一切创造能力、文化成就，首先是科学成就都纳入这个概念。按照马克思的观点，在资本主义的进步进程中，生产越来越成为科学在工艺上得到的应用，科学从而成为**直接的**生产力。由此就发生"生产过程从简单的劳动过程向科学过程的转化，也就是向驱使自然力为自己服务并使它为人类的需

---

① 于·哈贝马斯：《作为"意识形态"的技术和科学》，1971年法兰克福版第92页。

要服务的过程的转化"①。这就意味着，直接劳动（其结果是用已耗费的劳动时间的数量来衡量的）不再是生产的基础，"现实财富的创造较少地取决于劳动时间和已耗费的劳动量，较多地取决于……动因的力量，而这种动因自身——它们的巨大效率——又和生产它们所花费的直接劳动时间不成比例，相反地却取决于一般的科学水平和技术进步，或者说取决于科学在生产上的应用"②。

当代的科技革命能为马克思的这一观点提供直观的实例和鲜明的验证，因此这一观点不但是对生产发展规律的确认，而且也是杰出的科学预见。计算机和激光技术的生产及其他许多生产都是直接以科学发明为基础的，这些发明不但使这些生产成为可能，而且还决定着生产发展的方向。基于这个事实，必须更加确切地规定"物质生产"这一用语。

生产之所以是物质的，是因为它与物质对象发生关系，推动物质的力量，创造物质财富。而生产，作为人的精神能力的运用范围，作为科学成就的体现，作为自觉的、有目的的和合理的活动，也是精神过程。因此我们有权说生产过程中精神和物质的统一，据此精神的生产也应该不仅理解为思想、知识和艺术形象的生产，而且理解为在物质财富的社会生产中进行的实际过程。马克思说，大自然不创造机器、铁路等等。所有这一切都是**人脑通过人手创造出来的**。所以很清楚，为什么马克思不止一次地谈到**主观的、精神的**生产力。

优秀的德国社会学家马·韦伯曾把新教的道德说成是西欧资本主义形成过程中的创造性精神因素。以前我们的文献把这个观点说成是唯心主义观点，而事实上它与马克思对物质生产的理解并不相悖，因为正如

---

① 《马克思恩格斯全集》第 1 版第 46 卷下册第 212 页。
② 《马克思恩格斯全集》第 1 版第 46 卷下册第 217 页。

前面所表明的那样，这种理解包括了精神的动力。其实应该承认，在我们所接触的马克思和恩格斯对历史唯物主义的论述中，这种把生产作为精神和物质、主观和客观的统一的理解并未得到系统的发展。前面所引用的马克思的看法是我从他的《资本论》手稿中摘出来的，而在《资本论》中我们找不到这样绝对的、毫不含混的说法。

马克思和恩格斯在反对唯心主义的斗争中把对精神的唯心主义绝对化与物质实践、社会的物质生活、物质生产的概念对立起来，通常却忽视了社会的物质（不同于大自然）是人创造的，是人的技能、能力、知识以至一切精神文化的体现这一点。恩格斯在去世前承认了他和马克思叙述历史唯物主义的原理时的这一不足。

由于辩证地把生产不仅看作物质过程，而且也是精神过程，就使我们能正确理解唯物史观的另一个出发原理：社会存在决定社会意识。马克思主义的著作在论述这一原理时往往说社会存在不包括社会意识，而社会意识因此也不是社会存在。然而马克思和恩格斯把社会存在的概念同人类生活的**现实过程**的概念以及整个**社会生活**的概念看成是一回事。马克思和恩格斯在《德意志意识形态》中把意识说成是意识到的存在，但是意识到的存在当然仍然是存在，尽管有别于没有意识到的存在。在该著作中他们提出了与唯心主义相对立的观点："不是意识决定生活，而是生活决定意识。"这是否意味着人们的生活、社会生活不包括意识呢？绝非如此。意识是人类生活、社会生活内在所固有的，意识构成其本质的规定性。在这种情况下该如何理解社会存在对社会意识的制约这一唯物主义原理呢？

我认为，这个原理应当这样来理解：整体决定其部分、方面、领域和关系。因此社会存在（就像社会生产一样）不只是像我国的（请允许我这样说）马克思主义教科书所写的"社会的物质生活"。社会存在，或者说社会生活，是精神和物质、主观和客观的统一。把社会存在说成是与社会意识**无关**的任何尝试，即忽视两者的统一（只有在统一的范围内才可能有决定的过程）是对唯物史观的庸俗化。

很自然出现了这样的问题：怎么会错误地把社会意识从社会存在（即人类生活的实际过程）中排除出去的呢？这是由于把唯物史观的出发前提同哲学唯物主义的出发原理错误地等同了起来，哲学唯物主义的出发原理认为物质**先于**意识，存在于意识之外并且不依赖于意识，而意识是以特殊的方式构成的物质的属性。自然界的情况如此，但社会与自然界有根本的区别，因为社会中的物质既然是人创造的，就要与意识、知识以至整个精神文化统一起来。

列宁和波格丹诺夫（他错误地抹杀了社会意识和社会存在之间的差别）的论战就是把历史唯物主义的出发原理和唯物自然观的出发原理等同起来的一个例子。列宁在同这个实际上是唯心主义的观点进行论战时写道："一般唯物主义认为客观真实的存在（物质）不依赖于人类的意识、感觉、经验等等。历史唯物主义认为社会存在不依赖于人类的社会意识。"① 显然由于这种依靠类推来提出问题的方法，社会意识就被简单地排除于社会存在之外，社会存在也变成了某种与以物质过程和精神过程为特征的社会生活不同的东西，这种对历史唯物主义的出发原理的错误提法导致了马克思主义哲学文献中不少混乱。

我希望，在进行了所有这些讨论以后，至少那些并不从一开始就拒绝这一哲学社会学思想成就的人不会对唯物史观的出发原理进行批判性认识的必要性持怀疑态度了。

---

① 《列宁选集》第 3 版第 2 卷第 221 页。

是历史哲学还是具体历史研究的方法论？

通常人们把历史唯物主义界定为"关于人类社会发展的最普遍规律和动力的科学"。苏联出版的《哲学百科全书》中"历史唯物主义"一条就是这样下的定义。试问：这种把历史唯物主义变成历史哲学的定义在多大程度上是正确的呢？

在马克思和恩格斯的著作里我们没有找到关于全世界历史过程"最普遍规律"的论述。他们确实把生产力和生产关系这样的范畴运用于人类的全部历史。生产力的发展被解释为一个有规律的过程，从历史唯物主义的观点看，生产力和生产关系之间的矛盾也是合乎规律的。《共产党宣言》断言，随着生产资料私有制的出现，阶级斗争就成为历史过程的动力。由此能否得出结论说：马克思主义创始人事实上承认存在着最普遍的、适合于所有历史时代的社会规律？马克思对这个问题作出了十分明确的、否定的回答。他在《资本论》第1卷《第二版跋》中引用了一个俄国作者在评论该书第1版时所写的这样的一段话："有人会说，经济生活的一般规律，不管是应用于现在或过去，都是一样的。马克思否认的正是这一点。在他看来，这样的抽象规律是不存在的……根据他的意见，恰恰相反、每个历史时期都有它自己的规律。"① 马克思完全赞同他引用的这位评论者的这段话，同时强调指出，这位作者正确地描述了他（马克思）的研究方法。

众所周知，马克思的《资本论》研究的是资本主义生产方式产生和发展的经济规律。马克思始终强调这些规律的特殊性，这些规律要求

---

① 《马克思恩格斯选集》第2版第2卷第111页。

有资本主义以前的时代所没有的历史条件、生产力和生产关系。因此马克思与传统认为的存在着普遍适用于所有历史时代的经济规律的观点相对立而提出了关于每个历史时代或社会形态中这些规律具有特殊性的原理。

对马克思关于不存在普遍适用于各个历史时代的经济规律的原理的确认与对普遍适用于所有时代的**社会学规律**的承认是不相容的。如果承认存在着这样的规律，那样它们作为某种至高无上的、超经济的规律实际上是与每个特定历史时代的经济规律相对立的。马克思否认的恰恰是这一点，按照马克思的学说，资本主义的经济规律决定着这一生产方式的发展。不仅如此，正如前面所说的，按照马克思和恩格斯的说法，社会的经济结构决定着每个历史上一定的社会的非经济特征。但如果这样的话，关于最普遍的社会学规律的这个概念，也将和适用于所有时代的概念一样失去意义。那么在这种情况下还能剩下什么呢？剩下的是最普遍的概念、范畴，它们把不同时代固有的一般特点确定下来，从而使人们有可能去仔细考察互相取代的各个历史时代发展中的历史继承性。马克思针对这种普遍的概念指出：“**生产一般**是一个抽象，但是只要它真正把共同点提出来、定下来，免得我们重复，它就是一个合理的抽象……对生产一般适用的种种规定所以要抽出来，也正是为了不致因为有了统一（主体是人，客体是自然，这总是一样的，这里已经出现了统一）而忘记本质的差别。”① 马克思正是通过对特定历史时代（资本主义）的**本质差别**的研究看到了自己作为经济学家和历史学家的任务。

社会经济形态这个概念是历史唯物主义基本概念之一，它恰恰确定了构成一定历史发展阶段上的社会的各个历史时代之间的本质差别。提

---

① 《马克思恩格斯选集》第2版第2卷第3页。

出社会形态这个概念无疑是对历史科学的卓越贡献。这个概念使我们把历史过程不仅理解为同一个社会状态的连续不断地发展，而且理解为构成有质的区别的各个历史时代的不连续的过程。

马克思主义以前的思想家把人类的历史说成是基本上同一的过程。用这种方法论来看，资本主义以前的社会的历史成了资本主义的前史，从而失去了自己的特征。马克思则证明，在资本主义以前存在一系列社会经济形态，而且每个社会经济形态都有其独特的生产方式。

人们往往把对社会经济形态的研究说成是历史唯物主义研究的对象。要是马克思和恩格斯曾经对各种不同的社会形态进行过系统的研究，那么倒可以对此表示赞同。但是马克思主义创始人基本上研究的是资产阶级的社会经济形态。正如马克思没有创立过广义的政治经济学，他只局限于从经济上对资本主义进行研究，他也没有创立过关于社会经济形态的学说，而是把这个任务留给了他的后人。

我们在马克思的著作里找不到统一的、适用于一切国家的社会经济形态发展的历史公式。马克思在《〈政治经济学批判〉导言》里指出了资本主义以前的逐一取代的基本的生产方式。他在提出奴隶制生产方式和封建生产方式的同时还列出了与它们有本质区别的**亚细亚生产方式**。马克思在其他许多研究著作中不止一次地这样提出过，这一表述的主要的方法论意义就在于否定了这种统一的、包括所有国家和大陆的社会形态发展的历史公式。

马克思主要是通过研究西欧国家，首先是英国的历史来研究资本主义社会形态的起源和发展的。马克思并不认为根据这个相对有限的事实得出的结论**直接**适用于所有其他国家，特别是当时的俄国。一位俄国批评家把马克思的学说变成了万能的历史公式，马克思在对他批驳时不无讥讽地说："他一定要把我关于西欧资本主义起源的历史概述彻底变成一般发展道路的历史哲学理论,一切民族,不管它们所处的历史环境如何,都注定要走这条道路……"①

正如我们所看到的,马克思否认**一般道路**,即各民族相同的(不管历史环境如何)历史发展道路。他在回答俄罗斯是否必然会转变为资本主义社会这一问题时,指出在解决这个问题时不能直接借用那种说明西欧各国的资本主义具有历史必然性的理论。因此必须对俄罗斯发展的环境进行具体的研究。

上述论述表明:马克思把他所创立的唯物史观看作是具体历史研究的方法论。当然这并不是说历史唯物主义仅仅是一种研究方法,绝不可能成为历史过程的**理论**。内容丰富的研究方法并不是一些形式主义的研究方法的大杂烩。这是辩证的方法,而众所周知,辩证方法是最一般形式的发展理论。从这个观点来看,方法就是把理论应用于研究对象。这种应用的结果不仅是对该研究对象的认识,而且是这一理论本身的发展和深化。因此,历史唯物主义的方法和理论与其说内容上有区别,不如说功能上有区别。两者的统一是唯物史观全部内容的统一。

西欧研究马克思学说的学者常说唯物史观不是哲学理论,而是历史过程的经验理论。这种把科学经验论同哲学研究对立起来的做法未必站得住脚,因为存在着与唯理论、先验论和各种抽象理论相对立的哲学经验论。我认为,应当从这个观点来研究马克思和恩格斯关于唯物史观的经验基础的论述。他们在《德意志意识形态》中写道:"我们开始要谈的前提不是任意提出的,不是教条,而是一些只有在想象中才能撇开的现实前提。这是一些现实的个人,是他们的活动和他们的物质生活条件,包括他们已有的和由他们自己的活动创造出来的物质生活条件。因

---

① 《马克思恩格斯选集》第2版第3卷第341—342页。

此，这些前提可以用纯粹经验的方法来确认。"①

《德意志意识形态》的作者们关于由他们制定的历史过程理论的经验主义原理的论断是直接针对黑格尔、青年黑格尔派以至一切唯心主义者对历史的解释的。这些论断是在哲学思辨的过程中作出和发挥的。这种情况证明把历史唯物主义说成是非哲学理论的说法是站不住脚的。但如果说这一理论是哲学理论的话，那么又该如何来解释马克思和恩格斯对唯心主义以至对一切哲学的否定呢？

在《德意志意识形态》中，除了对历史唯物主义的阐述，经常出现反对空谈哲学的激烈言论，不管哲学的具体形式如何，都斥之为脱离现实的理论。马克思和恩格斯说过，要让哲学退位，把哲学放到一边，需要"跳出哲学的圈子并作为一个普通的人去研究现实……哲学和对现实世界的研究这两者的关系就像手淫和性爱的关系一样"②。

不要认为否定哲学只是马克思和恩格斯早期著作的特点。恩格斯在《反杜林论》、《自然辩证法》、《路德维希·费尔巴哈》中都谈到过要取消哲学的想法。看来，正是这一点使人们有理由认为历史唯物主义不是哲学理论。

然而应该强调指出的是，一切对哲学的彻底否定（其实这样对待哲学的马克思和恩格斯并不是第一人）无非是对新的哲学观点的论证，对关于哲学的意义和使命的新见解的论证。例如路·费尔巴哈曾指出，我的哲学不是哲学。然而谁也不会想去否认费尔巴哈是哲学家，也不会想去否认他用以对抗过去的（主要是唯心主义的）哲学的是他的新的哲学见解。

---

① 《马克思恩格斯选集》第2版第1卷第66—67页。
② 《马克思恩格斯全集》第1版第3卷第262页。

关于马克思和恩格斯也可以这么说，他们对哲学的否定是有哲学根据的否定，从而也是对新型哲学的论证。所以，这里说的是对原来意义上的哲学的否定。"这已经根本不再是哲学，而只是世界观，它不应当在某种特殊的科学的科学中，而应当在各种现实的科学中得到证实和表现出来。"① 为了避免误解恩格斯的这段话，应当强调指出，这里说的"只是世界观"，当然还是哲学、**哲学**世界观，只是在本质上与其他类型的世界观（如宗教世界观或自然科学世界观）有区别的哲学、**哲学**世界观。这个乍看起来与上面引用的那段话的直接意义有矛盾的结论完全为紧接着的一段话所证实："哲学在这里被'扬弃'了，就是说，'既被克服又被保存'；按其形式来说是被克服了，按其现实的内容来说是被保存了。"

这些解释使我得出一个结论：历史唯物主义是哲学理论、社会哲学。它以经验的、社会的研究为方针，以及它对适用于世界历史的万能公式的否定，表明它是并不以取代具体的社会学研究为己任的新型哲学。

历史唯物主义与以往的社会哲学理论不同，不是历史哲学，历史哲学的特点是把人类历史同世界历史等同起来。从历史唯物主义的观点来看，世界历史并不是从来就有的，它是以族际经济和文化联系的形成和发展、世界市场的形成、原先相互隔绝的民族和国家的相互作用为前提的。资本主义的发展才第一次为世界历史创造了前提，因此，世界历史是相对来说并不久远的历史构成。马克思写道："世界历史并不是从来就存在的；作为世界历史的历史是结果。"因此我们看到，马克思是把世界历史的概念与历史过程的经验研究、联系在一起的。

---

① 《马克思恩格斯选集》第 2 版第 3 卷第 481 页。

总之，我认为，历史唯物主义是社会哲学，而不是历史哲学，后者必然包含思辨的假设，同时作为历史唯物主义则以经验研究和对其进行理论概括为取向。就这一点来说，历史唯物主义可以是而且应当是具体历史研究的方法论。

历史唯物主义与马克思和恩格斯的共产主义信念

马克思和恩格斯成为共产主义者是在创立马克思主义政治经济学，尤其是剩余价值的来源的学说之前。恩格斯说剩余价值学说是科学共产主义的基础之一。按照恩格斯的观点，科学共产主义的另一个基础是唯物史观，其基本原理在马克思主义创始人的早期著作，首先是在他们合写的《德意志意识形态》里就提出了。因此，从历史唯物主义的角度对马克思主义的共产主义信念的论证先于从经济角度对这一信念的论证。历史唯物主义把社会的生产关系看作是历史上一定的发展生产力的形式，由于生产力的进步，这种形式全变得陈旧，因此生产力就与现存的生产关系发生冲突。

马克思和恩格斯坚信，在他们当时的资本主义社会里存在着生产力和生产关系的冲突，震撼资本主义社会的生产过剩的周期性危机就是这一冲突的明证。马克思和恩格斯认为工业革命引起的劳动者的普遍贫困化表明，资本主义社会的发展已经导致产生消灭资本主义生产关系并代之以新的、更进步的、最终是共产主义生产关系的革命力量。

上述论点不仅证明马克思和恩格斯对经济危机的实质缺乏正确的理解（他们把这些危机看作是整个资本主义制度的危机），而且证明他们**关于**生产力和生产关系的唯物主义观点还研究得不充分、不彻底。没有理由认为，生产力的进步通常是在生产关系不变的条件下实现的。而

《共产党宣言》断言：资产阶级如不对生产力和生产关系进行革命，就不能生存下去。而马克思在《资本论》第1卷中把资本主义由工场手工业向工业资本主义的过渡看成是生产关系发生的变化（显然是在资本主义生产方式的范围内）。马克思在《资本论》及其他一些著作中指出，生产关系的变化是由于生产的物质技术基础的变化、新技术的出现而实现的。

所以没有理由断言生产力和生产关系的冲突是它们发展的不可避免的阶段。也没有理由断言，这一冲突一旦发生，只能通过革命的途径来解决。生产关系的渐进的变化完全是一个合乎规律的过程。

马克思和恩格斯的共产主义学说的中心点是关于商品—货币经济关系必然要向无商品、无货币社会的过渡的原理。马克思主义创始人把这个从空想社会主义者和共产主义者那里吸收过来的原理与消灭……社会分工的历史必然性的论点联系了起来。这里指的首先是奴役人的分工形式。脑力劳动和体力劳动之间及城乡之间的对立就是从这个角度提出的。然而马克思和恩格斯并没有局限于这些对立在历史上是暂时的原理。消灭分工的问题提得更广泛、更极端。

马克思和恩格斯认为，分工是商品生产的基础。而由于消灭了资本主义制度下形成的分工，就无法向无商品、无货币的社会过渡。马克思和恩格斯还说："**分工**不仅使物质活动和精神活动、享受和劳动、生产和消费由各种不同的人来分担这种情况成为可能，而且成为现实。要使这三个因素彼此不发生矛盾，只有消灭分工。"① 我认为，这段话把分工的存在同对立阶级、对抗阶级的存在、同有产者和无产者之间的对立联系起来，其理由是不充分的。而这种对立是由其他的经济关系，首先

---

① 《马克思恩格斯全集》第1版第3卷第36页。

是由所有制关系决定的。

马克思还力图从历史的角度来论证"消灭分工"有必要的论点。例如他在《资本论》中指出，工业革命消灭了工场手工业生产范围内存在的分工形式。马克思在对生产力的进一步发展，特别是生产的机械化和自动化过程进行考察时，谈到了劳动性质本身发生的质的变化，这种变化的结果是消灭了早先形成的分工形式。然而无论是关于消灭分工的结论，还是关于消灭商品货币的经济关系的结论，就其内容来说还是没有说清楚，而从马克思的唯物史观和经济学说本身来说也并不是必需的。马克思是在承认完整、全面地发展个体的必要性时得出这个结论的。但是当这种发展达到真正成为必需的程度的时候，它就要以一定的形式来限制个体的活动，而这一点是通过分工来实现的。马克思和恩格斯在《德意志意识形态》中指出，没有分工就不可能有天才，终而没有分工也就不可能有高度熟练的工人。

分工问题的例子特别明显地表明历史唯物主义的一系列基本原理研究得不充分。马克思和恩格斯正确地提出了关于分工的消极方面的问题，正确地指出分工是生产进步的条件，但没能正确地提出关于这个过程的未来的问题，与他们的见解相反，无论生产力、科学以至整个文化如何发达，这个过程也不会停止。

马克思和恩格斯把历史唯物主义看作是从理论上对他们的共产主义信念作的论证。但这是否意味着共产主义观点**在理论上**是从唯物史观里得出来的呢？我认为这种结论是没有根据的。如果认为马克思和恩格斯在创立唯物史观之前就把从其先辈即从空想社会主义者和共产主义者那里承袭的明确的共产主义思想纳入他们对历史唯物主义的阐述之中，那倒是正确的。

1848年革命前夕，无产者的革命行动对马克思和恩格斯的共产主义信念的形成起了决定性的作用。马克思评价西里西亚纺织工人的起义(1844年)具有共产主义的基本方针,就完全证明了这一点。马克思和恩格斯把当时无产者的行动以及他们为改善生活条件和劳动条件而进行的斗争看作是发生在对资本主义生产关系进行革命冲击前夕的事件。他们认为他们的共产主义的观点是把**已在进行的**社会过程作为政治取向的结果。

因此,马克思和恩格斯其实把在资本主义范围内进行的、旨在完成资产阶级民主改造的阶级斗争看作是反资本主义的、共产主义的革命运动。事实上他们在一生中都抱着这种幻想。

综上所述可以确认,唯物史观是一种其基本原理原则上不取决于马克思和恩格斯的共产主义观点的学说。马克思和恩格斯没有对这个学说作充分研究,它有着重大的缺陷,不能摆脱种种矛盾。马克思和恩格斯的后继者也没有对唯物史观作出重大贡献,因为他们把它变成了一个教条主义论断的体系。历史唯物主义的教条化在不小程度上败坏了这个学说。但历史的经验,特别是当今的时代证实了历史唯物主义的基本原理是对的。关于社会、社会哲学和社会学的科学会在历史唯物主义明确的影响下并通过对其基本原理的批判分析得到进一步的发展。否定、摒弃历史唯物主义是一个倒退,是向马克思主义已经克服了的错误观点的回归,可以对我援引过的让·保·萨特的观点表示同意,他说:"想克服马克思主义的人有两种情况:在最坏的情况下是回到马克思主义以前的理论去,而在最好的情况下是只有重新为自己发现他指望超越的哲学中已包含的思想。"①

彼·司徒卢威曾说过,不是社会主义者也可以是马克思主义者。由

---

① 让·保·萨特:《辩证理性批判》,1960年巴黎版第17页。

于社会主义这个概念在我们的时代包括了各种不同的社会政治理论和社会运动,而司徒卢威的论点却没有考虑到这种情况,因此它至少是会引起争议的。但有一点是没有争议的:在当代世界中,特别是在学者中有不少学者拥护马克思的学说,他们既不是社会主义者,也不是共产主义者。这就意味着马克思主义,尤其是唯物史观已经和当代社会科学合成一体。当然,拥护马克思主义的人是批判地接受马克思的学说的,这就意味着,这个学说不仅在马克思主义的范围内,而且从其他社会理论的立场上也可能得到发展。

(原载俄罗斯《自由思想》杂志1995年第7期)

(邢艳琦 译)

图书在版编目（CIP）数据

马克思主义哲学研究Ⅰ／冯章主编．
—北京：中央编译出版社，2014.12
（马克思主义研究资料／杨金海主编；15）
ISBN 978-7-5117-2451-9

Ⅰ.①马… Ⅱ.①冯… Ⅲ.①马克思主义哲学－文集
Ⅳ.①B0-0

中国版本图书馆CIP数据核字（2014）第305977号

马克思主义哲学研究Ⅰ

出 版 人：刘明清
责任编辑：曲建文
责任印制：尹　珺
装帧设计：田晗工作室
排版制作：北京宏章文化发展中心
出版发行：中央编译出版社
地　　址：北京西城区车公庄大街乙5号鸿儒大厦B座（100044）
电　　话：（010）52612345（总编室）　　　（010）52612351（编辑室）
　　　　　（010）52612316（发行部）　　　（010）52612317（网络销售）
　　　　　（010）52612346（馆配部）　　　（010）55626985（读者服务部）
传　　真：（010）66515838
经　　销：全国新华书店
印　　刷：山东鸿君杰文化发展有限公司
开　　本：787毫米×1092毫米　1/16
字　　数：333千字
印　　张：27
版　　次：2014年12月第1版第1次印刷
定　　价：160.00元

网　　址：www.cctphome.com　　邮　　箱：cctp@cctphome.com
新浪微博：@中央编译出版社　　微　　信：中央编译出版社（ID：cctphome）
淘宝店铺：中央编译出版社直销店（http：//shop108367160.taobao.com）　　（010）52612349

本社常年法律顾问：北京市吴栾赵阎律师事务所律师　闫军　梁勤
凡有印装质量问题，本社负责调换。电话：（010）55626985